Iles du Nord-Égée

PLONGEZ EN EGÉE !

Bienvenue dans les îles du Nord-Egée, là où la mer se fait culte et religion, où l'horizon devient rite, et le *meltemi* souffle en vénération. Ces bouts de terre lancés aux quatre coins du nord de l'Egée, petits cailloux perdus ou vastes montagnes que l'on aperçoit de loin, égrènent un paysage maritime toujours changeant. Des eaux émeraude qui reflètent les pins de Skiathos, Skopelos ou Alonissos dans les Sporades à l'ouest, au profond du marine moutonnant d'écume au large de Chios, Samos et Lesbos à l'Extrême-Orient grec, en passant par les turquoise cristallins de Thassos et les bleus tendres de Samothrace dans le grand nord de la mer de Thrace... la palette azurée semble infinie, sans cesse renouvelée. Sur terre, des monts mystiques s'élèvent haut dans le ciel et des dunes sablonneuses apportent un air saharien, de tendres collines se couvrent d'oliviers, le vin déferle de vignobles anciens et l'air sent l'amandier, les agrumes, le jasmin. Chaque ruelle qui grimpe à une chapelle cache le repaire d'un sanctuaire antique, d'un dieu oublié, tandis que chaque crique abrite le souvenir de vaisseaux de pirates sans autre foi que l'Egée. Cette mer nous raconte des récits d'autrefois, d'Icares tombé dans les flots, d'Homères narrant sur sa pierre, d'Héphaïstos élevé par des Mortels... mais aussi des contes d'aujourd'hui, faits de résilience et de joies, de grandes célébrations collectives où l'on danse et l'on festoie. Faits aussi, il faut le dire, de tragédies et d'exils dans ce coin de l'Egée trop souvent traversé par souci de survie. Terres de refuge, terres d'accueil et d'espoir : les îles du Nord-Egée sont riches de mille avenirs. Venez donc les vivre, le temps d'un soleil d'été.

SOMMAIRE

© HERACLES KRITIKOS - SHUTTERSTOCK.COM

6 INSPIRER

Une mise en bouche pratique et descriptive pour inspirer un séjour unique dans les îles du Nord-Égée, selon les envies de chacun : quand y aller, quel itinéraire choisir et les fiches pratiques.

35 DÉCOUVRIR

Des dossiers thématiques pour découvrir en profondeur les îles du Nord-Egée et leurs spécificités dans le monde grec d'hier et d'aujourd'hui. Une plongée dans les traditions, héritages et renouvellements.

85 SPORADES

A la découverte de l'archipel des Sporades, à l'ouest de l'ensemble Nord-Egée : Skiathos, Skopelos, Alonissos et Skyros.

127 THASSOS ET SAMOTHRACE

A la découverte des îles de Thrace et Macédoine, au nord de l'ensemble Nord-Egée : Thassos et Samothrace.

145 LEMNOS ET AGHIOS EFSTRATIOS

A la découverte de deux îles isolées de l'ensemble Nord-Egée : Lemnos et sa petite île-satellite, Aghios Efstratios.

159 LESBOS ET CHIOS

A la découverte des îles au nord-est de l'ensemble Nord-Egée : les grandes îles de Lesbos et Chios, avec la petite île-satellite de Psara.

191 SAMOS ET IKARIA

A la découverte des îles au sud-est de l'ensemble Nord-Egée : Samos et Ikaria, avec les petites îles-satellites de Fourni.

219 ORGANISER SON SÉJOUR

Retrouvez toutes les informations pratiques pour organiser un séjour sans heurts dans les îles de l'ensemble nord-égéen.

Moulins sur l'île de Chios.

Kavala
Nigrita
Eleftheroúpoli
THASSOS – LIME
PANAGHIA
Prinos
THEOLOGOS
Thessalonique
Limenaria
ALIKI
PAL
THASOS
Polygyros
PRO
Ormylia
Karyes
Neos Marmaras
LEMNOS
Nea Koutal
MYRINA
Agia
AGIOS
AGIOS
GLOSSA-LOUTRAKI
NEO KLIMA
SKIATHOS
SKIATHOS
ALONISSOS
ALONISSOS
STENI VALA
KOUKOUNARIES
PATITIRI
SKOPELOS
TROULOS
AGNONTAS
ATSITSA
MOLOS
SKOPELOS
MAGAZIA
SKYROS
LINARIA
SKYROS
Atalanti
Mer Égé
Chalcis
Livadia
Thèbes
Athènes
Karystos
Corinthe
Le Pirée
Chones
50 KM

Alexandroúpoli
Enez
Malkara
Sağlamtaş
Şarköy
Marmara
THERMA
SAMOTHRACE
SAMOTHRACE
Gelibolu
Imbros
Çanakkale
Biga
Seddülbahir
Gönen
NTOPOULI
Yenice
Ténédos
Bayramiç
Ezine
Balıkesir
Ayvacık
Edremit
İvrindi
Gülpınar
MITHYMNA
SKALA KALLONIS
Petra
Ayvalık
SIGRI
LESBOS
Eresos
Soma
Skála Eressoú
MYTILINI
PLOMARI
Akhisar
Aliaga
Foça
Karaburun
Manisa
PSARA
Agrelopo
CHIOS
VOLISSOS
VRONTADOS
Izmir
AVGONYMA
CHIOS
Urla
MESTA
KAMPOS
Karaköy
OLYMPI
PYRGI
Torbalı
Tire
Aydin
KARLOVASSI
Évdilos
Kokkari
Pythagora
Vathy
Söke
Kampos
Marathokampos
THERMA
SAMOS
Armenistis
AGIOS KIRYKOS
Christos Rahon
Karpuzlu
FOURNI CHORA
IKARIA

QUAND Y ALLER

JANVIER

6° / 13°

ÉPIPHANIE

© VERVERIDIS VASILIS-SHUTTERSTOCK.COM

Les popes bénissent les eaux et lancent une croix dans la mer Égée : des nageurs bravant le froid plongent pour la récupérer.

$

FÉVRIER

7° / 14°

CARNAVAL

Le carnaval est très célébré dans les îles du Nord-Égée, surtout à Skyros et Lesbos où perdurent des traditions anciennes.

$

MARS

8° / 16°

LUNDI PUR ET AGAS

Partout, les familles font voler des cerfs-volants et à Chios les tribunaux satiriques des *Agas* commémorent l'arbitraire ottoman.

$

JUILLET

27° / 35°

PANIGYRIA DE JUILLET

Les îles du Nord-Égée célèbrent toute une série de saints patrons locaux avec des banquets, chants et danses traditionnels.

$ $ $

AOÛT

27° / 35°

PANIGYRIA D'AOÛT

C'est le pic des festivités dans les îles : la plus connue pour ses *panigyria* estivales est sans conteste l'île d'Ikaria.

DORMITION DE LA VIERGE

Chaque île promet son lot de festivités pour le 15 août : toutes les familles se retrouvent pour cette grande célébration.

$ $ $

SEPTEMBRE

20° / 29°

INTERNATIONAL ERESSOS WOMEN'S FESTIVAL

A Lesbos, le village de naissance de la poétesse Sappho accueille pendant deux semaines des femmes venues du monde entier.

$ $

La saison dure d'avril à octobre, quand l'humidité commence à tomber. Juillet-août est considéré comme la haute saison, avec une affluence bien plus importante que le reste de l'année. Ceux qui préfèrent les périodes calmes tout en profitant de journées chaudes, opteront pour les mois de juin et septembre. Les fêtes religieuses rythment le calendrier, avec une importance particulière à accorder à Pâques, tandis que l'été est l'occasion de grandes fêtes traditionnelles.

AVRIL

11° / 20°

PÂQUES

© CHIOSPHOTOGRAPHER - SHUTTERSTOCK.COM

La plus grande fête religieuse grecque donne lieu à plusieurs jours de célébration. A Chios c'est l'occasion d'un *rouketopolemos*.

$$

MAI

16° / 25°

$

JUIN

20° / 30°

FÊTE DU TAUREAU À LESBOS

A Lesbos, on sacrifie un taureau, vestige des traditions pré-chrétiennes qui perdurent dans les villages d'Agia Paraskevi et Pigi.

$$

OCTOBRE

15° / 24°

AEGEAN DOCS

Un grand festival international de films documentaires qui se déroule à Lesbos, Chios, Samos et dans 9 autres îles de la mer Égée.

$

NOVEMBRE

12° / 19°

$

DÉCEMBRE

8° / 15°

FÊTES DE FIN D'ANNÉE

Pour la Saint Basile, le 1er janvier, le « père Noël orthodoxe », Agios Vassilis, offre des cadeaux et on partage la *vassilopita*.

$

LES BONNES RAISONS D'Y ALLER

© IMAGIN.GR PHOTOGRAPHY - SHUTTERSTOCK.COM

UNE DESTINATION VARIÉE

Mosaïque de paysages et d'ambiances : la découverte des îles du Nord-Égée semble infinie.

© BOERESCU - SHUTTERSTOCK.COM

SOLEIL ET CLIMAT DE L'OLIVIER

Le soleil ne vous fera pas faux bond : le Nord-Égée jouit d'un ensoleillement optimal.

© GIOVANNI RINALDI - SHUTTERSTOCK.COM

UNE HISTOIRE MILLÉNAIRE

Le patrimoine artistique et culturel du Nord-Égée est immense : l'histoire est partout.

© HERACLES KRITIKOS - SHUTTERSTOCK.COM

UNE TERRE MAJESTUEUSE

Le Nord-Égée est riche d'une nature splendide, pour des vacances tournées vers la terre.

© CUNFEK - ISTOCKPHOTO.COM

DES PLAGES PROPRES ET SOMPTUEUSES

Les plages de ces îles, diverses et aux eaux claires, ont gardé leur beauté sauvage.

© CEM OZER - SHUTTERSTOCK.COM

LA FÊTE AU QUOTIDIEN

Toute occasion est bonne pour danser et écouter de la musique en buvant un ouzo local.

© SVEN HANSCHE - SHUTTERSTOCK.COM

UN PARADIS DE SPORTS NAUTIQUES

Plongée à Alonissos, windsurf à Samos, kitesurf à Lemnos... et, partout, la voile.

LES BONNES RAISONS D'Y ALLER

LOIN DES FOULES

Excepté Skiathos et Samos, le Nord-Égée est largement préservé du tourisme de masse.

© URBAZON - ISTOCKPHOTO.COM

© VALERIY_G - ISTOCKPHOTO.COM

LA FILOXENIA

Les habitants du Nord-Égée peuvent être fiers de leur hospitalité légendaire, qui perdure.

© YAGMRADAM - ISTOCKPHOTO.COM

LES PLAISIRS DE LA TABLE

Chaque île abrite son lot de spécialités ancrées dans une solide tradition du bien-manger.

LES 12 MOTS-CLÉS

#ARBRES

Les îles du Nord-Égée ne répondent pas au cliché que l'on associe trop souvent aux îles grecques : des cailloux pelés, faits de rocaille aride. Si les Cyclades sont ainsi, ce n'est pas le cas de l'ensemble nord-égéen, très vert et arboré. Chênes, pins, oliviers, tamaris, mûriers, platanes ou encore eucalyptus apportent ici fraîcheur et sérénité.

© PIT STOCK - SHUTTERSTOCK.COM

#ASIE MINEURE

À l'exception des Sporades, les îles de la région font face au grand voisin turc. Qu'il s'agisse de Chios ou Samos qui ne sont qu'à quelques enjambées des côtes turques, ou des îles plus éloignées, elles ont toutes été marquées par la proximité avec l'Asie Mineure, bénéficiant des routes maritimes pour s'enrichir, ou recevant des demandeurs d'asile.

#CHATS

On connaît tous ce cliché des îles grecques : un petit port, une chapelle blanche et des chats alanguis. Ces félins sont effectivement partout, surtout auprès des tavernes de poissons qui bordent les ports du Nord-Égée. Si vous leur donnez quelques arêtes à la fin du repas, tentez de le faire discrètement, pour éviter l'œil réprobateur du taulier.

© ANNATHIELISCH - SHUTTERSTOCK.COM

#FREDDO OU FRAPPÉ ?

On confond souvent ces deux boissons glacées, symboles de l'été en Grèce. L'*espresso freddo* est préparé sur la base d'un double espresso à l'italienne tandis que le *frappé* est une dilution de Nescafé à laquelle on rajoute parfois du lait. La dose de sucre varie selon chacun, du très sucré *glyko* au sans sucre *sketo*, en passant par le modéré *metrio*.

#GEIA SAS

On vous gratifiera partout d'un *geia sas*, à prononcer « ya sas », pour vous accueillir et vous dire au revoir. Parfois, un simple *geia*, plus familier et plus amical, peut également suffire, une fois que la relation est un peu établie. Vous utiliserez ce salut à toutes les sauces, et très souvent au cours de votre séjour. À retenir obligatoirement !

#LIMANI

Le port, en grec : c'est un lieu central de toutes les îles, notamment pour les plus isolées du Nord-Égée qui ne reçoivent pas tous les jours les ferries d'Athènes ou des îles voisines. Quand le bateau arrive, l'excitation, ou la tristesse de se quitter, monte : chaque départ est un petit déchirement, chaque arrivée promet une nouvelle aventure.

© JAROSLAVZ - SHUTTERSTOCK.COM

#MYTHOLOGIE

Une fois dans les îles du Nord-Égée, on comprend que la Grèce fut le pays de la mythologie. On imagine partout des dieux aimants, colériques, jaloux, hédonistes… en un mot : passionnés ! Les îles de l'ensemble nord-égéen ont souvent des origines mythologiques, ce qui vous permettra de réviser vos classiques, à Lemnos, Ikaria ou encore à Samos.

LES 12 MOTS-CLÉS

#POISSON FRAIS

Qui pense bord de mer, pense poisson frais… Dans les îles grecques, ce n'est pas forcément le cas, car les eaux ne sont pas toutes poissonneuses. L'ensemble nord-égéen a cette chance : ses eaux regorgent de poissons et crustacés. Qu'il s'agisse du thon d'Alonissos, du homard de Fourni ou des sardines de Lesbos, les amateurs peuvent se rassurer.

#SIGA SIGA

On le sait, le temps prend une autre valeur dans les îles grecques. En saison, quasiment tous les horaires sont flexibles et dépendent autant de l'affluence et des clients que de l'humeur du moment. Il faut s'y plier, plutôt que de s'énerver : cela fait partie de l'expérience. Prenez donc votre temps, tranquillement, et apprenez à vivre *siga siga* !

#SIRTAKI

Le *sirtaki* est – à tort – considéré comme une danse traditionnelle et populaire grecque : en réalité, il a été créé pour le film de M. Cacoyannis, *Zorba le Grec*, en 1964. Les vraies danses folkloriques du Nord-Égée sont nombreuses : vous aurez l'occasion de rentrer dans la ronde au cours des nombreuses célébrations estivales, les *panigyria*.

#TAVERNA

Une taverne sur la mer Égée, voilà à peu près ce à quoi peut se résumer le bonheur dans le Nord-Égée. On y mange à toute heure des plats préparés maison, traditionnels et simples. A ne pas confondre avec un restaurant, *estiatório*, un peu plus recherché, ou avec une *ouzeri*, dédiée à la consommation d'ouzo que l'on accompagne de *mezzes* à partager.

© LEOKS - SHUTTERSTOCK.COM

#TRADITIONS

Les insulaires nord-égéens sont fiers de leurs traditions qui se sont maintenues du fait d'un relatif isolement. Celles-ci sont diverses, spécifiques à chaque île. Prenez le temps de les découvrir, que ce soit au Carnaval de Skyros, dans les villages de Mastichochoria à Chios ou encore à Ikaria où l'on observera l'art de vivre centenaire.

VOUS ÊTES D'ICI, SI…

▸ **Vous lâchez prise** sur les horaires rigides : le déjeuner se prend à toute heure de l'après-midi et le dîner ne commence pas avant 21h30 mais peut se poursuivre tard dans la nuit ; un rendez-vous pris ne garantit pas que l'heure en soit respectée : ce n'est pas si grave ; les arrivées et départs des ferries sont soumis au *meltemi* qui ralentit les transports : rien ne sert de s'énerver, il suffit d'attendre…

▸ **Vous respectez** les célébrations religieuses qui rythment le calendrier insulaire. Si l'occasion se présente, joignez-vous aux festivités pour faire l'expérience de ces rassemblements avec danse, musique et banquets au programme.

▸ **Vous prenez le temps** de boire le café pendant des heures, attablé à la terrasse d'un *kafeneion* : observez patiemment les allers-retours du village, lancez quelques *geia sou* bien placés, jouez au *tavli* (backgammon) en faisant claquer vos pions et, surtout, sirotez votre *freddo* ou votre frappé lentement, en laissant la fin trop diluée au fond du verre.

INTERVIEW

MES ÎLES DU NORD-EGÉE

RENCONTRE AVEC JOANNA DUNIS, AUTEURE DU GUIDE

© MARIE-LAURE DE SAINT-RÉMY

Qu'est-ce qui vous a menée sur les îles du Nord-Egée ?

Basée à Athènes pendant des années, j'ai couvert énormément d'îles grecques pour divers guides : l'archipel du Dodécanèse, d'abord, puis les Cyclades, la Crète, et les îles Ioniennes après. Il manquait à mon palmarès insulaire de couvrir l'ensemble nord-égéen : j'ai donc suggéré cette nouvelle création, pour que chaque ensemble d'îles soit couvert par un guide spécifique, qui mette en lumière les particularismes régionaux si importants dans ces îles.

Que gardez-vous en souvenir ?

Du sel sur les lèvres et du bleu dans les yeux. Les îles du Nord-Egée, c'est avant tout la mer partout, à perte de vue, toujours. Où que l'on soit, même dans le cœur profond des plus grandes terres, elle n'est jamais loin : ses bleus qui changent sous le vent et sa lumière restent imprimés dans ma rétine, toute l'année. En plein hiver, quand l'Egée manque, il suffit que je ferme les yeux pour me rappeler son parfum salé.

© MARIE-LAURE DE SAINT-RÉMY

Quel est votre endroit préféré ?

Il m'est bien difficile de choisir une seule île tant elles sont diverses et attachantes pour mille raisons propres à chacune. Dans les Sporades, j'opterais pour la douceur de vivre de Skopelos et les traditions folkloriques de Skyros ; au nord de la mer de Thrace, c'est l'énergie unique de Samothrace qui a ma préférence ; et face aux côtes turques, j'ai un faible pour la richesse des héritages et paysages de Chios.

© MARIE-LAURE DE SAINT-RÉMY

S'il ne fallait retenir qu'un bon conseil pour découvrir la région, ce serait lequel ?

Venir en septembre. Les températures sont encore clémentes, et elles se rafraîchissent en soirée ce qui permet de dormir sereinement. En journée, le soleil brille et la mer qui a chauffé tout l'été reste agréable pour se baigner. L'afflux touristique est moindre, les restaurateurs et hôteliers sont détendus et il règne une joyeuse ambiance d'été, après l'été. Sans oublier que les prix sont bien plus intéressants pour se loger.

IDÉES DE SÉJOUR

Le Nord-Egée est un vaste ensemble qui regroupe de diverses entités : impossible de se lasser de la région, tant chaque île est unique et offre de multiples possibilités de vacances, que ce soit pour un séjour à la découverte d'un patrimoine historique et culturel exceptionnel, une escapade « nature » et active, entre terre et mer, des vacances *siga siga*, l'équivalent du *farniente* en Grèce... ou pour combiner tout cela ! Les amoureux de la mer et des sports nautiques s'en donneront évidemment à cœur joie, entre eaux cristallines, plongée sous-marine, windsurf, kitesurf et bateau à voile. Mais les amateurs de marche seront également ravis, à la découverte des terres majestueuses de ces îles. Enfin, le Nord-Egée abrite deux sites inscrits au patrimoine mondial de l'UNESCO ainsi qu'une quantité de lieux historiques d'importance et de traditions locales dont les férus d'histoire(s) pourront se gorger.

DEUX SEMAINES POUR DÉCOUVRIR LES ÎLES DU NORD-EST

Lesbos ★★, Chios ★★, Samos ★, Ikaria ★★ sont les îles principales au nord-est de la mer Égée : elles offrent un aperçu assez complet d'une histoire multiple et riche, tournée vers l'Asie mineure, aux traditions diverses et pérennes. L'agriculture y est forte de produits locaux uniques et savoureux que l'on dégustera avec bonheur. En bref, nature et culture ont comblé ces îles où il fait bon vivre.

› Jour 1 - Lesbos et Mytilène

Arrivée en avion via Athènes, par vol régulier. Promenez-vous dans la jolie capitale de Lesbos ★★, la riche **Mytilène** ★★ (p.164) où bruisse la rumeur des cafés et ouzeries traditionnels. Prenez le temps de visiter ses musées, et son intrigante architecture. Montez au kastro, perdez-vous dans les ruelles de l'ancien bazar ottoman et faites quelques achats sur place.

› Jour 2 - Le sud de Lesbos

Départ le matin pour visiter les deux étonnants musées de Varia : le musée-bibliothèque Tériade et le musée Théophilos. Puis, direction le sud de l'île à travers des oliveraies à l'infini jusqu'au petit port de **Plomari** ★ (p.173). La capitale de l'ouzo offre une tendre escale, avant une après-midi baignade dans les environs ou la visite d'une distillerie pour découvrir la fabrication de l'ouzo.

› Jour 3 - Le nord de Lesbos

Le matin, visite de Méthymne (Molyvos) et son château fortifié. Prenez le temps de vous promener dans le plus beau village de Lesbos ★★ avant de rejoindre la côte nord-ouest, à **Sigri** ★★ (p.172) où l'on visite le musée dédié à la forêt pétrifiée. Retournez vers le sud, en passant par **Skala Eressou** (p.170), terre natale de Sappho avant de rejoindre **Skala Kalloni** ★ (p.167) où l'on s'attable devant un plat de sardines locales.

› Jour 4 - Chios Chora et Kampos

Embarquement pour Chios ★★ et visite de la capitale en arrivant au port, notamment le quartier du kastro. Après une première promenade, direction la région extraordinaire de **Kampos** (p.212), à quelques kilomètres, où l'on découvre l'histoire agricole des lieux, au **Citrus Museum** (p.179). On découvrira l'architecture locale et les grands domaines de pierre que l'on doit aux Génois notamment, symboles de la richesse chiote.

› Jour 5 - Mastichochoria et le sud de Chios

Nouvelle journée, nouvelle découverte de la richesse locale dans les villages médiévaux de Mastichochoria. Les lieux tirent profit de la production de mastic, unique en Grèce : on découvrira cette histoire au Mastic Museum de Pirgi, le plus beau village médiéval de l'île. Chaque village de l'intérieur des terres donne accès à certaines des plus belles plages de Chios ★★, à ne pas manquer.

› Jour 6 - Nea Moni et le centre de Chios

Le matin, visite du monastère byzantin de Nea Moni, inscrit au Patrimoine mondial de l'Unesco, avant de faire une pause déjeuner à **Avgonima** ★★ (p.184). En guise de promenade digestive, grimpez le rocher du village fantôme d'Anavatos avant de vous remettre de vos efforts sur une plage de l'ouest, face au soleil couchant. Les options sont nombreuses, surmontées de tours de garde génoises.

› Jour 7 - Le nord de Chios

Commencez par la visite de la *daskalopetra* d'Homère avant de remonter la côte est jusqu'à la jolie chapelle Saint-Isidore de Sykiada. Arrêtez-vous pour déjeuner dans les petits ports de Lagada ou Marmaro, ou optez pour le village intérieur de Pitious. Le versant occidental offre des vues sur le soleil de fin de journée, notamment depuis les hauteurs du village de Volissos ★★ (p.185), pour finir en beauté.

› Jour 8 - Samos et Vathi

Embarquement pour Samos ★ et le port de Vathi (p.196). Prenez le temps de déambuler dans les ruelles de la capitale, et de visiter ses musées, notamment le beau musée archéologique, avant de monter à Ano Vathi, aux maisons néoclassiques installées sur les hauteurs du port. Les amateurs de viticulture pourront découvrir l'histoire du vin de Samos aux portes de la ville.

› Jour 9 - Le sud de Samos

Le sud de Samos ★ est le plus touristique : ses plages sont très (trop !) aménagées et fréquentées. Mais on y visite des sites majeurs, autour du port de Pythagorion (p.198), terre natale du célèbre mathématicien. C'est le cas de l'Héraion, sanctuaire antique dédié à Héra, et du tunnel d'Eupalinos, chef-d'œuvre de technique antique. Ces deux sites sont listés au Patrimoine mondial de l'Unesco.

› Jour 10 - Le nord-ouest de Samos

Pour le dernier jour à Samos ★, on partira à la découverte de la côte nord-ouest de l'île. Visitez d'abord Karlovassi ★ (p.202) et ses différents ensembles architecturaux, marqués par des époques diverses. Puis rendez-vous vers Potami, où vous profiterez d'une nature particulièrement riche, au pied du mont Kerkis. Que vous optiez pour les cascades dans la forêt ou les plages de Seitani, vous serez servis.

› Jour 11 - Ikaria et le nord-ouest

Embarquement pour Ikaria ★★ depuis le port de Karlovassi ★ (p.202), à Samos ★. Arrivée à Evdilos (p.211) : prenez le temps d'un café sur le petit port, avant de partir à la découverte des plages du nord-ouest. Baignez-vous dans les eaux claires de Nas, avec une escale gastronomique en prime, et remontez le cours de la rivière. En soirée, rejoignez l'animation nocturne de Christos Rachon.

› Jour 12 - La côte sud d'Ikaria

Depuis Evdilos (p.211), prenez la route côtière qui rejoint Aghios Kirikos (p.207) en sinuant encore et toujours. En route, arrêtez-vous au village de Therma ★★ (p.209) pour faire un saut dans les eaux thermales de Spilia et boire un petit café. Puis direction les plages du sud, au-delà d'Aghios Kirikos, jusqu'aux eaux turquoise de la plage des Seychelles. Pour rentrer à Evdilos, empruntez la route à l'intérieur des terres.

› Jour 13 - La côte ouest d'Ikaria

Pour le dernier jour, prenez davantage le temps que d'habitude, pour vous imprégner une bonne fois pour toutes de la sérénité de l'île : prenez exemple de cette terre qui abrite une population centenaire en pleine santé, bien au-delà de la moyenne européenne ! Les plus férus de visites prendront la route côtière qui relie Evdilos (p.211) à Karkinagri, au bout du monde. Retour en avion, via Athènes.

› Jour 14 - Excursion à la journée, au choix

Profitez de cette journée supplémentaire pour réaliser une excursion à la journée depuis les îles décrites ici (jour à déplacer selon l'option choisie). Ce sera l'occasion de visiter une île-satellite de la région – Psara ou Oinousses depuis Chios ★★, Fourni depuis Ikaria ★★ – ou de faire un tour en Turquie dont on quitte rarement la silhouette depuis les côtes orientales de Lesbos ★★, Chios ou Samos ★.

10 JOURS POUR DÉCOUVRIR LES SPORADES

Pour faire le tour des Sporades, il faut compter minimum 10 jours : les connexions entre les îles sont rapides et fréquentes en saison, à l'exception de Skyros, plus éloignée. Si vous n'avez qu'une semaine, vous pourrez faire de petits ajustements, notamment ne rester qu'une journée à Skiathos pour rejoindre directement Skopelos et réserver Skyros ou Alonissos pour un prochain séjour.

› Jour 1 - Skiathos Chora et les plages du sud

Arrivée en avion, en vol direct depuis Paris-Orly. Promenez-vous dans la jolie Chora, longez le Vieux Port puis découvrez les ruelles tranquilles qui mènent jusqu'à Plakes. Faites une pause sur la presqu'île de Bourtzi (p.93), au café avec vue, puis, selon le temps dont vous disposez, prenez le bus pour vous rendre sur une plage de sable de la côte sud.

© AETHERIAL IMAGES - SHUTTERSTOCK.COM/V

Skiathos Chora.

› Jour 2 - Skiathos, tour de l'île et Kastro

Départ tôt le matin pour le nord de Skiathos ★★★ et la visite du Kastro, l'ancienne citadelle fortifiée. Embarquez ensuite pour une croisière à la journée, autour de l'île. Vous découvrirez les plages du nord, inaccessibles par la route, dont la belle plage de Lalaria, et reviendrez au Vieux Port dans la lumière dorée de fin de journée.

› Jour 3 - Skopelos Chora

Embarquement pour Skopelos ★★★ et le port principal de la Chora. Déposez les valises dans la voiture que vous aurez louée à l'avance et partez à la découverte de la capitale blanche, aux toits de tuile rouge. Perdez-vous dans les ruelles au hasard, et montez progressivement vers l'église Panagitsa tou Pirgou et le Kastro où vous passerez la soirée dans une taverne avec vue.

› Jour 4 - Le sud de Skopelos

Deuxième jour à Skopelos ★★★ et découverte de la moitié méridionale de l'île. Vous pourrez commencer par explorer la région des monastères, sur le mont Palouki, avant de vous rendre sur les plages du sud : la plage de Velanio à Stafilos pour les amateurs de grands espaces, la crique d'Amarandos pour les photographes en herbe, les plages d'**Agnontas** ★ (p.105) ou de Limmonari pour les familles…

› Jour 5 - Le nord de Skopelos

Pour ce dernier jour à Skopelos ★★★, direction le nord de l'île avec la visite de la **chapelle Agios Ioannis** (p.108), lieu de tournage mythique de *Mamma Mia*. Puis après-midi plage, soit sur les plages sauvages du nord, vers Perivoliou, soit dans les criques calmes de l'ouest, autour de **Neo Klima** ★ (p.106). En fin de journée, balade et coucher de soleil depuis les hauteurs de Glossa. Dîner sur place.

› Jour 6 - Alonissos, plages et ancienne Chora

Embarquement pour Alonissos ★★ et arrivée à **Patitiri** ★★ (p.110), la capitale de l'île. Après une baignade dans les plages des environs, dont Chrissi Milia et sa belle étendue de sable, direction l'ancienne Chora en fin de journée pour profiter de l'animation en soirée. Verres et dîner sur place. Vous pourrez aussi visiter le petit musée du parc marin, situé dans l'ancienne école du village.

› Jour 7 - Steni Vala et le parc marin

Le deuxième jour à Alonissos ★★ sera consacré à la découverte du parc marin d'Alonissos. Les plongeurs feront une sortie pour visiter la « Parthénon des épaves », épave antique d'une richesse exceptionnelle. Les autres feront un tour en bateau à la découverte de la faune et de la flore marines, protégées ici. Fin de journée au petit port de **Steni Vala** ★ (p.115), pour une pause bien méritée. Dîner sur place.

› Jour 8 - Skyros Chora

Embarquement pour Skyros ★★ : quittez le port de **Linaria** ★ (p.118) pour vous rendre à la Chora, que l'on découvre avec étonnement. Visite du Kastro perché, du musée archéologique et de la maison Faltaïts, avant de déambuler au hasard des ruelles blanches du village. Pause baignade sur la plage de **Magazia** ★ (p.123) avant de remonter au village pour profiter de l'animation en soirée.

› Jour 9 - Le nord de Skyros

Le deuxième jour à Skyros ★★ sera consacré à la découverte de la moitié nord de l'île : au départ de la Chora, montez le long de la côte nord-est jusqu'à Pouria et ses anciennes carrières, sans manquer d'admirer l'église troglodyte d'Agios Nikolaos. Puis direction le site néolithique de Palamari pour une passionnante visite avant de rejoindre la douceur de vivre d'**Atsitsa** ★ (p.125), jusqu'au soleil couchant.

› Jour 10 - Le sud de Skyros

Pour le dernier jour à Skyros ★★, profitez des plages autour de **Linaria** ★ (p.118) où vous pourrez faire une escale dans l'un des cafés tranquilles. Après un bon déjeuner à l'une des bonnes tables des environs, prenez la route du sud jusqu'aux confins méridionaux de l'île, terre sauvage où vivent encore quelques chevaux skyriens. Fin des vacances, la tête pleine d'images, et retour en avion, via Athènes.

UNE SEMAINE POUR DÉCOUVRIR LES ÎLES DE THRACE

Thassos et Samothrace sont des îles uniques, petits trésors connectés à la Thrace, région septentrionale de la Grèce continentale. Pour y venir, une escale via Athènes sera nécessaire afin de rejoindre Kavala (pour accéder à Thassos) puis repartir d'Alexandroupoli (après Samothrace). La nature y est particulièrement généreuse, et vous y trouverez deux ambiances bien distinctes, qui se complètent.

› Jour 1 - Thassos et Liménas

Arrivée en avion à Kavala, sur le continent, puis embarquement pour Thassos ★★ et le port de **Prinos** (p.134). Quittez rapidement les lieux pour Liménas, direction le musée archéologique et le site de l'Agora. Montez à l'ancienne acropole en passant par le théâtre antique, avant de retrouver les abords calmes du Vieux Port. Baignade de fin de journée et apéritif au soleil couchant depuis le Karnagio.

› Jour 2 - La côte est de Thassos

Commencez la journée par une balade dans le village aux toits de lauze de Panagia puis profitez des magnifiques plages de la côte est : marbre immaculé à Porto Vathi, sable fin à

Paradise Beach, piscine naturelle au **lagon de Giola** (p.136)… En fin de journée, profitez de la belle lumière pour visiter le monastère de l'Archange et le site archéologique d'**Aliki** ★★ (p.136) et ses anciennes carrières.

› Jour 3 - Le sud-ouest et les villages de l'intérieur

Empruntez la route côtière de l'ouest pour rejoindre le sud de Thassos ★★ et les villages balnéaires de Skala Marion ou **Limenaria** (p.137). En chemin, faites quelques détours à l'intérieur des terres, vers les villages préservés de Megalos **Prinos** (p.134), Maries et surtout **Theologos** ★ (p.136), ancienne capitale de l'île. Vous y verrez des paysages bucoliques, aux lacs et cascades tranquilles.

› Jour 4 - De Thassos à Samothrace

Il n'existe pas de connexion maritime entre Thassos ★★ et Samothrace, sa voisine. Depuis le port de Liménas, embarquez pour Keramoti et louez une voiture pour rejoindre Alexandroupoli par la route. Au passage, si les horaires de ferry vous le permettent, vous pourrez faire une escale par la magnifique ville de Xanthi. Au port d'Alexandroupoli, embarquez pour le ferry local qui dessert Samothrace.

› Jour 5 - Samothrace et le Sanctuaire des Grands Dieux

Après un petit-déjeuner à **Kamariotissa** (p.139), visitez le **Sanctuaire des Grands Dieux** (p.141), en prenant le temps de vous imprégner des lieux. Faites une pause déjeuner à proximité, et un plouf dans les environs avant de monter à la Chora pour profiter de la fin de journée et de l'animation qui revient en soirée. Apéritif face au coucher du soleil et dîner sur place.

› Jour 6 - Le nord de Samothrace

Cette deuxième journée sera consacrée à la découverte du nord sauvage de l'île : tôt le matin, rendez-vous au-delà de **Therma** ★★ (p.142) pour randonner jusqu'aux cascades et piscines naturelles des environs, le long de la rivière Fonias. Finissez par une baignade en eau salée, sur les rives qui longent le camping ou dans les bains thermaux gratuits de Therma. Dînez dans les environs, à la taverne Karidies.

› Jour 7 - Le sud de Samothrace

Cette dernière journée de vacances pourra être dédiée à la découverte des plages du sud de Samothrace, Pachia Ammos et Vatos Beach, accessible en bateau. Si le temps vous le permet, ne manquez pas un dernier repas dans le village de **Profitis Ilias** ★ (p.144) avant d'embarquer pour Alexandroupoli et son aéroport. Retour en avion, via Athènes, la sérénité en plus dans vos bagages.

IDÉES DE SÉJOUR

SE REPÉRER / SE DÉPLACER

DE L'AÉROPORT AU CENTRE-VILLE

Plusieurs îles du Nord-Egée abritent un aéroport aux connexions internationales, mais la plupart sont des aéroports domestiques qui assurent la liaison avec Athènes. Pour le moment, seul l'aéroport international de Skiathos propose des vols directs avec la France, via Paris-Orly (en saison). Il vous faudra donc faire escale à Athènes pour rejoindre les aéroports de Skyros, Lemnos, Lesbos, Chios, Samos et Ikaria depuis la France. Les liaisons charters vers le reste de l'Europe sont bien développées : comme celles-ci changent souvent, il est possible qu'à l'avenir plus d'îles de l'ensemble nord-égéen soient desservies en vols directs depuis la France.

Les aéroports de la région reçoivent des vols en provenance d'Athènes quasiment tous les jours en saison, voire plusieurs fois par jour pour les plus grosses îles comme Lesbos, et plus rarement le reste de l'année. En saison, certains de ces aéroports reçoivent également des vols en provenance de Thessalonique. Sur la plupart des îles qui disposent d'un aéroport, des services de bus font la navette plus ou moins régulièrement avec leurs centres-villes pour quelques euros. Dans le cas contraire (à Lemnos notamment), et à moins de louer une voiture sur place, il vous faudra prendre un taxi pour vous y rendre.

ARRIVÉE EN BATEAU

- Les îles habitées du Nord-Égée sont toutes reliées par un service de bateau plus ou moins régulier. De grands ferries font l'aller-retour entre le Pirée (le port d'Athènes) et les îles décrites dans ce guide, à l'exception de Thassos et Samothrace, au nord, et les Sporades, à l'ouest, qui ne sont pas connectées à Athènes en bateau. Ces ferries embarquent passagers et véhicules. Cette liaison peut avoir lieu une fois par semaine pour les plus petites îles ou les plus isolées, et jusqu'à une fois par jour pour les îles plus importantes. La fréquence de ces ferries dépend également de la saison, avec plus de bateaux en été. Blue Star Ferries parfois en partenariat avec Hellenic Seaways, est la compagnie principale qui dessert le Nord-Egée. Ces compagnies opèrent également certaines liaisons - moins fréquentes - au départ des ports de Kavala et de Thessalonique, dans le nord du pays.
- En saison, des hydroglisseurs des compagnies Seajets ou Flying Dolphin relient les îles des Sporades entre elles, à l'exception de Skyros. De même, les hydroglisseurs de Dodekanisos Seaways relient Samos, Ikaria et Fourni aux îles du Dodécanèse. Ils sont plus rapides et plus chers que les ferries et lorsque la mer est mauvaise, ils secouent également un peu plus. Ils n'offrent qu'un nombre très réduit de places pour les voitures – voire pas du tout sur certains catamarans.
Pour ces deux types de bateaux, vous pouvez réserver vos billets à l'avance, en ligne (http://openseas.gr) ou auprès des agences de voyage qui bordent les ports. Les billets sont à retirer une heure avant le départ du bateau au guichet de la compagnie de bateau, sur le quai.
- Il existe également tout un réseau de bateaux locaux et caïques qui assurent la navette entre ports voisins, reliant parfois des îles peu fréquentées ou isolées. C'est le cas entre les ports de Kavala/Keramoti et Thassos, entre Alexandroupoli et Samothrace, entre les îles des Sporades et Eubée, ou entre les grandes îles et leurs îles-satellites (Lemnos et Aghios Efstratios, Chios et Psara, Samos/Ikaria et Fourni). Ces bateaux sont opérés par les locaux, en saison majoritairement, mais parfois toute l'année de manière moins régulière. Les prix sont réduits, comme les trajets qui permettent souvent de faire une excursion à la journée. Les billets s'achètent le jour même dans le bateau ou au port. Les petits ferries embarquent passagers et véhicules tandis que les caïques ne prennent que les piétons.
- Enfin, des catamarans ou hydrofoils rapides opèrent en saison entre les îles et sont plus rapides.

TRANSPORTS EN COMMUN

Le réseau de bus KTEL n'est pas uniformément développé sur toutes les îles. Il existe des cars réguliers et des bus urbains qui assurent les déplacements toute l'année sur les plus grandes îles qui vivent moins du tourisme, comme Samos ou Chios. Sur les autres îles, les bus sont peu fréquents, voire inexistants hors saison. En été, les bus marquent le plus souvent l'arrêt aux principaux sites d'une île, et ce, de manière plus ou moins régulière. Certaines îles n'ont quant à elles pas du tout de système de bus. Vous trouverez parfois un système de taxi-boat : il s'agit de petites barques motorisées qui font office de bus vers des plages inaccessibles par la terre. C'est le cas à Samothrace et à Skiathos par exemple.

VÉLO, TROTTINETTE & CO

Le Nord-Egée et la Grèce en général ne sont pas très intéressés par le sort des cyclistes. Résultat : ne vous attendez pas à trouver des infrastructures spécifiques pour la pratique du vélo.

Dans quasiment toutes les îles, on pourra louer des motos ou des scooters et vivre le mythe de la liberté au guidon. Cependant, ce n'est pas toujours très recommandé dans la région, car les îles du Nord-Egée sont plutôt grandes et les routes ne sont pas toutes praticables facilement en deux-roues. Dans tous les cas, n'imitez pas les locaux et portez le casque... sur la tête ! Les routes ne sont pas toujours bien entretenues, le vent souffle fort et un accident est vite arrivé : sans casque, l'assurance ne vous prendra pas en charge. Beaucoup de loueurs n'insistent pas sur le port du casque, demandez donc expressément d'en avoir un.

Information importante : le permis B classique français intégrait la conduite de scooters jusqu'à 125cc. Pourtant, certains loueurs refuseront de vous laisser un scooter (même un 50cc) si vous n'avez pas un permis moto/scooter spécial ou que vous ne pouvez pas prouver que vous avez suivi la formation deux-roues dorénavant obligatoire en France. Là encore, en cas d'accident, l'assurance grecque pourrait ne pas vous couvrir. La législation nationale est assez floue à ce sujet, mais un nombre grandissant de loueurs ne veulent plus prendre le risque.

AVEC UN CHAUFFEUR

Pour se déplacer sur place sans être motorisé, vous pourrez monter dans le véhicule des autres ! Le taxi est la version officielle et payante de la pratique : toutes les îles les plus visitées disposent de centrales de taxis ; les îles plus petites ou moins visitées n'ont parfois qu'une poignée de chauffeurs qui peuvent dépanner mais qui sont relativement chers. La version non officielle et gratuite de la pratique est l'auto-stop, pas très courant sur les îles, hormis quelques notables exceptions dans le Nord-Égée, dont Samothrace et Ikaria.

Théoriquement - et suite à des abus réguliers - les tarifs pratiqués dans les îles par les taxis sont forfaitaires et établis tous les ans par l'administration nationale. Ce qui signifie que tout trajet correspond à un tarif préétabli et fixe.

Dans la pratique, ce n'est pas toujours le cas, ou ce n'est pas affiché. Confirmez donc au préalable le prix pour la course prévue. Certaines îles n'ont pas du tout de chauffeurs de taxi, d'autres en ont quelques-uns, mais en haute saison, ils sont souvent en sous-nombre. Les plus grosses îles bénéficient de services de radio-taxi qui gèrent les voitures en plus grand nombre. De manière générale, il vaut mieux prévoir à l'avance ou prendre son mal en patience, et accepter le covoiturage de taxi.

Arrivée à Skathios en bateau.

EN VOITURE

La voiture est sans doute le moyen de locomotion le plus efficace pour découvrir les plus grandes îles de Nord-Egée, car les distances sont grandes et les routes parfois peu praticables en scooter. Les routes sont de qualité inégale selon les îles : pour toutes les pistes et routes secondaires de piètre qualité, préférez les 4×4. Si vous louez un véhicule de catégorie A, demandez précision au loueur pour savoir quelles routes vous seront inaccessibles : il s'agit le plus souvent des routes de montagne ou les routes menant à des plages isolées. Quel que soit le type de voiture choisi, nous vous recommandons la plus grande prudence au volant : les insulaires interprètent souvent le code de la route comme bon leur semble et ne portent jamais la ceinture. Le secret pour conduire en toute sécurité : conduire lentement ! De toute façon, les routes sont souvent mal entretenues et étroites donc vous serez obligé de limiter votre vitesse. Et en vacances sur une île, rien ne presse… Si vous demandez votre chemin, on vous dira tout le temps : rien de plus simple, il n'y a qu'une seule route. S'il y a en effet peu de routes sur les îles, c'est un étonnement permanent que de voir à quel point elles sont mal indiquées et à quel point il est facile de s'y perdre…

ACCESSIBILITÉ

L'accessibilité pour les personnes à mobilité réduite et les poussettes n'est malheureusement pas une priorité en Grèce, tant s'en faut. Il en résulte une accessibilité réduite, notamment dans tous les transports publics intra-îles, les bus locaux donc. En ce qui concerne les transports inter-îles, les ferries et autres bateaux qui sillonnent le Nord-Egée ne sont pas toujours très accessibles non plus : sur les grands ferries, l'accès est théoriquement assuré pour tous ; dans la pratique, c'est une autre histoire. Ainsi, les escalators sont mis en route pour monter dans le bateau, mais sont désactivés quand il s'agit de débarquer. Des ascenseurs sont prévus, mais ne desservent pas nécessairement tous les étages des ferries. Le personnel à bord saura toujours vous assister, mais, il vaut mieux s'y prendre bien à l'avance pour éviter la panique et le chaos des arrivées et des départs. Pour les hydroglisseurs, l'accès se fait avec l'aide de l'équipage. Enfin, rien n'est prévu pour les caïques et autres bateaux locaux.

LES PHRASES CLÉS

Bonjour, comment puis-je me rendre à…
Παρακαλώ, πώς θα μπορούσα να πάω στο…

Est-ce loin à pied ? Y a-t-il le métro ou un bus… pour y aller ?
Είναι μακρυά με τα πόδια; Μπορώ να πάρω το μετρό ή το λεωφορείο για να πάω εκεί;

Pouvez-vous me montrer cet endroit sur la carte s'il vous plait ?
Μπορείτε να μου δείξετε το μέρος αυτό στον χάρτη;

Où puis-je acheter les tickets de transport ? Est-ce que je peux payer en carte de crédit ?
Πού μπορώ να αγοράσω εισιτήρια για τα μέσα μαζικής μεταφοράς; Μπορώ να πληρώσω με πιστωτική κάρτα;

Où est la sortie ? A gauche, à droite ou tout droit ?
Πού είναι η έξοδος Αριστερά, δεξιά ή ευθεία;

Je suis perdu et je suis en retard, s'il vous plait, aidez-moi ! Merci beaucoup !
Χάθηκα και έχω καθυστερήσει, βοηθήστε με σας παρακαλώ! Σας ευχαριστώ πολύ!

HORAIRES

Les horaires sont une perpétuelle source d'angoisse pour les auteurs de guides sur la Grèce : ils changent constamment, parfois plusieurs fois par an, souvent, ils n'existent même pas réellement. Une seule chose à retenir donc : restez flexible ! Un musée fermé aux horaires d'ouverture est monnaie courante, notamment dans les îles où l'affluence est limitée et en période de limitations budgétaires. Donc, tentez votre chance en vous basant sur les indications données dans ce guide ou appelez avant de passer : ce sera plus sûr ! Hors saison, partez du principe que les sites et musées mineurs sont fermés, mais qu'en tombant sur la bonne personne, on vous donnera peut-être les clefs…

BUDGET / BONS PLANS

Les tarifs d'entrée aux sites et musées sont habituellement limités à quelques euros, même si les billets ont augmenté ces deux dernières années. Dans bon nombre de lieux culturels, l'entrée est gratuite : une donation est toujours la bienvenue dans ce cas. Enfin, il existe des réductions pour les jeunes et les seniors de l'UE, à faire valoir avec un justificatif d'identité.

VISITES GUIDÉES

Sur les îles les plus touristiques du Nord-Egée, certains sites majeurs ou offices de tourisme proposent des visites thématiques soit auto-guidées, soit avec un guide. Ceci étant dit, la plupart du temps les municipalités des îles ne proposent rien. Trop isolées, trop peu visitées, trop pauvres… : les raisons sont nombreuses. Hôtels et particuliers organisent des visites à titre privé, mais votre meilleure option restera de demander autour de vous, au café, à la taverne, pour entendre les histoires des lieux que vous aurez visités. En revanche, vous trouverez souvent des bateaux locaux qui proposent des excursions dans les îlots alentour ou dans des criques inaccessibles par la terre.

Monastère de l'Archange-Michel.

FUMEURS

Tous les espaces publics extérieurs sont fumeurs, qu'il s'agisse de parcs, de plages, voire de certains sites archéologiques en accès libre.
En revanche, l'intérieur des musées, églises, monastères et sites archéologiques majeurs est non-fumeur. Respectez les lieux et ne jetez pas vos mégots par terre. Faites particulièrement attention en été, un feu est trop vite parti…

C'EST TRÈS LOCAL

Il faut prévoir une tenue correcte pour visiter les nombreux monastères et églises du Nord-Égée : on ne s'y rendra évidemment pas en bikini, et les tenues trop courtes ou trop décolletées sont à bannir. A l'entrée de certains sites religieux particulièrement importants, comme le monastère de Nea Moni à Chios ou le monastère de l'Archange-Michel à Thassos, de longs tissus sont à disposition pour se couvrir les épaules et les jambes.

LES PHRASES CLÉS

Bonjour, puis-je avoir deux entrées adultes et un enfant s'il vous plait ?
Θα ήθελα δύο εισιτήρια για ενήλικες και δύο για παιδιά παρακαλώ.

Le tarif enfant est jusqu'à quel âge ? Et pour les seniors, est-ce qu'il y a une réduction ?
Μέχρι ποια ηλικία θεωρείται κανείς παιδί; Υπάρχει έκπτωση για τους συνταξιούχους;

Est-ce qu'il y a des visites guidées en français ou un audioguide ?
Υπάρχει ξενάγηση στα γαλλικά ή ηχητική ξενάγηση;

Combien de temps faut-il pour faire la visite ?
Πόσο διαρκεί η επίσκεψη;

J'ai du mal à monter les escaliers, avez-vous un ascenseur ?
Οι σκάλες με δυσκολεύουν, υπάρχει ασανσέρ;

Excusez-moi, pouvez-vous me dire où sont les toilettes ? Merci beaucoup.
Με συγχωρείτε, πού είναι οι τουαλέτες; Σας ευχαριστώ πολύ.

SE RÉGALER

HORAIRES

Les restaurateurs et propriétaires des tavernes et ouzeries du Nord-Egée doivent assurer la saison estivale pour survivre toute l'année : ils sont donc ouverts tous les jours, du matin au soir, en service continu, et les horaires dépendent de l'affluence. Les heures de service durent en moyenne quinze heures, parfois plus. Certains restaurants un peu plus haut de gamme ne sont ouverts que le soir, pour le dîner. En été, les serveurs attendent simplement que le dernier client parte pour fermer tandis que hors saison la plupart des établissements sont tout bonnement fermés.

BUDGET / BONS PLANS

Si les restaurants (*estiatório*) sont légèrement plus chers que les tavernes ou les ouzeries, se restaurer reste très abordable dans les îles du Nord-Egée. A moins d'aller dans un restaurant branché ou très chic - ils sont plutôt rares –, il faudra compter environ 15-20 € par personne pour un repas complet avec une carafe de vin local ou de raki/ouzo. A noter cependant : le poisson frais, vendu au kilo, est toujours cher. Pour éviter les mauvaises surprises au moment de l'addition, allez choisir votre poisson en cuisine et demandez le prix avant de le commander, car la note monte rapidement. Enfin, il est tout à fait habituel de commander beaucoup trop et de demander les restes à emporter. Pour payer, prévoyez toujours des espèces car la carte bleue n'est pas forcément acceptée partout, et laissez un pourboire d'environ 10 %.

EN SUPPLÉMENT

Certaines tavernes et restaurants appliquent un supplément d'environ 1 € pour le couvert et le pain, qui n'est pas systématiquement proposé. L'eau en carafe est gratuite, mais dans les îles, l'eau du robinet n'étant pas forcément potable, on vous servira souvent d'office une bouteille d'eau minérale.

C'EST TRÈS LOCAL

Le service peut être très long : rien ne sert de s'énerver, mais prévoyez large et n'attendez pas d'être affamé pour vous attabler, notamment avec des enfants. A noter également : les plats arrivent au fur et à mesure de la préparation, donc ne comptez pas manger d'abord une entrée puis un plat. Un petit dessert ou un verre de liqueur est bien souvent offert en fin de repas.

A ÉVITER

En Grèce, on ne vous mettra jamais la pression pour quitter la table ou recommander, une fois votre repas terminé. A moins que vous ne demandiez l'addition, on vous laissera tranquillement en profiter, sans nécessairement débarrasser la table. Il faut malgré tout raison garder : si vous voyez que des gens attendent alors que vous avez fini votre repas depuis un moment, laissez votre place !

Si vous allez au restaurant avec des Grecs, payez la note ou faites-vous offrir le repas, mais évitez de faire le décompte de ce que chacun a mangé pour payer uniquement votre part. Cette pratique n'est pas répandue, voire carrément impolie. A savoir également : si vous célébrez votre anniversaire au restaurant pendant votre séjour, ce sera à vous d'inviter et non l'inverse.

ENFANTS

En Grèce, l'attitude envers les enfants au restaurant est radicalement différente de la nôtre : ici, on ne sépare pas les générations, on ne cherche pas à faire taire les enfants trop bruyants ou à leur imposer de rester assis. Les enfants sont conviés à la table des adultes et mènent leur train, sans chercher à se contenir et sans que les adultes les contiennent. Ce qui donne un joyeux – parfois bruyant ! – brouhaha. Et le soir, lorsque le dîner s'éternise, ils peuvent jouer dans les rues jusqu'à bien après minuit, le temps que les parents finissent tranquillement leur ouzo.

© SHANSCHE - ISTOCKPHOTO.COM

Tarte au fromage typique de l'île de Skopelos.

FUMEURS

La loi anti-tabac dans les espaces publics existe depuis 2008, mais n'avait jamais été respectée dans les restaurants et les cafés avant 2019. C'est le gouvernement de K. Mitsotakis qui a fait en sorte que la loi soit respectée, peu de temps après son élection. Aujourd'hui, il est donc effectivement interdit de fumer à l'intérieur des tavernes, restaurants et autres cafés. Les fumeurs se limiteront aux terrasses.

LES ATTRAPE-TOURISTES

Ce n'est pas un attrape-touriste à proprement parler, c'est plutôt une ignorance des touristes qui provoque parfois de mauvaises surprises et la sensation de s'être fait arnaquer : comme nous le disions plus haut, le poisson frais coûte (très) cher et il faut donc choisir sa bête et en valider le prix avant de passer commande.

Demandez s'il s'agit vraiment de poisson pêché en mer ou de poisson d'élevage, car il y a des fermes piscicoles dans les îles. Quant au poulpe « frais » qui sèche devant les ouzeries et tavernes, il a sûrement été pêché il y a quelques mois puis congelé car les pêcheurs ne peuvent pas soutenir la demande en été et la saison la plus propice est autour du mois d'octobre. Il n'en reste pas moins délicieux et pêché localement.

LES PHRASES CLÉS

Bonjour, je voudrais réserver une table pour deux personnes pour ce midi ou ce soir.
Γεια σας, θα ήθελα να κλείσω ένα τραπέζι για δύο σήμερα το μεσημέρι ή το απόγευμα

Avez-vous un menu en français ou en anglais ?
Υπάρχει μενού στα Γαλλικά ή τα Αγγλικά;

Je suis végétarien, y a t-il des plats sans viande ?
Είμαι *vegetarian*, έχετε πιάτα χωρίς κρέας;

Je n'ai vraiment plus faim mais avez-vous une carte des desserts ?
Έχω χορτάσει αλλά θα ήθελα να δω το μενού με τα επιδόρπια.

Puis-je avoir l'addition s'il vous plait ? Je peux payer par carte ou en espèces ?
Τον λογαριασμό παρακαλώ. Μπορώ να πληρώσω με κάρτα ή μόνο μετρητά;

C'était très bon, nous reviendrons. Merci et à bientôt.
Ήταν πεντανόστιμα, θα έρθουμε ξανά. Ευχαριστούμε πολύ, εις το επανιδείν.

FAIRE UNE PAUSE

HORAIRES

Les tenanciers et propriétaires des bars et cafés du Nord-Égée doivent assurer la saison estivale pour survivre toute l'année : ils sont donc ouverts tous les jours, du matin au soir et les horaires dépendent de l'affluence. Certains bars de nuit n'ouvrent qu'à partir de 18h-19h et restent ouverts jusqu'au petit matin. Certains *kafeneia* traditionnels ouvrent tôt le matin et à nouveau vers 18h mais ferment quelques heures après le déjeuner. Mais la plupart du temps, ces lieux sont ouverts en continu : en été, les serveurs attendent simplement que le dernier client parte pour fermer. En revanche, hors saison, la majorité des établissements sont fermés.

BUDGET / BONS PLANS

Boire le café est une institution en Grèce : vous pourrez rester des heures avec un *freddo* ou un frappé pour quelques euros, sans avoir à renouveler votre commande.

A PARTIR DE QUEL ÂGE

Il n'y a pas d'âge légal pour consommer de l'alcool en privé en Grèce. Pour boire et consommer de l'alcool dans un café ou un lieu public, il faut avoir 18 ans, mais cette loi n'est pas très suivie et personne ne demandera de carte d'identité à un jeune qui commande un verre d'alcool.

C'EST TRÈS LOCAL

Le café traditionnel, le *kafeneio*, est bien souvent le cœur de la vie locale dans les îles. Plus exactement, c'est bien souvent le cœur de la vie publique et donc de la vie masculine… En effet, les femmes vivent encore largement au sein du foyer pendant que les hommes se retrouvent au café pour se tourner les pouces et refaire le monde, bien campés dans leurs fauteuils… Le *kafeneio* ouvre tôt le matin, on vient y prendre son premier café pour voir le village qui se réveille doucement.

Freddo.

© KANVAG - ISTOCKPHOTO.COM

Taverne sur la plage.

Parfois, il reste ouvert pour le déjeuner, mais habituellement, il ferme entre midi et 17h, pour la sieste. Il rouvre sur les coups de 18h pour un dernier café ou un jeu de *tavli* de fin de journée. Plus tard, il se transforme en *ouzeri*, où l'on boit ouzo, bière et raki en partageant de petits plats, les *mezzes*, sur fond de *rebetiko*, la musique populaire grecque par excellence.

ENFANTS

Les enfants sont acceptés absolument partout, accompagnés de leurs parents.

FUMEURS

La loi anti-tabac dans les espaces publics existe depuis 2008, mais n'avait jamais été respectée dans les restaurants et les cafés avant 2019. C'est le gouvernement de K. Mitsotakis qui a fait en sorte que la loi soit respectée, peu de temps après son élection. Aujourd'hui, il est donc effectivement interdit de fumer à l'intérieur des cafés, bars et ouzeries. Les fumeurs se limiteront aux terrasses.

LES PHRASES CLÉS

Bonjour, quelle est la spécialité de la maison ? Nous voulons découvrir.
Γεια σας, ποια είναι η σπεσιαλιτέ σας; Θέλουμε να τη δοκιμάσουμε.

Avez-vous de la place en terrasse ?
Έχετε δωμάτιο στην αυλή;

Quel est votre nom ? Je m'appelle… Ravi de vous rencontrer !
Πώς λέγεστε; Το όνομά μου είναι... Χάρηκα πολύ που σας γνώρισα!

A votre santé ! Zut, j'ai renversé mon verre… pouvez-vous m'aider ?
Στην υγειά μας! Ωχ, έχυσα το ποτό μου, μπορείτε να με βοηθήσετε;

C'était très bon. Nous allons reprendre la même chose s'il vous plait.
Ήταν νοστιμότατο. Θέλουμε άλλο ένα παρακαλώ.

PRATIQUE

(SE) FAIRE PLAISIR

HORAIRES

Les commerces sont généralement ouverts du lundi au samedi, de 8h à 20h, avec une période de fermeture à l'heure du déjeuner. Toutefois, les horaires s'adaptent à la fréquentation touristique : il n'est pas rare qu'un magasin ferme à 22h, voire plus, durant la saison haute. Hors saison, c'est généralement l'inverse, avec de nombreux magasins touristiques tout simplement fermés, notamment dans les îles moins visitées.

SOLDES

Les grandes périodes de soldes sont en janvier-février puis à nouveau en juillet mais les îles ne suivent pas nécessairement ces calendriers, notamment en haute saison quand il s'agit de gagner de quoi assurer le reste de l'année.
Résultat : vous ferez de bonnes affaires pour les soldes de fin de saison dans les grandes villes, qui ne dépendent pas que de la saison touristique, mais ailleurs il y a peu d'espoir que les soldes constituent un grand moment de shopping à moindres frais.

C'EST TRÈS LOCAL

Vous pourrez acheter toutes sortes de produits locaux dans les épiceries, boulangeries et supérettes des îles. Une bonne partie des îles du Nord-Egée sont des îles fertiles et agricoles : les produits frais (légumes, fruits) sont moins difficiles à trouver qu'ailleurs. Ne manquez pas de vous approvisionner localement ! Quelques agriculteurs vendent parfois leurs productions à l'arrière de leurs camionnettes. Quant à la pêche, elle va souvent directement aux tavernes et restaurateurs des îles mais certains pêcheurs accepteront de vous vendre la pêche du jour.

LES ATTRAPE-TOURISTES

Attention aux faux souvenirs locaux : bracelets contre le mauvais œil, éponges, pierres ponces, reproductions d'icônes ou de statuettes antiques sont rarement de production grecque. Optez toujours pour un artisan, plutôt que pour les boutiques de souvenirs *made in China*. Si vous vous rendez en Turquie, n'oubliez pas qu'il vous faudra déclarer les biens de valeur à votre retour sur le territoire européen.

LES PHRASES CLÉS

Bonjour, c'est superbe, mais combien ça coûte ?
Αυτό είναι πολύ όμορφο, πόσο κοστίζει;

Vous auriez ma taille ? Où se trouvent les cabines d'essayage ?
Το έχετε στο μέγεθός μου; Πού είναι τα δοκιμαστήρια;

Est ce que je pourrai vous le rapporter et l'échanger si ça ne va pas ?
Εάν δεν μου κάνει μπορώ να το επιστρέψω;

J'ai trop dépensé aujourd'hui, pouvez-vous me faire une réduction sympa ?
Έχω ξοδέψει πολλά σήμερα, θα μπορούσατε να μου κάνετε έκπτωση;

Je prendrai celui-ci. Pouvez-vous me faire un paquet cadeau ?
Θα πάρω αυτό. Θα μου το τυλίξετε για δώρο;

Vous prenez la carte de crédit ? Où puis-je trouver un distributeur de billets ?
Δέχεστε πιστωτικές κάρτες; Πού μπορώ να βρω ATM;

PRATIQUE

BOUGER & BULLER

BUDGET / BONS PLANS

La nature des îles du Nord-Égée est riche de mille possibilités : la majorité des activités de plein-air ne vous coûteront pas un centime, que ce soit la nage, la randonnée, le snorkeling... Pour le kayak, la plongée, le windsurf et le kite-surf, à moins de venir équipé, il faudra louer le matériel : de nombreuses écoles proposent un matériel de qualité à la location.

C'EST TRÈS LOCAL

La danse est pratiquée par tous au cours des grandes célébrations qui rythment la vie insulaire : vous pourrez apprendre quelques pas traditionnels en rentrant dans la ronde à l'occasion de ces *panigyria*.

VOS PAPIERS SVP

Le permis bateau est obligatoire pour louer un voilier ou un bateau à moteur en Grèce : normalement, le permis côtier est suffisant pour le seul capitaine, mais certains loueurs demanderont une garantie supplémentaire, avec une seconde personne sachant naviguer à bord. La plongée sous-marine est réglementée pour éviter le pillage des épaves antiques particulièrement : toute trouvaille archéologique doit être signalée aux autorités portuaires ou à la police. La législation a été revisitée afin de faciliter la création de musées sous-marins, notamment dans les eaux d'Alonissos, et de développer le tourisme lié à la pratique de la plongée. La plongée en solo est interdite, ainsi que la chasse sous-marine (même si vous verrez des locaux le harpon à la main), mais la visite des épaves sous-marines est maintenant autorisée sans nécessaire accompagnement d'un archéologue. Enfin, la pratique du windsurf et du kitesurf est interdite aux enfants de moins de 16 ans, sans l'accord d'un parent.

A RÉSERVER

Pour tous les cours de kayak, de plongée, de kitesurf ou de windsurf, il vous faudra réserver. Nul besoin de s'y prendre des semaines avant votre séjour, mais la haute saison peut être un peu remplie, donc il vaut mieux se renseigner en amont.

© MATHIAS MOURITSEN - SHUTTERSTOCK.COM

Kayak près de l'île de Skopelos.

LES ÉVÉNEMENTS

Il y a toutes sortes d'événements festifs, sportifs et culturels qui marquent le calendrier des îles du Nord-Egée. Côté sports, des régates sont régulièrement organisées dans les nombreux ports de la région alors que le tournoi d'échecs d'Ikaria est une rencontre de niveau international. Des festivals culturels sont organisés toute l'année et plus souvent encore en été : festivals de danse, de cinéma, de musique, folklores médiévaux, célébrations religieuses ou villageoises… Sans oublier les fêtes nationales et commémorations historiques, ainsi qu'un grand rassemblement LGBTQ+ à Lesbos.

LES ATTRAPE-TOURISTES

Certaines pratiques sportives peuvent s'avérer dangereuses. C'est le cas notamment pour le windsurf et le kitesurf à Lemnos et Lesbos, ou la plongée sous-marine à Alonissos. Il est donc primordial de s'adresser à des écoles et loueurs professionnels. Nous avons indiqué les adresses sûres dans ce guide.

LES PHRASES CLÉS

Bonjour, comment puis-je me rendre à… ? Est-ce loin ?
Παρακαλώ, πώς θα μπορούσα να πάω στο…; - Είναι μακριά;

J'aimerais aller courir. Il y a un coin sympa pour cela dans la ville ?
Θα ήθελα να πάω για τρέξιμο. Υπάρχει κάποιο όμορφο μέρος για τρέξιμο στην πόλη;

J'adore cuisiner. Savez-vous où je peux trouver des cours de cuisine ?
Μου αρέσει η μαγειρική. Πού θα μπορούσα να παρακολουθήσω μαθήματα μαγειρικής;

Vous pourriez m'indiquer une salle de sport pas très loin ?
Μπορείτε να μου πείτε πού είναι το πιο κοντινό δημόσιο γυμναστήριο;

Quel est le sport national ?
Ποιο είναι το εθνικό άθλημα;

Pensez-vous que nous pourrions voir cela ou même participer ?
Θα μπορούσαμε να το παρακολουθήσουμε ή να το δοκιμάσουμε;

HORAIRES

Les cinémas d'été, en plein air, proposent habituellement une séance autour de 22h car il faut qu'il fasse nuit noire pour la projection. Les clubs et boîtes de nuit ouvrent vers minuit et restent ouverts jusqu'au petit matin, autour de 5-6h et selon l'affluence.

BUDGET / BONS PLANS

Sur les îles, les entrées dans les bars ou clubs sont gratuites. Pour les cinémas d'été, il faudra compter environ 5-8 € la séance, selon l'île.

TRANSPORTS NOCTURNES

Le réseau de bus étant très limité sur les îles, vous ne pourrez pas compter sur les transports publics pour rentrer de soirée, à moins qu'une navette privée ait été prévue. Pour les sorties, prévoyez d'appeler un taxi, en vous assurant qu'il pourra vous raccompagner plus tard dans la nuit. Sinon, vous devrez dépendre de vos petites jambes ou de la bonne volonté motorisée – mais non alcoolisée ! – d'un(e) partenaire de soirée.

A PARTIR DE QUEL ÂGE

Il n'y a pas d'âge légal pour consommer de l'alcool en privé en Grèce. Pour boire et consommer de l'alcool dans un café ou un lieu public, il faut avoir 18 ans, mais cette loi n'est pas très suivie et personne ne demandera de carte d'identité à un jeune qui commande un verre d'alcool.

C'EST TRÈS LOCAL

Les insulaires ont le sens de la fête et toute occasion est bonne pour se rassembler et danser jusqu'au bout de la nuit. Notamment au cours des festivités estivales des *panigyria,* pour célébrer le saint patron de l'île ou du village notamment. A ces occasions, vous verrez toute l'île et toutes les générations manger, boire, danser et chanter pendant parfois plusieurs jours !

FUMEURS

Aujourd'hui, la loi anti-tabac dans les espaces publics s'applique enfin. Il est donc interdit de fumer à l'intérieur des bars, discothèques et autres lieux nocturnes. Les fumeurs se limiteront aux terrasses.

LES PHRASES CLÉS

Bonsoir, comment puis-je me rendre à…
Καλησπέρα, πώς μπορώ να πάω στο…

Est ce que cet endroit est tranquille ? Il n'y a pas de problème de sécurité ?
Είναι ήσυχο μέρος; Υπάρχουν θέματα ασφαλείας;

J'aimerais voir un spectacle typique ! Qu'est-ce qu'il y a en ce moment ?
Θα ήθελα πολύ να δω μια παραδοσιακή παράσταση! Ποιες παραστάσεις ανεβαίνουν τώρα;

Je ne comprends pas… pouvez-vous répéter s'il vous plait ? Merci.
Δεν σας κατάλαβα, μπορείτε να επαναλάβετε; Σας ευχαριστώ.

Est-ce que je peux vous offrir un verre ? Quel est le meilleur cocktail de la maison ?
Θα μπορούσα να σας κεράσω ένα ποτό; Ποιο είναι το καλύτερο κοκτέιλ σας;

J'ai la gueule de bois, auriez-vous quelque chose pour que j'aille mieux ?
Έχω πολύ δυνατό πονοκέφαλο, έχετε να μου δώσετε κάτι που θα με βοηθήσει;

PRATIQUE

SE LOGER

BUDGET / BONS PLANS

Les prix peuvent varier du simple au triple entre la basse et la haute saison. Notez qu'en basse saison, les prix sont ouverts au marchandage, ce qui devient impossible en haute saison. À cette période, il est fortement conseillé de réserver. Les hôtels de luxe affichent des prix comparables à ceux du reste de l'Europe tandis que les petits hôtels de charme proposent des prix plus abordables. Les solutions les plus économiques restent les *domatia*, studios à louer chez des particuliers, ou le camping, bien développé dans les îles du Nord-Egée. Dernière option, gratuite : le camping sauvage. Il est interdit partout en Grèce, mais certaines îles le tolèrent. C'est le cas de Samothrace et Ikaria, réputées auprès des *free campers* grecs et internationaux.

Les fourchettes de prix utilisées dans ce guide sont basées sur les tarifs en haute saison (à partir de juin), pour une chambre double standard.

- Bien et pas cher : moins de 90 € la nuit.
- Confort ou charme : de 90 à 140 € la nuit.
- Luxe : au-delà de 150 € la nuit.

À RÉSERVER

Il est impératif de réserver en été, notamment entre le 15 juillet et la fin août, qu'il s'agisse des îles les plus touristiques et donc très demandées, ou des îles les plus isolées qui manquent d'infrastructures. Il est également nécessaire de réserver au moment de la Pâques orthodoxe.

C'EST TRÈS LOCAL

- **Les *domatia*, ou chambres chez l'habitant,** se sont professionnalisées : aujourd'hui ce sont surtout de petits ensembles de studios aménagés par les locaux (chambre double avec kitchenette et salle de bains privative), qui ne proposent pas de service de petit-déjeuner. Hors saison, ou dans les îles les moins visitées, vous verrez certains propriétaires proposer leurs studios à louer à l'aide de pancartes, à l'arrivée des ferries. Sinon, réservation en ligne ou par téléphone, comme à l'hôtel.
- **Il existe différents types d'hôtels dans le Nord-Égée :** les grands *resorts*, parfois *all inclusive*, sont concentrés sur les îles les plus visitées, ailleurs vous trouverez des hôtels familiaux de petite ou moyenne taille. De plus en plus, la tendance est aux petits hôtels de charme, souvent appelés *boutique hotels*, où un effort de décoration et de confort est fait, s'accompagnant souvent de prix gonflés par rapport aux hôtels familiaux classiques. Ces derniers ont lancé des rénovations bienvenues ces dernières années, et la tendance devrait se poursuivre.

© GREENS AND BLUES- SHUTTERSTOCK.COM

Île de Thassos.

Il n'existe pas d'auberges de jeunesse dans les îles du Nord-Égée : pour les amateurs de ce type d'hébergement, il faudra donc faire autrement car les options les plus économiques de la région ne font pas partie du réseau Hostelling International. Pour les plus petits budgets, le camping est bien plus largement pratiqué dans ces îles, que ce soit de manière officielle ou officieuse. L'alternative un peu plus onéreuse est celle des *domatia* et studios, dont les prix sont négociables hors haute saison, notamment pour les séjours les plus longs.

Le camping est une pratique bien développée. A priori, le camping sauvage est interdit, mais cette règle générale ne s'applique pas partout. En réalité, chaque île décide de tolérer ou non les campeurs sur ses plages en été. Lorsqu'il est accepté, le camping sauvage est restreint à certaines zones : dans les îles de l'ensemble nord-égéen, les plages de Samothrace notamment sont ouvertes au *free camping*. Ailleurs, comme à Alonissos ou à Thassos, des campings payants et officiels proposent leurs emplacements, souvent ombragés et à proximité d'une plage.

POUR LES GOURMANDS

Le petit-déjeuner est rarement le point fort de l'hôtellerie grecque. Goûtez sans modération aux yaourts arrosés de miel (local si possible) ou de confitures maison. Des options salées (œufs, fromage, charcuterie) sont souvent proposées au petit-déjeuner. Quant aux fruits frais, vous n'en trouverez pas facilement : ils ne sont pas fréquents dans les hôtels des îles. Toutefois, les petits hôtels de charme proposent parfois de délicieux petits-déjeuners faits maison, à base de produits locaux. Parmi les erreurs à ne pas commettre, attention avec le mot « toast » qui signifie « croque-monsieur » et non « pain grillé » en Grèce.

FUMEURS

Dans les hôtels, veillez à scrupuleusement respecter les interdictions de fumer à l'intérieur des chambres. Pour les fumeurs invétérés, beaucoup de chambres offrent des balcons où il est possible de fumer, très souvent avec vue !

LES ATTRAPE-TOURISTES

En début ou en fin de saison, les hôteliers et aubergistes locaux attendent souvent sur le port avec une pancarte promotionnelle pour offrir des chambres aux vacanciers qui débarquent du ferry. Ce n'est pas forcément un mauvais plan, au contraire, mais demandez bien des photos, le prix et la distance de cet hébergement avant de monter dans un véhicule.

LES PHRASES CLÉS

Bonjour, avez-vous de la disponibilité pour une chambre double pour ce soir ou demain soir ?
Γεια σας, υπάρχει διαθέσιμο δίκλινο δωμάτιο για σήμερα ή αύριο;

Avez-vous un code wifi… les enfants ne tiendront pas sans !
Έχετε κωδικό για το *Wi-Fi*, αλλιώς τα παιδιά μου θα τρελαθούν!

C'est bruyant, est ce que je peux changer de chambre ?
Το δωμάτιό μου έχει θόρυβο, μπορώ να μετακινηθώ σε άλλο;

Jusqu'à quelle heure est-ce que nous pouvons aller à la salle de sport et à la piscine ?
Τι ώρα κλείνουν η πισίνα και το γυμναστήριο;

Est-ce que je peux laisser mon bagage et revenir plus tard le récupérer ?
Μπορώ να αφήσω τις αποσκευές μου και να τις πάρω αργότερα;

Est-ce que vous pouvez nous appeler un taxi ? Merci beaucoup.
Μπορείτε να μας καλέσετε ένα ταξί; Σας ευχαριστώ πολύ.

ALLO ?

Pour appeler de la Grèce vers la France, composez le +33 suivi du numéro de votre correspondant sans le 0. Pour appeler de France vers la Grèce, composez le +30, suivi du numéro. Depuis juin 2017, lorsque vous utilisez votre téléphone portable français dans un pays membre de l'UE, vous ne payez pas la communication, que vous émettiez l'appel ou que vous le receviez.

De même, le *roaming* (Internet sur votre téléphone) est gratuit dans l'UE.

Faites simplement attention lorsque vous serez dans les îles du nord-est : elles sont si proches des côtes turques, pour certaines, qu'elles captent le réseau mobile turc. Dans ce cas-là, n'oubliez pas de désactiver vos données mobiles.

ACCESSIBILITÉ

Les îles du Nord-Egée, à la géographie volcanique et aux reliefs accidentés, ne sont malheureusement pas très accessibles aux personnes à mobilité réduite ou aux poussettes : villages perchés, boyaux de ruelles médiévales, studios étriqués chez l'habitant, sites historiques isolés, escaliers raides un peu partout sont le lot de toutes les îles.

SANTÉ

Sur les grandes îles de Nord-Egée, vous trouverez cliniques et établissements hospitaliers tandis que les petites îles ont parfois, mais pas nécessairement, un dispensaire. Pour les urgences graves, chaque île dispose d'un héliport pour rapatrier les blessés ou malades vers le plus grand hôpital local - ou vers Athènes si cela s'avère nécessaire.

URGENCES SUR PLACE

Partout dans l'Union européenne, un seul numéro d'appel d'urgence : le 112.

SÉCURITÉ

Dans chaque île, vous trouverez un poste de police et les autorités portuaires. Certaines îles abritent également une base militaire. En effet, les îles du Nord-Egée, à l'exception de Thassos et des Sporades, sont frontalières avec la Turquie, le voisin dont la Grèce se méfie en permanence : il y a régulièrement des incidents concernant les eaux territoriales des deux pays dans la zone.

LGBTQ

Les droits LGBTQIA+ sont encore limités en Grèce, du fait de l'omniprésence de la religion orthodoxe et d'un fort sentiment traditionaliste. Les îles du Nord-Egée font cependant un peu exception, notamment à Lesbos où s'organise chaque année un grand festival lesbien, en hommage à Sappho. Ailleurs, les voyageurs LGBTQIA+ pourront visiter les îles du Nord-Egée en toute sécurité, sans rencontrer d'hostilité particulière.

AMBASSADE ET CONSULATS

L'ambassade de France est située dans le centre d'Athènes (7, avenue Vassilis Sofias - +30 210 339 1000 – www.ambafrance-gr.org – accueil du public sur rendez-vous à la section consulaire, accès par le 6, rue Akadimias - en cas d'urgence : +30 210 969 6480). Elle est représentée dans le Nord-Egée par plusieurs agences consulaires et consuls honoraires que vous pourrez contacter par téléphone pour tout souci concernant la perte ou le vol de vos papiers d'identité, des questions de rapatriement ou des problèmes graves de santé :

- **A Chios-ville (pour Chios et Psara)** : Isabelle KERGOAT-GEORGIOPOULOS - 69, rue Tsouri Stefanou - +30 22710 31519
- **A Mytilène (pour Lesbos et Lemnos)** : Sophie BAROUTSAKI-TSIRIGOTI - 6, rue Pindarou - +30 22510 28966
- **A Vathi (pour Samos et Ikaria)**: Maria-Ioanna EFSTATHIOU - 50, rue Lycourgou Logotheti - +30 22730 27793
- **A Alexandroupoli (pour Thassos et Samothrace)** : Marina DOULAMI - 19, rue du 14 mai - +30 22510 84122
- **A Volos (pour les Sporades)** : Roland FISCHER - A l'angle des rues Askalamou et Tyrous - +30 24210 88773

POSTE

Vous trouverez un bureau de poste sur chaque île habitée, mais ne comptez pas sur la rapidité des envois : le courrier n'est pas nécessairement collecté tous les jours, et doit être envoyé par ferry à Athènes avant d'y être trié et enfin expédié en Europe.

Ne soyez donc pas pressé : vos cartes postales arriveront sûrement après votre retour de vacances… Ceci étant dit, la poste grecque est fiable et, a priori, les courriers ne se perdent pas en route. Les bureaux de poste ferment à 14h au plus tard, du lundi au vendredi, et sont normalement fermées le week-end. Un timbre pour une carte postale envoyée dans un pays de l'UE coûte 1 € : vous trouverez les boîtes aux lettres peintes en jaune à l'extérieur des bureaux de poste.

MÉDIAS LOCAUX

Vous trouverez la presse internationale dans certaines îles les plus visitées, comme Skiathos ou Samos, souvent avec un jour d'écart. En revanche, dans les îles isolées ou moins touchées par le tourisme, il faudra faire sans votre quotidien papier et vous référer aux versions électroniques de vos journaux préférés. La couverture Internet étant bonne dans la plupart des îles du Nord-Egée, vous ne devriez avoir aucun mal à trouver les informations en ligne dans votre langue.
Pour la presse locale, sachez que l'on trouve quelques médias grecs anglophones dans les îles, notamment le grand quotidien *Kathimerini* qui publie une version anglaise synthétique de ses articles du jour. Là encore, vous ne la trouverez que dans les îles les plus visitées. Sinon, voici quelques sites Internet locaux et incontournables qui vous donneront une mine d'informations culturelles et pratiques sur les îles du Nord-Egée.

- www.visitgreece.gr - Le très beau site officiel de l'office de tourisme grec. Disponible uniquement en anglais ou en grec, il regorge d'informations sur les îles, les hôtels et les différents moyens de transport inter et intra îles.
- http://odysseus.culture.gr/index_en.html - Le site officiel du ministère de la Culture est disponible en anglais et liste tous les sites archéologiques de Grèce, avec descriptif détaillé et informations pratiques. Particulièrement utile pour pister les nombreux changements d'horaires des grands sites historiques.
- www.greece-is.com - Un site *lifestyle* complet sur la Grèce, en anglais, qui propose des articles sur les îles de l'ensemble nord-égéen. Il existe aussi en magazine papier, distribué gratuitement dans certains établissements touristiques.

LES PHRASES CLÉS

Bonjour, mon téléphone ne fonctionne pas, pouvez-vous m'aider s'il vous plait ?
Γειά σας, το τηλέφωνό μου δεν λειτουργεί, μπορείτε να με βοηθήσετε;

Je ne me sens pas bien, pouvez-vous m'amener à l'hôpital le plus proche ?
Δεν νιώθω καλά, μπορείτε να με πάτε στο πιο κοντινό νοσοκομείο;

Est-ce que vous avez un médecin qui parle français ?
Υπάρχει γιατρός που να μιλάει γαλλικά;

Je viens de me faire voler mes papiers, où est le poste de Police le plus proche ?
Μόλις μου έκλεψαν το διαβατήριο, πού είναι το πιο κοντινό αστυνομικό τμήμα;

Est-ce un quartier dangereux ou je peux y aller sans crainte ?
Αυτή η περιοχή είναι επικίνδυνη ή μπορώ να κάνω βόλτα χωρίς να ανησυχώ;

Avez-vous des timbres pour une carte postale à envoyer en France ? C'est combien ?
Έχετε γραμματόσημα για τη Γαλλία; Πόσο κοστίζουν;

Proches des côtes de l'Asie Mineure, les îles situées au nord de la mer Égée se trouvent dans une zone traditionnellement sensible aux tensions entre Grèce et Turquie. Cette région habitée dès le Néolithique a connu un grand essor économique et culturel tout au long de l'Antiquité, profitant de sa position stratégique de carrefour sur les routes maritimes de Méditerranée. Par la suite, envahisseurs et pirates de toutes sortes ont rendu bien difficile la vie des habitants de ces îles, dont le rattachement à la Grèce ne date que de 1912-13. Ce vaste ensemble ne s'ouvre que peu à peu au tourisme et reste encore largement préservé. Certaines îles comme Skiathos dans les Sporades ou Samos sont déjà très visitées : les Européens du Nord sont les plus nombreux à séjourner dans ces îles. Mais les autres îles de l'ensemble nord-égéen restent encore à découvrir et certaines demeurent toujours vraiment hors des sentiers battus.

LES SPORTS NAUTIQUES

Au-delà de l'éternelle et indépassable baignade, la mer Egée offre de multiples possibilités d'activités nautiques, respectueuses de l'environnement : voile, kitesurf, planche à voile, kayak de mer, wingfoil, surf, plongée sous marine, snorkelling... sont autant de pratiques que l'on pourra exercer sur ces îles aux côtes découpées. On découvre ainsi les îles qui égrènent le nord de l'Egée au fil de l'eau, en prenant le temps d'explorer leurs criques innombrables et le silence habité de leurs fonds marins foisonnants ou en glissant à toute vitesse sur les flots égéens, poussé par le *meltemi* estival. Pas question ici d'activités polluantes comme le jet-ski ou autres divertissements tractés et bruyants (bouées, bananes, ski nautique...), bien au contraire ! On vous propose de laisser les moteurs de côté pour vivre la mer Egée en harmonie avec sa faune, sa flore, ses respirations, ses plats d'huile, ses vagues et parfois ses colères.

La voile, encore et toujours

Naviguer est LA pratique par excellence de la mer Égée : historiquement, les îles au nord de cette mer ont développé des flottes - marchandes, pirates ou dédiées à la pêche - pour survivre ou pour profiter de leur emplacement stratégique, à la croisée des chemins. Quoi de plus essentiel donc que de découvrir les îles du Nord-Égée en voguant : voiliers rapides, catamarans languides, caïques solides et téméraires... les options de voiles ne manquent pas dans ces contrées définies par la mer. Et il y a en a pour tous les niveaux, et tous les projets : du cabotage tranquille, aux croisières *farniente*, en passant par les régates sportives. Cependant, attention de bien respecter la mer qui peut se montrer sévère dans la région, notamment aux abords des îles du Nord-Égée, proches des côtes turques, qui sont régulièrement balayées par la force du *meltemi* en été et par des courants puissants.

Contrairement à ces îles orientales, les eaux autour des Sporades, de Thassos et Samothrace ont tendance à offrir une expérience de navigation douce, particulièrement adaptée aux familles avec enfants et aux navigateurs moins expérimentés. Les Sporades sont particulièrement idéales : proches l'une de l'autre, Skiathos, Skopelos et Alonissos offrent des perspectives de navigation facile, au cours d'un séjour dédié à la voile. Sans compter que les côtes de ces îles aux plages magnifiques ne sont bien souvent accessibles que par la mer. C'est le cas du nord de Skiathos et d'Alonissos et des plus belles criques de Skopelos, à l'ouest de l'île. Skyros est un peu à part en ce qui concerne la navigation :

© UGURHAN - ISTOCKPHOTO.COM

© KAMENITO - SHUTTERSTOCK.COM

Kitesurf sur l'île de Lemnos.

étant un peu éloignée de toutes les autres îles de l'ensemble nord-égéen, les débutants éviteront de s'y rendre sans s'assurer de pouvoir assumer la traversée.

Les navigateurs confirmés pourront partir à la découverte des îles orientales du Nord-Egée, exposées au *meltemi* : les épaves sont nombreuses de ce côté-là de l'ensemble nord-égéen, ce qui est certes idéal pour les amateurs de plongée sous-marine, mais moins pour les capitaines débutants… Dans les îles les plus visitées, il est possible d'engager des skippers professionnels pour découvrir cette région soumise aux vents et aux vagues.

Kitesurf, windsurf et wingfoil

Lemnos est l'une des îles grecques les plus réputées pour ses vents et la pratique des sports de glisse : avec Naxos et Paros dans les Cyclades, et Kos et Rhodes dans le Dodécanèse, Lemnos est devenue un spot international de windsurf et surtout de kitesurf. Plus récemment, l'île s'est fait connaître pour la pratique du wingfoil, encore très peu courante ailleurs dans le pays. Lemnos, du fait de sa localisation tout au nord de la mer Egée, est balayée par un *meltemi* modéré mais quasi constant en été, qui souffle à une vitesse d'environ 16 à 25 nœuds, et forcit dans l'après-midi. Des conditions idéales pour *riders* débutants (le matin, lorsque le vent est plus doux) ou avancés (l'après-midi lorsque le vent se renforce). Les mois de juillet et août sont les plus propices à la pratique de ces sports. Le Surf Club Keros, sur la plage du même nom, fait figure de pionnier dans l'île, notamment en kitesurf et wingfoil, mais propose également cours et matériel de windsurf : des *riders* de l'Europe entière s'y rendent pour profiter de l'ambiance détendue des lieux et du professionnalisme des équipes.

Lemnos dispose de trois spots distincts :

- Le spot de Keros à proprement parler, le plus important de Lemnos, s'étale le long d'une plage de sable fin et offre un plan d'eau pratiquement plat, et peu profond (jusqu'à mi-taille environ). Idéal pour le *freeride* et le *freestyle*, il est également sécurisé pour les débutants qui souhaiteraient apprendre les bases du kitesurf ou du wingfoil. Le spot de Keros s'étend sur plusieurs kilomètres et propose plusieurs sections. Au centre de la baie : une zone extra plate, aux eaux turquoise et peu profondes où l'ombre des *riders* se dessine sur les fonds de sable blanc offre parfois un léger clapot qui permet d'avoir de beaux *kickers* pour pratiquer sauts et figures de *freestyle*. Plus au sud : une zone de petites vagues est idéale pour les débutants en la matière, avec un vent *cross-shore* parfait également en perfectionnement de figures aériennes. Les jours de grand vent, les vagues peuvent atteindre 1,5 mètre.
- Le spot de Red Rock Beach ou Kokkinovrachos, au sud de la baie de Keros est connu pour ses vagues pouvant atteindre jusqu'à 2 mètres et offre un vent *side-shore* et une belle étendue de sable pour les *freeriders*, *freestylers* et *riders* de vagues un peu plus confirmés.
- Enfin, le spot de Gomati Beach, au nord de Lemnos promet des vagues dans le paysage de dunes de Ammothines – spectaculaire !

Autre spot dans les îles du Nord-Égée pour pratiquer le kitesurf et la planche à voile : le spot de Sigri, au nord de Lesbos est bien moins complet et connu que les spots de Lemnos mais il commence à faire des adeptes parmi les *freeriders* et *freestylers*. Il offre d'excellentes conditions de navigation, avec un vent qui forcit dans l'après-midi, comme habituellement avec le *meltemi* (11-18 nœuds en matinée, et jusqu'à 25 nœuds à la mi-journée). On y *ride* en sécurité, idéal pour les débutants.

Enfin, il nous faut mentionner Samos qui propose un petit spot de windsurf, à Kokkari, sur la côte nord de l'île, au niveau du Samos Windsurfing Center. Le spot est parfait pour les *freeriders* tous niveaux, les *freestylers* et les adeptes de vitesse. Le vent forcit au large, permettant aux *riders* les plus avancés de se faire plaisir tandis que les débutants resteront près des côtes. Les zones de navigation permettent d'avoir des conditions de *bump and jump* en pleine mer, avec des rampes qui peuvent atteindre jusqu'à 2 mètres de haut. À proximité de l'école, les débutants et les enfants peuvent s'entraîner toute la journée, en toute sécurité, même lorsque le vent forcit l'après-midi.

Surfin' the Aegean

Ikaria est connue pour son ambiance détendue et *chill*, et ce n'est donc pas si étonnant qu'une petite poignée de surfeurs ait décidé d'y ouvrir un centre de surf, sur le spot de la plage de Messakti, sur la côte nord de l'île. Alors certes, vous ne trouverez pas des vagues très intéressantes pour les plus avancés d'entre vous, mais l'école de surf est parfaite pour les débutants. L'été (juin-septembre) offre les meilleures conditions pour le surf, lorsque les vents du large restent légers sur cette côte : le *fetch* est trop faible pour qu'une grosse houle se forme, et les *breaks* de la plage à fond de sable créent des gauches et des droites sympathiques. Les jours où les vagues ne sont pas au rendez-vous et que les conditions pour surfer ne sont pas réunies, vous pourrez opter pour une journée paddle, également disponibles à la location auprès de l'école de surf. Des sessions yoga sur paddle sont également proposées, idéal pour travailler son équilibre avant de reprendre la direction des vagues.

Expéditions safari en kayak de mer

Le kayak de mer est un moyen idéal pour découvrir les côtes découpées et criques inaccessibles du Nord-Egée, notamment dans les eaux les plus calmes et moins ventées des Sporades. C'est notamment le cas à Skopelos, avec les guides et moniteurs de Kayaking Greece, dont la base est installée en saison sur la plage de Milia. Vous pourrez vous former à la pratique du kayak et partir en randonnée sur plusieurs jours. L'occasion de découvrir les rives de Skopelos, et ses grottes accessibles uniquement par la mer mais également de partir en expédition dans le parc marin d'Alonissos, sur l'île voisine. Vous irez ainsi à la rencontre d'une faune et d'une flore marines exceptionnelles et protégées. Avec un peu de chance, vous apercevrez peut-être le précieux et rare phoque moine de Méditerranée qui évolue dans la région. Les moins expérimentés peuvent également se joindre à ces expéditions : la traversée vers Alonissos n'est que de quelques kilomètres, avec deux îlots en escale intermédiaire. D'immenses falaises surplombent la côte ouest et abritent une foule d'oiseaux marins à observer. Pour les familles avec jeunes enfants, des sorties en mer à la demi-journée sont également disponibles, soit dans la fraîcheur du matin, soit dans la lumière douce du soleil couchant. Les plus petits peuvent ainsi s'initier à la rame en mer, sans s'éloigner des côtes de Skopelos qui réservent également bien des surprises, baignées par une mer émeraude.

Plongée sous-marine

Le Nord-Egée est une destination de plongée adaptée aux plongeurs débutants, ainsi qu'aux plongeurs expérimentés : les mers grecques

Kayak dans les eaux de Skopelos.

© SVEN HANSCHE - SHUTTERSTOCK.COM

Plongée sous-marine dans la mer Égée.

offrent des conditions idéales en Europe, avec une visibilité allant jusqu'à 40 mètres. La température de l'eau ne descend pas en-dessous de 26 ° C jusqu'à 22 mètres de profondeur, puis s'établit entre 18 et 20 ° C jusqu'à 40 mètres : les plongées s'effectuent habituellement en combinaison humide 5 millimètres, avec bottillons et palmes, et sans avoir besoin de cagoule ou de gants. La plongée sous-marine se pratique quasiment partout dans les îles du Nord-Egée, notamment pendant les mois d'été : quelque soit l'île choisie, vous trouverez un centre de plongée, ou vous pourrez pratiquer librement le snorkelling.

Mais les amateurs en possession de leur PADI se régaleront tout particulièrement dans les eaux d'Alonissos, l'île des Sporades qui abrite le plus grand parc marin naturel de la Méditerranée. Celui-ci s'étend sur environ 2 260 km², entre terre et mer, à cheval sur plusieurs îles et îlots autour d'Alonissos. Les grottes sous-marines qui se sont formées dans ces côtes calcaires abritent les derniers phoques moines de Méditerranée, espèce en danger et protégée. Dans ces eaux évoluent également des tortues, rascasses, seiches et nudibranches à foison.

Au-delà d'une faune et d'une flore sous-marine exceptionnelle, les fonds du parc marin d'Alonissos cachent le fameux « Parthénon des épaves », un navire naufragé du Ve siècle avant J.C., coulé en mer avec des milliers d'amphores préservées. Transformée en musée sous-marin depuis 2020, cette épave se visite avec un guide de plongée, et gît au large de l'îlot de Peristera, à plus de 20 mètres sous l'eau. Il s'agit d'une découverte archéologique remarquable, et les plongeurs intéressés par les épaves auront là une occasion unique de voir un navire antique et son chargement.

Outre le musée sous-marin de Peristera, Alonissos offre de très nombreux sites de plongée, selon le niveau de chacun. Du plus accessible au plus difficile, on retiendra notamment :

- **Le site de la grotte bleue.** Il s'agit d'une grande caverne dont la surface est en extérieur et qui offre une vraie diversité de paysages sous-marins. A 5-10 mètres de profondeur, on admire le halo bleu de l'entrée de la grotte en surplomb : elle est réellement impressionnante et on se laisse hypnotisé par sa vive lumière bleue. Les plongeurs plus expérimentés peuvent explorer un tombant à la sortie de la grotte : à 15-20 mètres, on croise facilement nudibranches, rascasses et mérous parmi les éponges et les anémones, cachés dans la roche.
- **Le récif sud d'Aghios Georgios**. Le site de plongée est constitué de deux pitons rocheux : la plongée commence par une descente verticale dans une longue cheminée qui conduit à une grotte couverte d'anémones. On y admire des gorgones ainsi que de nombreux nudibranches, avant d'accéder plus profond, où l'on côtoie mérous, murènes, et rascasses. Il n'est pas nécessaire de plonger trop profondément sur ce site (environ 20 mètres), mais les courants sont assez forts et il faut passer par plusieurs arches et tunnels, ce qui implique une certaine maîtrise de la part des plongeurs. Un niveau intermédiaire est recommandé, avec une technique de palme efficace, et un bon contrôle de sa flottabilité.
- **Le jardin des gorgones** porte bien son nom tant on y admire une densité exceptionnelle de gorgones rouges, en un périmètre restreint. Une certification de plongée profonde est nécessaire (le site d'exploration est à 41 mètres de profondeur) ce qui exclut les plongeurs débutants mais ravira les plongeurs expérimentés.

GÉOGRAPHIE

Les îles du Nord-Égée dont il est question dans ce guide constituent une vaste région insulaire, formant un arc de cercle au nord de la mer Égée. Trois ensembles d'îles se distinguent : les Sporades au sud-ouest, tournées vers la Thessalie ; les îles centrales au nord, tournées vers la Thrace et enfin les îles dites de l'Égée du Nord, au sud-est de la zone et tournées vers les côtes anatoliennes de la Turquie. Dans ce guide, nous suivons une progression d'ouest en est, le long de cet arc de cercle égéen. Il présente des paysages diversifiés, entre îles montagneuses et plaines fertiles, dunes de sable et forêts pétrifiées, douces collines couvertes d'oliviers et fonds marins dangereux, larges baies protégées et criques découpées par les flots et les vents... Chacun y trouvera ce qu'il recherche dans cette nature baignée par l'Égée, encore et toujours, et secouée par les colères de Poséidon, dieu des mers et des tremblements de terre.

Les Sporades

Les Sporades forment un archipel de 24 îles situées en mer Égée, au sud de la Thessalie, près de Volos et de la presqu'île du mont Pélion. Elles se situent à l'extrémité sud-ouest de notre arc de cercle nord-égéen et tirent leur nom du grec ancien *sporas* qui signifie « éparses ». Quatre îles principales regroupent la majorité de la population. Il s'agit de **Skiathos** (50 km^2, 5 000 habitants), **Skopelos** (95 km^2, 4 700 habitants), **Alonissos** (65 km^2, 3 000 habitants) et **Skyros** (208 km^2, 2 700 habitants). Les Sporades sont réputées pour leurs belles plages et leur nature verdoyante. Skyros fait un peu bande à part dans cet archipel : moins verte, notamment dans sa moitié sud plus aride, il s'agit de l'île la plus montagneuse et la plus isolée des Sporades. Culminant à 792 m d'altitude, au mont Kochylas, elle est située à peu près à équidistance d'Alonissos, Aghios Efstratios et Psara mais à seulement 35 km d'Eubée. Alonissos possède quant à elle un espace protégé unique en Grèce : le parc national marin qui s'étend sur 2 500 km^2 et abrite une flore et une faune sans égales.

Les îles de Thrace

Au nord de notre arc de cercle égéen, les îles de Thrace sont bordées par la mer de Thrace et se situent non loin du détroit des Dardanelles, qui donne accès à la mer Noire. Cet ensemble comprend six îles principales appelées les Sporades thraces, dont quatre appartiennent à la Grèce. Il y a d'abord **Thassos** (400 km^2, 16 000 habitants), à 8 km du continent et la plus septentrionale des îles grecques. Montagneuse, elle culmine à plus de 1 200 m d'altitude, au mont Ipsari. Plus à l'est, **Samothrace** (180 km^2, 2 800 habitants) est située à 2h de ferry d'Alexandroupoli, dernière ville grecque avant la Turquie. Également très montagneuse, l'île abrite le point culminant de l'Égée (hors Crète) : le mont Fengari (ou Saos) s'élève à 1 611 m. La montagne est omniprésente, avec de tumultueux cours d'eau tombant en cascade dans la mer et une nature exubérante sans équivalent dans les îles grecques. Ce sont deux îles à la géologie et à la géographie uniques.

Plus éloignée des côtes, et en redescendant vers le sud le long de notre arc de cercle égéen, **Lemnos** (480 km^2, 17 000 habitants) offre des paysages bien différents : végétation rare, dunes de sable qui rappellent le Sahara et vent fort sont le lot de cette île loin des circuits touristiques. Encore plus au sud, et comme plantée seule au milieu de l'ensemble nord-égéen, **Aghios Efstratios** (45 km^2, 300 habitants) est l'une des îles les plus isolées de Grèce. Ce n'est pas pour rien que cette île loin de tout a été choisie comme terre d'exil et de déportation au fil des ans.

Les îles de Thrace sont complétées par deux îles turques : **Gökçeada** ou Imbros (286 km^2, 9 400 habitants), à mi-chemin entre Samothrace et la péninsule de Gallipoli, et, plus au sud, le long de l'Anatolie, **Bozcaada** ou Ténédos (40 km^2, 2 500 habitants). Elles ne sont pas reliées à la Grèce mais principalement au port de Çanakkale. Cinquante kilomètres au sud de Bozcaada commencent les îles de l'Égée du Nord (Βόρειο Αιγαίο/Vorio Egaio).

Iles de l'Egée du Nord

Ce nom, « îles de l'Égée du Nord », correspond à l'entité administrative que forment les grandes îles de Lesbos, Chios, Samos et Ikaria, en plus de leurs petites îles-satellites. C'est aussi une dénomination qui permet de les différencier du sud-est égéen formé par l'archipel du Dodécanèse. Elles représentent l'extrémité sud-est de notre arc de cercle nord-égéen. Enclavée près du golfe d'Edremit, à 5 km de la Turquie, **Lesbos**

(1 630 km², 100 000 habitants) est la troisième plus grande île grecque après la Crète et l'Eubée. Sa capitale Mytilène (30 000 habitants) est un grand centre administratif et universitaire pour la région. Île aux paysages variés comptant deux grandes baies et deux sommets à plus de 900 m d'altitude, elle conserve les traces de son passé volcanique avec une forêt pétrifiée constituée d'arbres fossilisés il y a 20 millions d'années.

A 47 km au sud, la deuxième grande île est **Chios** (840 km², 55 000 habitants). Elle est séparée de la péninsule turque de Batı Burnu (« Cap Ouest ») par le détroit de Chios qui atteint moins de 7 km de largeur. Tandis que la partie nord de l'île possède deux pics à plus de 1 100 m d'altitude, le sud produit la gomme de mastic la plus pure au monde, dans des paysages de plaine. Chios compte en outre deux mini archipels-satellites. Le premier, composé de six îles, se trouve 22 km au nord-ouest. Il est dominé par **Psara** (40 km², 450 habitants). Le second, avec neuf îles, est placé dans le détroit de Chios, avec **Inousses** (14 km², 830 habitants) comme île principale.

En poursuivant à 30 km vers le sud, **Samos** (475 km², 41 000 habitants) occupe le golfe de Kuşadası, à 1,6 km du continent turc au niveau du détroit de Mycale. Très montagneuse comme la région voisine d'Éphèse, l'île s'élève à 1 434 m d'altitude au mont Kerkis. Mais elle dispose de plaines et vallées fertiles donnant le célèbre muscat de Samos. Son aéroport est quant à lui redouté des pilotes en raison du *meltemi* qui souffle jusque dans les Cyclades en été. Non loin au sud-ouest, l'île d'**Ikaria** (260 km², 8 500 habitants) et le mini-archipel de **Fourni** dominé par l'île du même nom (30 km², 1 500 habitants) ferment notre arc de cercle nord-égéen. Ikaria est presque entièrement couverte par le massif de l'Atheras (1 040 m) tandis que Fourni offre une côte particulièrement découpée, formant une dentelle entre terre et mer.

Commence ensuite le Dodécanèse, avec Patmos située à 15 km au sud de Fourni.

La mer, la mer, la mer

Dans ce coin au nord de la mer Égée, les courants dangereux sont plus rares dans les Sporades et les îles de Thrace mais sont fréquents dans les îles orientales, notamment autour de Psara, au nord-ouest d'Ikaria et vers les côtes de Fourni. Ce qui explique l'importance historique de ces îles-relais sur les routes pirates et commerciales entre l'Asie Mineure, la mer Noire et le reste de la Méditerranée et la présence de nombreuses épaves dans les fonds marins. Sur certaines îles, notamment Lemnos, Lesbos ou Samos, le *meltemi* souffle en été, et peut se faire violent : il rend parfois la navigation impraticable mais se prête aux sports nautiques de glisse. Ceci étant dit, la plupart du temps vous pourrez profiter sans contrainte des kilomètres de côtes qui s'offrent aux visiteurs.

© FRITZ16 - SHUTTERSTOCK.COM

Le mont Fengari, sur l'île de Samothrace.

Le Pavillon Bleu flotte ainsi sur un grand nombre de plages du Nord-Égée : ce label international valorise les îles les plus touristiques qui mènent, malgré l'afflux important de visiteurs, une politique de développement touristique durable et offrent des eaux de qualité et des plages propres. Ainsi, en 2022, 11 plages des Sporades, 10 plages des îles de Thrace et plus de 30 plages des îles de l'Égée du Nord ont reçu le label Pavillon Bleu. Les autres plages sont également très propres, mais ne rentrent pas dans la démarche Pavillon Bleu, étant beaucoup moins touristiques.

Un risque accru de séisme

La Grèce est le pays européen qui enregistre la plus forte activité sismique, et le Nord-Égée est particulièrement sujet aux secousses du dieu Poséidon. Les plaques tectoniques eurasienne et africaine convergent en effet au niveau de la faille égéenne, qui s'étend entre la Turquie et l'Afrique du Nord et passe sous les îles de ce guide. Ceci explique l'activité sismique accrue de la région : quasiment toutes les îles du Nord-Égée ont connu des tremblements de terre tragiques dans les années ou décennies récentes, et tous les ans des séismes plus ou moins forts rythment le calendrier. Les derniers séismes d'importance enregistrés dans la région ont eu lieu en 2020 à Samos, avec une magnitude de 7 sur l'échelle de Richter, en 2017 à Lesbos (6,3 sur l'échelle de Richter) et en 2014 à Lemnos (6,9 sur l'échelle de Richter).

NATURE

L'ensemble du Nord-Égée jouit d'un climat méditerranéen particulier, qui le préserve d'une trop grande aridité, à l'inverse d'autres archipels grecs comme les îles des Cyclades. L'humidité hivernale et la richesse relative des sols permettent d'entretenir une flore diversifiée, quasiment toute l'année, et la faune locale peut s'y maintenir. Par leur isolement en mer, les îles du Nord-Égée abritent de nombreuses espèces endémiques, qui soutiennent une biodiversité riche, fort heureusement de plus en plus préservée. Y cohabitent également des espèces européennes, asiatiques et africaines qui se retrouvent ici à la croisée des chemins migratoires. Si l'habitat naturel de ces îles est remis en question par la pression touristique accrue et les effets du changement climatique, la plupart des îles ont heureusement pris conscience de la nécessité de préserver leur faune et leur flore, au niveau local comme au niveau national.

Une biodiversité marine à protéger...

C'est dans l'archipel des Sporades que la faune maritime prospère le plus, grâce au premier parc national marin qui s'étend entre terre et mer sur 2 260 km^2 le long des côtes d'Alonissos. On y trouve trois des quatre espèces de dauphins du pays : le dauphin commun à bec court (*Delphinus delphis*), le dauphin bleu et blanc (*Stenella coeruleoalba*) ainsi que le grand dauphin. C'est aussi là qu'on a le plus de chance de rencontrer le très rare phoque moine de Méditerranée (*Monachus monachus*). Espèce en danger critique d'extinction, il s'agit de l'un des mammifères les plus menacés de la planète, avec tout juste 300 à 400 individus recensés en mer Égée. Les plus grands dangers qui menacent le phoque moine sont la chasse par l'Homme, l'amenuisement des territoires et ressources alimentaires disponibles et les filets de pêche qui entraînent une forte mortalité des phoques. Historiquement, l'Homme a beaucoup chassé le phoque moine pour faire commerce de son huile et de sa peau. Aujourd'hui, les pêcheurs n'ont plus le droit de chasser le phoque moine mais certains comportements sont encore à déplorer. Du fait de la surpêche et de l'amenuisement des ressources en poisson, les phoques moines sont susceptibles d'attaquer les filets des pêcheurs, ce qui engendre leur colère et comporte un danger mortel pour les phoques. Aussi, en raison de l'exploitation touristique des plages de sable, le phoque moine s'est retiré dans des grottes et cavités marines pour mettre bas, zones bien plus dangereuses pour les bébés qui ne savent pas nager à la naissance. La mise à l'eau dans ces zones dangereuses se révèle souvent mortelle pour les petits qui n'ont plus accès aux pentes douces et sablonneuses des plages.

Trois espèces de baleines évoluent également dans le parc marin d'Alonissos : le globicéphale noir (*Globicephala melas*) de 5 à 6,5 m de longueur, la baleine de Cuvier (*Ziphius cavirostris*), atteignant 7 m, et le grand cachalot (*Physeter macrocephalus*), qui peut peser 50 tonnes et mesurer 20 m de longueur. Au large de Samothrace, on trouve également le marsouin (*Phocaena phocaena*). Dans les autres îles de l'ensemble, la pression touristique affecte la fréquentation des mers par les dauphins en saison : vous aurez plus de chances de les observer hors saison, lorsque les ferries perturbent moins la mer Égée. A moins d'opter pour les rivages peu perturbés de Samothrace où les dauphins semblent se réjouir librement, même en saison.

© GUS MCLEE-SHUTTERSTOCK.COM

Chevaux skyriens.

... comme sur terre...

En ce qui concerne la faune terrestre, c'est du côté de Skyros, dans les Sporades, qu'il faut regarder pour trouver un mammifère particulièrement rare et menacé : il s'agit du cheval skyrien, une race ancienne et endémique de petits chevaux, toisant à tout juste 1 mètre au garrot. Des initiatives locales tentent de le protéger en aidant la reproduction de cet animal qui vit à l'état semi-sauvage et que l'on croise de moins en moins dans les terres du sud de l'île où il habite. Skopelos possède pour sa part un mouton autochtone, dit *skopelos*, aux yeux et oreilles noirs, qui est élevé pour son lait. Côté flore, les Sporades sont parsemées de forêts de conifères et d'une végétation de buissons et d'arbustes tels que des arbousiers, des phillyreas, des bruyères, des nerpruns et des chênes kermès (*Quercus coccifera*). Les arbres et arbustes à feuilles persistantes tels que les érables, les oliviers sauvages et les genévriers de Phénicie sont également courants dans cette zone.

Au nord de l'ensemble nord-égéen, Samothrace est complètement à part parmi les îles grecques. Soumise à un climat plus humide et dominé par le plus haut sommet de l'Égée hors Crète (1 611 m), elle abrite une vingtaine de rivières et torrents qui abreuvent une nature luxuriante. On compte ici plus de 1 500 espèces végétales différentes. Le nord de l'île est un des rares endroits de Méditerranée où l'on trouve l'if commun (*Taxus baccata*) ainsi que des forêts préservées de vieux chênes, parfois âgés de plus de 200 ans. On recense aussi 15 espèces endémiques. Petite fleur bleue, le buglosse de Samothrace (*Anchusa samothracica*) est uniquement présent sur la plage de Pachia Ammos, à la pointe sud de l'île. Quant à l'ail sauvage de Samothrace (*Allium samothracicum*), aux délicats pétales blancs, il ne pousse que dans les hauteurs de la Chora.

Le reste du Nord-Égée partage de nombreuses espèces communes avec l'Anatolie, du fait de sa proximité avec les côtes turques. Ainsi, Lesbos, troisième plus grande île grecque, n'a été séparée du continent asiatique qu'il y a 12 000 ans. Surnommée « île d'émeraude » et profitant de biotopes variés, elle abrite presque autant d'espèces végétales que Samothrace. Réputée pour ses nombreuses orchidées, elle compte aussi deux espèces endémiques, des plantes de rocaille de la famille des brassicacées : l'alysse de Lesbos (*Alyssum lesbiacum*) et l'alysse tranchante (*Alyssum xiphocarpum*). Parmi les mammifères, le renard est le seul prédateur. Petits rongeurs et chauves-souris dominent avec, parmi ces dernières, une espèce endémique : le petit murin de Lesbos (*Myotis blythi lesviacus*). C'est aussi le seul territoire européen où vit l'écureuil de Perse (*Sciurus anomalus*). Deuxième plus grande île de cet ensemble, Chios possède deux particularités. La première est son arbre à mastic ou lentisque pistachier (*Pistacia lentiscus*), qui, dans la partie sud de l'île, donne la résine de mastic la plus pure au monde. La seconde est le mouton chios, reconnaissable à ses taches noires autour des yeux et des sabots. Il est à l'origine de la plupart des races ovines du Proche-Orient. Quant à Samos, elle est la seule île grecque où réside encore le chacal doré (*Canis aureus*). Enfin, il faut mentionner la vipère ottomane (*Montivipera xanthina*), originaire de Xanthi (Thrace), et dont le venin est mortel pour l'homme. Elle est présente dans tout l'archipel, la moitié ouest de la Turquie et la plupart des îles du Dodécanèse, jusqu'à Rhodes.

© ASAKOULIS - SHUTTERSTOCK.COM

Faucon d'Éléonore.

... et dans les airs !

Mais ce qui fait la particularité du Nord-Égée, c'est la richesse de sa faune ornithologique. L'ensemble nord-égéen est en effet un lieu de passage obligé pour plus de la moitié des oiseaux migrateurs connus en Europe. Ils sont particulièrement protégés à Lesbos et Lemnos qui accueillent chaque année de nombreux faucons d'Éléonore sur les 3 000 recensés dans le monde : en provenance de Madagascar, ils nidifient sur l'île. Les marécages de Lemnos, autour d'Alyki, sont protégés par le label Natura 2000 : ils abritent également des colonies de flamants roses et on y observe des aigrettes garzettes, des ibis falcinelle et autres hérons. Parmi les curiosités ornithologiques de Lesbos, il faut noter trois couples d'aigles de Bonelli sur les 800 qui restent en Europe, quelques aigles royaux et vautours fauves. Les deux grands golfes de l'île, notamment le golfe de Kanoni, constituent des postes d'observation avancés pour l'arrivée des oiseaux migrateurs en Europe. Samothrace constitue également un lieu de nidification crucial pour le rare faucon d'Éléonore, avec 80 % des couples de l'Égée qui viennent se reproduire ici. L'île des Grands Dieux accueille plus de 150 espèces d'oiseaux dans ses forêts préservées.

Du côté du parc marin d'Alonissos, les falaises côtières de cette région des Sporades constitue un site important de reproduction et nidification de certaines espèces parmi les échassiers migrateurs, les rapaces et les passereaux. Ainsi le goéland d'Audouin (*Larus audouinii*), le faucon d'Éléonore et le puffin de Cory (*Calonectris diomedea*) nidifient sur ces côtes, tandis que le puffin yelkouan (*Puffinus yelkouan*) vient s'y reproduire.

CLIMAT

Sans surprise, le climat dans les îles du Nord-Égée est typiquement méditerranéen : fort ensoleillement, étés secs et chauds, hivers tempérés et humides. Et malgré le réchauffement climatique, les saisons restent encore très marquées. On distingue toutefois un climat « semi-aride chaud » avec de faibles précipitations au sud-est de notre ensemble, au large de la Turquie, et un climat « sub-continental » avec davantage de pluie et d'orages - et donc de végétation ! - au large de la Thessalie (Sporades) et de la Thrace. Dans tout le Nord-Égée, le soleil chauffe dès avril-mai et jusqu'au mois d'octobre, même si les soirées peuvent être fraîches pendant ces mois de demi-saison : n'oubliez pas de partir avec un pull en laine ! Même au cœur de l'été, les soirées peuvent se rafraîchir avec le vent. En hiver surtout, les précipitations sont importantes, ce qui assure une végétation diversifiée, particulièrement foisonnante au printemps.

La métamorphose du printemps

De mars à mai, on assiste à la métamorphose des îles : après les pluies de l'hiver, la nature devient luxuriante, en particulier dans les îles septentrionales de Thassos et de Samothrace. Le printemps est le moment idéal pour le tourisme de plein air : on peut arpenter les sites archéologiques exposés sans craindre de coup de soleil et les sentiers de randonnée traversent une nature éclatante. Au-delà de la semaine dédiée aux célébrations de la Pâques orthodoxe, l'affluence touristique reste faible et ne reprend réellement qu'en mai, lorsque le soleil s'installe pour la saison. Les eaux du Nord-Égée sont plus froides qu'ailleurs après l'hiver, et il faut attendre les mois d'été pour que les températures remontent à un niveau acceptable pour les baigneurs les plus frileux.

La chaleur de l'été

De juin à août, les températures moyennes oscillent autour de 30 °C selon les îles, avec des pointes fréquentes à plus de 35 °C et un ensoleillement constant. Il est recommandé d'éviter de s'exposer directement au soleil entre 12h et 16h. La mer affiche quant à elle des températures moyennes de 23-25 °C. La sensation de chaleur est atténuée par le *meltemi*, un puissant vent du nord-est soufflant sur toute la mer Égée. De mai à octobre, et plus fortement en juillet-août, il apporte un peu de fraîcheur, une bonne visibilité en mer et un temps plus sec. Dans les cas extrêmes, le *meltemi* peut souffler plusieurs semaines d'affilée mais il se calme généralement après 3-4 jours. Il peut provoquer l'annulation des vols et ferries quand il se fait particulièrement violent.

© KERKEZ - ISTOCKPHOTO.COM

L'été, la température de la mer est idéale.

La douceur de l'automne

De septembre à novembre, l'automne est encore très doux. L'été se prolonge partout jusqu'à fin septembre avec des températures similaires à celles de juin (de 25 à 28 °C) mais dans les îles du nord (Thassos, Samothrace) les températures commencent à se rafraîchir au fil du mois. En octobre, il fait déjà plus frais un peu partout dans la région puis novembre marque le début de la saison des pluies. Au final, septembre constitue le meilleur mois pour des vacances au bord de l'eau avec des températures très proches de celles de juillet et août, une eau encore chaude pour la baignade et nettement moins de vent en mer.

Le repos de l'hiver

De décembre à février, les précipitations sont de plus en plus importantes même si les températures restent clémentes : de 12 à 15 °C, avec des eaux ne descendant presque jamais en dessous de 12 °C. D'ailleurs, il n'est pas rare de voir les îliens se baigner y compris en janvier ou février. Il neige presque chaque hiver sur certaines îles proches du continent. C'est le cas à Skopelos et Skyros (Sporades), à Thassos et Samothrace (Thrace), et sur les hauteurs de Samos. Si les hivers sont plutôt doux, attention toutefois car ils sont très humides malgré une température clémente. Nature et populations se reposent avant d'éclore à nouveau au printemps !

HISTOIRE

Baigné d'une mer riche d'histoires, le nord-Egée a plus d'un récit à nous raconter. Que ce soit face à des ruines antiques ou sur la terrasse d'un *kafeneion*, l'Histoire est omniprésente et fièrement entretenue par les insulaires qui se feront un plaisir de vous conter grandes épopées et petites anecdotes. A moins que vous ne préfériez entendre les récits mythologiques qui partout affleurent sur ces terres chargées. Ces îles du nord de l'Egée offrent un patrimoine historique particulièrement riche et diversifié, tourné vers l'Asie Mineure : hormis les Sporades, elles ne sont intégrées à la Grèce qu'en 1913. Ici, le moindre village regorge de trésors antiques, de chapelles byzantines, de forteresses génoises ou vénitiennes, de cachettes pirates et de récits de réfugiés... L'Histoire n'y est pas vécue au passé mais imprègne chaque moment de la vie : il suffit de tendre l'oreille et d'ouvrir les yeux pour en trouver les traces.

NÉOLITHIQUE

L'Homme de Néandertal aurait commencé à naviguer entre les îles il y a 100 000 ans mais il faut attendre la fin de la dernière ère glaciaire, il y a 11 700 ans, pour qu'*Homos sapiens* s'installe véritablement sur ces terres. Les îles du nord-Égée portent la trace des premiers habitants néolithiques dans quelques sites exceptionnels, à l'organisation sociale et urbaine poussée pour la période. Il s'agit notamment du site de Poliochni, sur l'île de Lemnos, qui constitue la plus ancienne « ville » organisée excavée en Europe (V^e-IIe millénaires av. J.-C.) ou encore du site fortifié de Palamari, sur l'île de Skyros, admirablement conservé (IIIe-IIe millénaires av. J.-C.).

2700-1200 AV. J.-C.

La civilisation minoenne, née en Crète, conquiert une grande partie des terres insulaires de la mer Égée et développe un quasi-monopole sur le commerce maritime en Méditerranée : les îles du Nord-Égée se retrouvent dans la zone d'influence de ces puissants et brillants navigateurs. C'est une époque d'intenses échanges commerciaux avec l'ensemble des populations méditerranéennes : ces îles se trouvent sur la route nord-sud entre la mer Noire, l'Asie Mineure, la Crète et l'Égypte. Cette grande civilisation disparaît mystérieusement autour de -1200, le déclin résultant certainement des effets combinés d'invasions achéennes, de catastrophes naturelles et de l'absorption par les tribus doriennes.

Civilisation minoenne.

DÉCOUVRIR

1650-1100 AV. J.-C. Venue du nord, la tribu des Achéens fonde Mycènes, dans le Péloponnèse. La plus florissante des cités achéennes lance le début de la civilisation mycénienne et conquiert une grande partie de la Grèce égéenne. Les Mycéniens s'installent en Asie Mineure et dans les îles du sud-Egée à peu près à la même époque où les Thessaliens – ou Pélasges – seraient arrivés du continent dans les Sporades et sur certaines des îles du nord-Egée. Celles-ci ne constituent pas le cœur de la zone d'influence mycénienne mais continuent de bénéficier d'une position stratégique sur les grandes routes maritimes de la Méditerranée. La civilisation mycénienne y laisse des traces, notamment sur l'île de Psara où l'on admire encore aujourd'hui le site mycénien d'Archontiki.

1100-800 AV. J.C. A partir de -1100, la civilisation mycénienne décline et disparaît progressivement, laissant la prééminence aux Doriens, puis aux Eoliens et aux Ioniens dans la région du nord-Egée. On connaît peu de choses des siècles dits « obscurs » qui suivent, alors que les raisons de la disparition des Mycéniens font toujours débat. La trace des Sporades et des îles du nord-Egée est alors plus ou moins perdue, bien que le commerce continue de prospérer dans la région.

800-350 AV. J.-C. Elles réapparaissent dans l'Histoire à la faveur de la révolte des cités ioniennes : des tyrannies se mettent en place dès le VIIe s. av. J.-C. pour s'assurer l'hégémonie en mer Egée orientale, à la fois sur les îles alentour et sur le continent ionien. C'est le cas à Samos, où le tyran Polycrate (535-522 av. J.-C.) finance les arts et les sciences, comme en témoignent le tunnel d'Eupalinos ou l'Héraion. Bientôt ces îles et cités sont confrontées à l'expansion de l'Empire perse dont elles rejettent la domination : c'est le début des guerres médiques. Face aux victoires successives des cités grecques qui ont émergé pendant la période archaïque, ces îles sont finalement intégrées à la Ligue de Délos, prêtant allégeance à Athènes. Cependant, et hormis les Sporades qui restent immuablement fidèles à Athènes, les îles du nord-Egée changent d'allégeance et alternent entre Athènes et Sparte dans la guerre meurtrière du Péloponnèse qui suivra peu après.C'est au cours de cette période dite classique que les cités du nord-Egée se munissent d'importants lieux de culte et de savoir, comme à Hephaista sur l'île de Lemnos.

360-140 AV. J.-C. Depuis la fin de la guerre du Péloponnèse, des conflits entre Thèbes, Athènes et Sparte fragilisent les cités. Cela profite au royaume de Macédoine, situé au nord de la Grèce. A partir de 359 av. J.-C., Philippe II de Macédoine soumet les peuples voisins (Illyriens, Thraces…) et s'empare des Sporades et des îles du nord-Egée. Contrôlant toute la Grèce à l'exception de Sparte, il propose une union sacrée afin de libérer les cités d'Asie Mineure sous contrôle perse. A cette époque, le Sanctuaire des Grands Dieux, à Samothrace, devient un lieu de vénération particulier pour la dynastie macédonienne. Mais Philippe II meurt assassiné en 336 av. J.-C. : l'unification des terres grecques a finalement lieu sous l'impulsion militaire de son fils, Alexandre le Grand. Celui-ci ne se contente pas de finir de conquérir les îles égéennes, mais fonde un des plus grands empires de l'histoire. Cette unité ne survivra pas à l'empereur : à sa mort, le monde grec entre dans une période de décadence. C'est au prétexte de « libérer les Grecs » que Rome déclenche les guerres de Macédoine (215-148 av. J.-C.) et va se lancer dans la conquête des cités et îles égéennes.

356-323 AV. J.-C.

Alexandre le Grand

Alexandre le Grand, dont le précepteur fut Aristote, succède à son père Philippe II à l'âge de 20 ans. Après avoir vaincu les peuples révoltés de Grèce, il conquiert l'Egypte où il fonde Alexandrie, et s'empare de Babylone et Persépolis qu'il fait brûler. Il traverse le Tigre et l'Euphrate, soumet les Perses, puis entreprend l'étonnante expédition qui le mène au-delà de l'Indus, en Inde du Nord. Miné par la maladie (certains historiens affirment qu'il fut assassiné), Alexandre le Grand meurt à Babylone, dont il rêvait de faire la capitale de son empire.

140 AV. J.-C - 330 APR. J.C.

En 146 av. J.-C., la Grèce est officiellement rattachée à Rome. Les îles du nord-Égée sont successivement intégrées aux provinces romaines de Macédoine (Sporades), Thrace (Thassos et Samothrace) et Asie Mineure (nord-est Égée) alors que le tout dernier roi de Macédoine, Persée, se réfugie au Sanctuaire des Grands Dieux de Samothrace, fuyant les Romains. La transformation de la République en Empire coïncide avec la plus longue période de paix jamais connue par les Grecs : la Pax Romana (27 av. J.-C.-180 apr. J.-C.). Les îles bénéficient d'un environnement économique favorable, ayant accès à un immense empire maritime pacifié. C'est une période faste pour les îles du nord-Égée. Entre-temps, l'apôtre Paul a introduit le christianisme dans les terres grecques, et les Évangiles, écrits en grec, détrônent progressivement le panthéon olympien.

330 -1200 APR. J.C

Fondateur de Constantinople en 330, l'empereur Constantin met en place les bases du grand Empire byzantin auquel est intégré l'ensemble des îles égéennes et qui, durant quelque onze siècles d'existence, devra affronter maints ennemis. Fer de lance de cet empire, l'Église byzantine – sa rupture avec Rome date de 1054 – est très puissante et ses monastères prospèrent, dont le splendide monastère de Nea Moni, fondé à Chios en 1042. Il faut lutter contre les incursions barbares et pirates en mer : des forteresses sont construites en hauteur, le plus souvent sur les restes d'acropoles antiques, comme au kastro de Skyros, mais, face à l'insécurité permanente, les Sporades et les îles du nord-Égée se vident au cours de cette période plutôt terne pour ces îles.

1200-1500

En 1204, les croisés prennent Constantinople et y fondent un Empire latin qui annonce la déchéance de l'Empire byzantin. Les îles du nord-Égée sont disputées par cet empire affaibli et les puissantes cités latines de Gênes et Venise. De grandes familles génoises et vénitiennes prennent position dans les îles, surtout intéressées par le profit économique qu'elles peuvent tirer de ces îles plutôt que par la domination politique des populations. Elles renforcent des forteresses byzantines préexistantes ou construisent de nouvelles structures de défense pour lutter contre les attaques pirates, byzantines et ottomanes et importent leur savoir-faire en la matière. Cette présence est visible partout dans les îles, et plus particulièrement à Chios, dans les villages de Kampos notamment. En 1453, Constantinople tombe aux mains de l'Empire ottoman qui conquiert progressivement l'ensemble des territoires grecs.

1500-1830

Après la chute du nord-Égée sous les attaques de Soliman le Magnifique, l'ensemble égéen est intégré à l'Empire ottoman. Maîtres pour près de quatre siècles, les Ottomans marquent durablement les îles du nord-Égée : on retrouve la trace des siècles ottomans dans le quartier du kastro , dans la ville de Chios, ou dans les rues de Mytilène , à Lesbos. Dès 1821, certaines îles grecques du nord-Égée participent au mouvement de libération nationale, fortes de leurs flottes historiques. C'est notamment le cas de Chios et Psara qui sont détruites en représailles (1822-24). Alors que la guerre d'indépendance grecque bat son plein, la destinée de l'ensemble nord-égéen va prendre deux chemins distincts : le traité d'Andrinople signé entre l'Empire ottoman d'une part et le Royaume-Uni, la Russie et la France d'autre part garantit l'indépendance d'un nouvel État grec, auquel sont intégrées les Sporades (1830), tandis que les autres îles du nord-Égée sont maintenues hors de Grèce et dans l'Empire ottoman.

1822 - 1824

Les massacres de Chios et de Psara

Lorsque la guerre d'indépendance est lancée contre l'Empire ottoman en 1821, l'île de Chios est l'une des plus prospères et ses richesses sont convoitées par tous. Pour éviter que l'insurrection ne prenne sur l'île, les dirigeants ottomans sèment la terreur parmi des populations prises en otage. Alerté par la situation des Chiotes, Lykourgos Logothetis, capitaine de Samos, débarque sur l'île pour lui venir en aide et défait provisoirement les forces ottomanes. Mais la réaction ne tarde pas et en avril 1822 les troupes de Nasuhzade Ali Pacha massacrent la population grecque de Chios. Les survivants sont vendus en esclavage et certains arrivent à s'enfuir sur les îles voisines, aidés par les flottes de Psara, Samos, Hydra et Spetses, les flottes les plus riches de Grèce, investies fortement dans l'insurrection. Ce massacre particulièrement violent réveille les consciences européennes : c'est le début du mouvement des Philhellènes qui vont pousser pour aider les insurgés grecs. Le tableau d'Eugène Delacroix, *Scènes des massacres de Scio* s'inscrit dans ce moment. En représailles, le capitaine psariote Konstantinos Kanaris coule le vaisseau amiral ottoman et poursuit les contre-attaques en mer, notamment par brûlots. Là encore, la réaction ottomane se fait particulièrement rude : en juin-juillet 1824, la flotte ottomane débarque à Psara et détruit l'ensemble de l'île en la canonnant, en massacrant sa population ou en la vendant en esclavage. Elle fut inhabitée pendant des décennies, les survivants libres s'installant en Eubée. Considérée depuis comme île-héros et île-martyre, Psara maintient cette histoire avec fierté.

1830-1920

Les îles de Thrace et du nord-est de l'Égée restent sous domination ottomane pendant plus de 80 ans après la création de la jeune monarchie grecque. C'est une période de prospérité pour l'ensemble des îles : les pirates quittent ces mers, le commerce maritime fructifie ainsi que l'agriculture dans les îles les plus fertiles. Les riches armateurs et commerçants de la région ouvrent des comptoirs de commerce internationaux et leurs navires dominent les mers. Partout, de riches maisons au style néoclassique sont érigées, pour illustrer la richesse grandissante de certaines populations. L'Etat grec récupère progressivement des terres hellènes : les îles Ioniennes, sous domination britannique, sont rendues à la Grèce en 1862 ; en 1878, la Thessalie et une partie de l'Épire rejoignent le pays. Durant la guerre des Balkans (1912-1913), l'armée grecque commandée par E. Vénizelos regagne la Macédoine, l'ensemble de l'Épire et la Crète. C'est à cette occasion que toutes les îles du nord-Égée sont enfin rattachées à la Grèce. Seul l'archipel du Dodécanèse demeure encore hors de l'État grec.

1864-
1936

© NENAD NEDOMACKI - SHUTTERSTOCK.COM

Eleftherios Vénizelos

Eleftherios Vénizelos, crétois d'origine, est le fondateur du parti libéral grec. Attaché à l'idée d'une nation hellénique renforcée et agrandie, il œuvre pour que la Grèce s'engage auprès de l'Entente pendant la Première Guerre mondiale, ce qui lui vaudra de nouveaux territoires à la signature des traités de Sèvres et de Lausanne. Il est l'un des plus proéminents Premiers ministres de la Grèce moderne, adulé par de nombreux partisans. Il fera notamment en sorte d'apaiser les relations avec la jeune République turque. Il meurt en exil à Paris en 1936.

1920-
1940

L'entre-deux-guerres est, comme partout en Europe, une période d'instabilité politique chronique pour la Grèce. Elle reçoit la Thrace et Smyrne mais la guerre gréco-turque se poursuit en Asie Mineure. En 1922, les forces grecques sont défaites par l'armée turque qui expulse des flots de réfugiés hors du pays, massacrant les Grecs de Smyrne. C'est la Grande Catastrophe qui donne lieu à un échange de populations entre Turcs musulmans et Grecs chrétiens et à l'arrivée massive de réfugiés sur les côtes du nord-Égée. A Athènes, le coup d'État de 1935 voit le général Metaxas s'attribuer les pleins pouvoirs : c'est le début d'une dictature inspirée de l'Italie fasciste. Alors que la Seconde Guerre mondiale embrase l'Europe, le dictateur grec refuse pourtant de laisser passer les troupes italiennes qui avancent dans la région d'Épire : le « non » prononcé le 28 octobre 1940 marque le basculement de la Grèce dans les nations alliées.

1940-
1955

En 1943, les troupes de l'Axe détiennent la mer Égée : le nord-Égée, par sa position stratégique, devient le théâtre de violents bombardements, notamment à Samos. A la fin de la guerre, le traité de Paris rattache l'archipel du Dodécanèse à la Grèce : le pays est enfin unifié dans ses frontières actuelles en mars 1948. Mais il n'est pas au bout de ses souffrances puisque aussitôt commence la guerre civile entre la nouvelle armée grecque et les résistants communistes de l'ELAS. Cette guerre aux conséquences tragiques dure deux ans (1947-1949) et laisse des séquelles qui influencent encore la vie politique du pays aujourd'hui. Avec l'aide des Britanniques qui refusent de voir la Grèce basculer vers un régime communiste, l'armée nationale vainc l'armée communiste dont les partisans, pourtant vainqueurs des nazis, sont exécutés, exilés ou emprisonnés, notamment à Aghios Efstratios et Lemnos, dans des conditions terribles.

1955-1981

A la sortie de la guerre civile, le pays est politiquement instable et doit affronter une situation économique tragique, marquée par l'émigration massive des populations insulaires vers Athènes. C'est dans ce contexte d'instabilité et de changements sociologiques que se produit un coup d'État militaire, en avril 1967. Les colonels procèdent à des arrestations ciblées et à des déportations : le bond en avant vers le progrès doit passer par l'élimination de toute tendance parlementariste. La junte gardera le pouvoir sept longues années, contraignant à l'exil de nombreux intellectuels et opposants. Le 17 novembre 1973, les étudiants de l'École Polytechnique lancent une révolte armée, permettant un retour progressif à la démocratie. La dictature des colonels tombe en 1974, suite à l'invasion de Chypre par la Turquie. Un référendum est aussitôt organisé pour décider du système politique du pays : ce sera une république ! Constantin Caramanlis est élu premier président de la République : respecté par tous et farouchement pro-européen, il sera l'artisan de l'entrée de la Grèce dans la CEE (1981).

17 NOVEMBRE 1973

La révolte du 17 novembre

Le 17 novembre 1973 est une grande date de l'histoire moderne grecque, commémorée tous les ans avec ferveur. L'insurrection étudiante qui dénonce la dictature des colonels et leurs soutiens américains prend ce jour-là une tournure tragique : la junte envoie un blindé pour évacuer l'Ecole Polytechnique occupée, faisant plusieurs morts et des milliers de blessés. La révolte réveille les consciences et gagne rapidement l'ensemble du pays : c'est le début de la fin de la dictature en Grèce.

1981-2009

Les années 1980 sont marquées par la victoire historique du Parti socialiste (PASOK) d'Andréas Papandréou dont le gouvernement est finalement impliqué dans des scandales politico-économiques. Ceux-ci se poursuivent au cours des années 1990 et 2000, touchant les deux grandes familles politiques qui se partagent le pouvoir en alternance, le PASOK de Papandréou et le parti néo-libéral Nouvelle Démocratie de K. Mitsotakis. Les années 1990 et 2000 sont fastes pour la Grèce qui semble crouler sous l'argent « gratuit » de Bruxelles. Corruption et népotisme battent leur plein alors que le pays rejoint l'Union monétaire européenne en trafiquant ses résultats économiques.

AUJOURD'HUI

De 2009 à 2019, le pays est confronté à l'une des plus graves crises de son histoire. Cette décennie est marquée par une crise économique massive, l'accumulation de plans d'austérité dont la population est sortie exsangue et une crise humanitaire sans précédent liée à l'arrivée massive de réfugiés sur les côtes grecques. 2019 a marqué le retour des grandes familles politiques en partie responsables de la crise, avec le Parti conservateur Nea Demokratia, après les années du Parti radical de gauche, Syriza. En 2020-21, la crise sanitaire prive le pays de revenus touristiques devenus essentiels et ralentit la reprise économique. En 2023, de nouvelles élections espèrent surfer sur la vague du redressement : même si l'horizon semble s'éclaircir, le malaise social et politique est profond, sur fond de crise énergétique et d'inflation générale des prix. Il faut prévoir encore quelques années avant d'envisager une réelle reprise.

© ARVNICK - SHUTTERSTOCK.COM

Alexis Tsipras.

DÉCOUVRIR

MUSIQUES ET SCÈNES

Tandis que la Grèce était aux prises avec sa dette publique puis avec l'Union européenne, sa scène artistique, par réaction, touchait doucement son point d'ébullition. De ce foisonnement, on connaît la « Greek New Wave », le renouveau du cinéma local dont le visage le plus connu est le réalisateur multi-récompensé Yorgos Lanthimos. Ce qui s'est produit dans le cinéma trouve un écho dans tous les arts. Malgré les coupes budgétaires drastiques, la musique, le théâtre et la danse se sont maintenus à flot – voire ont prospéré, comme l'opéra – grâce à des choix artistiques pertinents et un public en constante augmentation. Mais de loin, naturellement, on ne perçoit que la surface. De la culture grecque, on connaît la Callas, on reconnaît le bouzouki. Il suffit alors d'un voyage sur place pour sonder la profondeur de la musique, du théâtre ou de la danse grecque, dont l'histoire est millénaire.

La musique classique

Existe-t-il une musique classique ou savante grecque ? Voilà la question qui a longtemps taraudé de nombreux experts et artistes locaux. Très schématiquement, la période ottomane en Grèce (entre les XVe et XIXe siècles) cantonne le pays à la musique byzantine ecclésiastique. Il faut attendre la création du Conservatoire d'Athènes en 1871, et surtout un homme, Manolis Kalomiris (1883-1962), pour envisager l'établissement d'une « école nationale grecque » en musique. Dans le même esprit qu'un Bartok en Hongrie, Kalomiris rêvait d'une musique nationale, basée sur les chants populaires. Considéré comme la figure de proue de la musique savante grecque du XXe siècle, il a surtout marqué celle-ci par la création d'institutions importantes (dont le Conservatoire national) plus que par ses compositions (redécouvertes après sa mort). Son héritier le plus direct est sans aucun doute Nikos Skalkottas (1904-1949). Figure révérée, cet élève de Schoenberg concrétise le rêve de Kalomiris avec les *36 Danses grecques* où il marie folklore local et avant-garde musicale. À l'international, le nom le plus prestigieux dans le domaine musical est de loin Mikis Theodorakis (1925-2021). Célèbre auteur de la musique du film *Zorba le Grec*, on connaît moins ses cinq opéras, quatre ballets et sept symphonies traversés par une écriture puissante, pleine de démesure. Theodorakis fut aussi le chef de file du « Entekhno », ce mouvement des années 1950 introduisant des mélodies et rythmes folkloriques grecs dans la musique orchestrale. Moins connu, plus contemporain, Thanos Mikroutsikos (né en 1947) demeure un grand nom de la musique atonale qui a grandement participé à la libération formelle de la musique grecque. Et il serait injuste de parler de musique classique grecque sans aborder les artistes Mitropoulos et Xenakis. Dimitris Mitropoulos (1896-1960), le Mahler du pays, fut un pianiste étonnant, une personnalité hors-norme et un chef d'orchestre exigeant. Plus contemporain, Yannis Xenakis (1922-2001) était quant à lui un grand musicien de recherche, célèbre pour ses travaux sur l'électroacoustique auxquels la musique actuelle doit énormément.

Pour écouter de la musique classique ou de l'opéra en Grèce continentale, le plus simple est de suivre la carrière de Mýron Michaïlídis. Grand chef d'orchestre grec, il a élevé vers l'excellence chaque lieu et ensemble dont il a eu la direction. Entre 2004 et 2011, Michaïlídis est directeur artistique général de l'Orchestre symphonique d'État de Thessalonique dont il a renouvelé la programmation et redoré le blason. Pour voir ce dernier, il faut se rendre au Thessaloniki Concert Hall, petit bijou d'architecture dominant la mer, réalisé par l'architecte japonais Arata Isozaki.

© ALEXANDROS MICHAILIDIS - SHUTTERSTOCK.COM

Mikis Theodorakis.

DÉCOUVRIR

Michaïlídis a ensuite été directeur artistique de l'Opéra national de Grèce à Athènes entre 2011 et 2017. Tour de force (pour ne pas dire de magie), en pleine crise grecque, il sauve l'institution de la banqueroute, renouvelle son public, sa programmation ainsi que sa réputation. On y voit des coproductions internationales avec de grands théâtres lyriques européens, des maîtres (Verdi, Wagner ou Puccini) impeccablement mis en scène ou des œuvres grecques contemporaines. C'est sous son impulsion que l'Opéra national a déménagé de l'Olympia, son théâtre historique du centre d'Athènes, vers la Fondation Stavros Niarchos, un centre des arts de la scène ultra-contemporain, dessiné par Renzo Piano. Autre nom à suivre : Byron Fidetzis. Ce chef d'orchestre a beaucoup travaillé autour du répertoire grec et le voir diriger l'Orchestre national d'Athènes ou l'Orchestre symphonique national de Thessalonique offre un panorama intéressant sur le répertoire local. Lieu emblématique d'Athènes, impossible aussi de ne pas citer le Megaron Moussikis, le « Palais de la Musique ». Complexe moderne, inauguré en 1991, il programme le meilleur de la musique classique et de l'opéra international. C'est dans ce joyau moderne à l'excellente acoustique que l'on voit les stars mondiales, la programmation est donc à surveiller de près. Et des stars mondiales justement, le pays en a vu naître quelques-unes. Côté solistes, citons le pianiste Dimitris Sgouros ou le violoniste virtuose que les orchestres s'arrachent, Leonidas Kavakos, sans oublier le très charismatique chef d'orchestre Teodor Currentzis, « l'enfant terrible du classique », réputé pour ses interprétations radicales. Et il y a bien entendu Maria Callas, « la Callas », soprano magnifique qui passionna les foules autant sur scène qu'en dehors. La diva demeure aussi célèbre pour l'intensité de ses interprétations, l'étendue de son registre, la tessiture de sa voix, que pour sa liaison tumultueuse avec l'armateur Aristote Onassis. Abandonnée pour Jackie Kennedy et ayant perdu sa voix, elle est morte isolée en 1977. Depuis, le mythe Callas ne cesse de vivre et le trentième anniversaire de sa mort en 2007 fit l'objet de grandes manifestations à Athènes.

Les musiques traditionnelles et populaires

Dès que l'on parle de musiques traditionnelles ou populaires en Grèce, viennent immédiatement en tête des images de « sirtaki » ou des échos de bouzouki, la mandoline grecque. Si ces deux aspects monopolisent l'imaginaire, un monde d'une profondeur fabuleuse se dissimule derrière. Carrefour de la Méditerranée, envahi à maintes reprises, l'histoire du pays est imprimée dans ses musiques traditionnelles et populaires. Cela s'entend dans la richesse de ses influences, à la fois slaves, turques, vénitiennes ou arabes. Si toutes les îles, par leur passé, connaissent des folklores propres, la

Fondation Stavros Niarchos à Athènes.

Grèce dans son ensemble partage trois grands piliers musicaux : le *dimotiko*, le *rebetiko* et le *laïko*.

Le *dimotiko*, c'est le chant populaire grec le plus ancien. Il est communément divisé en deux mouvements, l'akritique, datant du IXe siècle, et le klephtique, courant durant toute l'occupation ottomane, de la fin de la période byzantine au début de la Révolution grecque de 1821. Ce dernier style est particulièrement intéressant d'un point de vue documentaire car il relate une part importante et sombre de l'histoire grecque (via des histoires d'amour, d'exil, de liberté, de mort...). Le *dimotiko* est aussi l'occasion d'entendre tous les instruments typiques de la musique folklorique : la *gaida* (cornemuse), la *lira*, le *laouto* (le luth grec), le *tambouras* (un autre luth grec), le *daouli* (tambour)...

Le *rebetiko*. Mais le genre grec emblématique par excellence, d'ailleurs classé patrimoine culturel immatériel de l'humanité, c'est le *rebetiko*. C'est par lui que la musique populaire a pris son essor, au début des années 1960. Ce « blues grec », chant des déracinés, des exclus, des marginaux, est né dans les cafés souterrains du quartier du Pirée à Athènes ainsi qu'à Thessalonique, dans les années 1920. Il raconte le quotidien fait de pauvreté, de douleur, de faim ou de toxicomanie des « Micrasiates », ces réfugiés grecs expulsés d'Asie Mineure en 1922. Une très belle musique gorgée de spleen qui a connu son heure de gloire entre les mains de Vassilis Tsitsanis, Markos Vamvakaris ou Marika Ninou. Écouter du *rebetiko* est un rituel, un incontournable du voyage en Grèce. Pour en trouver, direction le vibrant quartier d'Exarchia à Athènes. Ici, trois excellentes adresses ne déçoivent jamais : Aggelos restaurant caché à l'étage d'un vieux bâtiment, avec du bon *rebetiko* (et parfois quelques voix connues du genre), le pétillant Trichordo et son groupe maison, ou Kavouras, une charmante gargote conviant de très bons artistes locaux. Autrement, le brut et sombre Hamam de Petralona est considéré comme une des meilleures scènes *rebetika* en ville.

Le *laïko* est apparu plus récemment. Signifiant « populaire », le mot désigne un style de musique pop, descendant du *rebetiko*, apparu dans les années 1950 et 1960. Il a évolué avec le temps et qualifie désormais la pop moderne grecque dans son ensemble (il peut même s'entendre comme synonyme de « mainstream »). Véritable variété locale, le laïko a porté deux stars dans les années 1960 : Stelios Kazantzidis et Manolis Angelopoulos. Parmi les grands noms de la musique grecque contemporaine, son plus illustre ambassadeur fut Manos Hatzidakis (1925-1994). Célèbre compositeur des *Enfants du Pirée*, il est aussi le découvreur de Nana Mouskouri et a fait voyager le *rebetiko*. Il est, avec Melina Mercouri, de ces artistes qui ont donné une dimension internationale aux airs grecs. Depuis les années 1980, les grands noms de la musique populaire grecque sont Dionysis Savvopoulos, Charis Alexiou, Nikos Papazoglou, Giorgos Dalaras ou le rockeur Vassilis Papakonstandinou. Pour goûter à toutes les musiques populaires grecques, comme le laïko, Pontiki est un incontournable à Kypseli. Sinon le Melodeion, à Lavrion, centre culturel dédié à la musique grecque – qu'elle soit populaire, rock ou contemporaine – est également une excellente adresse.

Le jazz

Sans pour autant parler de « renouveau jazz », la Grèce a porté ces dernières années quelques noms très remarqués sur la scène internationale. Parmi les plus importants, on peut noter le contrebassiste Petros Klampanis, le grand vibraphoniste Christos Rafalides ou Vassilis Tsabropoulos, passionnant pianiste, aussi très actif dans le classique contemporain. En Grèce, il n'y a pas de traditions jazz et le folklore local ne s'y est jamais vraiment marié (comme en Hongrie par exemple). Mais comme partout le genre a ici de nombreux adeptes. Ainsi, chaque année depuis 2001, la capitale accueille le Athens Technopolis Jazz Festival, évènement porté sur les nouvelles formes de jazz et les nouvelles scènes mondiales. Toujours gratuit, ce rendez-vous très prisé se tient à Technopolis, une ancienne usine à gaz reconvertie en musée et centre culturel. Autrement, les amateurs de jazz adoreront The Zoo, bar un poil excentré qui mérite le détour pour son ambiance, Half Note, plus vieux jazz club de la ville et point de chute des gros groupes de passage en ville, ou encore le Spiti Art bar, un incontournable avec de bons groupes et un très joli cadre.

Les musiques actuelles

Après plus d'une décennie de crise et de politique d'austérité, les difficultés à maintenir un projet artistique à flot dans le pays sont innombrables. Et pourtant, beaucoup d'artistes ont fait le choix de ne pas s'expatrier. Parmi ceux qui alimentent la scène locale et tout en cultivant une reconnaissance internationale, on peut citer Dimitris Papadatos (connu comme Jay Glass Dubs), Panagiotis Melidis (aka Larry Gus) et surtout le duo Keep Shelly In Athens. Trois entités connues à l'étranger, trois projets de musique électronique. Et ce n'est sans doute pas dû au hasard. Le pays a regorgé d'artistes visionnaires dans le domaine par le passé comme Vangelis (compositeur de la B.O. de *Blade Runner*) dans les années 1980 ou Léna Plátonos, une pionnière et fierté locale.

L'importance de la musique électronique dans la jeune création actuelle peut aussi s'expliquer de deux manières. La première est que le genre est quasi systématiquement instrumental. Sans parole, il transcende la barrière de la langue et s'exporte très facilement. Et puis la musique électronique est souvent une bande-son de la vie nocturne. Et le moins que l'on puisse dire, c'est qu'Athènes et Thessalonique sont particulièrement vivantes la nuit. Dans la capitale, c'est bien simple, on n'a que l'embarras du choix. Un des lieux les plus prisés de la scène artistique locale (et du public) est Six D.O.G.S. Niché dans le quartier de Monastiraki, l'endroit propose des évènements quasiment tous les soirs et parvient à réunir la crème de l'électronique locale et internationale avec une petite inclination pour l'avant-garde. Unique en ville. Un autre incontournable des nuits blanches athéniennes, c'est Booze Cooperativa. Décoré comme nul autre avec ses longues tables en bois, ses bancs, ses expos photo et son atmosphère néo-indus, Booze détonne dans le paysage local. Arty et LGBT-friendly, même dans sa programmation (par ailleurs très vaste : électro, pop, hip-hop, etc.). Lui aussi singulier, lui aussi néo-industriel, lui aussi adoré des Athéniens : le Romantso. Cette ancienne imprimerie reconvertie en espace de *coworking*, bar et club compose une programmation exigeante faite de talents locaux. Une bonne adresse pour goûter au meilleur de la création locale. La programmation la plus pointue de la scène locale revient haut la main au bien-nommé Temple. Situé à deux pas de Technopolis dans Gazi, l'endroit compose des nuits comme on ne pensait en voir qu'à Berlin.

À noter que la capitale jouit aussi d'une très belle scène rock (particulièrement « stoner rock »). On en écoute au Kyttaro, un centre névralgique pour le genre depuis 1970 situé vers Exarchia ainsi qu'au Gagarin 205.

Enfin, n'oublions pas qu'il fut un temps où l'on venait d'Athènes pour profiter des nuits de Thessalonique. Hideuse et froide pour certains, la ville se dévoile la nuit sous un nouveau jour : festive, décontractée, jeune, métissée. Désormais, si la vie nocturne bat toujours son plein, la qualité des événements proposés n'égale pas ceux d'Athènes.

La danse

Fait amusant, le *sirtaki* n'est pas une danse traditionnelle, mais elle est l'est devenue avec le temps. Créée en 1964 par Jean Vassilis (sur une musique de Théodorakis) pour le film *Zorba le Grec* de Michel Cacoyannis, elle s'inspire néanmoins d'une danse traditionnelle, le *hasápikos* (ou *hasaposerviko*) de Constantinople mais n'existait pas à proprement parler avant ça. La danse traditionnelle la plus célèbre du pays n'est donc pas « traditionnelle ». Et pourtant des danses folkloriques, en Grèce, il y a en a énormément – on en dénombrerait même 10 000 différentes sur tout le territoire. Et si elles sont le reflet des spécificités régionales, elles partagent un socle commun. Par exemple, à l'instar du *syrtos*, de nombreuses danses sont exécutées en rond. En effet, à l'origine, en formant un cercle, les danseurs entendaient se protéger des influences néfastes. Parmi les danses régionales remarquables, dans le Péloponnèse on trouve le *tsakonikos*, reconnaissable par sa ronde qui s'achève en formation labyrinthique. En Thessalie, on voit des *karagouna* aux costumes fabuleux. Dans l'Épire, on danse le *tsamiko*, entre hommes seulement et en se tenant la main à hauteur d'épaule. Et en Macédoine, il n'est pas rare d'assister à une

Danseurs folkloriques.

© MICHALAKIS PPALIS - SHUTTERSTOCK.COM

Joueur de laouto traditionnel.

anastenaria, rituel de la marche sur le feu accompagné de chants et de danses.

L'histoire de la danse classique en Grèce est incarnée par une figure majeure : Tatiana Mamaki. Elle fut chorégraphe de l'Opéra national, fonda l'École de ballet d'Athènes et permit à la danse grecque de rayonner hors de ses frontières. Aujourd'hui, le Ballet national grec est entre les bonnes mains de Konstantinos Rigos. Directeur de l'institution depuis 2018, il entreprend de donner une lecture grecque contemporaine à de grands classiques (*Le Lac des cygnes*) tout en valorisant des piliers du patrimoine local comme Hatzidakis. Côté danse contemporaine, le pays jouit de quelques chorégraphes adorés à l'international et réputés pour l'intensité et l'ingéniosité de leur proposition, comme Dimitris Papaioannou ou Toúla Limnaios. Pour savourer la danse contemporaine locale, le mieux est de se rendre à la Fondation Onassis d'Athènes. Gigantesque complexe de 18 000 m^2 entièrement dédié à l'art (danse, théâtre et arts plastiques), aux tarifs particulièrement accessibles, l'endroit s'est imposé à un moment où la capitale manquait cruellement de salles de spectacle d'envergure.

Le théâtre

Si l'on cherche le berceau du théâtre occidental, on atterrit forcément en Grèce. D'Eschyle, père de la tragédie, à Sophocle et ses dilemmes moraux en passant par Euripide, qui a bouleversé l'écriture du récit héroïque, le théâtre moderne doit énormément à la Grèce antique. Eclipsé par l'importance de son aïeul, le théâtre grec contemporain est moins remarqué mais certainement pas moins remarquable. Des dramaturges comme Iákovos Kambanéllis, Dimítris Dimitriádis (jadis mis en scène en France par Patrice Chéreau), Níkos Kazantzákis (auteur du roman qui a inspiré *Zorba le Grec*), Yánnis Mavritsákis (joué en France à l'initiative d'Olivier Py) ou encore Lèna Kitsopoùlou portent l'écriture grecque dans ce qu'elle a de plus diverse et vivante sur la scène internationale. Et si la crise de 2008 et ses coupes budgétaires ont laissé supposer une baisse d'activité ou de qualité, le théâtre grec contemporain s'est, à l'inverse, redynamisé, porté par une nouvelle génération d'acteurs et de metteurs en scène surprenants et audacieux.

Une des meilleures adresses du pays reste le Théâtre National de la Grèce. Fondé en 1930, il visait à l'époque la promotion de la culture grecque à travers des productions de théâtre grec ancien. Sous l'impulsion de son actuel directeur artistique Dimitris Lignadis, l'endroit se tourne désormais aussi vers la dramaturgie moderne et le théâtre expérimental. Autre très bel endroit en ville, le Théâtre Poreia propose des mises en scène actuelles et efficaces de textes qu'ils sont toujours les premiers à jouer. Et, comme pour la danse contemporaine, la Fondation Onassis est un point d'ancrage important du théâtre contemporain grec. Le succès est inébranlable, les représentations ont souvent lieu à guichets fermés. Mais l'épicentre du théâtre en Grèce demeure le Festival d'Athènes et d'Epidaure. Dirigé par Yorgos Loukos, il est un des plus denses et beaux festivals de théâtre européens et sa programmation propose d'excellents textes et auteurs. Les représentations se déroulent dans les lieux les plus prestigieux de la capitale, dont l'Odéon d'Hérode Atticus sur la silhouette illuminée de l'Acropole. Il est bon de se renseigner car assister à une pièce antique ou à un ballet contemporain sur ces gradins de marbre plurimillénaires est une expérience tout simplement unique.

LITTÉRATURE

Berceau de la mythologie, de la littérature et de la philosophie, la Grèce est une destination incontournable pour tous les amoureux des lettres. Fondateurs de la philosophie occidentale, les célèbres Socrate, Platon et Aristote marquent encore aujourd'hui les œuvres contemporaines. Leurs pensées ont influencé de nombreux domaines : religion, politique, science... Ils incarnaient la philosophie comme art de la pensée, à la source de toute création artistique. Parmi eux, les dramaturges antiques tiennent une place particulière. De nombreux auteurs modernes ont également donné leurs lettres de noblesse à la littérature grecque. La Grèce a hébergé deux prix Nobel de littérature en 1963 et 1979, respectivement Georges Séféris et Odysseus Elytis. Qu'elle soit d'inspiration religieuse, philosophique ou politique, la littérature grecque a toujours rayonné sur l'Europe et sur le monde et reste une source de fierté pour ses habitants.

La marque de l'héritage homérique

Impossible de parler de la Grèce sans évoquer Homère, auteur de l'*Iliade* et de l'*Odyssée,* qui marque le passage d'une littérature orale à une littérature écrite. Ces deux œuvres évoquent principalement les thèmes de l'épopée, du voyage et de l'altérité. Elles rappellent les rapports entre les Anciens et les morts, basés essentiellement sur le souvenir du défunt et les offrandes. On sait très peu de choses sur la vie de Homère, si ce n'est que l'aède vécut dans la première moitié du VIIIe siècle av. J.-C., à Smyrne notamment. Certains spécialistes ont d'ailleurs émis l'hypothèse que la figure d'Homère aurait été inventée de toutes pièces et que l'*Iliade* et l'*Odyssée* seraient le fruit de plusieurs auteurs anonymes. Une chose est sûre : le succès de ces deux épopées ne s'est jamais démenti. L'*Iliade*, qui trouva chez les Anciens la plus grande faveur, célèbre la prouesse individuelle, dans un style fougueux et abondamment fleuri. L'épopée retrace la dernière année de la guerre de Troie, exactement six journées et six nuits. Pour faire simple, ce conflit, qui durera dix ans, oppose deux peuples : les Achéens (Grecs) et les Troyens. Il débute après l'enlèvement d'Hélène, épouse de Ménélas, par le Troyen Pâris. Le récit dépeint les combats livrés par des héros hors du commun : Hector, Ajax, Achille...

Quant à l'*Odyssée*, elle narre le retour du héros Ulysse, qui a permis grâce à sa ruse (son cheval) de pénétrer dans Troie, sur son île d'Ithaque où son épouse Pénélope l'attend. Un retour qui prendra dix longues années, ponctuées de diverses aventures. Le héros grec devra en effet affronter les Cicones, les Lotophages, les Cyclopes, la belle et enchanteresse Circé, le royaume des morts d'Hadès, les sirènes, Charybde et Scylla... Pendant tout ce temps, la fidèle Pénélope fera tout ce qu'elle peut pour repousser tous les prétendants. Pour cela, sa ruse consiste à dire qu'elle épousera un nouvel époux lorsqu'elle aura terminé sa tapisserie. Ainsi, pour ne jamais la terminer, chaque nuit elle défait son travail. C'est une véritable inspiration héroïque

Ulysse et les prétendants, épisode de l'Odyssée.

qui éclate ainsi dans cette *Odyssée* initiatique d'un homme qui, en vingt ans de guerres et d'aventures, ne désespéra jamais : Ulysse absent ou présent, rusé et invincible, reste, même misérable, le héros humain par excellence.

Les grands noms de la littérature antique

Regardons de plus près qui sont ces auteurs qui ont marqué toute la littérature de leur génie et qui continuent encore à influencer les artistes et à imprégner les penseurs contemporains. Commençons par le philosophe Héraclite (vers 540-480 av. J.-C.) : il nous reste des fragments de son ouvrage *De l'Univers* qui aborde autant la physique ou la politique que la théologie. Il y définit le feu comme l'élément primitif de la matière. Le monde, perpétuellement en mouvement et en devenir, trouve son origine et son harmonie dans le conflit des contraires. De son côté, Eschyle (vers 525-456 av. J.-C.) est considéré comme le fondateur de la tragédie grecque. De ses 90 œuvres nous n'en connaissons que sept, dont *Les Perses* et *Prométhée enchaîné*. Il a donné au drame ses lois rigoureuses en faisant une plus grande place aux dialogues et à l'action. Il a introduit le masque et a innové en matière de mise en scène. Connaissez-vous *Œdipe roi*, *Antigone* ou encore *Électre* ? Ce sont les pièces les plus célèbres du poète tragédien Sophocle (entre 496 et 494-406 av. J.-C.). Sur plus d'une centaine de pièces créées, sept nous sont connues. Contrairement à Eschyle chez qui les dieux jouent un rôle primordial dans les affaires humaines, l'œuvre de Sophocle semble influencée par le spectacle d'une Athènes démocratique à l'apogée de son système social et politique.

C'est d'ailleurs dans une Athènes déclinante, où les classes sociales, les traditions et les institutions deviennent vacillantes, qu'Euripide (480-406 av. J.-C.) compose ses 92 pièces, dont 18 seulement nous sont parvenues. C'est une œuvre qui rompt avec la célébration traditionnelle du passé et qui innove en s'interrogeant sur les passions des hommes de son temps. La modernité de son œuvre lui a valu une gloire posthume. De lui sont connues les pièces *Les Bacchantes*, *Médée*, *Électre*... Venons-en maintenant à Socrate (vers 470-399 av. J.-C.). Ce philosophe athénien, hostile à tout enseignement dogmatique, n'a jamais écrit aucun traité de philosophie. Sa pensée est surtout connue par *Les Dialogues* de Platon, *Les Nuées* d'Aristophane et *Les Mémorables* de Xénophon. Sa méthode repose sur des interrogations qui doivent amener ses interlocuteurs à dépasser leurs propres contradictions. En résumé, il s'efforce de perfectionner la devise : Connais-toi toi-même. Accusé d'impiété envers la religion d'État et de corruption de la jeunesse, il est condamné à boire la ciguë (plante toxique des chemins et des décombres) après avoir refusé de s'enfuir par respect des lois de la cité. De son côté, Démocrite (vers 460-370 av. J.-C.) hérite de la tradition philosophique d'Ionie. Aucun texte original ne nous étant parvenu, ce sont Aristote et Diogène Laërce qui nous ont fait connaître sa philosophie. Fondateur de son école, sa pensée définit la nature comme une infinité d'atomes, particules invisibles, indestructibles et complémentaires entre elles, dont le mouvement dans le vide est à l'origine des êtres, des mondes et de l'univers. Pour lui, le bonheur est à rechercher dans la modération des désirs. Peut-être moins connu du grand public, Aristophane (vers 445-380 av. J.-C.) est un poète satirique fort apprécié de son temps. Il critique avec un humour caustique l'actualité sociale et politique. De son œuvre de 44 pièces, appartenant à la comédie ancienne, 11 pièces seulement nous sont parvenues. De tendance conservatrice, il attaque les démocrates en guerre contre Sparte dans *Les Acharniens*, raille les philosophes tels que Socrate ou Euripide dans *Les Nuées* et *Les Grenouilles* ou encore traite de problèmes sociaux dans *L'Assemblée des femmes*. Pour ce qui est de Platon (vers 428-348 av. J.-C.), on l'imagine dispensant son enseignement dans les jardins d'Académos, là où il avait créé son académie, le doigt levé, comme nous le montre Raphaël dans *L'École d'Athènes*. La connaissance pour lui n'est concevable que si l'on dirige l'âme vers la contemplation du Bien et du Vrai. Toute son œuvre s'applique à transmettre cet idéal : *L'Apologie de Socrate*, *Le Banquet* (sur l'amour), *La République* (sur l'organisation de l'État), *Les Lois* (sur celles de la cité). Quant à Aristote (384-322 av. J.-C.), il fut le précepteur d'Alexandre le Grand à partir de 342, mais, plus encore, l'élève brillant de Platon. Très vite, pourtant, il crée sa propre école à Athènes, rivale de l'académie de Platon : le Lycée ou Peripatos, sorte de péristyle où l'on apprend en discutant et en se promenant. Aristote s'intéressera à la physique, à la métaphysique, aux sciences naturelles, à la littérature.

Sophocle.

© HELEFTY - ISTOCKPHOTO.COM

Aristote.

Littérature moderne

L'histoire de la littérature grecque moderne est étroitement dépendante de la question de la langue. Au IIIe siècle av. J.-C., quelques linguistes décident de figer le grec littéraire dans une sorte de crispation archaïsante. C'est la *katharévousa* qui s'oppose totalement au grec vivant qui, lui, évolue au fil des siècles et qu'on appelle la langue démotique. Cette dernière triomphera dans la littérature à partir du XIXe siècle. Mais cette opposition linguistique a largement paralysé l'expression littéraire grecque. Forme du nationalisme, la littérature grecque a par ailleurs pâti d'un manque d'identification nationale face à de multiples occupants (Vénitiens, Génois, croisés, Ottomans). La poésie orale grecque est la première forme littéraire moderne à se structurer. On note ici le rôle du poète du XVIIe siècle, Vitsentzos Cornaros qui, dans son *Erotokritos*, reprend la tradition des chants populaires crétois et rejette une langue figée et savante. Ces chants populaires locaux ont une importance primordiale dans l'émergence d'une littérature grecque moderne et permettent l'utilisation de la langue démotique, vivante et parlée, comme langage poétique et littéraire. Le clivage entre libéraux et réactionnaires perdure jusqu'au XIXe siècle. Le poète Dionysios Solomos (1798-1857) s'inscrit dans la lignée du chant populaire et réalise la synthèse poétique qui permet la victoire du démoticisme. La littérature grecque moderne est née ! Une figure domine cette nouvelle génération qui va s'illustrer jusque vers 1920 : c'est le poète Costis Palamas (1859-1943), dont l'œuvre est le reflet du lyrisme nationaliste en vogue dans le nouvel Etat grec. La génération de 1880 puise allègrement dans le folklore populaire, comme Alexandre Papadiamantis (1851-1911), maître en la matière. Ce dernier est considéré comme l'un des plus grands écrivains modernes grecs et comme le fondateur des lettres modernes. C'est un auteur prolifique, puisqu'il a écrit près de deux cents essais, nouvelles et romans. Certaines de ses œuvres ont été publiées en feuilleton dans des journaux, mais beaucoup le seront après sa mort. Il a écrit par exemple des romans historiques comme *Les Immigrés*. (1881), *Les Marchands des Nations* (1882), mais a également tourné sa plume vers la vie et les mœurs de son siècle, les passions amoureuses. Ceux qui aiment se plonger dans la vie des auteurs auront un grand plaisir à découvrir sa maison dans la ville de Skiathos, devenue musée.

Les auteurs contemporains

Comme pour mieux faire écho à ses ancêtres, la Grèce a hébergé deux prix Nobel de littérature en 1963 et 1979, respectivement Georges Séféris (1900-1971) et Odysseus Elytis (1911-1996).

Citons également Nikos Kazantzakis (1883-1957) qui doit sa renommée à son œuvre la plus célèbre, *Alexis Zorba* (1946). Constantin Cavafy (1863-1933) continue de donner à la poésie grecque ses lettres de noblesse. Enfin, Stratis Tsirkas (1911-1980) est considéré comme l'un des meilleurs romanciers contemporains. Sa trilogie *Cités à la dérive* (1960-1965) a remporté, en France, le prix du meilleur livre étranger. Des écrivains encore plus contemporains comme Vassilis Alexakis (1943-2021), Takis Théodoropoulos, Alexis Stamatis, Ersi Sotiropoulos ou Petros Markaris ont une production littéraire également remarquable.

TOP 10

LECTURE

Mythologie, philosophie, voilà de quoi se nourrir de la richesse littéraire de la Grèce... La littérature antique sait également laisser sa place aux plumes modernes et contemporaines qui ne manquent pas de caractère !

À LIRE ET À RELIRE

Alexis Zorba. *Zorba le Grec* (1964) en est l'adaptation cinématographique.
Nikos Kazantzakis – *Pocket.*

UN BEL OUVRAGE

Naissance de la Grèce : De Minos à Solon, 3200 à 510 avant notre ère. Pour les amoureux d'histoire qui souhaitent tout connaître sur la Grèce.
Collectif – *Belin, 2019.*

PRIX NOBEL 1979

Temps enchaîné et Temps délié. Pour découvrir la plume de cet auteur proche des poètes surréalistes français.
Odysseus Elytis – *L'Échoppe.*

POUR LES AMATEURS DE BD

L'Iliade. L'œuvre d'Homère en BD (trois tomes), original !
Luc Ferry - *Glénat, 2018.*

UNE BD RIGOLOTE ET SAVANTE À LA FOIS

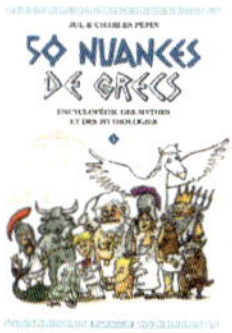

© DARGAUD

50 nuances de Grecs, Tome 1 : Encyclopédie des mythes et des mythologies. L'auteur s'amuse à mettre en scène les mythes dans des contextes actuels.
Jul – Chronique *Éditions, 2017.*

ENTRE FICTION ET RÉALITÉ

© ACTES SUD

Une lampe entre les dents, chronique athénienne. La crise grecque métamorphosant la ville.
Christos Chryssopoulos – *Actes Sud, 2013.*

PAR UN GRAND AUTEUR

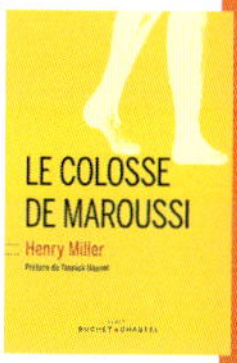

© BUCHET CASTEL

Le Colosse de Maroussi. Miller nous propose le récit de son voyage en Grèce en 1939.
Henry Miller – *Buchet Chastel, 1941.*

À PARTIR DE 3 ANS

© EDITIONS USBORNE

Mythes grecs illustrés. Pas mal pour découvrir la mythologie dès le plus jeune âge.
Collectif – *Usborne, 2013.*

PRIX NOBEL 1963

© GALLIMARD

Poèmes (1933-1955), suivi de *Trois poèmes secrets*. Une poésie teintée de pessimisme et de désespoir.
Georges Séféris – *Gallimard.*

UN BON POLICIER

Liquidations à la grecque. Une intrigue qui se déroule dans le monde de la finance.
Petros Markaris – *Seuil, 2011.*

A L'ÉCRAN

Bizarre, vous avez dit bizarre ? Faut-il vraiment s'étonner que la crise économique sans précédent qu'a connue la Grèce en 2008 ait coïncidé avec le jaillissement d'une nouvelle génération de cinéastes à l'imagination fertile, adeptes de jeux théoriques cruels et d'humour noir ? On connaît les legs de son histoire millénaire que contemplent imperturbablement des paysages aux airs de paradis. Pêle-mêle : mythologie, sens du tragique et de la comédie, démocratie athénienne, brutalité spartiate, ignorance malicieuse de Socrate, métaphysique de Platon ou cynisme de Diogène. Voilà qui explique peut-être cette singularité du cinéma grec, dont « la vague bizarre » n'est que le dernier avatar : une faculté à faire fi de l'adversité et des catastrophes de l'histoire. Ne nous y trompons pas : si le cinéma grec est un fleuve d'images dans lequel on ne se baigne jamais deux fois, c'est qu'il invite plutôt à se laisser surprendre.

Des débuts chaotiques

Le cinéma grec a presque toujours dû composer avec une situation politique instable. Quelques années après l'apparition du septième art, les guerres balkaniques puis gréco-turques et l'expulsion des grecs d'Asie donnent le *la* à un siècle houleux. Le premier long-métrage grec, *Golfo* (Konstantinos Bachatoris, 1915), est un échec. C'est aussi le premier-né d'un genre cher au cinéma grec, les films en fustanelle, du nom d'un costume traditionnel : ce sont des mélodrames bucoliques qui idéalisent la vie à la campagne et une forme d'innocence prémoderne. La création de la Dag Films, la première des sociétés de production véritablement professionnelle, en 1927 sous la houlette des frères Gaziádis, marque un premier tournant. Mais l'avènement du parlant vient renforcer le poids de la concurrence étrangère et porter un nouveau coup à une production déjà exsangue et étranglée par la censure. Quelques rescapés résistent : des tentatives de productions gréco-turques suggérant un timide rapprochement qui ne prend pas vraiment, ou *Daphnis et Chloé* (Orestis Laskos, 1931), chef-d'œuvre du cinéma muet grec. L'histoire veut que ce soit le premier film à présenter une scène de nudité, ce qui rapporté à la sculpture antique n'a rien d'étonnant. Finos Film, qui deviendra l'une des plus grandes sociétés de production, créée en 1942, amorce un nouveau changement alors que les sorties grecques étaient devenues quasiment inexistantes. On lui doit *La Voix du cœur* (Dimitris Ioannopoulos, 1943), émouvant mélodrame qu'il est coutume de considérer comme le véritable acte de naissance du cinéma grec mais il faut attendre la fin de la guerre civile pour que le studio connaisse son véritable envol. Yórgos Tzavéllas, autre pionnier, signe le premier film – déjà considéré comme un chef-d'œuvre – *Applaudissements* (1944) d'une œuvre qui sera couronnée de succès.

Une parenthèse dorée (1950-1960)

La relative stabilité politique des années 1950 et 1960 correspond à l'une des périodes les plus fécondes du cinéma grec. Michael Cacoyannis en est le réalisateur emblématique. Les accents tragiques de *Stella (1955)* proviennent du fond des âges mais son héroïne rétive au mariage est éminemment moderne. Le film fait d'emblée de Melina Mercouri – pour laquelle c'est alors le premier rôle au cinéma – une star. Pour son rôle dans *Jamais le dimanche* (1960), réalisé par Jules Dassin avec qui elle s'est mariée, elle reçoit le prix d'interprétation à Cannes. Le film est le versant joyeux de *Stella*, réunissant et opposant une prostituée au grand cœur et un Américain, féru de culture antique, qui voudrait la réformer. Les éléments de folklore dont joue le film sont en passe de devenir des clichés : la taverne comme décor central, la danse et les airs de bouzouki, un tempérament volcanique. *Zorba le Grec* (Michael Cacoyannis, 1964), tourné en Crète à la Cranée et dans la péninsule d'Akrotíri, devient la vitrine de ce folklore à l'international et la musique de Míkis Theodorákis, qui illustre une célèbre scène de sirtaki (une danse populaire grecque rendue célèbre par *Zorba le Grec*), fait le tour du monde. Entretemps, Níkos Koúndouros signe *Ville magique* (1954), aux influences néoréalistes, qui oppose les habitants pauvres mais dignes du quartier de Dourgouti au monde dépravé de la pègre, assimilé à la modernité, et surtout *L'Ogre d'Athènes* (1956), qui en poursuit le thème mais vire davantage au noir. Le réalisateur Tákis Kanellópoulos (*Ciel* en 1962, *L'Excursion* en 1966 et *Parenthèse* en 1968) qui a fait ses armes avec des documentaires, signe des films qui représentent des tentatives tout à fait à part de cinéma lyrique, détaché de toute référence littéraire (ils sont quasiment dénués de dialogues pour les deux derniers).

© VIVOOO - SHUTTERSTOCK.COM

Plage de Stavros où a été tourné le film « Zorba le Grec ».

DÉCOUVRIR

Fort dans la tourmente

La dictature des colonels (1967-1974) s'accompagne d'une forte répression : bon nombre de cinéastes, dont la créativité s'en trouve comme décuplée, vont se retrouver derrière les barreaux ou contraints à l'exil. Parmi les réussites, miraculeuses compte tenu du contexte, on peut citer *Evdokia* (Alexis Daminos, 1971), tourné dans la périphérie d'Athènes, où l'on retrouve l'archétype de la prostituée élevée au rang d'héroïne tragique. Le film contient une célèbre scène de zeibekiko, une danse traditionnelle. *Les Fiançailles d'Anna* (Pandélis Voulgaris, 1972) se présente comme une double critique de la bourgeoisie et de la dictature à travers l'histoire d'une bonne asservie. Une kyrielle de films historiques, qui prennent les libertés de rigueur avec l'histoire, sont produits avec la bénédiction du régime. *Qu'as-tu fait à la guerre, Thanassis ?* (Dínos Katsourídis, 1971) en est une satire, et son succès annonce une prise de conscience politique de la part des spectateurs, alors que comédies sans distinction et films érotiques dominent le circuit commercial. Au même moment, celui que l'on considère aujourd'hui comme l'un des plus grands cinéastes grecs, Theo Angelopoulos, fait ses débuts. Un hermétisme certain lui permet d'échapper à la censure de la dictature. A n'en pas douter, son cinéma lent, contemplatif et austère peut aussi tenir à distance le spectateur qui, pressé, risque de passer à côté de sa force mélancolique et méditative. Comme dans *Le Voyage des comédiens* (1975), qui suit les pérégrinations d'une troupe de théâtre jouant *Golfo*, une pièce grecque et bucolique, à travers le pays, son œuvre multiplie les références à la tragédie antique. Ses films fleuves collectionneront les prix, dont une Palme d'or pour *L'Eternité et un jour* en 1998, qui se déroule à la frontière gréco-albanaise. Le cinéma local a peiné à se relever de la dictature mais les productions étrangères se sont engouffrées dans la voie qui leur était ouverte : *Une femme à sa fenêtre* (Pierre Granier-Deferre, 1976) avec Romy Schneider, qui dresse le portrait d'une bourgeoisie décadente (qui est aussi l'objet des *Fainéants de la vallée fertile* de Nikos Panayotopoulos en 1978), un épisode de James Bond évidemment (*Rien que pour vos yeux*, John Glen, 1981) où le monastère des Météores et Corfou sont mis à l'honneur, etc. La réalisatrice anglaise Clare People a tourné une comédie estivale délicieuse et méconnue, *Soleil Grec* (1987), à Lindos, sur l'île de Rhodes. Son thème ? Le désagrément causé par l'invasion touristique aux habitants permanents. Le film le plus célèbre des années 1980 est aussi le plus coûteux : *Rebétiko* (Costa Ferris, 1983) tient son nom d'une musique traditionnelle grecque. La vie de la chanteuse Markia Ninou en est à la fois la source d'inspiration et le prétexte pour célébrer la résilience du peuple grec à travers quarante ans d'histoire. Le cinéma grec semble momentanément coincé comme Ulysse chez Circé, profitant peut-être d'une tranquillité retrouvée. Toujours est-il que la production des années 1980 et 1990, hormis celle d'Angelopoulos, est singulièrement pauvre ou sous-évaluée. Exception très marginale, les films de Nikos Nikolaïdis, qui préfigurent vingt ans à l'avance la « vague bizarre » du cinéma grec : *Singapore Sling* (1990) est une variation sadique à la bizarrerie frénétique ou forcée, au choix, sur *Laura* de Preminger. *Safe Sex* (Thanasis Papathanasiou, Michalis Reppas, 1999) fête la fin du siècle en devenant provisoirement le plus grand succès du cinéma grec. La place lui sera ravie par un *Un ciel épicé* (Tassos Boulmetis, 2003) qui revient sur le pogrom d'Istanbul en 1965.

© DALIU - SHUTTERSTOCK.COM

Le port de La Canée a servi de décor au film « The Two Faces of January ».

Les années 2000

De manière générale, alors que la crise se profile, le cinéma grec présente des signes de vitalité de plus en plus nombreux. D'abord un huis-clos, *Boîte d'allumettes* (Yannis Economides, 2002), qui met en scène une famille en implosion dans la banlieue d'Athènes. Des films plus conventionnels : les mariages forcés qui prévalaient au début du siècle précédent fournissent le sujet de deux beaux mélodrames de Pantelís Voúlgaris, *Les Mariées* (2004), puis *Little England* (2013) tourné à Andros. *Hardcore* (2004) évoque la vie de deux jeunes filles dans le bordel où elles ont échoué. Son réalisateur, Dennis Iliasdis, est parti aux Etats-Unis pour s'y consacrer au cinéma d'horreur. *100 % grec* (Filippos Tsito, 2009) dont le titre français n'est pas très fidèle à l'original, *L'Académie de Platon* ironise sur trois buralistes qui passent leurs journées à deviser et sur leur racisme larvé. Rien ne laisse alors vraiment présager la « vague bizarre » du cinéma grec lancée par *Canine* de Yorgos Lanthimos en 2009, alors que le pays s'est enfoncé dans la crise. Le film connaît un retentissement à l'étranger inhabituel pour un film grec dans le sillage duquel vont s'engouffrer *L* (Babis Makridis, 2011), *Attenberg* (2012), puis *Chevalier* (2015) d'Athina Rachel Tsangari. En 2016, son septième film, *The Lobster*, bénéficie d'un casting international, de Colin Farrell à Léa Seydoux, et remporte également un franc succès, dépassant les frontières helléniques. Il est encore revenu en compétition à Cannes en 2017 avec *La Mise à mort du cerf sacré* (*The Killing of a Sacred Deer*), un huis clos pervers et violent avec (encore) Colin Farrell et Nicole Kidman. Yorgos Lanthimos a étudié à l'école de cinéma Stavrakos à Athènes. Il s'est marié avec l'actrice française Ariane Labed, rencontrée lors du tournage du film *Attenberg* d'Athina-Rachel Tsangari. Il revient en 2019 avec *La Favorite* (*The Favourite*) avec Olivia Colman, Emma Stone et Rachel Weisz. Absurde, cruauté, abstraction, loufoquerie plus ou moins glaciale caractérisent ce mouvement qui prend un malin plaisir à rompre avec la vraisemblance. *Miss Violence* (Alexandros Avranas, 2013) s'ouvre par le suicide d'une enfant, avant de rassembler les pièces de ce puzzle. Tourné sur l'île d'Antiparos, *Suntan* (Argyris Papadimitropoulos 2017) est une variation pleine de noirceur sur le thème du démon de midi. Pendant ce temps, Hollywood a donné l'impression de redécouvrir la Grèce, au gré de *Capitaine Corelli* (John Madden, 2001) qui vaut essentiellement pour ses visions de Céphalonie, la plus grande des îles ioniennes, *Mamma Mia !* (Phyllida Lloyd, 2008), tourné sur les îles de Skiathos et Skopelos dans le village côtier de Damouchari, ou *The Two Faces of January* (Hossein Amini 2014), qui pérégrine de l'Acropole, parmi les ruines de l'agora jusqu'à la Crète, la cité minoenne de Cnossos et le port de La Canée.

Décor grec, également, pour le troisième volet d'une trilogie romantique, *Before Midnight* (Richard Linklater, 2013) qui voit ses deux personnages se promener dans le Magne, dans le Péloponnèse. Et enfin, le dernier film de Costa Gavras *Adults in the Room* (2019), un thriller politique dont l'action a lieu dans la Grèce d'après les six premières années de crise économique lors de l'avènement au pouvoir, pour la première fois dans l'histoire grecque, de la gauche radicale et les coulisses du pouvoir de l'Union européenne. Considéré par son réalisateur comme « une tragédie grecque ancienne des temps modernes », ce film est inspiré de l'ouvrage de G. Varoufakis, ministre des Finances, *Invincibles vaincus*.

LES ENJEUX ACTUELS

Entre 2009 et 2019, la Grèce est confrontée à l'une des plus graves crises de son histoire : les îles du Nord-Égée qui tirent leurs revenus du tourisme sont en partie préservées de la crise économique, avant que la crise sanitaire de 2020-2022 ne les touche de plein fouet dans cette activité. La crise politique et sociale touche l'ensemble du pays, au cours de dix années marquées par le désaveu des partis traditionnels de gauche, la montée du parti radical Syriza et, finalement, un revirement vers une droite conservatrice, héritière des grandes familles politiques des décennies précédentes. Sur le plan international, la Grèce a revisité les relations de voisinage avec ses rivaux historiques, la Turquie et la Macédoine du Nord, tandis qu'elle a dû faire face à une crise humanitaire d'ampleur inédite, recevant des milliers de réfugiés fuyant les guerres du Moyen-Orient. Les îles du Nord-Égée ont vécu cette dernière plus fortement que d'autres.

La scène politique grecque

Le vote est obligatoire en Grèce, pour tout citoyen de plus de 18 ans. Le Parlement, la *Vouli*, est élu pour 4 ans au suffrage universel : il élit le président de la République, dont le rôle est surtout représentatif, pour une période de 5 ans, renouvelable une fois. Le Premier ministre et le gouvernement détiennent le pouvoir exécutif.

Les années de crise (2009-2019) ont bouleversé l'échiquier politique grec et redistribué les cartes du pouvoir. Les dynasties Papandréou (PASOK, parti socialiste) et Caramanlis/Mitsotakis (Nouvelle Démocratie, parti conservateur) régnaient en maîtres sur la scène politique depuis la restauration de la démocratie : la crise fait basculer ce jeu de ping-pong imbibé de népotisme.

Le parti Syriza, coalition de la gauche radicale menée par Alexis Tsipras, remporte les élections de janvier 2015 avec 36,34 % de voix, lui qui stagnait autour de 4 % avant la crise. Au pic de la crise économique, il doit faire face à une situation désastreuse et tenter de trouver un équilibre entre une population poussée à bout et des créanciers exigeant toujours plus d'austérité. S'il est finalement détrôné par Nouvelle Démocratie (2019), sa percée fulgurante, qui enterre le PASOK au passage, n'en reste pas moins un événement historique marquant dans le paysage politique contemporain. Aujourd'hui principal parti d'opposition, Syriza forme toujours une large coalition à gauche de l'échiquier politique et brigue une place de choix pour les prochaines élections (2023).

En 2019, la victoire de K. Mitsotakis remet la droite conservatrice et libérale sur le devant de la scène. Parmi les mesures phares de Nouvelle Démocratie, on peut noter une politique économique basée sur l'entreprise et les plus aisés, notamment en termes de fiscalité, mais également un positionnement très droitier sur le statut de l'Église orthodoxe, le nationalisme politique et la protection des réfugiés.

A l'été 2023, de nouvelles élections seront organisées : au moment où nous rédigeons ce guide, il est encore difficile de prédire quel parti aura la préférence des Grecs, déçus par la gestion de la crise sanitaire, inquiets de l'inflation galopante tirée par la crise énergétique depuis la guerre en Ukraine et fatigués de différents scandales politico-médiatiques, dont la mise sur écoute par le gouvernement de journalistes et hommes politiques de l'opposition (2022).

Le défi humanitaire

Un des enjeux majeurs de la politique actuelle concerne les réfugiés qui arrivent sur les côtes grecques : les îles du Nord-Égée sont les premières concernées car elles constituent la porte d'entrée de l'UE la plus proche de la Turquie et des zones de conflit. À l'été 2015, alors que la Grèce vit les pires heures de la crise économique, la crise humanitaire menace d'imploser : des négociations avec la Turquie calment le flux d'arrivants en 2016-2017 mais ne constituent pas une solution durable à un problème géopolitique global, qui reprend de l'ampleur à l'été 2019 et se maintient depuis.

Après une première phase d'accueil solidaire de la part de la population locale, qui a pallié le manque de réactivité et de prise en charge de la Grèce et de l'UE dans son ensemble, la question de la « gestion » migratoire s'institutionnalise. Les îles de Lesbos, Samos et Chios reçoivent la majorité des exilés et mettent en place des camps de fortune rapidement insalubres et à capacité limitée. La tragédie de l'incendie du camp de Moria, à Lesbos, alerte la population grecque et internationale sur la situation, déjà largement décriée par les professionnels de l'humanitaire.

Au fil des années, ces camps sont élargis, regroupés dans des zones dédiées puis progressivement transformés en « centres fermés », ou zones d'emprisonnement. A l'heure de l'écriture de ce guide, des camps d'enfermement moderne continuent d'être inaugurés sur les îles du Nord-Égée : après l'ouverture du premier « centre fermé » de Grèce à Samos, d'autres devraient ouvrir prochainement à Chios et Lesbos.

La Grèce a été largement condamnée par des ONG de défense des droits humains, organisations internationales sous égide de l'ONU et par de nombreuses enquêtes d'investigation pour ses pratiques inhumaines, parfois même illégales dans l'accueil de ces hommes et femmes venus de loin. Un des plus gros scandales, qui implique également l'UE dans son ensemble, concerne la pratique illégale des « pushbacks » en mer, à savoir le renvoi illégal ou refoulement de migrants dans les eaux territoriales turques par les gardes-côtes grecs, sous égide de Frontex, l'organisme européen en charge de patrouiller les frontières de l'Union.

Autre scandale majeur : en 2018, l'État grec lance une procédure judiciaire contre 24 humanitaires grecs et internationaux travaillant sur l'île de Lesbos. Ils sont arrêtés et jugés pour espionnage et trafic de migrants à la cour de Mytilène (Lesbos). Une situation ubuesque, condamnée par le Haut-Commissariat aux Droits de l'Homme des Nations unies notamment. En janvier 2023, les poursuites pour espionnage sont annulées par la justice grecque mais les procédures pour trafic de migrants sont toujours en cours.

Les relations aux voisins

Malgré des relations améliorées, les sujets de tension avec la Turquie ne manquent pas. C'est notamment le cas dans les îles frontalières du Nord-Égée, toujours méfiantes à l'égard du grand voisin. Les contentieux portent sur la gestion de la crise humanitaire, les Turcs et les Grecs se renvoyant la balle des responsabilités et des erreurs, sur le dos des migrants. Mais ce qui produit le plus de relents nationalistes concerne la souveraineté de certaines îles égéennes, face à l'extension des eaux territoriales grecques près des côtes turques ou face aux survols illégaux de l'armée turque près des côtes grecques. Avec la guerre en Ukraine, le port d'Alexandroupoli, à la frontière de la Grèce continentale et de la Turquie est devenu une nouvelle base stratégique de l'OTAN. La Grèce espère ainsi devenir une force essentielle dans le rapport de force international pour contrebalancer la place centrale que s'est taillée la Turquie dans les négociations entre Ukraine et Russie. Enfin, l'occupation turque du nord de Chypre reste toujours une raison de ne pas s'entendre.

En revanche, les relations historiquement conflictuelles avec la Macédoine du Nord semblent être enfin pacifiées. Depuis 1991, la Grèce refusait que ce pays balkanique et slave issu de l'implosion de l'ex-Yougoslavie prenne le nom de la dynastie d'Alexandre le Grand. De tous les débats nationalistes depuis plus de 25 ans, la question macédonienne est enfin résolue : le 25 janvier 2019, le parlement grec ratifie l'accord historique de Prespa qui rebaptise l'ex-République de Macédoine en République de Macédoine du Nord… Deux mots qui closent, on l'espère à jamais, cet épineux différend.

POPULATION

La Grèce a connu de nombreux brassages de populations depuis l'Antiquité et le Nord-Égée ne fait pas exception. Les populations façonnées par les siècles font aujourd'hui partie de *l'elleniki ethniki koinonia* : la communauté nationale grecque. Celle-ci présente une forte homogénéité culturelle et ethnique, renforcée par l'assimilation quasi totale à une même langue et une même religion. Les citoyens des Sporades sont intégrés à l'État grec dès l'indépendance (1830), tandis que les autres îles ne sont rattachées à la Grèce qu'en 1912-13. Quelques chiffres significatifs à noter : la population nationale s'élève à moins de 10,5 millions, dont 3,8 millions pour la seule région d'Athènes. A cela, il convient d'ajouter environ 6,5 millions de Grecs vivant à l'étranger. On voit ici la marque de l'exode rural et de l'émigration qui ont lourdement frappé le pays et les îles dès le tournant du XXe s., et de manière accélérée dans les années 1950-80.

Une démographie en berne

Le dernier recensement officiel de l'État grec s'est déroulé au fil de l'année 2021, dans une grande défiance de la population. Les résultats préliminaires publiés en 2022 montrent que la démographie grecque continue de baisser depuis le dernier recensement de 2011 : la tendance à la baisse des dernières décennies se maintient. Aujourd'hui, le pays recense ainsi 10,43 millions de résidents, soit -3,5 % par rapport à la décennie précédente. Cette tendance se confirme dans les îles du Nord-Égée avec une baisse moins prononcée que la moyenne nationale dans l'ensemble administratif du nord-est (-2,6 %) mais bien au-delà de la moyenne nationale dans les Sporades (-5,6 %) et les îles thraces de Thassos et Samothrace (-5,7 %). Dans les îles du Nord-Égée, on peut expliquer l'accélération plus forte de la perte de population par les décès accrus d'une population insulaire âgée et qui n'est remplacée ni par l'installation de jeunes familles grecques ni par l'immigration étrangère.

Il s'agit d'une tendance qui s'est accélérée depuis les années 2010. Dès les années 1980, la Grèce possède un taux de fécondité parmi les plus bas d'Europe : 1,30 enfant par femme en moyenne depuis quarante ans. La crise économique et financière des années 2009 à 2019 est largement responsable de l'accélération récente de la baisse démographique. Elle a entraîné un exode des jeunes Grecs (environ 500 000 personnes en dix ans), notamment vers l'Allemagne, mais aussi une baisse de la natalité (il y a désormais plus de décès que de naissances), tandis que la population a vieilli (l'âge médian était de 25 ans en 1950, il est désormais de 45 ans). Ainsi, depuis 2015, le pays est passé sous la barre des 11 millions d'habitants qui était stable auparavant. Comme aucune mesure conséquente n'est prise, le phénomène devrait s'aggraver : les projections donnent des estimations à moins de 10 millions d'habitants en 2030 et à moins de 8 millions en 2080.

Exode et retour

L'exode rural vers Athènes et les grandes villes a profondément marqué la démographie du Nord-Égée, bien qu'on ait vu un certain ralentissement de la tendance pendant la crise, avec de plus en plus de jeunes rentrant sur les îles. La démographie de ces îles est très fortement marquée par les saisons touristiques : de nombreux insulaires passent l'hiver dans les grandes îles comme Lesbos ou à Athènes et Thessalonique et reviennent à partir de Pâques pour travailler au cœur de la saison estivale. Aujourd'hui, on compte environ 220 000 habitants dans l'ensemble Nord-Égée, dont à peu près 80 000 pour la seule île de Lesbos.

© PEOPLEIMAGES - ISTOCKPHOTO.COM

La natalité en Grèce est en baisse.

L'émigration vers l'étranger a également largement affecté les îles du Nord-Égée, notamment les plus proches des côtes turques. En effet, les tragédies historiques, comme les massacres de Chios et Psara (1822-24) poussèrent les populations survivantes à quitter la région, par peur de futures catastrophes. Dans le cas particulier de Chios, les populations prennent le chemin des ports commerciaux où des comptoirs chiotes avaient été établis (Odessa, Marseille, Trieste, Londres...). Avant le rattachement à la Grèce, de nombreux insulaires quittent leurs îles pour les États-Unis afin d'échapper aux restrictions de la domination ottomane, tendance qui s'accélère après la Grande Catastrophe de 1922. L'attachement qui relie les descendants de ces émigrés à leurs îles d'origine est très fort : ils viennent repeupler le Nord-Égée tous les étés.

Une population homogène

Officiellement, la population du pays est à 98 % grecque et orthodoxe. Pourtant, la Grèce du début du XXe siècle n'affichait pas cette même homogénéité : c'était une mosaïque de peuples, héritée des mélanges de populations au fil des siècles et de la longue période ottomane. Ainsi des Grecs, des Turcs, des Slaves, des Albanais, des juifs, des Roumains cohabitaient sur le territoire. Mais, de 1830 à 1977, l'État grec a mené une politique d'hellénisation forcée qui a quasiment fait disparaître les minorités non-grecques, soit en les chassant soit en les assimilant. Ainsi, après le rattachement des îles nord-égéennes en 1913, les composantes non-hellénophones et non-orthodoxes sont assimilées ou contraintes à l'exil. Lors de la Grande Catastrophe de 1922, un million de Grecs d'Asie Mineure sont à leur tour chassés de Turquie, et la majorité d'entre eux vient s'installer sur le territoire de la Grèce actuelle, notamment dans les îles du Nord-Égée où elle se réfugie avant de migrer plus loin de ces côtes, pour plus de sécurité. Autre tragédie : au cours de l'occupation nazie, la population juive de Grèce est largement exterminée. Dans les années 1960, on constate enfin l'arrivée de nouvelles petites communautés grecques chassées d'Istanbul ou d'Alexandrie. Le résultat de ces déracinements et tragédies successifs a rendu la population du pays et des îles homogène.

Les minorités

La seule minorité ethnique reconnue officiellement par l'État grec est celle des « Turcs », une dénomination floue qui inclut tous les citoyens musulmans de Thrace occidentale, pas nécessairement turcs, qui bénéficient d'un statut particulier (enseignement bilingue à l'école publique, application du droit islamique dans certains cas), en vertu du Traité de Lausanne (1923). Environ 150 000 personnes dites « turques » vivent ainsi autour de la ville de Xanthi par laquelle vous passerez si vous combinez un séjour à Thassos et Samothrace.

Aujourd'hui, la principale minorité du pays et des îles du Nord-Égée est constituée de populations albanaises. Elles seraient environ un million en Grèce, soit près de 10 % de la population. La plupart se sont installées dans les années 1990, après les deux chocs que ce pays voisin a connus : la chute du régime communiste de Tirana (1991) et la « crise des pyramides » (1997). Leur arrivée a été massive et a longtemps provoqué un fort sentiment anti-albanais au sein de la population locale. Aujourd'hui, les choses sont plus apaisées : les immigrés albanais ont participé à l'essor économique du pays et ont permis de repeupler de nombreux villages des îles qui étaient en perdition suite à l'exode rural et l'émigration. Ils ont ainsi récupéré les commerces et tavernes où ils étaient précédemment employés, ce qui a permis de limiter bon nombre de fermetures. De nos jours, il est difficile de différencier les Albanais et les Grecs, tant l'assimilation s'est faite dans la population locale. Après deux grandes vagues de régularisations (en 2003 et en 2010), en 2015 l'État a enfin accordé la nationalité grecque aux enfants albanais nés et vivant en Grèce. Une mesure qui permet aussi de lutter contre le déclin démographique, notamment sur les îles en perte démographique rapide.

Immigration et réfugiés

Dans les îles du Nord-Égée qui vivent encore de la pêche (comme Psara, Fourni, Samothrace...), vous remarquerez que la plupart des bateaux de pêche ont des équipages étrangers. Il s'agit le plus souvent d'Égyptiens. En 2010, Le Caire et Athènes ont signé un accord portant sur le développement de la pêche et de l'aquaculture en Grèce. Dans ce cadre, plusieurs milliers de pêcheurs égyptiens séjournent en Grèce de manière saisonnière ou permanente.

L'immigration dans le Nord-Égée, notamment dans les îles les plus proches des côtes turques, a connu une période noire avec la crise des réfugiés qui prend un tournant dramatique au cours de l'année 2015. En 8 mois, plus de 230 000 migrants rallient les îles de la région. Chaque île accueille son lot de réfugiés, principalement du Moyen-Orient et fuyant la guerre pour rejoindre le nord de l'Europe. Lesbos, Samos et Chios reçoivent le plus grand nombre de demandeurs d'asile, et sont rapidement débordées par l'ampleur de la crise humanitaire. Un des enjeux majeurs de la région concerne ces habitants en attente d'avenir : aujourd'hui, il est toujours très difficile d'obtenir des papiers en règle, et la droite conservatrice de Mitsotakis au pouvoir depuis 2019 s'est clairement engagée pour un durcissement de la politique contre les réfugiés. Les élections de 2023 étant encore incertaines, il est difficile de prédire si la tendance actuelle sera confirmée.

C'est indéniable : la société grecque est encore largement traditionnelle, notamment dans les îles où l'exode rural et l'arrivée du tourisme n'ont que partiellement affecté les piliers de la vie sociale insulaire. La famille hétéroparentale, la vie en communauté, l'entraide transgénérationnelle et la religion orthodoxe constituent toujours les fondements de la structure sociale. Ces permanences conservatrices résistent parfois à une modernisation en profondeur de la société. Pourtant, les îles du Nord-Égée étonnent par leur ouverture d'esprit et sont les premières à mettre en place des réseaux de solidarité envers les réfugiés. Ici, le respect de la tradition ne rime pas nécessairement avec refus de la modernité ou rejet de l'altérité. Chaque île syncrétise à sa manière héritage et évolution, mettant souvent l'un au service de l'autre pour créer un microcosme unique. Prenez le temps de le décrypter : il saura parfois vous étonner !

Famille et solidarité intergénérationnelle

La famille forme la cellule de base de la société insulaire et centralise un important réseau de solidarités qui comble une insuffisance de prise en charge au niveau national, encore accrue par les récentes années de crise, et une défiance générale face à l'État central. Il s'agit d'une réalité séculaire qui prédominait déjà dans les structures traditionnelles du Nord-Égée : isolées et confrontées à des conditions de vie difficiles, soumises à des arbitraires ottomans, les îles ont développé une tradition d'entraide familiale qui s'applique encore aujourd'hui. Au sein de la famille, c'est l'entraide entre générations qui prime. Tous les étés, de nombreux jeunes adultes retournent sur leur île d'origine, chez leurs parents, pour aider pendant la saison estivale. Ce système de solidarité économique leur permet de gagner leur vie tout en rendant service à la famille.

Les enfants sont souvent les rois et les adultes se montrent avec eux d'une grande générosité et affectivité. Cette attitude n'est pas limitée au seul cercle intime mais est ouverte aux autres : vous le remarquerez avec vos propres enfants si vous voyagez en famille. Symbole d'une filiation qui perdure entre générations, les nouveau-nés sont encore majoritairement baptisés du prénom de leurs grands-parents, ce qui explique que l'on retrouve souvent la même poignée de prénoms sur les îles. Ceci n'a rien d'une obligation et on voit chez les jeunes couples refleurir la mode des prénoms antiques.

Dans la famille, les enfants sont couvés et couverts de cadeaux ou de sucreries. Et même quand leurs rejetons sont devenus adultes, les parents continuent de les gâter avec des petits plats préparés par maman ou un appartement légué par papa. D'un côté, c'est très bien, car pourquoi se gâcher son plaisir ? D'un autre côté, c'est assez terrible car des générations de jeunes et moins jeunes restent bloquées dans cette infantilisation permanente. Et l'amour montré par le gavage des enfants se traduit par un des taux d'obésité les plus élevés d'Europe. Autre aspect néfaste de cet amour encombrant : les parents veulent à tout prix que leur progéniture réussisse à l'école. Aussi, dès le primaire, beaucoup d'enfants se retrouvent assommés par des cours du soir – les redoutables *frontistiria* – pour lesquels les familles dépensent sans compter.

De l'autre côté de la vie, lorsque la vieillesse s'installe, l'aïeul est à son tour pris en charge par ses enfants qui l'aideront à se nourrir, à se vêtir, à faire ses courses : notre concept de maison de retraite en fait hurler plus d'un ! Les retraités qui ont quitté l'île natale pendant tout ou partie de leur vie active prennent habituellement le chemin du retour pour y vivre tranquillement leurs années plus avancées.

Quatre générations vivent sous le même toit.

En effet, le village et l'île d'origine canalisent un fort attachement et le retour à la terre natale demeure souvent dans la psyché de ceux qui en sont partis et souhaitent y finir leurs jours.

Sens de la communauté et philoxenia

Le sens de la communauté déborde du seul clan familial dans le système de la *parea*, ou du collectif, de la communauté. La *parea* désigne un groupe d'amis, constitué au cours d'une expérience partagée (l'école, l'université, le travail...). Mais c'est également plus large que cela et peut désigner un moment de convivialité : on se retrouve en communauté pour faire la fête et passer du bon temps. Dans les îles du Nord-Égée, cette tradition est particulièrement suivie, notamment au cours de grandes célébrations estivales, les *panigyria*. Ces fêtes, qu'elles soient religieuses ou non, sont l'occasion d'un grand moment de partage, et s'inscrivent dans la tradition de communauté et d'hospitalité qui caractérise ces îles, notamment l'île d'Ikaria, réputée pour ses fêtes communautaires.

Cette tradition d'entraide et de communauté contribue à entretenir une solidarité élargie. La *philoxenia* signifie « amour des étrangers » et désigne un sens très poussé de l'hospitalité. C'est une tradition qui perdure dans les îles du Nord-Égée, en dépit des méfaits du tourisme de masse qui s'est développé ces dernières années et qui aurait pu la diluer. Dans les zones les moins touristiques, on vous invitera très facilement à partager un café ou un verre, tandis que les restaurants continuent d'offrir une douceur ou une liqueur en fin de repas. La *philoxenia* s'est presque naturellement imposée face à l'afflux de réfugiés en provenance du Moyen-Orient dès 2015, palliant le manque de prise en charge de cette crise humanitaire au niveau national et international. Partout sur les îles du Nord-Égée des initiatives individuelles et collectives ont germé spontanément pour soulager au mieux les migrants, multipliant les gestes solidaires en dépit de la crise économique, lorsque d'autres, aux moyens incomparablement plus élevés, faisaient et font encore la sourde oreille. Même si la fatigue s'est installée au fil des années, et que les locaux ont parfois exprimé leur colère dans des moments de tension, les insulaires restent globalement solidaires des populations accueillies.

Société hétéronormée et patriarcat

Le rôle de la femme dans les îles, et plus généralement dans la société grecque, est une réalité complexe. La misogynie grecque, comme la misogynie ailleurs en Europe, s'inscrit dans la vie des femmes de manière insidieuse. Ainsi, le patriarcat s'impose partout : toute sa vie, dans toutes ses procédures administratives, le citoyen grec – homme ou femme – ne sera reconnu que par rapport à son père, alors que l'épouse, même moderne, demeure presque inexistante d'un point de vue légal par rapport à son mari, représentant du père une fois la femme mariée. Les femmes sont considérées comme le pilier de la vie familiale, ce qui implique à la fois énormément de respect mais surtout beaucoup d'obligations et contraintes sociales pour celles qui se doivent de se réaliser et s'épanouir dans un cadre familial. Ainsi, les femmes s'affairent en cuisine, s'occupent des plus jeunes et des plus âgés, veillent au bien-être de tous, sans que ce rôle d'assistance ne soit jamais réellement remis en question. Et ce, pendant que les hommes tiennent le pavé dans l'espace public...

La cellule familiale hétéroparentale reste indétrônable dans un pays où la religion orthodoxe est encore très présente : les discussions sur l'adoption par des couples homosexuels sont encore loin d'aboutir. Malgré tout, le pays a connu des avancées historiques sous le gouvernement d'Alexis Tsipras (Syriza) qui a fait voter l'équivalent du PACS en décembre 2015, alors que la Grèce avait été condamnée par la Cour européenne des Droits de l'Homme pour avoir refusé d'ouvrir l'union civile aux couples homosexuels. En octobre 2017, Syriza fait également voter une loi permettant aux citoyens transgenres de changer de sexe sur leur état civil.

Le mariage homosexuel semblait à portée de main mais les élections de juillet 2019 et l'avènement de la droite conservatrice de Nouvelle Démocratie semblent avoir stoppé cette évolution pour le moment. Voyons ce qu'il en sera après les élections de 2023. Quant au mariage hétérosexuel, il n'apparaît plus comme une obligation et le divorce n'est plus mal vu : la vie en concubinage se fait de plus en plus fréquente, notamment parce que les mariages coûtent cher et que les jeunes couples n'ont plus les moyens d'organiser de grandes festivités depuis la crise. En effet, il est habituel de faire de grands mariages où tous sont conviés, notamment dans les petites îles ou les petits villages. Pour autant, une femme divorcée sera toujours vue comme une menace pour les couples, ce qui ne sera pas le cas des hommes divorcés.

Ces normes sociales évoluent à la marge, et très lentement, à l'aune des discours qui prennent de l'ampleur dans le pays sur les discriminations auxquelles sont soumises les femmes et les populations homosexuelles. Il faudra encore longtemps pour que la révolution des mentalités opère, ici comme ailleurs...

RELIGIONS

La population grecque est composée de pratiquement 90 % de chrétiens orthodoxes, la plupart croyants : la religion détient encore une place centrale dans la société. Partout, même dans les coins les plus reculés des îles du Nord-Égée, vous trouverez moult chapelles et monastères. Mais vous remarquerez très vite que si l'orthodoxie est omniprésente, elle s'enrichit de pratiques pré-chrétiennes ou de superstitions solidement ancrées on ne peut plus… hétérodoxes ! La religion est avant tout affaire de réflexe traditionnel et de festivités : dans le Nord-Égée, les occasions ne manquent pas de célébrer un saint-patron ou une icône au cours de grands *panigyria*. Ces fêtes traditionnelles rassemblent souvent toute l'île autour d'une célébration religieuse vite expédiée pour faire place à la musique, la danse et surtout à de grands banquets bien arrosés qui peuvent parfois durer plusieurs jours. Elles rythment la période estivale.

L'Eglise et l'Etat

L'Eglise n'est pas séparée de l'Etat : le clergé a un statut de fonctionnaire et l'influence politique et économique de l'Eglise orthodoxe est indéniable. Il est d'usage de consulter le patriarche pour les grandes décisions politiques et de nombreux représentants de l'Eglise siègent aux conseils d'administration des grandes entreprises grecques. La religion orthodoxe est enseignée dans les écoles publiques, même si, depuis 2015, les élèves peuvent en être dispensés avec l'accord de leurs parents.

L'Eglise demeure également le premier propriétaire foncier du pays, encore largement exemptée des taxes foncières, à la fureur de nombreux citoyens qui ont payé le prix fort des politiques d'austérité pendant la crise. Face à ce mécontentement, une révision constitutionnelle avait été lancée par le gouvernement d'A. Tsipras, proposant enfin une vraie révolution politique et économique des liens entre Eglise orthodoxe et Etat. Mais l'une des premières mesures prises par le gouvernement conservateur de K. Mitsotakis a été un rétropédalage total sur ces sujets. Il ne semble pas que la situation évolue dans les prochaines années, quelque soit le résultat des élections de 2023 : l'Eglise orthodoxe a repris son ancrage un peu partout ces dernières années, notamment pendant la crise sanitaire.

Un syncrétisme typiquement grec

Dès le Ier siècle apr. J.-C., la Grèce devient un centre actif du christianisme. Les îles du Nord-Égée ne sont pas en reste en ce qui concerne la pratique religieuse et les lieux de culte, qui varient en taille et importance. Ainsi, vous pourrez visiter d'imposants monastères comme le couvent de l'Archange-Michel sur l'île de Thassos, qui fait face à la montagne sacrée du mont Athos ou le monastère Nea Moni à Chios, qui fut fondé au XIe s. et est aujourd'hui listé au Patrimoine mondial de l'UNESCO.

L'intérieur du monastère de Nea Moni, sur l'île de Chios.

DÉCOUVRIR

© MICHALISK - ISTOCKPHOTO.COM

Célébrations de Pâques sur l'île de Skopelos.

Mais au-delà de ces sites vénérables, vous découvrirez des centaines de minuscules chapelles semées à tout vent, aux quatre coins des îles nord-égéennes. Ces églises sont souvent dédiées aux saints-patrons et grandes familles locaux : on s'y rend pour allumer un cierge ou déposer un ex-voto dans l'espoir de régler des problèmes de la vie courante et éloigner le mauvais sort. Vous apercevrez notamment des mini-chapelles, comme des autels, sur le bord des routes. Appelées ***proskinitaria***, elles signalent l'emplacement d'un accident mortel ou d'un accident évité. À l'intérieur se trouvent une lampe à huile et une icône du saint patron de la personne décédée ou « miraculée ».

Car les superstitions ont la vie dure sur les îles. Déjà très forte il y a plus de 2 000 ans, la notion de « mauvais œil » (*kako mati*) est profondément ancrée dans les croyances païennes qui se maintiennent. On le craint et on s'en protège de mille manières pour ne pas attirer le regard maléfique de personnes jalouses. Ainsi, chaque compliment susceptible d'engendrer la jalousie doit s'accompagner d'un petit son de bouche, comme lorsqu'on crache un pépin, répété trois fois avec l'onomatopée « ftoussou ». Autre stratagème : les nombreuses amulettes anti-mati. La plus courante est justement en forme d'œil : l'œil bleu des insulaires orne quantité de maisons, bateaux et voitures, souvent accompagné d'une petite icône d'un saint protecteur.

Célébrations religieuses

Croyants sans être très pratiquants, les Grecs respectent les fêtes religieuses traditionnelles qui rythment le calendrier orthodoxe. Pâques est la plus importante célébration, à peine concurrencée par la 15 août (Dormition de la Vierge). A ces occasions, les îles se remplissent de tous les natifs partis dans les grandes villes de Grèce ou à l'étranger : c'est le grand retour et un rituel de retrouvailles très suivi. Il vous faudra prévoir bien à l'avance votre séjour pour espérer avoir une place de ferry et un logement. Pendant quelques jours, les prix flambent mais c'est une plongée dans le monde grec à ne pas rater.

Pour la Pâques orthodoxe, et pendant près d'une semaine, les îles du Nord-Égée reprennent vie après l'hiver, avec des banquets ritualisés et des processions où tous sont conviés. La plus importante procession est celle de l'*epitafios*, dédiée à la Descente de la Croix, le Vendredi Saint. Chaque île célèbre à sa manière la fête pascale, mais l'une des traditions les plus étonnantes se déroule sur les îles de Samos et Chios : de grandes pétarades et batailles de tirs sont échangées entre communes dans les villages de Vrontados (Chios) et Marathokampos (Samos) notamment.

Au-delà de ces deux rendez-vous incontournables (Pâques et la Dormition), les îles du Nord-Égée célèbrent toute une série de saints et coutumes religieuses locales au cours de *panigyria*, qui se tiennent surtout l'été. Ces fêtes rassemblent l'île autour d'un grand repas pris en commun et de chants et danses traditionnels qui se poursuivent parfois jusqu'au matin. Vous ne pourrez pas y couper, où que vous soyez dans la région et plus particulièrement encore sur l'île d'Ikaria qui est célèbre pour ses *panigyria* plus que toute autre... Les occasions de bien boire, bien manger et bien se réjouir égrèneront votre été ! Parmi les dates du calendrier à ne pas manquer, quelques exemples à Ikaria : les célébrations dédiées au Prophète Ilias (le 20 juillet à Aghios Kirikos), à la Transfiguration du Christ (le 6 août à Christos Rahon), ou encore à Aghios Fanarios (le 27 août à Avlaki)... La liste est si longue que chaque année la préfecture d'Ikaria publie les dates et lieux à retenir.

QUE RAPPORTER ?

Envie de rapporter un petit souvenir de votre séjour dans le Nord-Egée ? Les possibilités ne manquent pas dans ces îles à l'identité forte, notamment pour les amateurs de bonne chère. En effet, ces îles sont connues pour leurs spécialités culinaires et leurs alcools, dont vous pourrez charger vos valises sur le chemin du retour. Au-delà de la gastronomie, l'histoire unique de la région a façonné un artisanat particulièrement riche : l'occasion de rapporter des trésors de savoir-faire ancestraux ! Sur les îles les plus touristiques, vous trouverez inévitablement des flopées de boutiques de souvenirs « locaux ». Attention ! La plupart de ces bibelots de piètre qualité est fabriquée de manière industrielle, souvent en Chine, ou en Turquie voisine. Donc, à moins de vouloir rapporter un peu de plastique polluant et sans valeur, tournez-vous plutôt vers des échoppes d'artisans et de créateurs locaux.

Souvenirs gastronomiques

Parmi les grandes richesses du Nord-Egée, la gastronomie arrive sûrement en tête d'affiche. Certaines de ces spécialités se consomment uniquement sur place, et vous ne pourrez garder que le souvenir des homards savoureux de Fourni et Psara ou des sardines grillées de Lesbos, sans les rapporter de vacances dans vos bagages. Pourtant, ne désespérez pas trop vite car il existe tout un éventail de spécialités gastronomiques faciles à emporter pour s'en régaler, une fois de retour à la maison.

Huile d'olive de qualité. Du côté de Thassos, vous pourrez faire le plein d'une huile d'olive AOP dont le rapport qualité-prix est sans comparaison avec les huiles d'olive importées que l'on trouve en France. Question variétés, la Grèce abrite 80 sortes d'olives, dont 25 sont exploitées pour l'huile. Parmi elles, les olives Throuba de Thassos sont réputées dans tout le pays, même si vous trouverez de succulentes huiles d'olive un peu partout sur les îles du Nord-Egée. En effet, si le sigle rouge de ces AOP constitue un gage de qualité, il existe aussi les magnifiques huiles des monastères, celles des petits producteurs bio, ou encore celles pressées par des familles elles-mêmes, tantôt amères, tantôt sucrées. Vous aurez donc un vaste choix, partout.

Miel. Troisième producteur de miel en Europe, la Grèce propose un « nectar des dieux » souvent exceptionnel. Sa qualité tient à l'impressionnante biodiversité des îles et les risques d'acheter du faux miel sont moins élevés qu'ailleurs, puisque les abeilles grecques échappent – pour l'heure – à l'hécatombe constatée chez nous. C'est auprès des petits apiculteurs de Thassos, de Skopelos et d'Ikaria que l'on trouve certains des meilleurs miels de Grèce. Tout comme l'huile d'olive, le miel est produit partout sur les îles du Nord-Egée et vous trouverez de quoi vous régaler dans les monastères et auprès des familles locales, sur chaque île que vous visiterez. Les miels les plus communs dans la région sont les miels de thym et les miels de pins (notamment à Skopelos), tandis qu'Ikaria se démarque avec son *anamatomelo* ou miel de bruyère.

Mastic et agrumes de Chios. Parmi les produits exceptionnels du Nord-Egée, on ne manquera pas le mastic de Chios dont l'île a le monopole. Cette résine précieuse est déclinée en de nombreux produits culinaires et cosmétiques : chewing-gums naturels Elma, évidemment, mais également huiles d'olive macérées au mastic, loukoums, galettes traditionnelles, biscuits… la liste est longue et réellement délicieuse. Côté cosmétiques et bien-être, on optera pour de l'huile essentielle aux multiples vertus, des savons et crèmes diverses. Chios est aussi connue pour les agrumes de la région de Kampos, notamment les clémentines : ne manquez pas de rapporter confitures et fruits en sirop, délicieusement confits.

Produits cosmétiques élaborés à partir de mastic de l'île de Chios.

QUE RAPPORTER ?

Souvenirs en céramique sur l'île de Skiathos.

Fromages locaux. Le Nord-Egée abrite certains fromages traditionnels et locaux que vous pourrez rapporter dans vos bagages, sous vide si possible. Ainsi, à Lemnos ne manquez pas de rapporter du *kalathaki Limnou*, un fromage fabriqué à partir de lait de brebis et de chèvre ou du *melichoro*, grande spécialité locale. Le *kaskavali*, un fromage piquant et crémeux, pourra compléter votre plateau de dégustation. Dans les Sporades, ou à Lesbos, le *ladotyri* qui macère dans de l'huile d'olive est également à découvrir pour son côté légèrement piquant.

A boire, avec ou sans alcool

Côté boissons, le Nord-Egée offre une vraie palette de saveurs.

Boissons à diluer. Un *ouzo* frais, le célèbre alcool anisé de Lesbos, est incontournable en été : vous découvrirez les grandes distilleries à Plomari, qui concentrent 50% de la production nationale. A Samos, vous trouverez également de bons ouzo locaux, ainsi que de la *souma*, distillée à partir de raisins et qui prend une couleur blanchâtre lorsqu'on la dilue dans de l'eau, comme l'ouzo. La *souma* de Chios est réalisée à partir de marc de figues séchées, tandis que la *soumada* de l'île est une savoureuse boisson sans alcool, à base d'amande. Surtout, le fameux mastic de Chios se décline en liqueur ou en pâte à diluer dans de l'eau pour une boisson sans alcool unique.

Vins et bières. La boisson-phare de Samos reste son muscat, un vin doux naturel labellisé AOC, à offrir ou à garder pour soi ! On retrouve un muscat de qualité internationale sur l'île de Lemnos. La tradition viticole d'Ikaria est ancestrale et vous pourrez rapporter des bouteilles de domaines locaux, préparées à partir de cépages endémiques. A moins que vous ne préfériez la bière locale, l'agréable Ikariotissa !

Infusions. Les insulaires boivent très peu de thé, mais ils réalisent quantité d'infusions à base d'herbes locales. La plus courante est appelée *tsaï tou vounou*, littéralement « thé de la montagne ». Il s'agit de la *Sideritis*, une plante poussant au-delà de 1 000 m d'altitude sur les sols rocailleux des îles grecques. Vantée par Hippocrate au IVe siècle av. J.-C., elle est réputée prévenir et soulager le rhume, la grippe et certaines allergies. Séché, ce « thé » se conserve deux ans et l'on infuse aussi bien les feuilles, les fleurs de couleur jaune que les tiges. On s'en procure facilement sur les marchés, dans les herboristeries et certains magasins gourmands, notamment à Samos et Ikaria. Idéal avec un peu de miel pour passer l'hiver, de retour de vacances.

Artisanat et création

Autre témoin de traditions et patrimoines anciens, l'artisanat du Nord-Egée constitue de jolis cadeaux et souvenirs à rapporter d'un séjour dans la région.

Céramique et poterie. A Skyros, vous pourrez acheter toute une variété de céramiques traditionnelles, aux dessins raffinés et à la couleur turquoise unique dans certains cas. Vous trouverez des boutiques d'artisans dans la Chora, et à Magazia où l'on ne manquera pas de visiter l'atelier Ftoulis pour ses créations superbes.

Maroquinerie. Parmi les belles pièces d'artisanat local, vous pourrez également vous offrir de la maroquinerie de Samos, île connue à la fin du XIXe s. et au début du XXe s. pour ses tanneries, installées du côté de Karlovassi. Aujourd'hui ces grandes tanneries ont fermé mais le savoir-faire autour du cuir demeure : vous trouverez quelques belles boutiques qui proposent des créations originales à prix intéressant.

SPORTS ET LOISIRS

Mis à part l'éternelle et indémodable baignade, la Grèce et ses îles offrent de multiples possibilités. Le berceau des Jeux olympiques reste un lieu idéal pour la célébration des valeurs sportives, que ce soit… devant la télé ou dans les stades, notamment pour supporter les deux grands clubs de football d'Athènes, le Panathinaïkos et l'Olympiakos. Qu'il s'agisse de foot, d'athlétisme, de volley, de basket, de water-polo, de tennis, de golf, de navigation ou de planche à voile, les Grecs sont de grands sportifs entre deux parties de tavli, le backgammon local. Et sur les îles du Nord-Egée, les activités sont multiples. Sur l'eau, voile, kitesurf, planche à voile, kayak de mer, wingfoil, surf ou plongée tiennent la vedette. Et sous l'eau aussi le spectacle est garanti avec de beaux spots de plongée sous-marine. Enfin, sur terre, on profite du relief pour randonner et on sort ses jumelles pour pratiquer le *birdwatching*.

Des sports collectifs très populaires

Football. Dans toute l'Europe, on connaît les bouillants stades d'Athènes. Le Karaïskakis, qui accueille l'Olympiakos Le Pirée (historiquement le club de la classe ouvrière), ou le Stade olympique du Panathinaïkos (celui de la haute société) promettent l'enfer aux visiteurs et le « derby des éternels ennemis » est toujours très chaud. Mais dans tout le pays, le ballon rond est une vraie folie.

Basket. Le basket-ball est l'autre grand sport populaire dans le pays et les deux clubs phares sont… le Panathinaïkos et l'Olympiakos ! La sélection nationale a été championne d'Europe en 1987 et en 2005 et vice-championne du monde en 2006. Et aujourd'hui, l'équipe est portée par la star NBA Gianni Antetokounmpo.

Le tavli, le passe-temps préféré des locaux

Le *tavli* est une variante locale du backgammon dont les Grecs raffolent. On y joue entre amis ou en famille à chaque fois que l'occasion se présente : au café, en terrasse, sur une place, au bord de la mer… Avec un petit café ou un ouzo, accompagnés d'olives et de mezzés, un seul but : jeter les dés, ramener tous ses pions dans son camp et… recommencer une partie !

De très nombreuses activités balnéaires

Activités nautiques. On trouve ici de nombreuses possibilités de se dépenser. Si les îles grecques ne sont pas les Caraïbes ni la Grande Barrière de corail, elles restent l'éternel eldorado des baigneurs. Et la mer Egée vous réservera de belles surprises, notamment en matière de plongée sous-marine et d'exploration de grottes marines, comme à Lesbos ou à Chios. Sur l'eau, voile, kitesurf, planche à voile, kayak de mer, wingfoil ou surf permettent de profiter pleinement des flots égéens.

Cures thermales. A noter, Ikaria ★★ attire aussi les visiteurs en quête de thérapies thermales : en effet, l'île abrite des sources chaudes légèrement et naturellement radioactives, recommandées pour de nombreuses cures.

De belles randonnées en perspective

Si les loisirs bleus sont évidemment les plus prisés, les îles grecques offrent aussi de belles possibilités pour la pratique des loisirs verts. Les îles du Nord-Egée se prêtent parfaitement à la pratique de la randonnée, du fait de ses écosystèmes extrêmement variés : forêts, montagnes, gorges, grottes, cascades… tout y est ! On parcourt ces paysages sur les *kalderimia*, ces voies pavées de l'époque byzantine qui relient les villages entre eux, et qui font le bonheur des marcheurs. Des marcheurs qui prendront tout particulièrement la direction des magnifiques sentiers de randonnée de Samos ★ où l'on part à la découverte des villages préservés, des zones montagneuses, des cascades, des plages… On pourra aussi aller se dégourdir les jambes du côté d'Ikaria ou de **Thassos** ★ (p.131) où l'on trouvera bon nombre de sites naturels exceptionnels et protégés. Direction aussi le sud de Skyros ★★ pour marcher à la rencontre des chevaux skyriens.

Un paradis pour le birdwatching

Lemnos, à la nature préservée, est un refuge ornithologique pour bon nombre d'oiseaux migrateurs grâce à des zones aquatiques comme la zone marécageuse d'Alyki, préservée par le label Natura 2000 et où vivent des flamants roses.

A Lesbos, la préservation des marécages de Kalloni, refuge ornithologique exceptionnel, a permis à Lesbos d'obtenir le label européen Natura 2000. Les visiteurs viennent surtout au **poste d'observation des oiseaux de Kalloni** (p.167) au printemps (de début avril à fin mai), pour observer la migration estivale des oiseaux en provenance d'Afrique, où ils ont passé l'hiver, vers l'Europe, où ils vont se reproduire au printemps et en été.

GASTRONOMIE

La Grèce continentale offre des contrastes saisissants : des montagnes boisées de l'Épire et de la Macédoine jusqu'aux rivages déchiquetés de l'Attique et du Péloponnèse, la cuisine locale a su bénéficier de la diversité de ces paysages. Un repas grec traditionnel commence souvent par des mezzedes, des bouchées apéritives qui se déclinent à l'infini avant de passer au plat principal. Le régime méditerranéen reste de mise et l'huile d'olive comme les légumes, les fruits de mer, les céréales, les fromages, les viandes – notamment l'agneau et le porc – sont savamment assaisonnés pour préserver la saveur des plats sans trop en altérer le goût. Un grand nombre de desserts sont accompagnés du fameux café grec alors que côté boissons alcoolisées, le vin – héritier d'une tradition millénaire – domine aux côtés de nombreuses liqueurs dont l'ouzo, à base d'anis, que l'on sert à toutes les occasions.

L'art du mezze

Comme dans le reste de la Méditerranée, les Grecs commencent les repas par des petites bouchées pour se mettre en appétit, appelées mezzedes en l'occurrence, terme venant de l'arabe et que l'on retrouve également en Turquie et au Liban. Ils peuvent cependant constituer un repas entier, tant ils sont divers et surtout délicieux. L'ouzerie est un lieu spécialisé pour les amateurs d'ouzo, que l'on sert abondamment avec les mezzedes. Cette eau-de-vie est servie glacée et souvent allongée avec de l'eau comme le pastis, dont le goût s'en rapproche. Chacun picore dans les assiettes parmi un choix souvent impressionnant.

Parmi les mezzedes les plus connus, citons évidemment la fameuse *horiatiki* ou salade grecque à base de tomate, concombre, oignon, olive et feta, le tout couvert d'huile d'olive et d'origan. Ensuite vient le tzatziki, une délicieuse crème au yaourt, avec concombre, aneth et ail pilé. Il est d'ailleurs servi aussi bien comme hors-d'œuvre que pour accompagner des viandes grillées. Le *taramosalata* est une purée à base d'œufs de poisson fumé et d'huile d'olive. Ne vous étonnez d'ailleurs par s'il est jaune pâle lorsqu'on vous le sert : c'est sa couleur naturelle, les industriels français ayant pris la mauvaise habitude d'y rajouter des colorants lui donnant une teinte rose fluo lorsqu'on l'achète au supermarché. On retrouve d'autres préparations crémeuses à déguster avec du pain comme le *mélitzanosalata*, un caviar d'aubergine citronné ou l'houmous qui, bien que d'origine arabe, compte parmi les mezzedes les plus appréciés en Grèce. La *fava* est une crème de pois cassés proche de l'houmous, mais elle est servie aussi bien tiède qu'à température ambiance et garnie d'oignons crus émincés et de quelques olives. Les légumes marinés sont généralement appréciés comme les *piperies florinis*, des piments doux de Florina, rôtis avec de l'huile de l'olive et du vinaigre. Les inratables *dolmadakia* (ou *dolma/dolmades*) sont des feuilles de vigne en saumure farcies de riz et d'oignon, relevées d'aneth et de jus de citron. Elles sont servies chaudes ou froides.

Mais il existe de nombreux mezzedes chauds comme les *kalamarakia tiganita* ou calamars frits qui sont au moins aussi populaires que le *htapothi sti skhara*, le fameux poulpe grillé au barbecue. Plus surprenants, les *tomatokeftedes* sont des croquettes frites à base de tomate, parfumées de menthe et d'origan. Mais les Grecs adorent également d'autres types de beignets comme les *kolokythokeftédes*, des croquettes de courgettes râpées, ou les hortokeftédes, des croquettes de légumes feuilles (épinards, pissenlit, chou, oignon vert). Les *kolokythoanthoi*, sont des beignets de fleurs de courgette farcies de fromage.

Enfin il y a aussi de nombreuses viennoiseries salées – qui sont d'ailleurs souvent dégustées sur le pouce toute la journée – comme le *tiropita*, un chausson feuilleté en pâte filo fourré de feta, ou le *spanakopita*, garni d'épinards. Les *piroski* sont des chaussons frits fourrés de diverses garnitures (viande, fromage, épinards, etc.).

Les fromages grecs sont souvent servis en tant que mezzedes, simplement arrosés d'un filet d'huile d'olive mais on les retrouve aussi cuits. C'est le cas du *saganáki*, une entrée de feta grillée à la poêle, et de la feta psiti, ou feta au four, rôtie avec quelques herbes et des tranches de tomate. La plupart des fromages sont produits dans les régions du nord (Macédoine, Épire et Thessalie), à base de lait de chèvre et de brebis, comme l'*anthotyros* ou le *manouri*, proches de la feta mais au goût plus doux et plus crémeux. Le *kefalotyri* est à l'inverse beaucoup plus sec et dur, comme du parmesan. Certains fromages sont également confectionnés à base de lait de vache comme le *metsovone*, qui est parfois

© STARETS - SHUTTERSTOCK.COM

Stifado.

même fumé. Il existe aussi des préparations froides comme le *galotiri*, une crème à base de feta et de yaourt.

Beaucoup de ces plats sont généralement présents en Turquie et dans le monde arabe sous d'autres noms. À noter par ailleurs que la différence entre plat principal et hors-d'œuvre en Grèce est moins marqué qu'en France par exemple. Ainsi, beaucoup de spécialités citées ci-dessus peuvent être servies en plus grosse quantité en tant que plat principal.

Les essentiels de la cuisine grecque

Bien que la Grèce semble être un pays constamment baigné par le soleil, beaucoup de régions en hiver, notamment dans les terres, peuvent être carrément froides et il existe beaucoup de recettes de soupes nourrissantes faites avec des produits simples comme la fasolada, à base de haricots blancs et de légumes assorties, ou le faki confectionné avec des lentilles. L'*avgolemono* se prépare à partir d'un bouillon qui est ensuite épaissi avec un mélange de jaune d'œuf et de jus de citron. Mais on déguste aussi des soupes plus légères comme la *kakavia*, sorte de bouillabaisse mêlant poissons, pomme de terre, carottes et safran. Enfin, les plus curieux testeront la *patsas*, à base de tripes, qui aurait la vertu de guérir la gueule de bois.

En plat principal, les grillades sont à l'honneur et elles constituent souvent une page entière dans les menus des restaurants grecs. Le souvlaki se présente sous la forme d'une grosse brochette de viande, le plus souvent de porc ou de poulet, mais aussi parfois de bœuf ou d'agneau. Dans le même genre, la *païdakia* désigne généralement des côtelettes d'agneau grillées et finement épicées, alors que les *keftédès* sont des boulettes de viande hachée parfumées d'oignon, d'origan, de menthe et d'aneth. Elles peuvent être simplement grillées ou cuites dans une sauce tomate épaisse et sont alors appelées *keftedes me saltsa domata*.

En dehors des grillades, on distingue un grand nombre de plats cuisinés comme la moussaka alternant viande hachée et aubergines confites, le tout nappé de béchamel et gratiné ou dans le même esprit le *pastitsio* où les aubergines sont remplacées par des macaronis. En effet, en plus des pâtes italiennes traditionnelles, on retrouve beaucoup de pâtes en Grèce comme les *kritharaki* (ressemblant à du riz) ou les *hilopites* (petites nouilles carrées). Le *giouvetsi*, cuit au four, se compose de poulet, d'agneau ou de bœuf et de petites pâtes et de sauce tomate parfumée avec de la cannelle, du clou de girofle et du laurier. Le terme *yemista* désigne différents types de légumes (notamment des poivrons et des aubergines) farcis de riz et de viande hachée et cuits au four. Le *stifado* est un copieux ragoût de bœuf – plus rarement de porc ou de lapin – confit dans une sauce aigre-douce à base de vin, d'échalote et de cannelle. Le *soutzoukakia smyrneika* est un plat de croquettes de viande en sauce tomate d'inspiration turque. Assez proche, le *spetsofai* est un ragoût de saucisse aux poivrons et à la tomate.

Les Grecs consomment également beaucoup de légumes qui entrent dans la composition de nombreux plats cuisinés. La *fasolakia* est un plat de haricots verts en sauce tomate. Dans le *gigandes plaki*, les haricots verts sont remplacés par d'énormes haricots blancs, appelés en Grèce *fasolia gigandes*. Le *prasorizo*, une sorte de risotto aux poireaux, se fait très populaire en hiver.

© DOGAYUSUFDOKDOK - ISTOCKPHOTO.COM

Baklavas.

Poissons et gyros

Même sans compter les innombrables îles qui entourent la Grèce continentale, le pays en lui-même possède un ensemble de caps, de baies, de presqu'îles et autres golfes, qui rendent les produits de la mer indispensables à la cuisine grecque. Rouget, daurade, espadon, crevettes, poulpe et calamars constituent les classiques, le plus souvent grillés ou frits, délicatement assaisonnés et servis avec quelques quartiers de citron. Le maquereau (*safridia*) grillé est par exemple très apprécié pour sa chair grasse. On observe cependant des plats plus élaborés tels que le *psari plaki*, un poisson au four couvert d'un mélange de tomates et d'oignons confits, ou encore les *garides me feta*, un plat de crevettes mijotées dans une sauce tomate et couvertes de feta émiettée. Les *mýdia saganáki* sont une recette assez similaire, mais à base de moules. Enfin, le poulpe est souvent grillé, tant sous forme de mezze qu'en plat principal. Sinon, on retrouve également le *stifado* de poulpe, longuement mijoté dans du vin rouge. Les *psarotavernas* sont des restaurants spécialisés dans le poisson et les fruits de mer.

Côté street food, il est absolument impensable de passer à côté du fameux gyros, version grecque du kebab, composé d'un pain pita bien moelleux, garni de viande effilochée (porc ou poulet), de frites, de tomates, d'oignons et de tzatziki. Idéal pour les petits budgets, son prix dépasse rarement les 3 €.

Desserts et pause café

En dessert, on termine souvent son repas par des fruits frais : pêches, melons, pastèques ou encore abricots, notamment en été où les températures parfois cuisantes appellent à un peu de fraîcheur. Parfois, le repas peut aussi se conclure par un simple yaourt nappé d'un filet de miel avec quelques pistaches. Beaucoup de douceurs sont en effet dégustées pendant la journée avec un café. Elles se composent surtout d'une base d'amandes, de pistaches ou de sésame, parfumées au miel, à la fleur d'oranger ou à la cannelle, comme le baklava, un gâteau en forme de losange à base de pâte filo et de fruits secs – notamment des noix – et imbibé d'un sirop à la cannelle. Assez proche, le *kataifi* remplace la pâte filo par des cheveux d'anges. Ce gâteau très sucré est également connu sous d'autres noms en Turquie et dans le monde arabe. Le *galaktoboureko* se compose aussi de pâte filo qui renferme une crème à base de lait et de semoule parfumée au citron. Très proche, le *bougatsa* est fourré d'une crème au fromage frais. Moins connue, la *moustalevria* est une sorte de pudding de jus de raisin proche d'une pâte de fruit, que l'on garnit de noix hachées et de graines de sésame. Le *moustokouloura*, un type de sablé en forme d'anneau, se parfume à la mélasse de jus de raisin et à la cannelle.

Il existe plusieurs spécialités liées aux fêtes religieuses comme la *koulourakia*, une brioche vanillée aux graines de sésame préparée pour Pâques. C'est aussi le cas du *tsouréki*, une brioche souvent tressée parfumée avec des zestes d'agrumes et de la mahaleb, une poudre obtenue à partir de noyaux de cerises sauvages. La *lazarakia*, pain brioché, se consomme pendant le premier samedi de la Semaine sainte. Le *vasilopita* est l'équivalent du gâteau des rois – mangé entre le Jour de l'An et l'Épiphanie – dont l'aspect, assez libre, se situe entre un gâteau et une brioche avec une pièce cachée dans la pâte. Les *melomakarono* sont des biscuits au miel de Noël tout comme les *kourabiedes*, de gros sablés aux amandes entièrement couverts de sucre glace. Les *diples* sont de fins beignets croustillants en forme de tubes, que l'on imbibe

de sirop avant de le saupoudrer de cannelle et de noix hachées, très communs au Nouvel An et pour les mariages.
Enfin, le café tient une place essentielle en Grèce. Le typique café grec (équivalent du café turc) n'est pas filtré, il vaut mieux attendre quelques minutes pour que la couche de marc se dépose au fond de la tasse. Essayez-le sucré (*glyko*), moyen (*metrio*) avec du lait (*me gala*) ou sans lait (*choris gala*). Un café infuse dans un petit pot à long manche (*briki*) en utilisant des grains de café très finement moulus. Il est servi souvent avec un verre d'eau. Sinon le classique expresso est servi dans tous les bars et restaurants.

Vins, ouzo et autres produits du marché

Avec une histoire viticole vieille de plus de 6 000 ans, il est évident que la Grèce a un savoir-faire unique en matière de vin. Pendant l'Antiquité et jusqu'au Moyen Âge, les vins grecs étaient importés à travers l'Europe pour les têtes couronnées et les négociants les plus fortunés. Pour les blancs, goûtez les châteaux Matsas, Tsandali, Aghioritiko, Strofilia, Lazaridi et Gerovassileio. Pour les rosés, tentez les Tsandali et Calligas. Enfin, pour les rouges, les vins de Naoussa Boutari, Hadjimihali, Karras, Lazaridi, Gerovassileiou et Malvazia sont à tester. Parmi les AOC (Appellation d'Origine Contrôlée) en Grèce continentale, on peut citer les cépages de Némée, de Mantinée, de Patras, du Mavrodaphni de Patras, du Mavrodaphni de Rio et du Muscat de Patras dans le Péloponnèse. En Macédoine, on retrouve l'Amyntaio, le Gouménissa, l'Epanomi et le Naoussa. Dans l'Épire, on ne compte que le cépage de Zitsa, alors qu'en Thessalie on peut citer le Rapsani, l'Anchialos et le Mesenikola.
Si la bière n'est pas originaire de Grèce, c'est une boisson alcoolisée très populaire. On observe bien sûr diverses marques internationales, bien que les bières grecques, telles que Mythos ou Alpha, soient tout à fait respectables et souvent moins chères. Parmi toutes les liqueurs grecques, l'ouzo occupe une place centrale. Il se consomme généralement à l'apéritif. On peut le boire sec avec un glaçon ou le diluer dans de l'eau glacée, qu'il rendra laiteuse comme du pastis. Parfumé à l'anis, il titre généralement aux alentours de 40°. Dans un restaurant, il est souvent moins cher de commander une petite bouteille pour deux ou trois personnes plutôt que de prendre des verres séparés. Le *retsina* ou vin résiné est un vin sec blanc ou rosé produit à travers le pays depuis plus de 2 000 ans. À l'origine, les vins étaient transportés dans des amphores en terre cuite dont on augmentait l'étanchéité en les enduisant de résine de pin, donnant au vin un goût unique. La *retsina* bénéficie d'une AOC et est majoritairement produite dans l'Attique et l'Eubée. Une autre liqueur plus étonnante, l'*arbaroriza*, se prépare à base de feuilles de géranium odorant. Le *mavrodafni*, un vin fortifié, et la *tentura*, une liqueur de cannelle et de clou de girofle, sont originaires de Patras, en Grèce occidentale. Le *tsipouro*, une liqueur de marc de raisin, est notamment produite dans l'Épire, la Macédoine et la Thessalie. Enfin, la *mastiha* est une liqueur à base de résine de mastic, un arbre proche du pistachier.

Un régime à l'huile d'olive

L'huile d'olive est évidemment l'un des produits les plus caractéristiques de la Grèce et parmi les 19 variétés bénéficiant d'une AOP, on en retrouve cinq produites en Grèce continentale : Halkidiki, Kalamata, Lygourio, Laconie et Olympia. Mais bien sûr les olives en elles-mêmes sont un produit de choix à rapporter dans ses valises. Les olives de Kalamata produites dans le sud du Péloponnèse sont les plus connues. Ces olives violettes et charnues bénéficient d'une Appellation d'Origine Protégée (AOP), mais ce ne sont pas les seules. Les olives Konservolia produites à Amfissa, Arta, Volos et les olives vertes de Halkidiki jouissent également d'une AOP. Si les raisins de Corinthe – produits dans toute la Grèce évidemment – sont très communs en France, on retrouve dans la région d'Aeghion, au nord du Péloponnèse, les raisins secs de Vostizza, connus pour leur goût unique, qui bénéficient d'une Appellation d'Origine Protégée (AOP). On peut également citer le miel de sapin de *Menalou vanilia*, dont le statut est protégé. Il est produit dans 24 municipalités et communautés au sein d'Arcadia, dans le Péloponnèse central. Enfin, si l'Iran assure presque 95 % de la production mondiale de safran, la Grèce arrive en deuxième sur le podium. Le safran de Kozani, en Macédoine, est souvent considéré comme l'un des meilleurs du monde et possède également une AOP.

Le café grec.

AGENDA

Le calendrier du Nord-Egée est d'abord rythmé par de grandes célébrations religieuses : certaines sont communes à l'ensemble du monde grec et orthodoxe comme Pâques, la Dormition et l'Epiphanie, et sont des repères incontournables. Mais d'autres fêtes religieuses célèbrent des saints locaux ou des traditions parfois très spécifiques à une île. Ces célébrations locales, les *panigyria*, rassemblent toute une île autour de grands banquets partagés et de chants et danses traditionnels qui durent parfois plusieurs jours. Au-delà de ces fêtes religieuses, les grands événements qui marquent le calendrier commémorent des dates historiques, au niveau national ou local. Beaucoup plus solennelles, ces festivités sont moins l'occasion de grandes réjouissances. Enfin, les festivals d'ordre culturel commencent à se développer, avec des festivals de cinéma, de musique ou de spectacle de rue qui animent la saison touristique.

DÉCOUVRIR

AEGEAN DOCS

www.aegeandocs.gr

Début octobre.

AegeanDocs est un festival international de films documentaires qui se déroule à Lesbos, Chios, Samos et dans 9 autres îles de la mer Egée. Depuis 10 ans, la sélection s'intéresse particulièrement aux films traitant de sujets politiques, historiques et sociaux. Des productions grecques, européennes et internationales sont en compétition, l'occasion de découvrir le travail de réalisateurs et réalisatrices du monde entier. Le festival dure une semaine et propose également des rétrospectives et ateliers, principalement dans le cinéma municipal de Mytilène, à Lesbos.

COMMÉMORATION DU MASSACRE DE PSARÁ

Fin juin.

L'île-martyre de Psara commémore solennellement le massacre qui se tint sur l'île en 1824, pendant la guerre d'indépendance. Détruite et massacrée par la flotte ottomane en représailles des faits d'armes du capitaine local Konstantinos Kanaris, Psara se souvient de ses héros et de ses morts. Pour l'occasion, les enfants d'aujourd'hui montent la colline noire, Mavro Rachi, en portant un flambeau en souvenir des femmes et enfants qui se suicidèrent là pour échapper à l'esclavage. Des chants et célébrations ont lieu pendant deux jours, autour du 22 juin.

CARNAVAL

Février-mars.

Le Carnaval, *Apokries* en grec, est très célébré dans les îles du Nord-Egée, plus particulièrement à Skyros et Lesbos (à Mesotopos) où perdurent des traditions anciennes. Si les coutumes divergent un peu, on y retrouve le même personnage central : le *geros* (le Vieux), qui représente les bergers. Recouvert de peaux de bête, lesté d'énormes cloches qui pèsent jusqu'à 50 kg, il frappe le sol de sa canne pour réveiller les sols fertiles et se lance dans une danse évocatrice. Il est accompagné de différents personnages en procession, aux visages noircis ou masqués.

COURSES HIPPIQUES DE LA SAINT-GEORGE

23 avril.

Le 23 avril est célébré Aghios Georgios, saint patron des chevaliers qu'on représente habituellement sur son cheval, terrassant le dragon. A cette occasion, une tradition perdure sur l'île de Skiathos : une course hippique se tient près du lac qui avoisine l'aéroport. Le cavalier qui remporte la course est béni pour le reste de l'année, d'après la coutume locale. Une joyeuse foule se réunit à la chapelle Saint-Georges pour l'occasion et tous peuvent participer, dans une ambiance bon enfant : chevaux de course, chevaux de trait et même des ânes concourent !

DORMITION DE LA VIERGE

15 août.

La Dormition de la Vierge célèbre, chez les orthodoxes, ce que les catholiques appellent l'Assomption de la Vierge Marie. Il s'agit de l'une des fêtes les plus importantes du calendrier religieux, mais également du calendrier laïc puisque le 15 août lance les grandes vacances estivales des Grecs. Chaque île promet son lot de festivités, avec de grandes *panigyria* (festins, musique, danses traditionnelles) organisées là où une église ou un monastère est dédié à la Vierge, soit à peu près partout. Toutes les familles se retrouvent pour cette grande célébration.

FÊTE AUX POISSONS À FOURNI

Fin juillet.

L'archipel de Fourni est connu pour ses eaux poissonneuses, sa pêche et ses homards. Rien d'étonnant donc qu'une des plus grandes célébrations sur l'île se tienne en hommage au poisson ! Tous les derniers week-ends de juillet, l'association des pêcheurs de Fourni et la mairie unissent leurs forces pour organiser une grande fête autour du poisson frais. Sur le port, de grandes tablées partagent des plats de poissons cuisinés en commun, et la soirée se poursuit en danses et chansons où tous sont conviés. L'ambiance est forcément chaleureuse, et bien arrosée.

ÉPIPHANIE

6 janvier

Dans le rite orthodoxe, l'Épiphanie célèbre non pas l'adoration de l'Enfant Jésus par les Rois mages comme dans le rite chrétien d'Occident, mais le baptême de Jésus dans les eaux du Jourdain par saint Jean-Baptiste. On l'appelle Théophanie ou Ta Fota. Dans toutes les îles du Nord-Egée, le pope procède à une bénédiction des eaux et lance une croix dans les ports. Des plongeurs peu frileux sautent alors à la mer pour tenter de récupérer la croix sacrée. C'est particulièrement impressionnant dans les eaux froides de la région, des ports de Skopelos à ceux de Lesbos.

FÊTE DU TAUREAU À LESBOS

Fin juin et début juillet.

A Lesbos, la fête du taureau est organisée dans le village d'Agia Paraskevi le dernier week-end de juin ou le premier week-end de juillet, et dans le village de Pigi le deuxième week-end de juillet. On y sacrifie un taureau, vestige des sacrifices pré-chrétiens et coutume païenne qui perdure. Pendant deux jours, des célébrations sont organisées autour de concours de beauté hippique, avec danses et démonstrations de chevaux. Après le sacrifice du taureau, le traditionnel *kiskeki* - bouillie de viande et de blé - est préparé dans de grands chaudrons et partagé entre villageois.

FESTIVAL DE DANSES TRADITIONNELLES

Fin août.

Tous les ans, pendant deux jours à la fin août, se tient un festival de danse folklorique sur l'île de Skopelos. Initialement organisé à Glossa, dans le nord de l'île, il se déroule maintenant dans la Chora et le port principal de l'île. Des troupes de danses traditionnelles de Skopelos, de Grèce et du monde entier se retrouvent pour faire connaître leurs costumes, chorégraphies et traditions au cours de ce grand rassemblement festif. L'occasion unique de découvrir la musique et les danses d'ici et d'ailleurs.

FÊTE NATIONALE

Le 25 mars.

Le 25 mars est la fête nationale grecque : on commémore le début de la guerre d'indépendance contre l'Empire ottoman, lancée symboliquement le 25 mars 1821. C'est un jour férié dans tout le pays et l'occasion de nombreux défilés dans toutes les îles, où se retrouvent les trois piliers « de la gloire nationale » : l'armée, l'école et l'Église. Dans les îles du Nord-Égée, toujours méfiantes voire carrément hostiles vis-à-vis de la Turquie, c'est souvent l'occasion de discours nationalistes peu réjouissants. C'est un grand moment patriotique et solennel : on assiste partout à de nombreux défilés (étudiants, écoliers en costumes traditionnels mais aussi militaires).

FÊTES DE FIN D'ANNÉE

25 décembre-1er janvier.

En Grèce, les fêtes de fin d'année (Noël et Jour de l'An) sont célébrées pour la Saint Basile, soit le 1er janvier. C'est à cette occasion que le « père Noël orthodoxe », Agios Vassilis, offre des cadeaux aux enfants grecs qui font le tour des maisons en chantant des *kalanda*. On déguste la *vassilopita*, brioche parfumée à la fleur d'oranger à l'intérieur de laquelle on cache un *flouri*, une pièce de monnaie : celui qui tombe dessus aura la chance pour lui le restant de l'année. Traditionnellement, on offre les 4 premières parts à Dieu, Jésus, la Vierge et la maison.

IREON MUSIC FESTIVAL

Ireo

www.ireon-music-festival-samos.gr

Trois jours, début août.

Depuis 2004, ce festival de musique se tient tous les ans au mois d'août, pendant trois jours sur l'île de Samos. C'est le plus grand festival du genre dans le Nord-Égée et il attire tous les ans des milliers de visiteurs, non loin de l'Héraion. La programmation est éclectique et combine des artistes rock, pop, reggae, électro et *laïki* : la plupart du temps il s'agit de musiciens et chanteurs grecs, dont certains locaux de Samos, mais certaines scènes ont également accueilli des musiciens venus d'ailleurs. C'est certainement le plus gros festival de Samos.

FEUX DE JOIE À THASSOS

31 juillet.

On connaît les feux de la Saint Jean au-dessus desquels les jeunes gens de chez nous sont traditionnellement invités à sauter. A Thassos, la tradition veut que l'on saute par-dessus ces feux de joie le 31 juillet, pour marquer le passage au 1er août et appeler l'abondance des récoltes estivales (« des figues, des noix et des raisins contre la fièvre de l'hiver ! »). Les cendres des feux sont ensuite conservées et répandues au pied des arbres pour qu'ils conservent leurs fruits plus longtemps. C'est aussi une manière d'appeler à soi la santé et le bien-être pour le reste de l'année.

LUNDI PUR ET AGAS

Février ou mars, 1er jour du Carême.

Le Lundi Pur, ou *Kathara Deftera* en grec, marque le début du Carême, 40 jours avant Pâques. Partout, c'est l'occasion pour les familles de faire voler des cerfs-volants. Mais sur l'île de Chios, ce jour donne lieu à une célébration unique : les *Agas* se déroulent sur la place principale des villages de Mastichochoria, notamment à Mesta et Olympi. En souvenir de l'arbitraire ottoman, une parodie de tribunal met en scène un juge, ses policiers et procureurs qui moquent les habitants du village dans un grand moment de satire. Le tout dans une ambiance très bon enfant.

INTERNATIONAL ERESSOS WOMEN'S FESTIVAL

Skala Eressos

www.womensfestival.eu

En septembre.

Chaque année depuis 2000, le festival international des femmes s'installe à Skala Eressos, sur l'île de Lesbos. Le lieu de naissance de la poétesse Sappho accueille pendant deux semaines de septembre des femmes venues du monde entier. Au programme de cet événement LGBTQ+ (mais surtout lesbien) : concerts, performances, DJ sets, cours de danses traditionnelles, projections de cinéma queer... Le village accueille artistes plasticiennes, cours de yoga, lectures, sorties en mer : tout ce qui peut intéresser les vacancières du festival. Un événement féminin unique.

MOLYVOS INTERNATIONAL MUSIC FESTIVAL

MITHYMNA

molyvosfestival.com

Mi-août.

Le festival de musique classique de Molyvos (Méthymne ou Mithymna, sur l'île de Lesbos) se tient tous les ans au mois d'août, depuis 2015. Pendant une semaine, des musiciens grecs et internationaux se produisent dans le décor exceptionnel du château. Jeunes musiciens ou solistes de réputation internationale se retrouvent autour d'un thème qui change tous les ans : en 2022, la programmation s'inspirait de l'*Odyssée*, tandis qu'elle tournait autour du thème de la liberté l'année d'avant. C'est certainement le meilleur festival de musique classique de la région, et l'un des plus réputés dans le pays.

PANIGYRIA D'AOÛT

Le mois d'août offre le pic des festivités religieuses dans les îles du Nord-Égée, pas seulement parce qu'on y vénère la Vierge, le 15 août, mais également pour toute une série d'autres saints locaux. L'île la plus connue pour ses *panigyria* est sans conteste Ikaria : les touristes grecs s'y rendent spécifiquement pour faire la fête en août. Il y en a tous les deux jours, au point où l'on s'y perdrait sans l'aide de la municipalité qui publie les infos au fil du mois. La plus grande célébration est sans doute celle qui se tient sur deux jours à Lagada, le 15 août.

PULSAR SAMOTHRAKI ART FESTIVAL

Kamariotissa
www.pulsarfestivalgreece.com
4 jours, début août.

Depuis 2014, le festival Pulsar se tient sur l'île de Samothrace, à Kamariotissa, pendant la première semaine d'août. Au cours de 4-5 jours, le centre culturel Ergostasio reçoit des projections cinéma en plein air, des concerts et performances musicales, et des artistes polyvalents pour une programmation avant-gardiste et alternative, très en phase avec l'ambiance locale. Ici, la part belle est faite aux artistes et musiciens indépendants en recherche esthétique et qui n'ont pas peur de sortir des sentiers battus artistiques.

PANIGYRIA DE JUILLET

Les îles du Nord-Egée célèbrent toute une série de saints, patrons et coutumes religieuses locales au cours de *panigyria* avec banquets, chants et danses traditionnels. Le prophète Elie est célébré le 20 juillet sur toutes les îles ou presque. A Lesbos, dans le village d'Agiasos sur les flancs du mont Olympe, se tient un festival de trois jours pour l'occasion. Habituellement représenté comme un ermite, Elie prend ici la figure d'un cavalier : une icône du saint est portée en procession dans les rues du village, accompagnée de chevaux décorés et de leurs fiers cavaliers.

TOURNOI D'ÉCHECS IKAROS

Aghios Kirikos
ikariachess.blogspot.gr
Mi-juillet.

L'île d'Ikaria reçoit un tournoi international d'échecs tous les ans, pendant environ une semaine à la mi-juillet. A Aghios Kirikos, capitale de l'île, ce tournoi open rassemble des joueurs grecs et internationaux qui concourent pour obtenir la première place dans un système de tournoi suisse. Les plus jeunes peuvent également participer, avec des catégories juniors, ainsi que les adeptes du jeu en blitz, avec une compétition dédiée. Le tournoi est reconnu par la FIDE (la Fédération internationale des échecs).

PÂQUES

La Pâques orthodoxe aura lieu le 16 avril 2023, le 5 mai 2024 et le 20 avril 2025.

La plus grande fête religieuse grecque, dont la date varie chaque année, est l'occasion de plusieurs jours de fête et de recueillement. Au programme : une semaine au ralenti, rythmée par les célébrations religieuses avec notamment la procession de l'*epitafios* le vendredi et la messe du samedi soir, suivie d'un grand repas et de la *lamayiritsa* (une soupe d'abats). Il est particulièrement intéressant de visiter Chios et le village de Vontrados où se tiennent des célébrations uniques avec pétarades géantes et bataille de tirs entre deux églises : la *rouketopolemos*.

© ATHINA PSOMA - ISTOCKPHOTO.COM

Lamayiritsa à Pâques.

SPORADES

Les Sporades constituent la porte d'entrée occidentale de l'ensemble Nord-Egée : Skiathos, Skopelos, Alonissos et la plus lointaine Skyros forment un archipel distinct des autres îles de la région. Vertes et douces, elles offrent un art de vivre qu'il fera bon découvrir, en sautant de l'une à l'autre et en prenant le temps d'observer la spécificité de chacune. L'histoire de ces îles est assez mal connue, du fait des nombreuses incursions pirates qui harcèlent pendant des siècles les habitants de ces îles : leur présence décourage la plupart des conquérants qui se tiennent à distance, se contentant de récolter des taxes. Comme ailleurs en Egée, les Byzantins et les Vénitiens laissent leurs marques, et se repassent le contrôle de l'archipel, avant l'arrivée des Ottomans. Les Sporades font partie de l'Empire ottoman jusqu'à la révolution grecque : à l'inverse des autres îles du Nord-Egée, elles sont rattachées à la Grèce dès 1830.

GRÈCE
SPORADES
TURQUIE
SKIATHOS
KOUKOUNARIES
SKIATHOS
TROULOS
GLOSSA-LOUTRAKI
NEO KLIMA
SKOPELOS
SKOPELOS
AGNONTAS
ALONISSOS
STENI VALA
Periste
ALONISSOS
PATITIRI
Prokopi
Vlachia
Agia Sofia
Glyfada

10 KM
Sporades
Gioura
Piperi
anagia
Mer Égée
Skántzoura
ATSITSA
MAGAZIA
MOLOS
SKYROS
SKYROS
Pefkos
LINARIA
Skyropoúla
Chili

92

● ● SKIATHOS - ΣΚΙΑΘΟΣ

Skiathos est la plus petite île de l'ensemble des Sporades (50 km²), mais c'est aussi la plus fréquentée, et de loin. L'île qui doit son nom au mont Athos, montagne sacrée que l'on aperçoit par temps clair à 150 km au nord-est, compte environ 5 500 habitants à l'année, ce qui en fait l'île la plus peuplée des Sporades. Elle est indéniablement belle, avec ses pins qui s'avancent en équilibre sur des péninsules rocheuses baignées d'eau turquoise, ses innombrables plages de sable fin, et sa Chora qui a servi de cadre idyllique pour le tournage du film hollywoodien *Mamma Mia*. Il y règne aujourd'hui une ambiance de Riviera un peu jet-set, et ce n'est pas pour rien qu'on la surnomme « la Mykonos des Sporades ». La fréquentation en saison de cette île devenue une destination de fête laisse peu de répit au visiteur qui voudra profiter de ses beautés naturelles. Une rumeur, qui en dit long sur le côté « party people » de l'île, raconte que le fils d'Aristote Onassis fit construire un aéroport à Skiathos pour profiter plus aisément de sa villa sur l'île. L'été, les amateurs de fête à la plage y trouveront leur bonheur, tandis que les amateurs de calme et de terres préservées préféreront les mois de mai et octobre, lorsque les vols charters en provenance de toute l'Europe se calment. En saison, ils passeront quelques heures ou jours en transit sur cette île, avant de rejoindre les îles voisines mieux préservées de Skopelos, Alonissos, voire Skyros.

92

SKIATHOS CHORA – ΧΩΡΑ ★

La capitale de Skiathos réserve de belles surprises le long du vieux port et dans ses ruelles en pente où s'alignent de jolies maisons blanches, aux toits de tuiles. Très animée en soirée, la ville se calme en journée, quand les visiteurs sont à la plage. La péninsule de Bourtzi est une zone préservée qui offre de magnifiques panoramas sur le vieux port, le cap Pounta et l'île de Skopelos.

98

TROULOS ★

© CONSTANTINOS ILIOPOULOS - SHUTTERSTOCK.COM

Plage à Troulos.

PAGES

KOUKOUNARIES ★★

99 Il s'agit de la plage la plus célèbre de Skiathos, et pour cause ! Koukounaries est une bande de sable fin et clair, bordée de pins. Mais parmi les 60 autres plages, vous en trouverez de moins mondaines. La région autour de la plage est dardée de restaurants, de tavernes et d'hôtels.

KASTRO ★

99 Un éperon rocheux, situé tout au nord de Skiathos dans un paysage sauvage, abrite l'ancienne capitale fortifiée de l'île. La forteresse byzantine a été abandonnée au début du XIXe siècle : aujourd'hui, on ne visite plus que deux des vingt églises initiales.

●● SKOPELOS - ΣΚΟΠΕΛΟΣ

100

Skopelos est peut-être l'île la plus verdoyante de l'ensemble égéen et met à mal les clichés de terres arides qui reviennent dans l'imaginaire populaire sur les îles grecques. Située à mi-chemin entre Skiathos et Alonissos, c'est une île particulièrement agréable, où la douceur de vivre se maintient malgré l'essor touristique engendré par le tournage du film à succès, *Mamma Mia*. Même en haute saison, on y séjourne en toute tranquillité, au-delà de quelques plages organisées. La côte sud-ouest réserve plein de surprises au visiteur qui voudra découvrir ses criques plus isolées : cette rive égrène des plages magnifiques, aux eaux cristallines qui se teintent d'émeraude, en miroir des pins et arbres côtiers qui longent le littoral. C'est l'un des atouts majeurs de Skopelos. L'île, de taille moyenne (95 km²), est encore largement intouchée dans les forêts qui dominent sa partie centrale, mais également dans les zones côtières de l'est et du nord. En effet, et hormis le port de Skopelos qui concentre l'animation de l'île et l'une des plus jolies Chora de l'ensemble nord-égéen, cette région de l'île ne se découvre qu'avec un peu d'effort, et les plages sont exposées au vent. Pour les amateurs de farniente, la vie à Skopelos se déroule joyeusement, auprès d'une population particulièrement chaleureuse (4 400 habitants) et une bonne gastronomie, faite de délicieux produits locaux.

SKOPELOS CHORA – ΧΩΡΑ ★★

100 La capitale de Skopelos est vraiment ravissante, avec ses terrasses en front de mer, ses ruelles labyrinthiques et ses maisons blanches aux toits de tuiles. On aime s'y perdre, au détour d'innombrables églises et chapelles, avant de rejoindre le port et son agréable animation.

AGNONTAS ★

105 Le minuscule port d'Agnontas est une base tranquille et familiale pour découvrir les plages du sud-est de Skopelos, entre les grandes étendues de Stafylos et les petites criques des environs. Il y règne une ambiance agréable, et on y mange les pieds dans l'eau dans les quelques tavernes.

NEO KLIMA ★

106 Ce petit village balnéaire donne accès aux plus belles plages de Skopelos : de nombreuses criques aux eaux cristallines s'égrènent tout le long de la côte occidentale, dans les environs. Les amateurs de farniente à la plage seront ravis, les plus actifs opteront pour le kayak de mer.

PAGES

108

GLOSSA-LOUTRAKI ★★

Le village de Glossa, perché sur les hauteurs, offre un autre visage de Skopelos. En contrebas, le tranquille port de Loutraki est un point d'entrée de Skopelos, tandis qu'au nord-est, de belles plages font face à des flots déchaînés.

110

●● ALONISSOS - ΑΛΟΝΝΗΣΟΣ

Alonissos (65 km², 3 150 habitants) est encore largement méconnue des touristes étrangers qui lui préfèrent les îles voisines de Skiathos et Skopelos. Et c'est tant mieux pour les quelques curieux qui feront le déplacement jusqu'à ces côtes préservées. En effet, Alonissos est unique dans l'ensemble égéen : une large partie de ses rivages, mers et îlots sont protégés par le premier parc marin de Grèce. Fondé aux débuts des années 1990 pour sauvegarder un patrimoine naturel unique, le parc marin d'Alonissos abrite des espèces menacées, dont le phoque moine de Méditerranée ou le faucon Eleonore, ainsi que des fonds marins parsemés d'épaves antiques. Ainsi, le premier musée sous-marin de Grèce a été ouvert à la visite en plongée : « le Parthénon des épaves » se trouve au large de l'îlot de Peristera. Parmi les autres richesses que nous livrent les mers d'Alonissos, on listera son thon réputé, qui fait la fierté des pêcheurs locaux et le bonheur de ses cuisines, et des plages aux eaux cristallines. Ces atouts naturels réjouissent les initiés qui ne se formalisent pas d'y trouver moins d'infrastructures touristiques ou de sites historiques qu'à Skiathos et Skopelos. Moins fréquentée, plus tranquille même en haute saison et mieux préservée que ses voisines, Alonissos est une île qui vit au fil de l'eau, en toute simplicité.

110

PATITIRI ★★

La capitale d'Alonissos n'est peut-être pas la plus charmante des villes à première vue, mais elle donne accès à de jolies plages, et réserve quelques agréables moments aux curieux. Point de départ des excursions vers le parc marin d'Alonissos, zone préservée, c'est un passage obligé.

114

ALONISSOS CHORA ★

L'ancienne Chora d'Alonissos a été détruite par un terrible tremblement de terre en 1965. Depuis, on y vient pour déambuler dans les ruelles aux maisons traditionnelles, et pour profiter des larges panoramas sur l'Egée. En soirée, la ville s'anime : on y vient prendre des verres et dîner.

Plage de Chrisi Milia à Patitiri.

STENI VALA ★

115 Alonissos est encore préservée des foules. Mais pour être encore plus tranquille en journée, venez à Steni Vala ! Cette adorable marina propose une longue plage de galets, quelques cafés et tavernes, et un calme infini ! Plus au nord, la pointe d'Aghios Dimitrios abrite une belle plage.

●● SKYROS - ΣΚΥΡΟΣ

118

Skyros, l'île la plus montagneuse et la plus isolée des Sporades, est également la plus grande (208 km²) et la moins peuplée (2 900 habitants). Culminant à près de 800 m d'altitude, au mont Kochillas, cette île préservée est située à 80 km au sud-est d'Alonissos, mais à seulement 35 km des côtes d'Eubée, presqu'île reliée au continent. En plein milieu de l'Égée, elle est tout à la fois centrale et éloignée de l'ensemble nord-égéen, bien que mal connectée aux autres îles en ferry ou en avion. Ce relatif isolement garantit une histoire unique, et un tourisme alternatif, où les traditions locales et le vivant dans son ensemble sont protégés, comme hors du temps. Ainsi des célèbres chevaux skyriens, race endémique de petite taille qui vit à l'état sauvage dans les terres inhabitées du sud, malheureusement en voie de disparition. Il faudra faire un petit effort pour venir jusqu'ici mais les amateurs de vie calme, de nature sauvage et de villages préservés seront largement récompensés. Skyros n'est pas l'île des plages et du farniente à la mer, elle est plutôt tournée vers l'intérieur des terres et le folklore : on n'y viendra pas pour ses plages, moins belles qu'ailleurs. En revanche, on reste comme sidéré de ses espaces vierges dans les arides terres du sud, et on se passionne de culture et traditions locales dans les ruelles des villages de la moitié nord. C'est une île qu'il faut prendre le temps de découvrir, surtout visitée par des vacanciers grecs qui connaissent bien le secret qu'ils se passent en sourdine, pour s'y retrouver tous les ans.

LINARIA ★

118 Le port principal de Skyros n'est pas forcément le bourg le plus joli de l'île, mais il donne accès aux belles plages de la côte ouest, et aux terres sauvages situées au sud de Skyros. C'est ici que vivent encore quelques chevaux skyriens, dans des paysages battus par les vents.

SKYROS CHORA – ΧΩΡΑ ★★

120 Quel charme ! Presque à chaque coin de rue, on a l'impression d'entrer dans une carte postale. Cette capitale, conçue pour se dissimuler des pirates, est vraiment ravissante, perchée sur un rocher et coiffée de sa forteresse vénitienne au sommet !

123

MAGAZIA ★

MOLOS ★

125 Au nord de Molos, ne manquez pas de visiter les anciennes carrières de Pouria, aux étonnantes formations rocheuses. Encastrée dans l'une d'elles, admirez l'étonnante chapelle troglodyte d'Agios Nikolaos qui avoisine les moulins transformés en agréable café.

ATSITSA ★

125 Ce village côtier est aussi un refuge pour des vacances alternatives. En arrivant, on comprend pourquoi : profitez-en tant qu'il n'y a encore qu'une poignée de maisons et quelques chambres à louer… A quelques km de là, on visite le site archéologique de Palamari, témoignage unique du Néolithique.

SKIATHOS CHORA – ΧΩΡΑ ★

Bienvenue à Skiathos !
Le port et la ville principale de Skiathos constituent la porte d'entrée à l'île. Construite en bordure de péninsules arborées et rocheuses, la Chora de Skiathos a perdu (un peu) de son charme avec son développement touristique. C'est hors saison que le voyageur aura l'occasion de saisir les scènes de la vie quotidienne évoquées dans les récits colorés de Papadiamandis, l'écrivain du pays dont on visite l'intéressante maison-musée dans les rues animées de la ville. En saison, même si la Chora a conservé quelques quartiers intéressants, résidentiels, et de petites criques cachées, les abords du port offrent surtout au touriste boutiques branchées, restaurants, bars, discothèques… D'ailleurs attention, en juillet et août, il faut absolument réserver pour se loger.
Malgré les foules estivales, la Chora réserve quelques belles surprises aux curieux qui quitteront les quais pour les ruelles en pente aux belles maisons blanches, dominées par l'ocre des toits de tuiles. Au détour d'une allée, vous déboucherez sur un jardin rempli de bougainvillées, sur une taverne ombragée en surplomb de la mer, sur une petite crique aux eaux calmes. En ville, la péninsule de Bourtzi est une zone préservée qui offre de magnifiques panoramas sur le vieux port au sud, le cap Pounta au nord et Skopelos au loin. Moins visitée, car légèrement plus excentrée, la péninsule rocheuse qui s'avance au sud jusqu'à Plakes offre l'occasion de belles découvertes, loin de l'agitation.
La route côtière qui dessert le sud de la Chora donne accès à de belles plages pour se rafraîchir au cœur de l'été. Et si le monde vous pèse malgré tout, sautez dans l'un des bateaux d'excursion vers l'une des 60 plages de l'île, dont un bon nombre ne sont pas accessibles par la route, notamment vers le nord et le château vénitien.

Transports

Porte d'entrée des Sporades, Skiathos est facilement accessible en avion ou en ferry depuis le continent (Volos, Thessalonique, Eubée) et le reste des Sporades.

En avion. L'île, dotée d'un aéroport, est très bien reliée : elle reçoit des vols intérieurs toute l'année (desservie tous les jours depuis Athènes par Olympic et Sky Express) et des vols internationaux en saison (des vols directs Paris Orly-Skiathos sont proposés par Transavia).

En ferry. L'île est bien reliée en bateau, notamment en saison. Il existe plusieurs options, dont certaines sont quotidiennes, voire plusieurs fois par jour en été. Des ferries et hydrofoils réguliers font la liaison entre Skiathos, Skopelos et Alonissos. Ils partent en général du port de Volos, sur le continent. Les traversées les plus rapides se font en catamaran (passagers uniquement), par les compagnies Flying Dolphin et Flying Cat (traversée environ 1h20) mais les ferries de la compagnie Hellenic Seaways prennent également les voitures (traversée environ 3h). En saison, la compagnie ANES fait la liaison quelques fois par semaine depuis le port de Mantoudi (Eubée). Enfin, les ferries Seajets relient Thessalonique à Skiathos en saison également (traversée environ 3h).

En bus. La gare routière se trouve à l'entrée nord du port. Des bus KTEL fréquents desservent l'aéroport et les plages principales de la côte sud, jusqu'à Koukounaries (départs toutes les 30 min en été, de 7h30 à 1h45). Des bus réguliers relient également le village de Kalyvia et le monastère d'Evaggelistria dans les terres, ainsi que la plage d'Asselinos au nord.

En taxi. La station de taxi se situe non loin de la gare routière, le long des quais (tél. +30 24270 24461). Comptez 10 € pour l'aéroport.

En excursion. Les propositions d'excursion en bateau ne manquent pas le long des quais (faites jouer la concurrence !). C'est une option certes un peu touristique, mais finalement très agréable pour découvrir la côte découpée de Skiathos et certaines de ses plus belles criques, notamment dans le nord sauvage, avec les plages de Lalaria et du Kastro.

Clocher de l'église Saint Nicholas de Skiathos.

SPORADES

BOURTZI ★

Entre le vieux et le nouveau port.

Musée ouvert tous les jours en saison, 11h-14h et 18h30-22h. Entrée 2 €. Concerts l'été à partir de 21h30.

Une promenade vers la presqu'île de Bourtzi - un petit affleurement relié au port par une étroite bande de terre - est un must. Vous y verrez quelques vestiges d'une citadelle vénitienne érigée au XIIIe siècle. C'est là aussi que vous trouverez un intéressant petit musée des traditions maritimes et culturelles. Installé dans une ancienne école primaire, il dispose également d'un théâtre en plein air pour les représentations estivales et d'un café agréable où faire une pause. Le soir, en été, des concerts et d'autres spectacles en plein air y sont proposés.

EVDORA CATAMARAN SAILING

✆ +30 693 246 1427

www.skiathossailing.gr

Ouvert toute la saison estivale. Réserver en amont. Tour toute la journée à 70 €.

Embarquez avec George sur son superbe bateau : l'*Evdora Catamaran*. Ses 13 mètres de long en font un bateau de qualité et confortable pour passer la journée (ou même plusieurs jours). Vous allez pouvoir *cruiser* sous la voile, au soleil, en découvrant les magnifiques îles et plages des Sporades, bordées par la mer Égée. Le capitaine est hyper professionnel, plein d'humour et de très bonne compagnie. Il vous amènera dans les plus belles baies secrètes en vous racontant l'histoire du territoire. L'équipement de plongée est inclus. Possibilité de privatiser.

MAISON NATALE DE PAPADIAMANDIS ★

✆ +30 24270 22240

Ouvert tous les jours, de 9h30 à 13h30 et de 17h à 19h30. Entrée : 1,50 €.

La maison natale de l'écrivain (1851-1911) qui a rendu célèbre la ville est une résidence de deux étages construite en 1860 dans le style insulaire typique. Les trois pièces se visitent rapidement mais donnent un aperçu touchant de la vie quotidienne à la fin du XIXe siècle. On lui doit *Une femme à la mer et autres nouvelles*. Méconnu en France, il était admiré de Constantin Cavafis et Odysséas Elýtis. Sa tombe reconnaissable à sa croix noire se trouve dans le cimetière du village.

PLAGES

De Chora à Cap Kanapitsa

Le long de la ligne 2 de bus.

De Chora à la pointe occidentale de l'île, la ligne de bus 2 longe une succession de plages, toutes généralement bondées mais, il faut l'avouer, agréables et bien équipées. Essayez de vous y rendre à l'aube pour en profiter sereinement. Vous pouvez rejoindre Megali Amnos à pied si vous logez au port. Sinon, n'hésitez pas à descendre du bus au hasard (quitte à le reprendre ensuite) pour en écumer plusieurs. Au fur et à mesure, la navette se vide un peu. Mention spéciale à Vromolimnos, sur la presqu'île de Kanapitsa, considérée comme l'une des plus préservées.

SPORADES

MONASTÈRE D'EVANGELISTRIA

A 4 km au nord de Chora

Ouvert tous les jours de 8h à 12h et de 16h à 18h.

Accessible par bus, mais si vous préférez marcher, prenez le chemin de terre à quelque 500 m hors de la ville en direction de l'aéroport. Fondé en 1794, ce monastère possède une église intéressante, mais aussi quatre petits musées dédiés au patrimoine ecclésiastique, aux traditions folkloriques, à l'histoire et aux instruments de musique. Il y a un magasin du monastère vendant une gamme de conserves de fruits sucrés, du vin et du miel produits par les moines.

AGNANTEMA ROOMS €

Au-dessus de l'hôtel Akti, monter vers le Windmill Restaurant et tourner à droite.

✆ +30 6950849489

Entre 50 et 80 € pour deux en été.

En plus d'être bon marché en été, ces 11 chambres restent assez centrales. Mais à ce prix, vous n'aurez que le juste nécessaire (un réfrigérateur, la climatisation, un petit balcon) et un environnement un peu vétuste. Si elle offrent de très jolies vues plongeantes sur le port, l'idée, ici, n'est pas d'y passer ses journées. Pour être tout à fait complet, tout cela se mérite au prix de quelques marches mais Michalis, le propriétaire, est aux petits soins. Il vous proposera une navette gratuite depuis/vers le port et l'aéroport de Skiathos.

KALLISTI SAILING

Paraliakos ✆ +30 697 632 7093
www.sailing-skiathos.com
Ouvert toute la saison estivale. Réserver en amont. Tour pour toute la journée à 70 €/personne.
Vous rêvez d'un tour en voilier en zigzaguant à travers les nombreux îlots et îles que comptent les Sporades ? Kallisti Sailing est là pour vous. Sur son bateau tout confort pouvant accueillir 11 personnes, Babis et son équipage vous amèneront découvrir les secrets cachés des Sporades : les grandes îles comme Alonissos ou les îlots alentour comme Tsougria at Arko. Le capitaine vous dévoilera tout de ses Sporades natales. Plongez dans l'eau bleue égéenne, à la recherche des dauphins. Vins, fruits et matériel de plongée inclus. Déjeuner dans une taverne typique.

FILIA STUDIOS €

Angle des rues Mavrogiali & Evangelistrias
✆ +30 24270 21475
Chambre double à partir de 50 € en saison, sans le petit-déjeuner.
Cet établissement familial se situe en retrait du port, à proximité de toutes les animations de la Chora mais dans un quartier au calme. On apprécie la gentillesse de la maîtresse de maison et de son fils qui l'aide en saison. L'ensemble est très simple mais d'une propreté impeccable et les chambres sont spacieuses. Une bonne option pour les petits budgets qui veulent allier la vie en ville avec le calme d'un quartier épargné par les grandes marées du tourisme festif, très présent à Skiathos. Cette adresse offre un bon rapport qualité-prix, même en pleine saison.

AKTI €

26 Georgiadi
✆ +30 24270 22024
www.hotelaktiskiathos.com
Chambre double entre 50 et 80 € en été avec le petit déjeuner.
Un des plus pratiques pour les âmes en transit : ces 13 chambres donnent directement sur le port avec une vue agréable. Donnant sur la mer ou le centre-ville, les chambres climatisées de l'hôtel comprennent une télévision et un réfrigérateur. Chambres impeccables et personnel très sympathique et serviable. C'est aussi un petit morceau d'histoire car il fut, en 1932, le premier hôtel de l'île. Détruit pendant la Seconde Guerre mondiale, il a été reconstruit et plusieurs fois rénové. Le petit déjeuner se prend en général dans le café voisin.

TOMATO BEACH HOTEL €

Plage de Megali Amnos
✆ +30 2310 520 120
https://skiathoshoteltomato.gr
Chambre double entre 50 et 130 € en été avec le petit déjeuner.
En réservant tôt ou en décalant son séjour à début septembre, cet établissement bien situé devient une affaire. Situé à côté de la plage de Megali Amnos, il est à un kilomètre du centre mais devant un arrêt de bus. En échange, vous jouirez de la tranquillité de son magnifique jardin. L'accueil et l'hospitalité de Maria et d'Anastasia feront le reste grâce à leur connaissance de l'île. Très bonne localisation, chambres agréables, très bonne qualité de la literie et excellent petit déjeuner. Vue magnifique sur la mer depuis les balcons des chambres.

ATLAS HOTEL €

39 Papadiamantis
✆ +30 698 758 3328
atlashotelskiathos.gr
Chambre double à partir de 30 €.
Cet hôtel simple, propre et moderne a le grand avantage d'être très bon marché. Il se trouve en plein centre-ville de Skiathos, au beau milieu de la rue piétonne de Papadiamantis, à proximité immédiate de nombreux bars, commerces et restaurants. Il compte 18 chambres dont 12 avec terrasse donnant sur la rue, le jardin ou la ville. Pour dire vrai, la décoration intérieure pourrait être un peu plus personnelle, là on est vraiment dans du basique. Mais bon, vous aurez du mal à trouver moins cher pour un emplacement aussi pratique.

BOURTZI BOUTIQUE HOTEL €€

8 rue Moraitou
✆ +30 24270 21304
www.hotelbourtzi.gr
La double de 120 à 250 € en été avec le petit déjeuner (mais moitié moins en mai...).
Assez près du port, facilement accessible et à proximité des commerces, des restaurants et de la plage de Megali Ammos, les 38 chambres de ce boutique-hôtel sont idéalement placées pour profiter des soirées animées de la ville. Les chambres premium de 20 m² (les moins chères) donnent sur la piscine et disposent d'un petit réfrigérateur, d'un accès wifi et d'un balcon. Les chambres supérieures offrent 25 m² d'espace, des sols en marbre et une décoration un peu plus contemporaine. Même si la plage n'est pas loin, la piscine est un vrai plus.

CAPE KANAPITSA €€

Péninsule de Kalamaki
✆ +30 24270 21 750
www.capekanapitsa.com
De 80 à 150 € pour une double en été avec le petit déjeuner (mais la moitié en mai...).

Ce superbe hôtel, construit sur le rocher du cape Kanapitsa dans la péninsule de Kalamaki, a été élégamment rénové. Les deux plages sont à seulement 100 m. L'immeuble est constitué de 7 chambres standards (avec franchement largement ce qu'il faut, réfrigérateur et balcon compris !), de 14 chambres supérieures (dont certaines avec un bain à remous) et d'une dizaine de suites doubles ou familiales. Belle piscine (d'eau de mer) et terrasse spacieuse. Au pied de certaines chambres, certains rochers permettent de piquer une tête ou de s'offrir un bain de minuit...

HOTEL MELTEMI €€

port de Skiathos
✆ +30 24270 22493
https://meltemiskiathos.gr/en/
Chambre double de 60 à 200 € suivant la saison. Petit-déjeuner inclus.

Cet hôtel est parfaitement situé face au port, avec deux bons restaurants un peu plus loin sur sa gauche et la balade jusqu'à la presqu'île au bout de la jetée où se trouve le meilleur café de l'île. Presque toutes les chambres sont dotées d'un balcon et ont vue sur la mer. La salle à manger est spacieuse et plutôt bien décorée, avec de vastes abat-jours en osier. On y sert un excellent petit-déjeuner, mais pas le déjeuner ni le dîner. Et petit détail, mais qui a son importance : l'établissement appartient à une famille de Skiathos et non à une chaîne.

IRIS SKIATHOS €

Miaouli
✆ +30 2427 021286
skiathosiris.gr
Ouvert de mai à octobre. A partir de 55 €. Petit-déjeuner 8 €.

Cet hôtel agréable permet de se poser à petit prix : il est idéalement situé dans le centre-ville de Skiathos, à cinq minutes du port et de l'aéroport. Ouvert en 1998 et rénové en 2019, il est dans un état impeccable. On y trouve 17 chambres au confort simple, moderne, avec frigo, cuisinière et salle de bains. Suivant leur configuration, elles donnent sur la rue, le jardin ou la montagne au loin. Un parking permet également de se garer au pied de l'hôtel. Pour les familles, il existe des studios pouvant héberger jusqu'à cinq personnes.

SPORADES

KOULAS HOUSE €€

A l'extrémité du port.
✆ +30 24270 22025
www.koulashouse.gr
Chambre double entre 50 et 100 € en été.

Voilà une adresse que l'on partage volontiers entre initiés. Face à l'îlot Bourtzi, cette grande maison se mérite au prix de quelques marches. Cet hôtel familial est en effet construit sur un promontoire rocheux paisible de la vieille ville et ne propose que 5 chambres doubles au style simple et minimaliste et deux appartements gérés par l'adorable Syrainoula (Nina) Mathinou. De ses trois terrasses, vous pourrez regarder le lever et le coucher du soleil sur le vieux port près de Plakes et des îlots de Tsougria et d'Arcos au sud-ouest.

AMFILIKI €

Au bout de la plage de Megali Ammos
✆ +30 24270 22839
https://amfilikiskiathos.com
A partir de 15 € par personne. Ouvert tous les jours de 10h à minuit.

Une taverne familiale dirigée par Christos Kaloyiannis et l'un des rares endroits de Skiathos où vous pourrez toujours déguster de bons plats traditionnels comme le poisson à la casserole de tomates ou le homard à la courgette en sauce tomate. C'est un joyau vintage, magnifiquement situé au bout de la plage de Megali Ammos avec une véranda offrant une vue sur l'îlot de Tsougria. On adore aussi le tarama maison, avec des champignons et de l'ail, les pétoncles farcis aux épinards et les spaghettis aux fruits de mer. Et bien sûr, les légumes sont du jardin.

ERGON €

Papadamantis
+30 2427 021441
www.ergonfoods.com
Ouvert de 9h à 1h. Environ 15 € par personne.

On doit cette idée à deux frères, Thomas et Georges Doutzis. Le concept de la ligne Ergon : promouvoir les meilleurs producteurs locaux d'un certain nombre de spécialités et de produits de base de la cuisine grecque. Créée à Thessalonique en 2008, elle compte déjà une dizaine de restaurants-épiceries en Grèce, dont celui de Skiathos. Ces épiceries regorgent d'olives, de miels, de confitures, d'huiles d'olive et autres fetas. C'est aussi l'occasion de découvrir un concept grec qui s'exporte : à l'étranger, cinq licences ont ouvert à Londres, Bruxelles et Chypre.

VESUVIO €

Sur le port neuf
+30 2427 021211
Ouvert tous les jours en saison, de midi à minuit. Comptez 15 € par personne.

Petite pizzeria sympa avec vue sur le port qui change agréablement de la cuisine grecque habituelle. La spécialité de la maison est la pizza vesuviana avec du salami épicé, des oignons et de la mozarella, mais on a préféré opter pour un pain à l'ail avec du fromage, de succulentes tagliatelles au saumon et surtout pour un risotto aux champignons avec du parmesan et de la poudre de cèpes à tomber par terre. Sans oublier le petit tiramisu qui va bien pour finir. Le tout passait très bien avec le petit vin blanc sec de Corinthe de la patronne, on s'est régalés.

NO NAME €

Magnisia
+30 24270 24153
A partir de 5€ par personne. Ouvert de 10h à minuit.

Il est difficile de manger (et de s'asseoir) à une table à tout petit prix à Skiathos, sauf ici. En remontant la rue Papadamantis en venant du port, on s'égare légèrement dans une ruelle à gauche, moins passante, pour se poser dans cette petite échoppe « sans nom » depuis 1992. Pas de la grande gastronomie mais, ici, des gyros honnêtes et de bonne facture et des souvlakis que l'on peut manger sur l'une des tables rouges, jaunes ou bleues. Vous pouvez aussi prendre votre sandwich et vous poser sur un banc. Plus calme, agréable et économique aussi.

BAKALIKO €€

Promenade au nord du port
+30 2427 022669
Ouvert tous les jours en saison, de midi à minuit. Comptez 25 € par personne.

Ouvrez grand les papilles, vous allez vous régaler. Pour commencer, il vous faut choisir entre s'asseoir dans une ancienne épicerie, avec une décoration luxuriante faite de passoires lumineuses, de lanternes, de pots de confiture et de boîtes de conserve vintage, et l'annexe installée juste en face dans une sorte de barnum sur pilotis. Dans tous les cas, on y mange très bien pour pas cher : crevettes sagnaki, tarama, rillettes de thon, tout est à tomber. Très bon vin blanc également avec l'Antithessi produit dans la Parissi *winery*, le meilleur vignoble de l'île.

TAVERNE PLAKES €

Plakes
+30 24270 24359
Ouvert tous les soirs en saison, à partir de 18h30. Comptez 20 € par personne.

Cette taverne est une affaire familiale loin de l'agitation touristique et des mauvaises tables de la Chora. On vous recommande de venir dîner ici, ne serait-ce que pour la localisation : la taverne jouit d'un emplacement idéal avec vue sur l'avancée rocheuse et les plaques blanches de Plakes. On y arrive par les jolies ruelles cachées du quartier oublié des touristes. Dans l'assiette, vous retrouvez les plats traditionnels de la cuisine grecque : ni plus ni moins, mais mieux préparés que la moyenne des tables de la Chora, et avec le calme et la vue en prime !

CARNAGO €€

A côté du terminal de bus.
+30 24270 22981
Ouvert tous les soirs à partir de 19h. A partir de 20 €/pers.

Le restaurant a reçu un sérieux coup de pouce et de pub en 2018 avec l'arrivée du célèbre chef Angelos Bakopoulos, qui propose un menu de plats de fruits de mer inspiré, comme avec son tartare de crevettes ou son tataki au thon parsemé de thym et sa sauce teriyaki. On déguste ici une cuisine grecque moderne et contemporaine sur une agréable terrasse. La fraîcheur des ingrédients se retrouve dans sa cuisine méditerranéenne saine, préparée en partie avec des légumes bio de son jardin. Sinon, les pâtes sont savoureuses, le poisson, frais et la viande, exquise.

MARMITA €€

30 rue Evangelistrias
✆ +30 24270 21701
www.marmitaskiathos.com
Ouvert tous les jours le soir, à partir de 18h30.
A partir de 20 €/ pers.

Ce restaurant (dont le nom signifie opportunément « marmite ») a ouvert en 2013 dans un cadre enchanteur, dans un beau jardin ombragé par des bougainvilliers. Son ambition est de proposer des plats sophistiqués aux saveurs méditerranéennes. Commandez la salade rafraîchissante au fenouil marin, aux tomates cerises, aux oignons marinés et au fromage vieilli, suivie de la délicieuse chèvre au fenouil et à la verdure sauvage ou de la délicate morue cuite à la vapeur avec ses moules et ses légumes. Carte des vins avec plus de 60 variétés locales.

SALKIMI

Vers Plakes
✆ +30 698 8560108
Ouvert tous les soirs en saison.

En quittant l'agitation du vieux port vers le sud, vous vous dirigerez dans les ruelles calmes et oubliées des touristes qui descendent vers la péninsule de Plakes. Perché sur les flots et agréablement dissimulé sous une vaste tonnelle ombragée et verdoyante, ce bar a ouvert en 2022. C'est encore un petit secret que l'on se passe entre initiés qui recherchent le calme et le bon goût. La vue est splendide, et on aime s'y retrouver pour prendre un petit verre de vin ou de bière, dans la lumière de fin de journée. Et la musique n'y est pas trop forte, alléluia !

WINDMILL €€

Kotronia.
✆ +30 24270 24550
www.skiathoswindmill.gr/
A partir de 50 € pour deux personnes. Ouvert le soir seulement à partir de 18h45.

Vous ne pouvez pas le rater : le restaurant est situé dans un vieux moulin que vous apercevez du port. Il faut monter un peu (pas mal en fait), mais l'endroit vaut cet effort. Le menu change régulièrement mais reste assez traditionnel, avec cependant quelques touches internationales (exemples : une salade de betteraves à la feta fraiche et aux herbes, agneau tendrement rôti et sa purée d'aubergines). Excellente carte des vins comprenant des cépages grecs. C'est très romantique à la tombée de la nuit. Réservation possible d'un petit balcon isolé...

THE BORZOI

42 rue Papadiamanti.
✆ +30 24270 23605
http://borzoiskiathos.com
Ouvert tous les jours en soirée, à partir de 19h.

L'endroit était, à l'origine, une discothèque légendaire créée en 1977 et installée dans un moulin à huile d'olive du début du XXe siècle. La presse et la meule en sont d'ailleurs toujours les pièces maîtresses décoratives. Il fonctionne encore maintenant comme un club mais avec aussi une large part dédiée à un restaurant (réservation recommandée), qui jouit d'un beau jardin et d'une solide réputation pour ses bons cocktails. Repris en 2015, le club, chic et bohème, propose une programmation de DJ exigeante (voir le programme sur son site).

BU

Bourtzi
✆ +30 24270 23900
http://bourtzi-skiathos.gr
Ouvert tous les jours, de 10h à 1h.

BU, diminutif de « Bourtzi », se situe sur la péninsule du même nom qui constitue l'une des plus belles parties de la Chora. L'établissement possède une terrasse absolument enchanteresse, entourée de pins et baignant dans l'énergie du soleil, du vent et de la mer. Difficile d'en repartir ! Le matin, on y sert un bon café, ainsi qu'un délicieux brunch (omelettes et sandwiches) ou un petit-déjeuner plus léger. Un peu plus tard en journée ainsi qu'en soirée, vous pourrez partager de savoureux mezzes, mêlant ingrédients traditionnels et recettes modernisées. Un must !

CINEMA ATTIKON SKIATHOS

Papadamantis
✆ +30 697 270 6305
Ouvert tous les jours en été de 19h30 à 0h30.

Depuis 1962, ce cinéma en plein air ne désemplit pas. Il projette en général deux films par soir, dont *Mamma Mia* (tourné à Skiathos et Skopelos en 2007 et toujours à l'affiche). Histoire de voir (ou de revoir) quelques scènes tournées sur l'île (et que l'on pourra encore revoir en excursion en bateau !). La seconde œuvre est en général un blockbuster américain. Mais quel que soit le film, ou sa qualité, le charme de l'expérience du cinéma en plein air, avec l'agitation et les scènes de vie devant l'écran, où que l'on soit en Grèce, emporte tout.

TROULOS ★

Ce village balnéaire tire son nom de l'îlot en face, qui ressemble à un dôme. Située sur la côte sud de l'île, à 9 km du port, Troulos se distingue par son sable blanc doré et les hauts pins qui donnent de l'ombre aux visiteurs. Sa plage - sous surveillance en saison - est organisée, tout comme la large plage de Platanias juste avant. Idéales pour les familles avec leurs dénivelés tout doux dans la mer, vous y trouverez pas mal d'animations et d'activités : petites bases nautiques (avec la possibilité de louer des jet-skis), tavernes et snack-bars. Pour beaucoup plus de calme, direction la plage d'Asselinos, à environ 4 km au nord de Troulos.

© MILA ATKOVSKA - SHUTTERSTOCK.COM

Troulos.

KORALI €€

✆ +30 24270 49212

www.skiathoskorali.gr

Chambre double entre 100 et 160 € en été avec le petit déjeuner.

A 80 m de la plage de Troulos, cet hôtel de 41 chambres est situé au pied d'un arrêt de bus qui dessert le village et la côte. En service depuis 1986, l'établissement est régulièrement rénové depuis 2015 (chambres, espace de réception, espace petit-déjeuner). Il y a aussi un bar et deux piscines, dont une pour enfants. Large choix d'hébergement : 24 studios, 1 studio adapté aux personnes à mobilité réduite, 11 suites junior et 5 appartements de deux chambres. Les studios « standards » mesurent 24 m² et ont une terrasse au rez-de-chaussée.

TROULOS BAY €€

Sur la plage.

✆ +30 24270 49390

www.troulosbayhotel.gr

Chambre double à partir de 150 € en été avec le petit déjeuner (ou autour de 90 € en mai).

Les pieds dans l'eau, près de la plage. Ce 3-étoiles local est un agréable hôtel familial. Les chambres sont grandes et bien aménagées. Toutes les chambres ont été récemment rénovées et sont meublées simplement avec des murs clairs, du carrelage et tout le nécessaire pour un séjour confortable. Certaines chambres peuvent accueillir jusqu'à quatre personnes et disposent de la télévision, d'un balcon ou d'une terrasse et d'un réfrigérateur. La plupart ont un balcon avec vue sur la baie et les îlots alentour. L'hôtel a son propre restaurant. Demi-pension possible.

SALT AND PEPPER €

Odos Koukounarion Skiathou.

✆ +30 24270 49329

www.saltandpepperskiathos.gr

À partir de 15 € par personne. Ouvert tous les jours de juin à septembre. Réservation recommandée.

Ce n'est franchement pas facile de trouver un endroit convenable à Troulos pour manger bien et varié... Ici, l'endroit et l'ambiance sont très agréables. Plébiscité par les touristes et les locaux, cet établissement sert une cuisine grecque et quelques plats internationaux corrects. Espace soigné, très bon service et nourriture délicieuse. Incroyable moussaka et poisson frais bien préparé. Vous pouvez aussi terminer votre soirée avec un de ses agréables cocktails dans le magnifique jardin. Mais on y vient surtout pour l'ambiance et le personnel adorable.

SKLITHRI TAVERNA €

Sur la plage de Sklithri.

✆ +30 694 693 2869

Autour de 15 € par personne. ouvert tous les jours midi et soir en saison.

Près de l'arrêt de bus n° 11, en plein sur la plage, difficile de faire plus agréable par ici. A la carte, des classiques honnêtes : *souvlakis*, salades grecque et grillades. Mais quelle vue et quelle ambiance ! Petite taverne adorable, les pieds dans l'eau avec des plats simples et abordables (à condition de ne pas prendre de poisson frais, vendu au kilo, ou de surveiller la pesée avant que l'addition ne soit trop salée !). Personnel sympathique. Et vous prendrez bien, ensuite, une petite sieste sur la plage aménagée et ombragée, non ?

KOUKOUNARIES ★★

Koukounaries, considérée par beaucoup comme l'une des « perles de la mer Égée », est l'une des plus belles plages de Grèce et un paysage de carte postale : l'endroit, bordé par une pinède, est effectivement splendide. Rançon de son succès, vous y trouverez de multiples activités (bars de plage bruyants, sports nautiques, transats et parasols en rangs serrés). En haute saison, c'est bondé, sauf tôt le matin, car des bus arrivent de la Chora toutes les 30 minutes. Pour éviter les foules, préférez les plages un peu moins fréquentées de Banana Beach, à moins de 15 minutes à pied. Mieux encore, rejoignez la plage de Mantraki, à 30 minutes de marche.

Koukounaries.

MANDRAKI €€

A 200 m de la mer
✆ +30 24270 49301
www.mandraki-skiathos.gr

Chambre double à partir de 80 € en mai et jusqu'à 200 € en été, avec le petit déjeuner.

Hôtel cosy tout confort de 40 chambres impeccables, situé au milieu des pins et à 200 m de la mer. Piscine, multitude de services à disposition et aussi un restaurant réputé. Les chambres standards sont situées au rez-de-chaussée et ont été aménagées pour les personnes à mobilité réduite. Ces chambres doubles sont modernes et spacieuses (25 m²) avec une grande terrasse. Les chambres plus haut de gamme sont situées dans les bâtiments orange, vert et rose du complexe hôtelier, avec quatre chambres seulement à chaque étage. A découvrir !

SKIATHOS PALACE €€

Plage de Koukounaries. ✆ +30 24270 49700
www.skiathos-palace.gr

Chambre double « classique » la moins chère entre 95 € (hors saison) et plus de 250 € en été, petit déjeuner compris.

C'est un gros complexe, mais avec tout ce qu'il faut pour ceux qui veulent confort et services. Plus de 250 chambres élégantes de différents standings. Mais même la chambre la moins chère, sans vue sur mer, mesure 32 m² et dispose d'une télévision et de son balcon privé. Mais il y a aussi, selon son budget, d'incroyables suites doubles avec vue sur la plage, d'une superficie de 80 à 140 m², et pour certaines avec un bain à remous sur le balcon. Piscine, tennis, sports nautiques, centre d'équitation pas loin, restaurant, animations, services de baby-sitting.

ELIA'S RESTAURANT €€

✆ +30 24270 49301
mandraki-skiathos.gr/elias-restaurant

Comptez 20 € par personne. Ouvert tous les soirs à partir de 19h. Réservation recommandée.

Rendez-vous dans la véranda de l'hôtel Mandraki, en haut d'un élégant escalier en bois, pour goûter la carte conçue par Sophia Chatzieleftheriou, transfuge renommé du Beau Brumell à Athènes. A noter, une offre en partie végétarienne avec un risotto de champignons, une fava avec son œuf poché, un velouté de courgettes avec son ketchup maison ou encore sa succulente moussaka revisitée aux lentilles... Sinon, poissons, viandes et pâtes maison. On aime aussi son engagement locavore : l'établissement soutient les fermiers locaux et propose un petit coin épicerie.

KASTRO ★

Ancienne capitale fortifiée de l'île, la forteresse byzantine a été abandonnée en 1829. Aujourd'hui, il ne reste que deux des 20 églises initiales. Cet éperon rocheux, situé tout au nord de Skiathos dans un paysage sauvage, est accessible en bateau depuis le port de la Chora. Sinon, vous pouvez aller en voiture jusqu'au monastère d'Evangelistria, poursuivre pendant 5 minutes sur un chemin de terre, puis faire 30 minutes de marche. En contrebas, la plage de galets abrite un sympathique café. A proximité, la belle plage de Lalaria s'inscrit dans un cadre sauvage où se détache le célèbre rocher creusé de Tripia Petra (accès en bateau uniquement).

SKOPELOS CHORA - ΧΩΡΑ ★★

Bienvenue à Skopelos !
C'est sûrement ici, dans le port principal de l'île, que vous débarquerez en ferry. Avec ses terrasses en front de mer, ses ruelles labyrinthiques et ses maisons blanches aux toits de tuiles, la capitale de Skopelos séduira tous les visiteurs par sa douceur. Il y règne une ambiance conviviale et chaleureuse, et on aime s'y perdre dans des rues en pente, aux églises innombrables et parfois cachées, ou profiter de l'animation du port en fin de journée. La ville s'étend le long d'une large baie, fermée par de jolies collines. Le long du front de mer, la marina et le port au nord laissent progressivement place à une zone balnéaire plus touristique au sud : la promenade qui longe la baie égrène terrasses de café et tavernes au nord, puis une plage de galets bordée d'hôtels au sud. Le cœur de la ville se trouve en retrait du front de mer : c'est ici que se cache toute la beauté de la Chora, l'une des plus jolies de l'ensemble nord-égéen.

Transports

Bien desservie en saison, Skopelos est facilement accessible soit en avion depuis l'île de Skiathos (l'aéroport le plus proche) ou en ferry depuis le continent (Volos, Thessalonique, Eubée) et le reste des Sporades.

En avion. Skopelos n'a pas d'aéroport, mais l'île de Skiathos voisine reçoit des vols intérieurs toute l'année et des vols internationaux en saison : elle est régulièrement reliée à Skopelos, en 1h20 de ferry environ. Des vols directs Paris Orly-Skiathos sont proposés par Transavia en saison. Sinon, l'île est desservie tous les jours depuis Athènes par Olympic et Sky Express.

En ferry. Attention : Skopelos a deux ports principaux, le port de la Chora, et le port de Glossa-Loutraki, au nord de l'île. Parfois, par temps particulièrement défavorable dans la baie de Skopelos, les bateaux ne peuvent pas amarrer et s'arrêtent au petit port d'Agnontas. Vérifiez bien quel est votre port de départ/d'arrivée pour éviter les mauvaises surprises.
L'île est bien reliée en bateau, notamment en saison. Il existe plusieurs options, dont certaines sont quotidiennes, voire plusieurs fois par jour en été. Des ferries et hydrofoils réguliers font la liaison entre Skiathos, Skopelos et Alonissos. Ils partent en général du port de Volos, sur le continent. Les traversées les plus rapides se font en catamaran (passagers uniquement), par les compagnies Flying Dolphin et Flying Cat (traversée environ 2h) mais les ferries de la compagnie Hellenic Seaways prennent également les voitures (traversée environ 4h). L'Achilleas de la compagnie Skyros Shipping Co. fait la liaison 2 à 3 fois par semaine en saison entre Skopelos, Alonissos, Skyros et Kymi (Eubée), tandis que la compagnie ANES fait la liaison quelques fois par semaine depuis le port de Mantoudi (Eubée). Enfin, les ferries Seajets relient Thessalonique à Skopelos en saison également (traversée environ 4h).

En bus. La gare routière se trouve à l'entrée du port. Les bus KTEL desservent Agnontas (en passant par Stafylos) régulièrement en été, de 7h à 23h. Liaisons pour Panormos en passant par les plages de Milia, Kastani et rotations moins fréquentes avec Glossa.

En taxi. La station de taxi se situe à côté de la gare routière, devant le port.

En voiture. Même si le réseau de bus est pratique pour relier les plages et les villages principaux de l'île, il faudra louer une voiture pour découvrir les coins les moins visités. Les routes principales qui desservent la moitié sud-ouest de l'île puis montent jusqu'à Glossa sont bien entretenues. Attention cependant aux nombreux virages. En revanche, les pistes de la partie centrale de l'île nécessitent un 4×4. Les routes secondaires qui mènent aux plages de la côte nord-est sont mauvaises, mais accessibles en petite voiture. Considérant les distances à parcourir, l'affluence sur les routes en saison et les routes difficiles par endroits, nous ne recommandons pas de louer un scooter. Tous les ans, des accidents de quad ont lieu : ce n'est pas non plus une solution, à moins de rayonner dans un périmètre restreint entre la Chora et Stafylos par exemple.

CHORA ET KASTRO ★★

Dans ces allées tortueuses à l'architecture mélangée, on monte à l'aveugle, guidé par l'odeur de l'encens qui se mêle à celle du jasmin. Et, sans même le vouloir, on aboutit presque naturellement au *kastro*, la partie la plus ancienne de la ville, perchée au nord. Là, les restes d'une forteresse vénitienne (XIIIe siècle) sont encore visibles à l'emplacement des murailles construites par Philippe II de Macédoine sur le site de l'antique cité de Peparithos. A ses pieds, l'incontournable église Panagitsa tou Pyrgou domine le port de sa blancheur immaculée.

Dans les ruelles de Skopelos.

ÉGLISES ★

L'île en possède 360, dont 123 dans la seule Chora. L'église d'Eisodia tis Theotokou (Présentation de la Vierge) est sur le port. Les plus intéressantes sont : Aghios Athanassios (IXe siècle), près du fort, construite au-dessus d'un temple d'Athéna ; Aghios Mihail Synadon avec des icônes anciennes, cinq sarcophages de l'époque romaine et une inscription du IIe siècle ; Aghioi Apostoloi, au bord de la mer, avec de belles peintures murales du XVIIe siècle ; enfin Episkopi, à l'extrémité occidentale de la ville, construite à partir des vestiges d'un temple antique.

MAISON VAKRATSA

Près du port.

Ouvert du mardi au dimanche de 10h à 14h et de 18h à 21h. Entrée : 3 €.

Ce musée est en réalité une maison qui est restée « dans son jus » et qui nous permet de retrouver l'ambiance des demeures bourgeoises grecques du XIXe siècle. Cette villa était l'ancien domicile du médecin de l'île, qui fut ensuite occupée par ses trois filles, toutes célibataires et médecins. Laissé à la ville par la dernière fille survivante, l'endroit n'a pas bougé et a gardé beaucoup de charme. Une maison bourgeoise confortable, remplie d'articles de tous les jours, de meubles, de vêtements et de livres. Une bonne idée aussi avec des enfants.

MONASTÈRES DU MONT PALOUKI ★

Au sud-est de la ville

Ouverts tous les jours en saison, de 8h à 13h et de 17h à 19h environ. Donations bienvenues.

Le mont Palouki culmine à près de 550 m au sud-est de la ville et abrite 7 monastères, dont certains sont encore en activité. Ne manquez pas de sillonner la zone (routes de terre, mais accessibles sans 4×4 à moins de rouler lentement !) qui offre des vues splendides sur l'Égée et la baie de la Chora, en plus d'un calme serein. La région est également propice à la randonnée. Le monastère d'Evangelistria est le plus proche, mais il est sur une route à part des autres monastères.

THE LOCAL ROUTE

Sur le port

✆ +30 24240 23682

thelocalroute.gr

Location d'une voiture catégorie A à partir de 45 € en saison.

La plupart des agences de location de voiture sont situées au sud du port, dans la partie qui longe la plage de galets. Elles offrent toutes des services comparables - avec une préférence pour Hellenic Rentals, très serviable (www.hellenicrentals.gr - tél. +30 24240 23170). Mais The Local Route se démarque. Installée sur la marina, cette agence particulièrement dynamique est gérée par une équipe jeune et locale, amoureuse de son île. Les prix sont semblables aux concurrentes mais l'enthousiasme et la disponibilité font la différence.

HOTEL DENISE €

Skopelos Magnesia.

✆ +30 24240 22678

Chambre double à 60 € en été. Petit déjeuner inclus.

L'une des meilleures adresses de Skopelos. L'établissement est situé sur les hauteurs du village et la vue de l'hôtel est magnifique. L'accueil et le service sont chaleureux et attentionnés et les chambres sont spacieuses et confortables. L'hôtel domine une petite colline. Les 25 chambres, réparties sur 4 étages, sont dotées de balcons avec vue sur le port et la mer. Piscine. Attention, la montée est un peu rude. Téléphonez, et on viendra vous chercher en bas de la côte. La piscine est idéale pour se rafraîchir après la visite du village. Fantastique.

IONIA HOTEL €

A 150 m du port.

✆ +30 24240 22568

www.ioniahotel.gr

Chambre double à partir de 60 € en juin et septembre, avec le petit déjeuner.

Dans le vieux quartier de Skopelos-ville, cet hôtel dispose de 47 chambres avec réfrigérateur et TV satellite. Idéalement situé à une courte distance à pied des bars et restaurants sur le port, on y accède en serpentant dans les ruelles pavées d'une vieille rue. C'est assez charmant. Au premier étage se trouvent la réception, le restaurant, le bar, et le salon climatisé avec la télévision. Une piscine avec bar, Internet, parking. Emplacement de rêve à 5 minutes du port, très bon petit déjeuner et un accueil vraiment très chaleureux.

EVLALIA STUDIOS & VILLAS €€

✆ +30 694 2029275

www.evlaliastudios.com

Chambre double à partir de 100 € en saison, sans petit-déjeuner.

Ce bel établissement est situé à l'extrémité sud de la baie, légèrement en retrait et en surplomb de la mer. Depuis les grandes terrasses extérieures et la piscine, on jouit d'une vue splendide sur l'ensemble de la Chora, notamment lorsqu'elle s'illumine joliment en soirée. Les chambres sont confortables et en grande partie rénovées, avec des options pour les familles ou groupes d'amis. L'ensemble est d'une propreté immaculée, le service est adorable, et le calme assuré. Il faut compter 15 min de marche pour rejoindre l'animation du port. Une adresse charmante.

SKOPELOS VILLAGE €€

A 600 m du port.

✆ +30 24240 22517

www.skopelosvillage.gr

Chambre double à partir de 95 à 250 € en haute saison. Plusieurs formules possibles.

Un cadre idéal pour la détente à seulement 600 mètres du port avec une vue imprenable sur la mer et des maisons de campagne pittoresques, et parfait pour des vacanciers qui ne sont pas simplement en transit. Ce complexe de 34 chambres dispose de tout le confort attendu et d'une piscine. L'architecture est typique de l'île. Les bungalows ont tous une cuisine et une salle de bains, parfois même 2 chambres, ce qui permet de loger jusqu'à 6 personnes. Et encore plus idéal en mai et fin septembre, où le prix des studios pour 2 personnes chute beaucoup.

ALEXANDER'S GARDEN €

r. Manolaki.

✆ +30 24240 22324

A partir de 15 € par personne. Tous les soirs, l'été.

Un accueil chaleureux et un cadre bucolique et intimiste... Que demander de plus ? L'endroit mérite vraiment que l'on demande son chemin en remontant les ruelles du port. Vous arrivez dans un jardin tranquille autour d'un puits et d'un superbe citronnier. On mange dans une cour intérieure décorée avec beaucoup d'élégance. Sur la table, une tapenade aux olives noires et du pain grillé, déjà. Le chef propose ensuite des grillades, son porc aux prunes du jardin ou la tarte traditionnelle Skopelos. Belle hospitalité grecque et serveurs aux petits soins.

ANATOLI €

Dans le kastro

✆ +30 24240 22851

Ouvert tous les soirs en saison, à partir de 19h30. Comptez 15 € par personne.

Situé sur la colline du kastro, cet établissement jouit d'un emplacement unique qui fait sa réputation depuis de nombreuses années. On ne se lasse pas de la vue panoramique qui s'offre depuis ce perchoir, les lumières de la ville en contrebas dessinant un tendre tableau. Mais on vient tout autant pour la savoureuse cuisine servie ici, en toute authenticité. Les mezzes sont excellents, et le *tsipouro* coule à flots, notamment les soirs de *rebetiko*, lorsque les musiciens donnent de la voix. Pour une soirée réussie, n'hésitez pas à faire l'effort de monter jusqu'ici.

ANNA'S RESTAURANT €

Derrière le centre-ville, un peu en hauteur.

✆ +30 24240 24734

A partir de 15 € par personne. Ouvert tous les jours à partir de 19h.

Situé au cœur du vieux village de Skopelos (suivez les panneaux), sous un grand palmier et un grenadier, ce restaurant charmant dont le personnel est francophone vous offre des plats inspirés de la nourriture de la Grèce antique, cuisinés par la patronne Anna en personne ! On y dîne très bien sur un fond de musique grecque et à des prix raisonnables. Ne partez pas de Skopelos sans y goûter le riz sauvage, la salade de santé (l'une des spécialités de la maison) ou la brochette de poisson. Belle carte de vins de culture biologique et quelques concerts en saison.

PERIVOLI €

Place Platanos.

✆ +30 24240 23758

Ouvert tous les soirs à partir de 19h. A partir de 15 €/pers.

Allez-y les yeux fermés car tout est très bon, les entrées comme les plats. Ce restaurant est situé dans une petite cour au milieu d'une très jolie végétation. Sur la place de Platanos, une jolie cour cachée avec des pots d'argile avec des fleurs et un grand jardin qui fournit à la cuisine des légumes et des herbes. Essayez notamment le « pastitisio » végétarien, classique revisité, ou le rouleau de porc aux pommes et aux prunes. Bonne carte des vins et atmosphère romantique. L'accueil y est très agréable et le service également. Pensez à réserver !

RODI €

Panagia Faneromeni.
✆ +30 24240 24601
Ouvert tous les soirs à partir de 19h. A partir de 15 €/pers.

Un lieu de rencontre bien connu pour une soirée en ville. Ce restaurant est situé dans une magnifique cour intérieure arborée avec un grenadier. La carte est variée : mélange de plats traditionnels grecs et de cuisine créative comme le porc aux agrumes et pommes caramélisées. On aime les entrées maison (légumes sautés aux œufs, roulés à la citrouille, au fromage et à la menthe). Beaucoup de mets sont des créations de la mère du propriétaire. Les portions sont généreuses, les mets délicieux et raffinés. A noter que le pain grillé à l'huile d'olive est succulent.

JUICES & BOOKS

Sur le front de mer
✆ +30 24240 23343
Ouvert tous les jours en saison, de 9h à 21h.

On aime beaucoup ce tout petit café d'été, tenu par une équipe jeune et internationale, dans une partie calme de la marina. On s'y régale de bons jus frais et autres smoothies détox, à accompagner de quelques gourmandises sucrées, et souvent sans gluten. La pâtissière italienne prépare tous les jours de nouveaux desserts frais. Des options salées sont aussi proposées pour le brunch ou un déjeuner léger. Et pour les amoureux de l'île, ou ceux qui voudraient la connaître mieux, des livres spécialisés sont à vendre à la petite boutique.

TA KYMATA €

Au nord du port.
✆ +30 24240 22381
Ouvert tous les jours en saison, de 11h à minuit. Comptez 15 € par personne.

Installée à l'extrémité nord du front de mer, cette taverne historique sert ses habitués depuis... 1896 ! Les frères qui gèrent cet établissement aujourd'hui constituent la dernière génération de la famille possédant les lieux depuis plus de 100 ans. Lieu idéal pour une pause déjeuner après la visite de la partie ancienne de la Chora et de l'église Panagitsa tou Pyrgou en surplomb. Le soir, les tables sont font rares, mieux vaut réserver. Produits et recettes typiques de Skopelos, notamment les roulés frits de Skopelos (au fromage ou aux légumes locaux).

THE HIDDEN DOOR

✆ +30 697 8252848
Ouvert tous les soirs en saison, à partir de 19h.

C'est un incontournable de la vie nocturne et estivale à Chora. Tous les soirs, les quelques tables et tabourets hauts de la terrasse se remplissent joyeusement, dans les senteurs de jasmin de la pergola. *Paraporti* - son nom grec - est réputé pour ses cocktails inventifs, les meilleurs de Chora, mais les amateurs de choses simples trouveront tout de même leur plaisir dans une boisson plus classique, avec ou sans alcool. Atmosphère conviviale et détendue, et agréable musique d'ambiance qu'accompagnent des projections de films muets. Le tout est fait avec goût.

SPORADES

DECIMO COFFEE & BRUNCH

✆ +30 24240 29029
Ouvert tous les jours, toute l'année, de 7h à 21h.

Ce café à la décoration moderne est installé à l'embranchement du front de mer qui donne au nord vers le port et au sud vers la petite zone balnéaire de la ville. On y boit le meilleur *freddo* de la ville - de loin ! - et on s'y installe pour déguster un délicieux brunch, sucré ou salé selon les envies de chacun. Les portions sont généreuses et on se réjouit de pouvoir choisir entre des options plus gourmandes (pancakes, club sandwichs) ou plutôt *healthy* (bols fruits/céréales, shakshouka). Une bonne adresse pour le petit-déjeuner du matin, ou le café d'après-midi.

VRACHOS CAFÉ-BAR

✆ +30 24240 29141
www.vrachosevents.com
Ouvert tous les jours en saison, de 10h à 2h du matin.

La grande terrasse panoramique de cet établissement réputé est située en surplomb, comme perchée au-dessus du port - d'où son nom, qui signifie « le Rocher ». On s'installe confortablement avec vue sur l'Egée, à l'ombre des beaux mûriers aux troncs partiellement chaulés. Pour y accéder, il faut fournir un petit effort et monter les marches qui partent du front de mer mais le jeu en vaut la chandelle. En fin de journée, on se réjouit d'un cocktail coloré ou d'une limonade maison, face à la baie. Les soirs de haute saison, les lieux se remplissent vite donc venez tôt.

AGNONTAS ★

Agnontas est un minuscule port sur la côte sud-ouest de Skopelos, à environ 8 km de la Chora. La vie coule sans heurts dans cette petite baie aux eaux claires, encastrée au fond d'un vallon aux collines couvertes de pins verts. C'est une excellente base pour découvrir d'agréables plages, dans un cadre presque idyllique. Les logements sont bon marché, les tavernes de poisson étalent leurs tables à même la plage, et quelques petits commerces apportent le nécessaire - le reste importe peu et le temps semble suspendu. A mi-chemin entre la Chora et Agnontas, Stafylos offre un autre paysage, plus ouvert et sauvage, dont deux plages sublimes, à ne pas rater.

PLAGES D'AGNONTAS ★

La petite plage d'Agnontas à proprement parler est agréable mais assez visitée en journée, il vaut mieux venir tôt le matin. A 1,5 km au nord, la plage de Limmonari est plus large, et même si elle est également fréquentée en haute saison, vous trouverez plus facilement de la place pour poser votre serviette. Un beach bar avec transats et parasols occupe toute la baie mais elle reste paisible, à visiter notamment en fin de journée. A un peu plus d'1,5 km au sud, le cap Amarandos offre l'un des plus beaux paysages de la côte ouest, avec ses eaux émeraude et ses pins.

PLAGES DE STAFYLOS ★

Stafylos est moins un village avec un centre identifié qu'une région anciennement dédiée à la culture de la vigne (d'où son nom) qui abrite aujourd'hui de nombreuses petites pensions, en amont de ses plages exceptionnelles. La plage de Stafylos à proprement parler est souvent bondée en saison mais on aime s'attabler à l'agréable taverne en surplomb, qui offre des vues splendides sur la mer. Traversez la plage dans toute sa longueur puis dépassez le cap pour accéder à la plage sauvage de Velanio, une immense étendue de galets, fermée par des falaises rougeoyantes.

MANDO BEACHFRONT €

Stafylos
✆ +30 693 6131316
www.mandobeachfront.com
Chambre double à partir de 55 € en saison, petit-déjeuner inclus.

Cet établissement familial est idéalement situé sur les hauteurs en surplomb de la plage de Stafylos. Les atouts de cette maison d'hôtes sont nombreux, et parmi eux on notera : les prix doux, l'accueil incomparablement chaleureux du propriétaire, le petit-déjeuner savoureux préparé tous les matins par sa mère, la proximité des plages et le calme du jardin. Autant de raisons d'y revenir, année après année. Les chambres sont confortables et bien équipées, en toute simplicité. Parfois l'essentiel suffit, surtout avec cette vue !

PINE TREES €

✆ +30 24240 24236
Chambre double à partir de 45 € en saison, sans petit-déjeuner.

Voici notre adresse chouchou du sud-ouest de Skopelos, et sûrement l'un des meilleurs plans de toute l'île. Les chambres d'Ourania sont organisées autour d'un jardin que l'adorable maîtresse des lieux entretient avec soin. En retrait de la plage d'Agnontas, mais à tout juste 3 min à pied, cette adresse jouit d'un calme infini. Impression sûrement renforcée par les collines de pins qui dominent tout autour et qu'on admire depuis son balcon privé. Les chambres sont propres, confortables et une cuisine commune vous permet de préparer vos repas, selon vos besoins.

STAMATIA'S GARDEN €

✆ +30 24240 22405
www.hotelmania.net
Chambre double à partir de 40 € en saison, sans le petit-déjeuner.

A quelques mètres du Pine Trees, cette pension promet aussi un séjour doux et réussi. On retrouve un peu les mêmes ingrédients que l'on aime tant chez Ourania : un très bon rapport qualité-prix, un accueil d'une gentillesse mémorable, des chambres simples mais agréables, un emplacement au calme légèrement en retrait de la mer et un soin porté aux choses. Le petit plus ici : l'agréable jardin ombragé où l'on se délecte de passer les heures chaudes, plus à la fraîche que sur la plage. Une bonne adresse, sans chichis mais bien tenue et conviviale, comme on les aime.

TERPSIS €

Stafylos
✆ +30 24240 22053
Ouvert tous les soirs en saison, à partir de 19h. Comptez 15 € par personne.

De l'avis de tous, c'est certainement le meilleur restaurant de grillades et viandes de l'île. Depuis des décennies, Terpsis détient le secret des viandes savoureuses. Allez-y les yeux fermés, tout est bon : les saucisses maison, les côtelettes d'agneau moelleuses, les *keftedes* parfumées… La spécialité des lieux se réserve : un poulet farci aux pruneaux, délice absolu. Pas d'inquiétude pour les végétariens qui pourront se replier sur les haricots blancs au four, les beignets de courgettes ou la *vlita*, sans rien compromettre au niveau des saveurs.

KORALI €€

Sur la plage d'Agnontas
✆ +30 24240 22407
www.koralirestaurant.gr
Ouvert tous les jours en saison, de midi à minuit. Comptez 30 € par personne.

Le restaurant Korali a évolué d'une simple taverne de poissons à une adresse un peu chic et haut de gamme. La grande terrasse et les bâtiments jouent la carte de l'épure pour un rendu élégant et sobre, qui n'est pas déplaisant. La spécialité des lieux demeure les produits de la mer : au-delà du poisson frais (bien vérifier le poids de la bête et le prix au kilo avant de commander), vous pourrez opter pour de délicieux spaghettis, orzo ou risotto agrémentés de fruits de mer délicieux. Les saveurs sont délicates, l'idéal pour un dîner romantique sur la plage.

MOURIA FISH TAVERN €€

Plage d'Agnontas
✆ +30 24240 22897
Ouvert tous les jours en saison, de 9h à minuit. Comptez 20 € par personne.

Si Korali est la version chic du restaurant de poissons, la taverne Mouria en est la version traditionnelle et chaleureuse. Les tables sont installées directement sur la plage - parfois en équilibre précaire sur les galets, attention ! - auprès d'un beau mûrier qui donne son nom aux lieux. Le poisson y est toujours frais, et il y en a pour tous les budgets. Comme toujours, choisissez votre poisson dans la vitrine et confirmez le prix avant de passer commande pour éviter les mauvaises surprises au moment de payer. Le service est adorable et la cuisine savoureuse.

NEO KLIMA ★

Situé à 20 km du port de Skopelos, Neo Klima est un village balnéaire assoupi, à mi-chemin de la côte ouest. Il constitue une bonne base pour découvrir les innombrables criques de la région, même celles qui sont inaccessibles par la route. On préfère cette zone préservée de la côte ouest plutôt que celle autour de la station balnéaire de Panormos, plus touristique (à 7km au sud) et qui donne accès à de grandes plages fréquentées. L'ancien village de Paleo Klima réserve de belles surprises également : garez-vous en bordure de route et empruntez le sentier pédestre qui serpente jusqu'à Loutraki en contrebas, parmi les anciennes maisons de capitaines.

LES PLAGES DE LA CÔTE OUEST ★★

Les plages de la côte ouest sont parmi les plus belles de l'île. Certaines sont facilement accessibles en voiture et organisées (autour de Panormos), tandis que celles qui sont situées dans les environs directs de Neo Klima sont plus sauvages, et parfois accessibles seulement en kayak ou en bateau. Pour découvrir celles-ci, vous pourrez louer un bateau sans permis à la journée, chez Wind Boat, sur la petite jetée de Neo Klima (windboatrent.com - tél. +30 697 7296448).

▸ **Autour de Panormos**. La zone la plus touristique de la côte ouest concentre naturellement les plages les plus fréquentées, car accessibles en voiture. Au-delà de la plage bondée de Panormos même, les plages de Milia (à 2 km) et Kastani (à 3 km) sont organisées. A moins de vouloir passer la journée sur fond de musique boum boum, évitez Kastani, son beach bar au gazon hors de propos et sa foule. C'est par ailleurs une très belle plage, mais un peu abîmée maintenant. La plage de sable de Milia est également organisée, mais si vous poursuivez jusqu'au bout de la baie vous trouverez plus de tranquillité. L'horizon est barré de l'îlot Dasia, offrant un très sympathique panorama.

▸ **Autour de Neo Klima**. Les plages ne sont pas organisées, et ne sont pas accessibles en voiture hormis la plage d'Armenopetra, fermée d'une formation rocheuse aux ocres changeants (roulez doucement sur la route secondaire qui y mène). La plage de Chovolo, aux pieds de hautes falaises, est magnifique, de même que la plage solitaire de Kalives.

ADRINA BEACH HOTEL €€

Panormos

✆ +30 210 300 6000

adrinabeach.com

Chambre double à partir de 100 € en saison, petit-déjeuner inclus.

A la sortie de la station balnéaire de Panormos, cet établissement est installé sur une plage privée et offre des vues larges sur l'Égée. Accès privilégié à la mer donc, en plus de la piscine pour ceux qui préfèrent se prélasser en eau douce. C'est un ensemble hôtelier plus grand que la moyenne à Skopelos, mais qui plaira aux amateurs de logements clefs en main, offrant tous les services attendus d'un établissement de ce type (restaurant, petit-déjeuner, transats sur la plage, conseils de visite...). Les chambres sont spacieuses et joliment décorées.

STAMATIOU ESTATE €€

A 1km au nord de Neo Klima

✆ +30 697 9523608

stamatiouestate.com

Chambre double à partir de 100 €, sans le petit-déjeuner.

A quelques minutes au nord de Neo Klima, bien cachée sous les pins, une bifurcation indique Stamatiou Estate. Cet établissement familial propose des studios et petits appartements ravissants, et tout confort. Vous êtes ici dans un lieu préservé, dans le calme le plus complet. Un sentier facile descend en quelques minutes à peine à la plage en contrebas, qui est de fait quasi privée puisque peu de visiteurs connaissent cet accès. La famille produit du miel qu'elle offre à ses hôtes, le petit plus d'un accueil réussi et chaleureux. Vues panoramiques splendides.

SKOPELOS EXPERIENCE STREET FOOD €

Ditropo, à 2,5 km de Panormos

✆ +30 693 7068251

skopelosexperience.gr

Ouvert tous les jours en saison, de 10h à 12h puis de 17h à 22h. Comptez moins de 10 € par personne.

Situé sur un plateau entre Panormos et Agnontas, cette initiative jeune et dynamique a vu le jour ces dernières années. Street food savoureuse, à déguster sur des tables à pique-nique joyeusement installées à proximité d'une mini-ferme où l'on rencontre quelques animaux (les plus petits s'en réjouiront !). Dans l'assiette, on trouve des saveurs venues d'ailleurs, parfaitement préparées. Idéal pour un petit snack léger, qui ne veut rien compromettre en termes de goût et de qualité.

CLIMA RENT A CAR

Neo Klima

✆ +30 24240 27994

skopelosrentacar.gr

Voiture catégorie A à partir de 55 € en saison.

Si les loueurs du port principal de Skopelos livrent parfois leurs véhicules gratuitement jusqu'à Agnontas, il faudra demander les services d'un autre loueur pour couvrir la moitié nord de l'île. Ainsi, si vous arrivez au port de Loutraki-Glossa, il faudra louer une voiture avec un agent local. Babis et son fils ont monté Clima Rent a Car il y a plusieurs années et depuis proposent un service professionnel, avec le sourire. Les voitures sont livrées gratuitement à la sortie du bateau, et l'agence est située dans sur la rue principale du village de Neo Klima.

CAPITAN SPYROS €

Plage de Neo Klima

✆ +30 24240 27910

Ouvert tous les jours de midi à 23h. Comptez 15 € par personne.

Fermant la baie de Neo Klima, la taverne du capitaine Spyros offre une halte agréable. Entreprise familiale à l'ancienne, toutes les générations sont mises à contribution pour préparer et servir une bonne cuisine authentique. Le caïque de Spyros est amarré à la jetée de Neo Klima et rapporte du poisson frais tous les jours. On aime venir ici après une session baignade sur la plage de Chovolo, non loin. On profite alors - et plus que d'habitude encore ! - de la fraîcheur de la terrasse ombragée et des bons plats traditionnels de la cuisine.

KAYAKING GREECE

Plage de Milia

✆ +30 697 4299055

kayakinggreece.com

Sorties en kayak de 3h à partir de 40 € par personne ; équipement inclus.

Installés sur la plage de Milia, ces professionnels du kayak de mer proposent des séjours découverte de Skopelos et de ses rivages, sur plusieurs jours ou sur quelques heures. Il existe plusieurs options au choix : sorties au couchant pour profiter de la lumière magique de fin de journée, sorties matinales pour faire le tour des criques et caves avant les grosses chaleurs, expéditions d'une semaine qui vous mèneront jusqu'à Alonissos, stages et formations de perfectionnement ou tout simplement location de kayaks pour découvrir la côte ouest en autonomie.

SPORADES

GLOSSA-LOUTRAKI ★★

Glossa-Loutraki est le deuxième port et village de l'île. On distingue deux ensembles : au niveau de la mer, Loutraki est le port où s'arrêtent parfois les ferries avant de poursuivre vers Chora ; le vieux village de Glossa est, quant à lui, perché sur les hauteurs. On y jouit un peu partout de vues panoramiques splendides, notamment au soleil couchant. Ses habitants gardent encore leur réserve traditionnelle, ce qui tranche avec l'accueil plus ouvert du reste de l'île. On apprécie se perdre dans les ruelles étroites aux maisons blanches qui montent jusqu'à la place centrale. Glossa est une bonne base pour découvrir les sauvages plages du nord-est.

Glossa-Loutraki.

SPORADES

CHAPELLE AGIOS IOANNIS ★★

Entrée libre. Venir tôt pour éviter les foules.

C'est certainement l'église la plus connue de Skopelos, rendue célèbre par le fameux film *Mamma Mia*. Pour vous y rendre, prenez la bifurcation à 1 km de Glossa, au niveau de la station Shell. La route sinue dans des paysages magnifiques et descend jusqu'à cette église perchée sur un rocher. Il faut grimper plus de 120 marches abruptes pour accéder à ce joli bijou qui semble flotter aux milieux des flots déchaînés. En contrebas, une petite plage avec quelques transats peut dépanner en cas d'envie subite de baignade mais ce n'est pas la plus agréable.

PLAGES DU NORD-EST ★

La région du nord-est de Skopelos est accessible depuis Glossa par des routes secondaires parfois un peu difficiles mais praticables en voiture de location classe A. Il vous faudra malgré tout conduire lentement dans les nombreux virages et dans les zones non goudronnées. Autre mise en garde : ces plages sont battues par les vents et les vagues peuvent être impressionnantes, mais elles ne sont pas surveillées. Attention donc en vous baignant, notamment avec des enfants.

- **Spilia**. Juste avant d'arriver à la chapelle Agios Ioannis (voir plus haut), repérez la petite église blanche de la Panagia. Vous pourrez vous garer sous ses arbres pour emprunter le joli sentier qui descend à la crique de Spilia. La descente est facile et rapide (comptez 15 minutes) pour accéder à cette baie protégée, aux grottes fraîches.
- **Perivoliou**. Avant l'entrée dans Glossa, une route secondaire étroite part à l'assaut du grand nord, via le touchant monastère de Taxiarques (XVIIe siècle). Elle sinue sans fin vers la plage ventée de Perivoliou, située en bas de belles falaises. Un petit snack très agréable se cache sous des grands cèdres sculptés par les éléments, et quelques transats sont disponibles sur la baie principale.
- **Aggeletou**. Depuis le parking de Perivoliou, un sentier pédestre descend à flanc de falaise pour rejoindre cette plage sauvage, aux vagues puissantes. La marche est facile, comptez 10 minutes.
- **Chondrogiorgi**. Sur une route de terre praticable en allant doucement, cette plage rocheuse est protégée du vent. Idéale pour le snorkeling.

GLOSSA HOUSES €

Glossa

✆ +30 698 0279912

glossa-houses.com

Maisonnette à partir de 65 € en saison, sans petit-déjeuner.

Deux maisonnettes 3-4 personnes sont à louer à l'extrémité ouest de Glossa : il s'agit quasiment des dernières maisons du village. Imaginez seulement les panoramas que vous aurez depuis ces hauteurs-là, sans d'autre bâti pour briser les perspectives ! Skiathos se dessine depuis les balcons et, au-delà, la silhouette du Pélion. Le coucher du soleil y est saisissant, un atout certain de cet établissement. On apprécie les transats en terrasse, avec vue sur la mer. Pour en profiter, il faudra cependant grimper un peu : ne pas prévoir de valises trop lourdes donc !

HOTEL SELENUNDA €

Port de Loutraki
✆ +30 24240 34073
Chambre double entre 65 et 80 € en été avec le petit déjeuner.

Cet hôtel familial de 21 chambres est situé sur une colline à Loutraki, au-dessus du magnifique port de Glossa. Endroit idéal pour des vacances de tout repos, au calme à 200 m de la plage. Restaurants, cafés, bars et supermarchés à proximité. Les studios et les appartements construits en bois et en tuile, sont vastes et disposent d'une cuisine, salle de bains, air climatisé, TV, terrasse avec une vue spectaculaire sur la mer Egée et l'île voisine Skiathos. Les propriétaires, Karen et Charalambos, sont très accueillants et vous parleront avec plaisir de leur île.

AGNANTI €

En montant 200 m après l'arrêt de bus.
✆ +30 24240 33606
www.agnanti.com.gr
À partir de 15 € par personne. Ouvert tous les jours, midi et soir.

C'est LE rendez-vous du village et un petit bijou intemporel. La cuisine est très abordable, le cadre chaleureux, et surtout la vue est spectaculaire. Le *stifado* de poisson aux prunes et la tarte aux amandes sont succulents. A tester aussi : la salade au fenouil et aux câpres, le fromage de chèvre braisé aux herbes et aux artichauts ou la tarte aux sardines, tomates séchées et câpres. Il y a même des desserts à tomber comme le gâteau aux amandes avec sa glace à la cannelle. Le menu change régulièrement mais on n'est jamais déçu !

KANTINA PERGOLA €

Glossa
✆ +30 24240 33628
Ouvert tous les jours en saison, de midi à minuit. Comptez moins de 10 € par personne.

Ce n'est pas l'établissement le plus confortable, ni le plus joli, ni même le plus central de Glossa mais la petite cantine Pergola est réputée dans toute l'île pour ses délicieux *souvlaki* et *gyros*. On s'installe sous la pergola ou à l'intérieur sur les chaises en plastique, avec les locaux qui viennent se jeter quelques brochettes dans la panse avant de continuer leur journée. La localisation sur la route n'est pas faite pour donner envie mais ce qui compte au final, c'est ce qu'on a dans l'assiette. Et pour une plus belle vue, prenez à emporter !

PLATEIA €

Sur la place de Glossa
✆ +30 24240 33115
Ouvert tous les jours en saison, de midi à minuit. Comptez 15 € par personne.

Cette jolie taverne est installée sur la place centrale de Glossa, comme son nom l'indique tout simplement. On aime s'installer sur ces tables, au pied de l'église, dans un gentil brouhaha familial aux heures de repas. Au menu : tous les classiques de la cuisine grecque mais également quelques plats qui sortent un peu de l'ordinaire comme le porc aux pruneaux. Le briam est aussi réussi. A l'étage des cuisines, le café-bar offre un vue panoramique sur la côte de Loutraki. Idéal pour l'apéritif, malgré la musique un peu trop forte.

TAVERNE FLISVOS €

Loutraki ✆ +30 24240 33856
Ouvert tous les jours en saison, de midi à minuit. Comptez 15 € par personne.

Au bout du port de Loutraki, cette taverne propose ses tables sur une terrasse en surplomb de la mer. Cuisine classique grecque, et service souriant, on y vient notamment pour attendre les ferries qui arrivent dans la rade, avant d'embarquer. Admirez l'adresse exceptionnelle des capitaines de ferries qui manœuvrent avec aisance de gigantesques navires dans la petite baie. Établissement familial tout à fait sympathique, où vous pourrez profiter de la lumière de fin de journée, en toute tranquillité. Les glaces offertes feront le bonheur des grands et des petits.

ROUGA

Glossa
✆ +30 24240 33110
Ouvert tous les jours en saison, de 9h à 13h puis de 17h à 23h.

Dans les ruelles étroites de Glossa, ce charmant café traditionnel reçoit la visite à la fois de tous les anciens du village et des jeunes qui aiment son ambiance bohème et détente. Des coussins installés sur les marches et de petites tables sous un mur de chapeaux de paille vous attendent ici. Le service est adorable, et on y vient avec plaisir pour prendre le café pendant des heures, que ce soit le traditionnel café grec ou le plus moderne *freddo*. Des options pour déjeuner léger ou petit-déjeuner sont aussi proposées à la carte.

PATITIRI ★★

Bienvenue à Alonissos !
Patitiri, port principal et capitale, répond à tous les besoins logistiques de l'île mais peut paraître manquer de charme au premier abord. En effet, cette ville plutôt moderne s'est développée après le tremblement de terre de 1965 qui détruisit une bonne partie de la Chora, l'ancienne capitale historique située sur les hauteurs. Les habitants de la Chora quittèrent leurs maisons devenues invivables et s'installèrent sur le port dans du bâti moderne construit pour l'occasion et sans le cachet de l'ancien. La ville a hérité son nom des pressoirs à raisin qui abondaient jusqu'en 1957, autre date catastrophe pour l'île qui connut une épidémie terrible de phylloxéra, qui ravagea une viticulture jusque-là abondante. Pour autant, si les lieux n'ont pas, a priori, énormément de charme, on aime y vivre au rythme du port et de ses nombreux cafés en terrasse. Cette ville aimable cache bien ses secrets, et on a vite fait de se perdre dans ses rues labyrinthiques où l'on a tout également vite fait de tomber sur un coin charmant et insoupçonné. Le port et ses plages sont lovés dans une baie profonde, comme encastrée dans des falaises calcaires où le fameux moine phoque de Méditerranée aime à se loger. C'est ici, à Patitiri, que vous partirez à la découverte du patrimoine naturel et culturel sous-marin de l'île : une richesse inédite dans tout l'ensemble égéen. Sans oublier les plages alentour qui sont parmi les plus réputées de l'île. En ce sens, Patitiri a plus d'un tour dans son sac et réserve ses plus beaux atours à ceux qui feront l'effort d'y passer un moment.

Transports

Encore relativement peu fréquentée, Alonissos est pourtant assez facilement accessible en saison, que ce soit en avion depuis l'île de Skiathos (l'aéroport le plus proche) ou en ferry depuis le continent (Volos, Thessalonique, Eubée) et le reste des Sporades.

En avion. Alonissos n'a pas d'aéroport, mais l'île de Skiathos reçoit des vols intérieurs toute l'année et des vols internationaux en saison : elle est régulièrement reliée à Alonissos, en 2h de ferry environ. Des vols directs Paris Orly-Skiathos sont proposés par Transavia en saison. Sinon, l'île est desservie tous les jours depuis Athènes par Olympic et Sky Express.

En ferry. Alonissos est bien reliée en bateau par le port de Patitiri, notamment en saison. Il existe plusieurs options, dont certaines sont quotidiennes, voire plusieurs fois par jour en été. Depuis les autres îles de l'archipel des Sporades, des ferries et hydrofoils réguliers font la liaison entre Skiathos, Skopelos et Alonissos. Ils partent en général du port de Volos, sur le continent. Les traversées les plus rapides se font en catamaran (passagers uniquement), par les compagnies Flying Dolphin et Flying Cat (traversée environ 3h) mais les ferries de la compagnie Hellenic Seaways prennent également les voitures (traversée environ 5h). L'Achilleas de la compagnie Skyros Shipping Co. fait la liaison 2 à 3 fois par semaine en saison entre Alonissos, Skopelos, Skyros et Kymi (Eubée), tandis que la compagnie ANES fait la liaison quelques fois par semaine depuis le port de Mantoudi (Eubée). Enfin, des catamarans relient Thessalonique à Alonissos en saison également (traversée environ 5h).

En bus. Il existe des bus KTEL qui font la liaison entre les principaux villages de l'île. La station centrale se trouve au niveau du débarcadère et dessert plusieurs fois par jour l'ancienne capitale de la Chora. Les bus desservent également Steni Vala, mais moins fréquemment.

Louer un véhicule. Pour découvrir au mieux l'île, notamment le nord au-delà de Steni Vala, le plus pratique sera de louer une voiture ou un scooter. Les routes sont bonnes et les distances accessibles : vous pourrez donc opter pour un deux-roues si cette option vous convient mieux. En saison, faites en sorte de réserver si vous souhaitez une voiture et sachez que se garer peut être délicat, notamment aux abords de la Chora. Une adresse professionnelle : Albedo Travel.

MUSÉE FOLKLORIQUE

Sur le port.
✆ +30 24240 65390
En saison, ouvert tous les jours de 11h à 20h (de 11h à 19h sinon). Billet : 4 €.
Dans un bâtiment en pierre inratable au-dessus du côté ouest du port, le musée privé d'Alonissos regorge d'œuvres d'art locales, de costumes traditionnels, d'intérieurs reconstitués, de souvenirs de guerre, de matériel de fabrication du vin et d'expositions sur la piraterie et la navigation. Le visiteur pourra notamment se faire une idée de ce à quoi ressemblait la vie à Alonissos avant le tremblement de terre de 1965 qui a détruit la plupart des bâtiments de la vieille ville. Le premier étage s'intéresse aux pirates et aux guerres depuis 1821.

PARC & MUSÉE SOUS-MARIN ★★

museum.alonissos.gov.gr

Sorties en mer et plongées organisées par Albedo Travel et Triton Dive Center sur le port.

Le parc marin d'Alonissos est le plus grand d'Europe, et le premier du genre créé en Grèce. Lancé en 1992 pour protéger le *Monachus monachus*, phoque moine de Méditerranée menacé d'extinction, et d'autres animaux et plantes rares, il s'étend sur une large zone le long des côtes d'Alonissos et des îlots inhabités alentour. Depuis 2021, le premier musée sous-marin de Grèce a ouvert au large de Peristera. Baptisé « le Parthénon des épaves », un navire antique et ses milliers d'amphores du Ve siècle avant J.-C. vous attendent dans les fonds marins *via* des plongées organisées.

Cette épave exceptionnelle se trouve à 21-28 mètres de profondeur, près des côtes de l'îlot Peristera, et contient 3 000 à 4 000 amphores. Ce trésor de vases à deux anses est considéré comme l'un des plus importants de la période classique, car la plupart des amphores sont encore intactes aujourd'hui. L'épave et sa cargaison furent découvertes par un pêcheur local en 1985, mais il a fallu près de 40 ans pour que le site soit ouvert au public. Les archéologues estiment que le navire marchand - de taille importante pour l'époque - aurait chaviré à cause du mauvais temps, vers 425 av. J.-C. Il transportait des amphores de vin en provenance de la péninsule continentale de Chalcidique, dans le nord de la Grèce, et de l'île voisine de Skopelos. Du fait du très bon état de conservation des amphores, les archéologues ont établi que la cargaison provenait de l'antique cité de Mendè et de Peparithos, des régions viticoles réputées pour leurs vins dans l'Antiquité.

PLAGES ★

Il est possible de se baigner dans les eaux de Patitiri, sur la plage à l'ouest du port. Mais, affluence oblige, la mer et la plage n'y sont pas des plus agréables. Pour se baigner à proximité, il vaut mieux privilégier les plages au nord-est de la ville.

La plage **Roussoum** est très populaire. Elle se situe près de Patitiri à proximité de nombreux hébergements et tavernes. En conséquence, cette plage aux eaux turquoise est souvent bondée…

Un peu plus haut, la baie de **Votsi** se trouve à tout juste 2 km du port. Sa plage de galets aux eaux limpides jouxte une tranquille marina. C'est une périphérie agréable de Patitiri, très appréciée. Cette plage est entourée de superbes formations rocheuses et de falaises qui plongent dans la mer.

Au-delà, la plage de **Chrisi Milia** se situe à 4 km de la capitale. Transats et parasols égrènent cette belle plage de sable fin. Il est également possible d'y pratiquer des sports nautiques. Cette étendue aux eaux turquoise doit son nom à son sable doré (*chrisi* signifie « doré » en grec). Elle est bordée par une forêt de pins, et leur ombre est bienvenue en été.

Puis, vous trouverez la plage de **Kokkinokastro** (« château rouge ») avec ses belles falaises rouges qui offrent un décor de carte postale. Un îlot appelé *Kokkinonisi* (« île Rouge ») ou *Vrahos* (« Rocher ») se situe juste en face de la plage.

Enfin, à 6 km de Patitiri (ou 30 minutes en caïque), la plage de galets de **Leftos Yalos** est également organisée avec transats et parasols, en plus d'une bonne taverne qui donne sur ses eaux cristallines.

SPORADES

ALBEDO TRAVEL ET TRITON DIVE CENTER

Sur le port

✆ +30 24240 65804

http://alonissosholidays.com

Ouvert tous les jours de 9h à 22h en saison.

Impossible de rater leurs bureaux sur le front de mer ! Des excursions en bateau pour découvrir le parc marin d'Alonissos et le phoque moine de Méditerranée aux séjours thématiques consacrés au kayak ou à la randonnée, l'offre de cette agence est très variée. Le centre de plongée partenaire organise des formations PADI et, surtout, des sorties au musée sous-marin de Peristera. Le personnel est accueillant et professionnel. Location de voitures et scooters également.

CAMPING ROCKS €

A 700 m de la route vers la plage de Marpounta

✆ +30 24240 65140

www.campingrocks.eu

72 emplacements, 8 € par personne, 7 € par tente deux personnes.

Camping situé au sud-ouest du port, sur la route reliant le port à la plage de Marpounda pour les amateurs du genre. Planté dans un environnement verdoyant, à seulement 60 mètres de la mer, vous y serez au calme. Seul camping de l'île, on ne peut pas dire qu'il soit particulièrement bien entretenu cependant, notamment les parties communes et les toilettes. Mais l'emplacement au milieu des pins est agréable. Un snack-bar, un café et une épicerie sont disponibles sur place. On y trouvera aussi un coin cuisine et barbecue, et même le wifi.

KAVOS €

✆ +30 24240 65216
www.kavoshotel.gr
Chambre double à partir de 60 € en été, sans petit-déjeuner.

L'établissement propose une vingtaine de chambres toutes simples, mais bien situées sur les hauteurs du port, à l'extrémité orientale de la baie. Parmi les meilleures surprises de Patitiri, l'hôtel Kavos jouit d'un emplacement magnifique et d'une vue fantastique. Préférez les chambres et studios avec vue sur mer, si possible. Le personnel est charmant et particulièrement serviable. A noter cependant : il n'y a pas de parking sur place, pour se garer il faudra donc trouver une place au port puis grimper jusqu'à l'hôtel. Mais une telle vue se mérite.

MARPUNTA RESORT €€

Plage de Marpounta
✆ +30 211198 9892
santikoscollection.com
Chambre double à partir de 130 € en saison, petit-déjeuner inclus.

A 2 km au sud-ouest de Patitiri, cet hôtel luxueux est situé dans un cadre splendide, isolé du côté de la plage de Marpounta. Parmi les services typiques de ce genre d'établissement : chambres tout confort, accès à une petite plage privée, grande piscine, tennis, restauration. Malgré la taille de la structure, au-dessus de la moyenne pour Alonissos, c'est un hôtel bien intégré dans son environnement. Une crique sauvage aménagée dans les rochers offre un spot idéal pour profiter du coucher du soleil. A proximité, la plage de sable de Vythisma est très agréable.

PENSION PANORAMA €

Sur le port, en surplomb.
✆ +30 24240 65240
De 50 à 80 € la nuit pour deux en été.

Levez la tête du port et vous apercevrez peut-être ses volets bleus. Cet établissement est à 5 minutes à pied de la plage... si l'on n'a pas peur de gravir quelques marches. Mais la vue, ensuite, vaudra le détour, surtout si vous prenez l'appartement familial dont la terrasse est immense. Cette pension, gérée par Eleni, propose des logements, tous dotés d'un balcon avec vue sur la mer et la baie de Patitiri. Ce n'est pas ultra-moderne mais spacieux et calme. Vous vous préparerez votre petit-déjeuner dans votre cuisine, mais vous le prendrez avec une vue extra.

PARADISE HOTEL €€

Plage de Roussoum.
✆ +30 24240 65160
www.paradise-hotel.gr
Chambre double entre 95 et 120 € en été. Avec le petit déjeuner.

Au-dessus du côté est du port, surplombant la plage de Roussoum, ce petit hôtel deux étoiles est très bien placé, à l'écart du port, et doté d'une piscine, d'un bar et d'un accueil exceptionnellement amical (Bessie, votre hôte, est très sympathique et toujours disponible). Les chambres restent simples, elles n'ont pas la télévision (pas grave) mais un balcon avec une jolie vue. Le petit déjeuner se prend sur une terrasse bien agréable. Un très bon rapport qualité-prix. Les plus belles chambres sont en hauteur, au deuxième étage, avec vue sur mer et piscine.

ATRIUM HOTEL €€

Entre le port et Roussoum Gialos.
✆ +30 24240 65750
www.atriumalonnissos.gr
29 chambres. La double de 80 à 158 € en été, avec le petit déjeuner.

Situé en haut d'une colline, à plus de 600 m d'altitude, cet hôtel propose des chambres agréables et spacieuses, vraiment élégantes, offrant confort et tranquillité. Les vues depuis l'enceinte de l'hôtel Atrium sont à couper le souffle et la mer est visible de presque toutes les chambres. A noter, la très belle piscine, offre rare à Alonissos. Vous pourrez ainsi prendre votre petit-déjeuner, siroter un verre au bord de la piscine extérieure ou simplement vous détendre sur les chaises longues autour en surveillant vos enfants dans leur propre bassin.

OSTRIA €

Sur le port.
✆ +30 24240 65243
A partir de 15 € par personne. Ouvert tous les jours, de 9h à 23h en saison.

De délicieuses courgettes frites, de remarquables calamars grillés, un porc au pruneaux inoubliable... Une très bonne cuisine, simple mais qui maîtrise ses classiques de façon savoureuse. A gauche en arrivant au débarcadère, ce petit paradis sait y faire avec les légumes et propose aussi de merveilleuses betteraves et d'excellentes courgettes grillées souvent servies avec de l'haloumi. Un endroit idéal pour un apéro avec vue sur le petit port. Le mieux est d'arriver en avance ou de s'attarder pour profiter de la plage en contrebas entre deux plats.

TO KAMAKI €

Route principale.

✆ +30 24240 65245

Ouvert tous les jours midi et soir. A partir de 15 €/pers.

Juste après la Banque Nationale, à gauche de la route principale du port, une ouzerie authentique avec un menu riche en fruits de mer. Les mezzes sont classiques mais pas que : laissez-vous tenter par des plats inhabituels comme les croquettes de crabe. Au final, la carte est excellente, raisonnable et typiquement grecque. L'ambiance est festive et le service, souriant. On ne peut s'y tromper : les clients sont principalement locaux. Sans doute l'un des meilleurs restaurants de Patitiri. Ne ratez pas l'un des concerts fréquents, le soir, après 21h.

DENDROLIMANO €€

Votsi

✆ +30 24240 65252

Ouvert tous les soirs à partir de 19h. A partir de 20 €/pers.

Un peu à l'écart du port, sur la route qui descend vers la baie pittoresque de Votsi, sur une belle terrasse entourée de pins avec une vue magnifique. Le chef, Yiorgos Anagnostou, propose une cuisine grecque revisitée avec une inspiration italienne. Excellents ingrédients locaux. Ne ratez pas son exquise escalope de thon à la sauce aux câpres, son savoureux onglet de bœuf à la sauce au parmesan ou son filet de rouget aux légumes sautés et sauce au vin rouge. Pour le dessert, nous avons été tentés par la crème catalane au safran de Kozani...

ELAIONAS €€

Plage de Leftos Gialos.

✆ +30 24240 66066

Ouvert tous les jours midi et soir. A partir de 15 €/pers.

Les pieds dans l'eau, sur la route entre Patitiri et Steni Vala, voici une taverne authentique qui sert des plats locaux dans une oliveraie de 1,5 hectare qui s'étend jusqu'à la mer. Ici, une *yiagia* (mamie) et sa fille préparent leurs délicieuses tourtes (au poulpe, aux légumes bouillis, à l'oignon...), des boulettes de viande cuites avec des artichauts locaux, des pâtes au thon d'Alonissos. Sinon, poisson frais et viandes grillées. Confitures de fruits maison pour le dessert. Le café sert les collations habituelles (baguettes, salades, gaufres, crêpes).

FAVELA

✆ +30 24240 66062

Ouvert tous les soirs en saison, à partir de 19h.

Ce café-bar coloré est situé sur les hauteurs du port, dans une zone résidentielle charmante où nous vous recommandons de vous perdre. Les ruelles serpentent au calme, avant d'arriver sur cette terrasse perchée où règne une ambiance conviviale en soirée. On peut également s'y restaurer mais ne vous attendez pas à une expérience gastronomique. On vient plutôt pour prendre un verre d'apéritif avec vue, alors que le port s'illumine. Pour trouver les lieux, repérez les panneaux qui tentent d'indiquer le chemin depuis la route principale qui mène à la Chora.

LITHOS

✆ +30 24240 65937

Ouvert tous les soirs en saison, à partir de 19h.

Ce grand bar d'inspiration tiki jouit d'une localisation privilégiée, à l'extrémité du port, et en surplomb de la marina. On y accède par des escaliers de pierre, qui montent à l'assaut de plusieurs terrassements où s'étalent tables et fauteuils confortables. La terrasse principale est suffisamment grande pour qu'on s'y sente en toute intimité. Ambiance agréable et musique légère accompagnent de bons cocktails. Les propositions sont originales et bien équilibrées, avec des ingrédients qui sortent un peu de l'ordinaire. Plateaux de snacks à partager également.

MARABU CAFÉ

✆ +30 24240 65867

Ouvert tous les jours en saison, de 9h à 2h du matin.

Fermant la baie de Patitiri à l'ouest, le Marabu Café est le dernier établissement qui surplombe la plage. Au-delà, un sentier et des escaliers montent au musée folklorique et à l'étrange hôtel abandonné, le Galaxy. Ambiance un peu plus chic et branchée que les autres cafés-bars des environs, le Marabu prépare un bon *freddo* en journée, idéal pour faire une pause. Sinon, on y vient en début de soirée pour prendre l'apéritif : les cocktails sont corrects et la bière est bien fraîche. Plus tard, la musique prend un peu le dessus. Une option agréable en ville.

ALONISSOS CHORA ★

Ce village a été la première capitale de l'île, avant d'être ravagé par le séisme de 1965 qui poussa la population à s'installer à Patitiri. Si les cafés, terrasses et petites pensions s'animent en été, seuls quelques habitants résident encore ici. Les ruelles tortueuses et chaulées sont interdites aux voitures et scooters, ce qui confère au village une atmosphère de jolie carte postale (parking gratuit et obligatoire à l'entrée du bourg, sinon bus régulier depuis Patitiri). Perchée sur les hauteurs, la vieille ville offre des vues superbes, jusqu'au mont Athos par temps dégagé ! On y vient surtout en soirée, pour profiter de l'animation estivale.

ELMA'S HOUSES €€

✆ + 30 24240 66108
elmashouses.com
Maisonnette à partir de 110 € en saison, sans le petit-déjeuner.

Ces petites maisonnettes sont situées à l'extrémité sud de la vieille ville, dans un coin particulièrement calme et authentique de la Chora. Pour vous repérer : rejoignez l'ancienne école devenue musée qu'avoisine cet ensemble traditionnel, transformé en chambres d'hôtes. Une option réellement charmante, où l'on se détache du temps. Les maisonnettes donnent sur une cour centrale, où l'on se repose dans des hamacs, sous la tonnelle. Mobilier ancien et décoration typique dans des intérieurs moins spacieux que dans du moderne, forcément.

MUSÉE SOUS-MARIN D'ALONISSOS

museum.alonissos.gov.gr
Ouvert tous les soirs en saison, de 19h à 22h. Entrée libre.

Le musée sous-marin se situe... sous les flots, bien évidemment. Mais pour ceux d'entre nous qui ne font pas de plongée et ne peuvent donc pas visiter le « Parthénon des épaves » en personne, un centre d'information a ouvert dans l'ancienne école de la Chora et propose une visite virtuelle du site sous-marin de Peristera. Les enfants notamment se réjouiront de cette exploration en réalité virtuelle. Sur place, répliques d'amphores et maquettes 3D de l'épave également.

TO ALONI €

✆ +30 24240 65550
Ouvert tous les soirs en saison, à partir de 19h. Comptez 15 € par personne.

Cette adresse est située à la sortie nord du vieux village, en amont de la route principale qui mène au parking municipal. Les résidents d'Alonissos y viennent également - gage de qualité - ce qui n'est pas nécessairement le cas des autres adresses de la Chora, plutôt tournées vers les touristes. Ici, tout le monde connaît la qualité des souvlakis tout simples, à accompagner de quelques mezzes classiques mais vraiment bien préparés. On apprécie également la vue vers la côte découpée au nord-ouest, notamment au moment du coucher du soleil.

PLAGES ★

Il existe deux plages accessibles depuis la vieille ville, sur la pointe sud d'Alonissos. Baignées par les mêmes eaux avec vue sur Skopelos, elles offrent pourtant deux expériences bien différentes. La plus facile d'accès est la plus visitée : Megalos Mourtias est une plage organisée, avec transats et parasols. Vous y trouverez aussi une très bonne taverne, Meltemi, notamment connue pour ses roulés au fromage, spécialité d'Alonissos. A l'inverse, Mikros Mourtias est une plage sauvage inaccessible par la route : un sentier y descend en 45 min depuis le musée.

ASTROFEGIA €€

A Paleo Horio
✆ +30 24240 65182
A partir de 20 € par personne. Ouvert tous les soirs à partir de 19h en saison.

Un bel endroit sous la tonnelle. On déguste ici de bons plats maison et servis par une équipe charmante. Loin des lieux touristiques, on apprécie ce petit coin tranquille avec des parfums de Grèce profonde et calme. Le chef grec a vécu 30 ans aux Etats-Unis. Dans l'ancienne ville d'Alonnisos, ces petites tables sont disposées en extérieur, devant une vue merveilleuse. Cuisine grecque savoureuse et assiettes aux influences internationales. Essayez l'espadon avec sa sauce aux câpres, l'agneau au romarin, les brochette de fruits de mer et les desserts maison.

THEA RESTAURANT €€

✆ +30 24240 65612

Ouvert tous les jours en saison, de midi à minuit. Comptez 30 € par personne.

Ce restaurant est une option haut de gamme dans la vieille ville d'Alonissos. Située dans la partie la plus authentique et charmante du village, cette adresse propose une cuisine créative et savoureuse, qui change des tavernes plus classiques que l'on trouve habituellement sur les îles. Ici, le chef met à l'honneur certains des meilleurs produits des îles égéennes, en commençant par le fameux thon d'Alonissos. Autre atout indéniable : la vue surplombante sur l'Égée depuis la terrasse que l'on ne soupçonne pas depuis l'extérieur. Réservation nécessaire en saison.

AERIDES MUSIC CAFÉ

✆ +30 693 6522583

Ouvert tous les jours en saison, de 10h à 3h du matin.

Pour la plupart des vacanciers, la vieille ville est une destination du soir : on y vient après une journée de baignade ou d'exploration pour boire un verre et regarder le monde. Situé sur la place centrale, ce café-bar est incontournable pour prendre l'apéritif ou un verre après dîner. Les petites chaises en bois sont installées sous les arbres, à peine éclairées pour créer une atmosphère intimiste et détendue agréable. Légèrement en retrait de la rue principale et ses lumières, on s'y sent bien. En journée, on profite du calme de la place pour prendre le café.

BARBAROSSA

✆ +30 24240 65108

barbarossa-alonissos.com

Ouvert tous les jours en saison, de 10h à 2h du matin.

Ce café-bar n'est pas spécialement notre tasse de thé : on lui préfère d'habitude l'ambiance plus authentique et décontractée d'Aerides Music Café sur la place. Mais il est vrai que le Barbarossa a un atout indéniable : la vue panoramique depuis sa terrasse perchée. Donc, malgré la musique trop forte, la déco trop vue et revue, les cocktails parfois un peu trop sucrés, on apprécie un verre tout simple en début de soirée, dans la lumière du jour finissant. Les amoureux d'horizons ne manqueront pas d'y venir, si possible avant que les lieux ne se remplissent trop.

HAYIATI

✆ +30 24240 66244

hayiati.com

Ouvert tous les jours en saison, de 8h30 à 1h.

Une de nos adresses préférées à Alonissos, encore une fois située dans la partie sud de la vieille ville, la plus agréable et charmante. Cet agréable café-pâtisserie a de nombreuses cartes en main : un personnel sympathique et souriant, une petite terrasse ombragée et fraîche, une vue panoramique qui ouvre sur la mer, de délicieuses gourmandises sucrées dont un bon *ekmek kataifi* ou des *chaimalia,* beignets fourrés traditionnels d'Alonissos, un brunch à accompagner d'un bon café grec... et un piano-bar en contrebas qui joue de la musique live en soirée !

STENI VALA ★

Une longue plage de galets, une minuscule marina et quelques tavernes en bord de mer... Rien de plus, et c'est ce qui fait le charme de ce petit ensemble côtier où les initiés savent qu'il faut vivre en été. Vous prendrez le temps de ne rien faire en terrasse sur la jetée, vous baignerez dans les eaux claires de Glyfa, mangerez du poisson frais au mouillage hors du temps de Kalamakia et vous extasierez de beauté à la plage d'Aghios Dimitrios. Le nord-est d'Alonissos offre des vues splendides sur l'îlot inhabité de Peristera, qui dessine l'horizon. Dans ce coin de l'île, la mer domine. En été, 2-3 liaisons quotidiennes en bus depuis Patitiri.

Steni Vala.

PLAGES ★

Les plages de la région nord sont tranquilles, notamment la grande étendue de galets de Glyfa où vous trouverez quelques transats et parasols à proximité du hameau de Steni Vala. A côté, le beach bar de Suelto offre une petite plage organisée agréable. A 6 km au nord, la pointe d'Agios Dimitrios est saisissante avec ses eaux claires mais peut être fortement exposée au vent (bars de plage et transats sur place). Enfin la plage de Gerakas se trouve au bout de la route, à la pointe nord de l'île, et donne l'impression d'être seul au monde (caravane snack uniquement).

SOSSINOLA €

✆ +30 24240 65776

Chambre double à partir de 45 € en saison, sans petit-déjeuner.

La taverne Sossinola étale sa terrasse à l'extrémité du petit port de Steni Vala, offrant une cuisine sans surprise, mais l'intérêt est ailleurs : des chambres aménagées à quelques mètres, à l'intérieur du hameau. Il s'agit d'une option bon marché qui résiste dans le panorama de plus en plus onéreux de l'hébergement à Steni Vala. Ici, on retrouvera l'authenticité des *domatias* : tout est très simple, mais très propre, avec des installations essentielles sans chichis. Une adresse accessible, par rapport aux boutiques-hôtels qui envahissent progressivement les lieux.

4 EPOCHES €

✆ +30 24240 66101

https://4epochesalonnisos.com

A partir de 60 € la double.

Le 4 Seasons est un magnifique hôtel avec piscine construit en 2011 à l'entrée du village. A seulement 100 mètres de la baie de Steni Vala et à 300 mètres de la plage de Glyfa, il propose des chambres bien équipées avec télévision, réfrigérateur, climatisation et bien sûr une terrasse privée avec vue sur la piscine et le jardin verdoyant, qui abrite des plantes exotiques et aromatiques uniques. Et en plus : parking privé, services de blanchisserie, transport de et vers le port, location de voiture, organisation d'excursions sur terre et en mer.

ILYA SUITES €€

Sur la plage de Glyfa.

✆ +30 24240 65259

www.ilyasuites.gr

A partir de 120 jusqu'à 250 € la double pour la suite la moins chère en été, avec le petit déjeuner.

Récemment rénovées, 4 suites seulement mais très *select*, élégantes, dans des tons ocre et un décor minimaliste. Dans un quartier luxuriant, en face de la plage, les chambres sont parfaitement équipées avec une kitchenette, un écran plasma et une literie Coco-Mat pour adoucir les nuits. Les suites supérieures sont plus grandes avec un petit salon et il y a même une vraie « villa » pour 4 à l'abri des regards. Chaque suite dispose de son propre balcon privé avec vue sur la mer et la tranquillité. Les places sont rares et un peu chères.

NIKI'S ROOMS €

Kalamakia

✆ +30 24240 65989

www.nikisroomsalonnisos.com

Chambre double à partir de 50 € en saison, sans le petit-déjeuner.

Pour se retirer dans le calme de Kalamakia, à quelques mètres de la petite jetée, de ses caïques et de ses tavernes de poisson, ces chambres et studios offrent un bon rapport qualité-prix. D'une propreté immaculée, on apprécie la gentillesse de la maîtresse de maison, et les balcons privatifs qui surplombent son joli jardin. L'ensemble est d'une simplicité absolue, mais les amoureux de calme apprécieront cette option bon marché. Pour se baigner à pied, les eaux de Kalamakia pourront faire l'affaire, sinon le beach bar de Suelto est à 700 mètres.

LITHEA BY THE SEA €€

Agios Petros

✆ +30 24240 66435

lithea.gr

Chambre double à partir de 120 € en saison, sans petit-déjeuner.

Une adresse charmante, sûrement la plus agréable des environs de Steni Vala. Les bâtiments à l'architecture de pierre surplombent la plage d'Agios Petros, accessible à pied en quelques minutes. Un joli sentier pédestre mène à la marina de Steni Vala en une dizaine de minutes. La propriétaire des lieux est adorable, et a compris qu'il fallait rester authentique malgré le succès touristique récent de Steni Vala. Elle vous donnera de bons conseils pour découvrir l'île. Outre la beauté des lieux, on apprécie le calme des jardins et la propreté des chambres.

MAINA TAVERNA €

Kalamakia

✆ +30 24240 66092

Ouvert tous les jours en saison, de 13h à minuit. Comptez 15 € par personne.

La minuscule jetée de Kalamakia est un petit secret bien gardé : on y trouve une poignée de chambres à louer, et quelques tavernes de poisson qui sont achalandées tous les jours par les caïques des pêcheurs qui mouillent là. Un café également, et des petits bouts de plage où la mer n'est pas très agréable complètent l'ensemble. Il faut venir en soirée quand les lieux prennent vie dans un calme absolu. Les trois tavernes sont semblables, mais Maina a notre préférence notamment pour les mezzes de poisson qui accompagnent l'ouzo et les portions généreuses.

TASSIA'S COOKING €

Steni Vala

✆ +30 24240 65590

Ouvert tous les jours en saison, de 12h à 23h. Comptez 15 € par personne.

Une taverne à ne pas manquer, qui offre le meilleur de la cuisine grecque, en toute simplicité. Ici, tout est préparé maison, et ça se sent. Même en haute saison, quand l'affluence touristique fait pression sur les restaurateurs égéens, la qualité de cet établissement se maintient. N'hésitez pas à retrouver le vrai goût des classiques grecs, que ce soit les boulettes de courgette ou la fava. Promis : quand c'est préparé dans les règles de l'art, c'est un vrai délice ! Et ne ratez pas les pâtes au fameux thon d'Alonissos ou les moules vapeur à l'ouzo.

TO FANARI €€

✆ +30 24240 66013

Ouvert tous les jours en saison, de midi à minuit. Comptez 25 € par personne.

To Fanari est installé à l'extrémité nord du petit port de Steni Vala : depuis ses débuts dans les années 1990, ce restaurant de poisson fait le bonheur des vacanciers. En haute saison, il vaut mieux réserver pour dîner car les places sont chères. On aime beaucoup l'ambiance intimiste et un peu plus haut de gamme de la terrasse avec vue, mais ce que l'on apprécie avant tout c'est la fraîcheur des produits de la mer qui sont servis ici. Le service pèche parfois malheureusement, mais prenez votre mal en patience pour un excellent plat de poisson frais.

ICARUS CAFÉ

✆ +30 697 8037001

Ouvert tous les jours en saison, de 9h à 1h du matin.

S'il fallait une institution incontournable à Steni Vala, ce serait sûrement l'Icarus Café, point de rassemblement des voiliers et navigateurs passant par la petite marina. Tout le monde s'y retrouve et s'y mélange joyeusement, du matin au soir. On y prend le petit-déjeuner le matin, avec omelettes simples et jus d'orange frais, ou un café en journée, avant le petit verre d'apéritif en soirée. Un établissement familial et à l'ancienne, tout simplement. Le service est toujours chaleureux et sans chichis. Le supermarché adjacent appartient à la famille également.

SUELTO

Au nord de la plage de Glifa

✆ +30 698 947 8638

Ouvert tous les jours en saison, de 9h à minuit.

Ce bar de plage ne sera pas du goût de tout le monde, notamment en journée lorsque l'étendue de galets peut être assez rapidement saturée entre les parasols et poufs de plage installés là. Mais il faut dire que les lieux sont agréables dans la lumière de fin de journée, notamment pour prendre un petit verre sur le ponton de bois. La vue sur Peristera est réjouissante et on apprécie les eaux claires de la petite baie. Pour y arriver, descendre la route de terre depuis la route principale, en suivant les panneaux jusqu'au parking.

TO IKION CAFE

✆ +30 24240 65158

Ouvert tous les jours en saison, de 7h à 1h du matin.

On avoue que l'on a hésité à mettre cette adresse sur le port de Steni Vala parce que nous ne voulons pas promouvoir l'ensemble hôtelier Ikion et ses propriétaires douteux. Pour autant, s'il faut éviter leurs options hébergement, il est vrai que ce café peut être agréable pour ceux qui recherchent une adresse un peu chic et branchée, à l'image du tournant touristique que prend Steni Vala. On y boit un bon *freddo*, et on y prend des petits-déjeuners *healthy*, à la mode, dans un cadre au design contemporain. Pour le reste, on préfère toujours l'Icarus voisin.

LINARIA ★

Bienvenue à Skyros !
Si vous arrivez par les mers, que ce soit depuis le reste de l'archipel des Sporades ou depuis la presqu'île d'Eubée, vous débarquerez au petit port de Linaria, seule porte d'entrée maritime de l'île. Il existe également un aéroport, à la pointe nord de l'île, mais il y a fort à parier que vous arriverez plutôt en ferry, comme de nombreux vacanciers. Au-delà d'une halte technique ou d'une pause restauration, il y a peu de chances que vous y passiez beaucoup de temps. Pour autant, Linaria vit tranquille au rythme des voiliers et ferries, et on aime cette ambiance au fil de l'eau, avec ses quelques terrasses qui longent la marina. Hormis cette atmosphère agréable, la ville en elle-même n'a pas grand intérêt et ne permet pas de se figurer les trésors de Skyros. Mais elle donne accès à toute une série de jolies plages, par ailleurs rares sur l'île : dans les environs de Linaria, elles sont concentrées entre Pefkos au nord et la plage de Kalamitsa au sud. Surtout, le petit port constitue la porte d'entrée à la moitié sud de Skyros, sa nature sauvage et ses paysages majestueux. Ne manquez pas d'emprunter la splendide route du sud, pour découvrir la richesse naturelle de l'île.

Transports

Skyros est relativement isolée, et surtout déconnectée du reste de l'ensemble nord-égéen. On y accède en avion depuis Athènes ou Thessalonique et en bateau depuis Kymi en Eubée ou Skopelos et Alonissos, dans les Sporades.

▶ **En avion.** Un vol quotidien de/vers Athènes (40min) opéré par Olympic Air et 2-3 vols par semaine de/vers Thessalonique (45min) opérés par Sky Express. L'aéroport est situé à l'extrême nord de Skyros et est relié en bus une fois par jour depuis Chora : les heures sont calées sur les heures de départ de l'avion pour Athènes.

▶ **En bateau.** Skyros est reliée toute l'année à Kymi, en Eubée (1 AR/jour, traversée 1h40) et en saison à Skopelos et Alonissos (2-3 départs/ sem., traversée 5h30-6h) par le ferry Achilleas, de la Skyros Shipping Co. Billets et renseignements : www.sne.gr.

▶ **En bus.** En saison, il existe un bus KTEL qui relie Chora à Linaria environ 3 fois par jour. Quelques liaisons également avec Magazia et Molos mais les passages sont peu fréquents et limités à quelques arrêts.

▶ **En voiture.** Pour plus de flexibilité et d'autonomie, optez pour la location d'une voiture ou d'un scooter. Les routes sont de qualité inégale : la route principale qui fait le tour du nord de l'île entre Linaria, Chora et Atsitsa, ainsi que la route principale du sud ne constituent aucun problème mais la plupart des routes secondaires sont plus difficiles, notamment les routes transversales entre est et ouest. Le mieux sera dans ce cas-là de louer une voiture 4x4, même si une petite voiture pourra parfois faire l'affaire. Si vous comptez rester sur les routes principales, vous pourrez également louer un scooter sans problème. Une adresse professionnelle et incontournable, installée à Magazia mais qui livre partout sur l'île : Skyros Rent a Car - skyrosrentacar.gr - +30 694 4884588.

© DINOSMICHAIL/SHUTTERSTOCK.COM

Linaria.

SKYROS SEA TOURS

✆ +30 22220 93100
www.feelingreece.gr
Départ tous les jours depuis la plage de Pefkos.
Chrysanthi, la gérante de l'agence Feel In Greece, a imaginé des services adaptés pour découvrir la nature sauvage du sud de Skyros. Le petit bateau Hydrobates est amarré sur la plage de Pefkos, au nord de Linaria, et propose des croisières le long des criques et falaises inaccessibles du sud : l'occasion de découvrir ce coin méconnu et sauvage de l'île, et de se baigner dans des eaux intouchées. Pour les marcheurs assidus, elle propose également des randonnées accompagnées et à la carte selon les capacités de chacun, pour découvrir les hauteurs du sud.

LE SUD DE L'ÎLE ★

Le sud de Skyros offre un visage très différent du reste de l'île : ici la végétation disparaît au profit de paysages rocailleux et pelés, qui s'organisent autour de larges baies à l'ouest, avant de prendre de la hauteur autour du mont Kochillas, jusqu'au plateau Ari qui tombe dans la mer par d'impressionnantes falaises à la pointe sud. La côte orientale du sud demeure inaccessible.

C'est dans ces terres sauvages et belles que vivent encore quelques chevaux skyriens. En saison, il est difficile de les apercevoir car ils fuient le monde. Bien que les visites soient limitées dans cette zone isolée, le passage des quelques voitures sur la route principale suffit pour effrayer ces animaux sauvages. Hors saison, les randonneurs matinaux auront peut-être la chance de les apercevoir sur le plateau Ari où ils vivent. En effet, cette région de Skyros fera le bonheur des amateurs de randonnée.

Une seule route s'enfonce vers le sud : elle rejoint d'abord la large baie de Kalamitsa, à 6 km de Linaria. C'est une plage familiale qui rappelle les paysages cycladiques et offre une poignée de chambres simples, une taverne agréable et quelques transats et parasols. La route continue au-delà en longeant la côte ouest où s'égrènent quelques criques parfois difficiles d'accès. Garez-vous le long de la route quand le cœur vous en dit pour vous baigner par ici. Passé Nyfi, on quitte la côte et la civilisation pour explorer la beauté aride des hauteurs : le long de la route principale, admirez la flore endémique et faites attention aux chèvres !

AXILLEION €

Αςpouς.

✆ +30 22220 93300

www.skiroshotel.com

20 chambres. La double entre 68 et 100 € en été, avec le petit déjeuner. Ouvert toute l'année.

Selon la mythologie, la baie voisine d'Achilles fut le point de départ d'Achille lors de son départ pour Troie. Mais retour à la réalité : vous voici entre la Chora et Linaria (à 5 km de chaque) et dans l'eau aussi. La plage de sable est à 150 m et l'ambiance, très familiale. 20 chambres équipées d'un réfrigérateur et d'une télévision sont proposées. Certaines ont vue sur mer. En prime, le frère du propriétaire possède une ferme alentour ouverte aux clients. À noter que pendant le carnaval de Skyros, en mars, les tarifs de haute saison s'appliquent.

LYKOMIDES DOMATIA €

✆ +30 2222 093249

www.lykomides.gr

Entre 55 et 80 € la double en été, sans petit déjeuner. Ouvert toute l'année.

Toutes les chambres du Lykomides sont perchées sur le port principal de Skyros, Linaria. Ils sont situés dans deux bâtiments de style traditionnel donnant sur le port pittoresque, mais de nombreuses plages facilement accessibles se trouvent à proximité. Treize chambres doubles ou triples confortables et joliment décorées vous attendent avec vue sur mer et un équipement digne d'un petit studio (réfrigérateur, plaque de cuisson...). Et bien sûr, le petit balcon qui va bien, surplombant le port et la mer Egée. Chambres tenues par une famille à l'accueil chaleureux.

PEGASUS STUDIOS €

Plage d'Acherounes

✆ +30 22220 93442

skyros-pegasus.gr

Chambre double à partir de 60 € en saison, sans le petit-déjeuner.

Cet établissement est géré par l'incontournable Lefteris Trakos, le pro du tourisme à Skyros. Installés sur la plage d'Acherounes, à 1,5 km de la marina de Linaria, les studios et appartements sont agréables, bien équipés et bénéficient de l'accès direct à la plage familiale où transats et parasols attendent les clients de l'hôtel. Différentes options sont disponibles, de la maisonnette indépendante jusqu'à la chambre double classique avec kitchenette. L'ensemble est joli et agréable, avec la taverne voisine pour satisfaire les grosses et petites faims.

STAMATIA €

Sur la plage de Pefkos.

✆ +30 69725 58232

Ouvert tous les jours en saison, de 9h à minuit. Comptez 15 € par personne.

Il faut prendre la route du nord depuis Linaria pour trouver cette taverne installée sur la plage de Pefkos, à 6 km du port. Vous ne serez pas déçu du déplacement : au-delà d'une agréable baignade, la taverne de Stamatia garantit une des meilleures cuisines de Skyros. Quelques atouts : des portions généreuses, des saveurs estivales et des prix doux compte tenu de la qualité des ingrédients et de la localisation idéale, sur la mer. Le succès se maintient depuis 1960 : derrière ce secret bien gardé se cache peut-être l'un des meilleurs plans de l'île.

TAVERNE MOURIES €

Vers Achilli
✆ +30 22220 93555
Ouvert tous les jours en saison, de 13h à minuit. Comptez 15 € par personne.

Cette taverne savoureuse est située dans la campagne, entre Achilli et Linaria. On y mange une délicieuse cuisine maison, dont certains plats typiques de Skyros. N'hésitez pas à découvrir *feta*, *xynotyro* et *kaseri* parmi les fromages skyriens, à accompagner d'une *ladopita* locale, beignet traditionnel ou, littéralement « pain à l'huile ». Les lieux sont réputés pour les grillades et plats de viande, notamment à base de chevreau. Prévoyez de venir le ventre vide, afin de profiter des portions généreuses, confortablement installé à l'ombre des mûriers.

MARIGO €€

Sur la marina
✆ +30 22220 96118
Ouvert tous les soirs en saison, à partir de 18h. Comptez 20 € par personne.

C'est certainement la meilleure table de Linaria, et de loin ! On vient ici pour les plats de la mer, en priorité, bien que certaines spécialités de Skyros comme le chevreau au citron ou la *ladopita* au fromage local soient également au menu. On goûtera, parmi les spécialités skyriennes qui nous viennent de la mer, les seiches au fenouil qui sont délicieuses. L'orzo au poulpe (petites pâtes qui ressemblent à des grains de riz) est également une bonne option. Sinon, les poissons frais sont parfaitement préparés : comme toujours, vérifiez le prix avant commande.

KAVOS LOUNGE CAFÉ

En surplomb de la marina
✆ +30 22220 93213
kavosbar.gr
Ouvert tous les jours en saison, de 10h à minuit. Petit-déjeuner servi jusqu'à 16h30.

Aménagé à la sortie nord de la marina, ce café mythique offre une vue imprenable sur la baie de Linaria et la mer. Un bel endroit où se détendre, sur les terrasses à flanc de colline qui descendent jusqu'à la mer. On peut s'y baigner tranquillement, prendre un bon café ou un verre d'apéritif, ainsi que le brunch ou un déjeuner léger. Le rituel de cette institution locale : à chaque fois que l'*Achilleas* arrive au port, il est salué par l'introduction de la symphonie *Ainsi parlait Zarathoustra* de R. Strauss, rendue célèbre par le film *2001, L'Odyssée de l'espace*.

SKYROS CHORA - ΧΩΡΑ ★★

La capitale de Skyros avait été construite de manière astucieuse au creux d'un rocher abrupt surplombant la mer, pour se dissimuler des pirates et se défendre plus facilement des attaques. Aujourd'hui, les pirates ne sillonnent plus ces mers, mais on n'aperçoit toujours la Chora qu'avec peine - et à la dernière minute ! - depuis la route du littoral. Il faut prendre la route des terres pour l'admirer de loin, lovée dans les hauteurs rocheuses. Ses maisons blanches s'égrènent agréablement le long de ruelles pédestres où le temps semble inchangé. La Chora est connue pour ses boutiques d'artisanat, notamment de céramique, même si aujourd'hui, on y trouve beaucoup de boutiques de mode, au style bohème chic. C'est dans la Chora que vous découvrirez ce qui fait la richesse du patrimoine culturel skyrien : le musée d'archéologie, la forteresse de l'acropole et la maison Faltaïts tracent l'histoire millénaire des lieux. Celle-ci ne constitue pas un folklore passé : au contraire, elle est vécue au présent par des habitants heureux de partager des traditions et un sens de la communauté à travers les générations.

C'est certainement l'une des Choras les plus agréables et charmantes de l'ensemble nord-égéen. A la fois traditionnelle et chaleureuse, on aime y passer à différents moments de la journée. Le matin, on se perd dans la partie la plus ancienne de la ville byzantine, où se cachent des dizaines de chapelles chaulées au pied du *kastro* qui offre des vues splendides à 360 degrés. Vous y croiserez les anciens de l'île, qui déambulent dans la fraîcheur matinale avec les cannes typiques de Skyros. C'est aussi l'occasion de se poser en terrasse à l'un des nombreux cafés pour regarder le monde qui se réveille, tranquillement. La ville s'endort à l'heure de la sieste dans les chaudes journées d'été et se ranime en soirée, lorsque la nuit ramène assez de fraîcheur. Alors, toute l'île se retrouve sur la place centrale où les terrasses s'étalent joyeusement. S'y tiennent également de nombreuses *panygiria* estivales, grandes célébrations traditionnelles où résonnent chants et musique skyriens pour accompagner les danses locales, parfois en costumes. Dans les ruelles alentour, on partage mezzes et verres en famille et entre amis, alors que l'animation des boutiques bat son plein. Toutes les générations se mélangent dans un joyeux entrain, sans cesse renouvelé.

Transports

Les voitures et scooters sont interdits à l'intérieur de la Chora, en large partie inac-

SPORADES

cessible du fait de ses ruelles étroites et perchées. Un grand parking gratuit est installé à l'entrée principale du bourg, en contrebas du cimetière (au rond-point central sur la route Linaria-Chora, prenez en haut à gauche). Vous pourrez également vous garer le long de la large rue qui y mène les jours de grande affluence, comme pour les soirées festives d'été. Une autre option : contourner le bourg par la route côtière à l'est et monter par une route étroite à la place Rupert Brooke devant laquelle sont prévues quelques rares places pour les voitures.
À l'entrée sud-ouest de la Chora, vers le lycée et les faubourgs, vous trouverez également des places sur rue, ainsi que les stations centrales des bus KTEL et taxis.

Skyros Chora – ΧΩΡΑ.

MAISON MANOS FALTAITS ★

Place Brooke
✆ +30 22220 91232
www.faltaits.gr
Ouvert tous les jours de 10h à 14h et de 18h à 21h en saison. Entrée : 4 €.

Ce musée foisonnant occupe la résidence de Manos Faltaïts, peintre prolifique et homme public local qui dédia sa vie - et son domicile - à l'art et à la culture skyrienne. C'est une magnifique demeure traditionnelle qui témoigne de la vie de l'aristocratie locale, revue et corrigée par Faltaïts. Aujourd'hui transformée en musée folklorique, cette caverne d'Ali Baba s'expose sur plusieurs étages : vous y verrez une superbe collection de costumes, broderies et poteries ainsi que des centaines de tableaux de Faltaïts lui-même. La boutique regorge de souvenirs locaux.

KASTRO BYZANTIN ★

Ouvert tous les jours en saison de 8h à 21h, et pour le monastère de 10h30 à 12h30 et de 18h à 20h. Entrée libre.

On ne vous cache pas que la montée vers le sommet de l'ancienne acropole, perchée au-dessus de la ville, est assez abrupte, mais elle est magnifique. Vous traverserez le quartier byzantin de la Chora, aux nombreuses chapelles. Construit sur les ruines de l'antique acropole, le *kastro* vous réserve une vue fabuleuse, à 360 degrés, sur la ville en contrebas, les terres skyriennes alentour et l'horizon égéen. Installé sur deux niveaux, vous verrez d'abord le monastère Saint-Georges, à l'entrée du *kastro*. Il semble tenir en équilibre sur le rocher qui tombe en précipice sur la ville basse. La première mention historique de ce monastère date de 1289, date à laquelle il tombe sous dépendance d'un monastère du mont Athos. Ce privilège apporte richesse et aménagements nouveaux au monastère skyrien. Montez ensuite au second niveau, où dominent une tour et une citerne byzantines, cernées de murailles fortifiées. Admirez au passage les restes de l'église Episkopi, le plus ancien bâtiment chrétien de Skyros. Datée de 895, elle conserve quelques fragments de fresque des XIe et XIIe siècles, ainsi que des éléments sculpturaux d'origine.

Enfin, ne manquez pas de faire le tour des murailles côté mer. Vous verrez des restes de *provakades*, cellules de pierre où chaque famille de la Chora pouvait stocker ses biens les plus précieux et se réfugier au sein du *kastro* en cas d'attaque ou de raid pirate. Ce sont ces habitats dissimulés, d'une seule pièce et comportant un foyer, qui constituent la base de l'architecture skyrienne traditionnelle.

MUSÉE ARCHÉOLOGIQUE ★

✆ +30 22220 91327
Ouvert tous les jours sauf mardi en saison, de 8h30 à 15h30. Entrée 2 €.

Ce joli petit musée expose une collection d'objets préhistoriques et antiques découverts dans la moitié nord de l'île. Skyros a été habitée dès la période néolithique (5500-2800 av. J.-C.) et a prospéré au début de l'âge du bronze comme en témoignent les trouvailles sur le site de Palamari. Elle atteint le sommet de sa prospérité ancienne pendant la période mycénienne (1650-1100 av. J.-C.) dont vous verrez de magnifiques poteries. La collection antique couvre les périodes classique et romaine. Dans la cour calme, on admire des sculptures d'époques diverses.

SPORADES

PLACE RUPERT BROOKE

Une statue solitaire, face à la mer, fait de ce poète anglais un enfant du pays, après une vie courte et mouvementée. Né en 1887, Rupert Brooke est connu notamment pour ses poèmes idéalistes anti-guerre. Mais il fut mobilisé par la Royal Navy à 27 ans et il prit part à « l'expédition Antwerp » en octobre 1914. Il développa une septicémie et mourut le 23 avril 1915, sur le chemin vers la bataille de Gallipoli, sur un navire-hôpital au large de l'île de Skyros. Il fut donc enterré ici par hasard, dans un coin isolé du sud de l'île, où se trouve encore sa tombe.

PLAGES ★

Molos et Magazia.

En marchant pendant 15 minutes, vous arriverez à Molos, la plage la plus proche. De là, la vue sur Chora est vraiment impressionnante. La plage continue jusqu'à Magazia, où vous trouverez des chambres à louer et des tavernes. On y voit encore quelques moulins à vent. Cette périphérie de charme étale sa plage de 50 m de large, version sable fin. Les familles avec enfants s'y sentent bien, même si l'eau devient vite profonde, et le vent fait le bonheur des véliplanchistes. Les nudistes se baignent un peu plus loin, sur la plage de Tou Papa to Homa.

SKYROS TRAVEL

Sur la rue principale

✆ +30 694 4884588

skyrostravel.com

Tous les jours de 9h30 à 13h et de 18h30 à 21h.

L'incontournable propriétaire, Lefteris Trakos, organise des excursions, loue des villas, des voitures et vous aidera à trouver un hôtel. Son site est également très complet pour vous aider à accéder à Skyros ou pour rayonner vers les Sporades. Dans tous les cas, c'est l'agent local de référence pour les billets d'avion et de ferry. Les horaires et d'autres informations utiles sont affichés à l'extérieur, sur la vitrine. Un autre bureau à Linaria ouvre une heure avant les départs et peut organiser des transferts en taxi ou en minibus.

NEFELI HOTEL €€

A l'entrée de la Chora.

✆ +30 22220 91964

www.skyros-nefeli.gr

Chambre double à partir de 120 € en été, petit-déjeuner compris.

A l'entrée de la Chora, l'un des meilleurs hôtels de l'île propose une gamme de chambres immaculées et spacieuses, réparties en plusieurs bâtiments organisés autour d'une grande piscine d'eau salée. Vous pourrez choisir entre des chambres d'inspiration traditionnelle skyrienne et des options plus contemporaines. Une adresse tout confort qui fait la différence à Chora. Située à proximité directe du village, mais en légère périphérie, la localisation est parfaite pour ceux qui recherchent un peu de calme, tout en étant à 5 minutes à pied de l'animation centrale.

MANTZOURANA €

Dans l'agora.

✆ +30 2222 092051

Ouvert tous les jours en saison, de 13h à 2h. Comptez 15 € par personne.

Surplombant la rue principale au niveau de la place centrale, voilà sans doute les meilleurs *souvlakis* et *gyros* de la ville. Les touristes s'y pressent sur le toit-terrasse, mais les locaux aussi, pour les sandwichs grecs à emporter et les bonnes viandes grillées. Une adresse toute simple, comme tout bon *psitopoleion* qui se respecte, comme on appelle les établissements dédiés à la viande grillée en Grèce. On vient ici en début de soirée pour se caler un *gyros* dans le ventre en regardant passer le monde, avant de sortir boire un verre dans les ruelles en contrebas.

O PAPPOUS KAI EGO €

✆ +30 22220 93200

Ouvert tous les jours en saison de midi au dernier client. Comptez 15 € par personne.

Cette charmante taverne est située à un coin de la rue principale de Chora : une poignée de tables qui tiennent en équilibre sur la petite terrasse, un intérieur coquet, une carte rustique et savoureuse, un service chaleureux, une ambiance bon enfant, et des pichets de petit vin dont on se délecte en partageant mezzes et plats chauds en toute convivialité. C'est une adresse appréciée de la Chora, et il est parfois difficile d'y trouver de la place en soirée. Mais n'hésitez pas à tenter ou retenter votre chance, car c'est vrai que l'on s'y sent bien.

MARGETIS €€

Sur la rue principale
✆ +30 22220 91311
Ouvert tous les jours en saison, de 10h à 1h. Comptez 15 € par personne.
L'endroit le plus populaire de la ville, et pas seulement parmi les touristes, avec seulement quelques tables en terrasse (en face de Skyros Travel). Dans cette toute petite taverne grecque typique, vous goûterez une bonne cuisine traditionnelle, installé sous un charmant mûrier. L'endroit est surtout connu pour ses côtelettes d'agneau (entre autres grillades), ses délicieux poissons grillés ou son chevreau au citron. Mais les végétariens se réjouiront d'un ensemble de mezzes savoureux, et sans viande. Ambiance agréable et service chaleureux.

NEOPTOLEMOS CAFÉ

✆ +30 22220 92484
Ouvert tous les jours en saison, de 8h à 15h puis à partir de 18h.
C'est l'un des nombreux cafés historiques de la Chora qui longent la rue principale. On apprécie cet établissement plus encore que les autres pour plusieurs raisons : l'amabilité du service, la grande terrasse ombragée en contrebas du café et son petit balcon perché pour observer les passants, la localisation juste avant l'entrée dans la partie la plus ancienne de la Chora. Mais l'atout principal de ce café est en fait la boulangerie voisine : chez Mitsos, on ne prépare qu'une délicieuse *bougatsa* et 2-3 feuilletés salés. De quoi se régaler en prenant son café.

OINO

✆ +30 2222 091201
Ouvert tous les jours en saison, de 9h à 2h.
Oino est un peu le bar de référence de la Chora pour une soirée cocktail réussie, dans une ambiance agréable et conviviale. Installée sur la rue principale, la terrasse avec ses quelques marches se remplit tous les soirs d'une clientèle relativement jeune et branchée. Rien de chichiteux pour autant, vous êtes ici dans la ville de la bohème chic et détente. Anna et Panagiotis, les propriétaires des lieux, font en sorte de proposer une carte de cocktails équilibrés, et un fond musical juste ce qu'il faut de festif pour accompagner les discussions estivales.

MAGAZIA ★

Magazia est un tout petit village côtier qui se cache au pied de la Chora. On pourrait le rater, tant on a du mal à se le figurer depuis la route principale qui le longe sans y pénétrer. Pourtant, ne ratez pas ces quelques maisons posées en surplomb d'une longue plage de sable. Village balnéaire de charme, on y accède à pied en 15 min depuis les hauteurs de la Chora ou en garant son véhicule sur le parking gratuit aménagé de l'autre côté de la route. Les familles avec enfants se sentent particulièrement bien ici, même si l'eau devient vite profonde, car on n'y est jamais les uns sur les autres. La jolie promenade en surplomb est tout à fait charmante.

© AERIAL-MOTION/SHUTTERSTOCK.COM

Magazia.

SPORADES

ATELIER FTOULIS

✆ +30 22220 91559
En saison, ouvert tous les jours à partir de 18h et parfois en matinée.
L'art de la céramique est un artisanat traditionnel de Skyros comme en témoignent les nombreuses boutiques de la Chora. Préférez une visite à cet atelier sur le front de mer de Magazia. Le jeune céramiste Stamatis Ftoulis a tout appris de son père, grand artiste de Skyros qui a développé ses couleurs propres, notamment un vert tendre, plus vibrant que ne le veut la tradition. Vous verrez les tours de potier, le four et l'atelier de peinture - tout est fait à la main, évidemment - et vous pourrez poser vos questions sur les symboles des décorations traditionnelles.

PERIGIALI HOTEL €

✆ +30 22220 92075

www.perigiali.com

Chambre double à partir de 70 € en saison, avec le petit-déjeuner.

Avec un peu moins de 30 chambres, le Perigiali est le plus « grand » établissement de Magazia : c'est dire à quel point ce petit village côtier est bien préservé des grands ensembles hôteliers que l'on retrouve parfois sur les plages de Grèce. L'ensemble a été régulièrement rénové, ce qui assure des chambres spacieuses et tout confort, lumineuses et modernes. L'hôtel est situé un peu en retrait de la plage, et dispose d'une piscine agréable. Le personnel est sympathique et serviable. Une très bonne adresse, qui propose un rapport qualité-prix très intéressant.

TAVERNE STEFANOS €

✆ +30 22220 91272

Ouvert tous les jours en saison, de midi à 1h du matin. Comptez 15 €/pers.

Une vue imprenable sur le large, une petite table sous la tonnelle et une carte savoureuse suffiront à votre bonheur. C'est un lieu incontournable, surtout après une baignade à la plage de Magazia. Tout est bon, et le service est chaleureux, avec une assiette de pastèque offerte en fin de repas. Parmi les incontournables : les plats rustiques et traditionnels comme le chevreau au citron, ou un florilège de mezzes à partager dont un bon poulpe mariné, accompagné de *kritamo*, plante marine vinaigrée. Idéal pour un déjeuner léger avec vue sur la mer.

AMMOS HOTEL €€

Entre le musée archéologique et la mer.

✆ +30 22220 91234

www.skyrosammoshotel.com

Chambre double à partir de 90 € en saison, avec le petit-déjeuner.

Peut-être le plus bel établissement de Skyros, ce boutique-hôtel a été conçu avec goût et savoir-faire. Il dispose d'une vingtaine de belles chambres et suites, proposant des configurations différentes. L'ensemble est épuré et très réussi, organisé sur plusieurs terrassements, autour d'une petite piscine. Chaque chambre dispose d'une terrasse ou d'un balcon privé, et la plupart jouissent d'une vue sur mer. Quelques options économiques avec vue sur jardin. On nage en pleine sérénité dans un luxe authentique et sobre. Un plus : la galerie Hyle dédiée à la céramique.

AMMOS VERANDA €€

Dans l'Hôtel Ammos

✆ + 30 22220 91234

skyrosammoshotel.com

Ouvert sur réservation pour le dîner, 19h-22h tous les jours en saison. Comptez 25 € par personne.

Ce restaurant est installé sur le toit-terrasse de l'hôtel Ammos : on y retrouve le même goût parfait pour l'épure et le chic, en toute simplicité. La terrasse est ouverte à tous, clients ou non de l'hôtel. Il est possible de venir prendre un verre d'apéritif également : la carte des vins est très réussie. Pour dîner, partagez donc plusieurs petits plats savoureux dont le chef a la clef. Ici, on retrouve des ingrédients de Skyros, préparés avec créativité. Le service est adorable, aux petits soins pour une expérience réellement savoureuse, à tous les niveaux.

ARIADNE €€

✆ +30 22220 91113

www.ariadnestudios.gr

Studios à partir de 135 € en été, petit-déjeuner en supplément (7 €).

Cette adresse charmante n'offre que quelques studios et appartements au milieu d'un jardin verdoyant et planté d'arbres fruitiers, pruniers et abricotiers. Vous les retrouverez en confiture au petit-déjeuner (en supplément) qui peut être servi sur votre terrasse privative ou dans le jardin. Installés à tout juste 50 mètres de la plage, les studios sont spacieux et peuvent accueillir jusqu'à 4 personnes (lit d'appoint), l'idéal pour les familles. Le calme des lieux correspond bien à ce que l'on recherche lorsqu'on opte pour Magazia, même en haute saison.

KORFARI

✆ +30 22220 91080

Ouvert tous les jours en saison, de 11h à 2h du matin.

Ce café-bar installe ses quelques tables en bois sur la petite promenade qui surplombe la plage de Magazia. Le propriétaire des lieux est certes un peu particulier - et rarement sobre - mais le lieu qu'il a créé est une institution où l'on aime revenir. On y boit un bon café grec face aux vagues en journée, et le soir on partage ouzo et bières avec les quelques habitués qui s'y retrouvent tous les ans. Ne manquez pas l'intérieur, qui reconstitue l'habitat traditionnel de Skyros et vous donnera un aperçu de l'artisanat local.

MOLOS ★

Directement au nord de Magazia, s'étend la station balnéaire de Molos avec ses grandes plages de sable et ses infrastructures pour vacanciers. Il s'agit de la zone la plus touristique de Skyros, même si vous ne serez pas envahi par les foules non plus. Depuis la plage, la vue sur Chora est vraiment impressionnante : la ville blanche semble dévaler la colline. Au nord de Molos, ne manquez pas de visiter les anciennes carrières de Pouria, aux étonnantes formations rocheuses. Encastrée dans l'une d'elles, admirez l'étonnante chapelle troglodyte d'Agios Nikolaos. Plus au nord, de grandes plages battues par les vents forment un paysage quasi sauvage.

ATSITSA ★

La tranquille baie d'Atsitsa porte le nom de l'îlot en face de la plage, accessible en kayak. De grandes colonnes de pierre surgissent de l'eau, vestiges d'une ancienne mine de fer. Ce hameau côtier est un refuge pour des vacances alternatives. Il faut dire qu'Atsitsa se résume encore à une poignée de maisons, une taverne et quelques chambres à louer. La baie est très prisée des amateurs de vie au calme, avec le centre Utopia qui reçoit des retraites yoga et bien-être régulièrement. Le vert de la végétation s'étend jusqu'aux bleus de la mer : c'est l'une des plus belles régions de l'île, elle offre une véritable sensation de paix et de tranquillité.

HOTEL ANGELA €

✆ +30 22220 91764
www.angelahotelskyros.com
Chambre double à partir de 50 € en saison, sans le petit-déjeuner.

Installé à environ 150 mètres de la plage, ce petit hôtel d'une quinzaine de chambres correspond à l'offre standard de la zone de Molos. A savoir : des chambres très simples mais fonctionnelles, sans charme particulier mais propres et plutôt bon marché. Balcon privatif et kitchenette dans chaque chambre, comme souvent. Le petit plus ici : une piscine avec petit bassin qui sera appréciée des familles avec enfants et un agréable jardin où pourront courir les plus petits librement. En somme, une adresse sans prétention mais pratique.

ANEMOMYLOS

Pouria
✆ +30 22220 93656
www.anemomulos.gr
Ouvert tous les jours en saison, de 9h à 3h du matin.

Cet ancien moulin à vent est situé sur la pointe de Pouria, sur une avancée qui affronte les flots courageusement, entre les grandes plages du nord et les anciennes carrières à l'érosion étonnante. Ce café-bar propose également de quoi se restaurer mais ne vous attendez pas à une révélation gastronomique. Il vaut mieux venir pour boire le café en journée ou l'apéritif au soleil couchant. Les tables installées sur les rochers sont parfois envahies par les vagues mais c'est un cadre magnifique dans la fin du jour, avec vue sur l'église unique d'Agios Nikolaos.

SITE DE PALAMARI ★

A la pointe nord de Skyros, entre Atsitsa et Magazia
✆ +30 22210 22402
Ouvert tous les jours en saison, sauf mardi 8h30-15h30. Entrée 3 €.

Le site splendide de Palamari est situé à la pointe nord de Skyros, à peu près à équidistance d'Atsitsa et de Magazia : nous l'indiquons au départ d'Atsitsa car cette route vous fera découvrir au passage la plage de Kyra Panaghia et son beach bar, puis les paysages solitaires de cette région de l'île. Une bonne occasion de voir un autre visage de Skyros. Le site archéologique est accessible depuis la route principale : prenez la bifurcation indiquée dans un grand virage et roulez sur une piste qui traverse des terres agricoles pendant 2,5 km. Il faut faire un petit effort pour rejoindre cette terre de bout du monde, mais vous ne serez pas déçu par la charge historique des lieux.

En effet, le site de Palamari offre une plongée unique dans des temps immémoriaux : cette cité construite et habitée à l'âge de bronze est un témoignage unique de la vie sédentarisée au Néolithique. Les fortifications du IIIe millénaire av. J.-C. sont préservées sur environ 200 m, et on distingue encore certains bastions ainsi que les fossés qui ceignaient la ville traversée par des rues où se dressaient de nombreuses habitations à un étage. Son apogée a probablement était atteinte de 2800 à 1600 av. J.-C.

Plantée sur une péninsule battue par les vents, à l'orée d'une large baie et d'un port, la cité veillait sur les horizons tout en cultivant les marécages fertiles des alentours et en faisant commerce de précieux métaux extraits des carrières locales. Une position qui assura la pérennité à ces habitants préhistoriques, à l'organisation sociale poussée.

HOTEL ATSITSA €

✆ +30 22220 92990

www.hotelatsitsa.gr

Chambre double à partir de 50 € en saison, sans le petit-déjeuner.

En surplomb de la baie d'Atsitsa, cet établissement appartient à Antonis, de la taverne. Il y propose 20 chambres simples mais propres et fonctionnelles. Kitchenette, climatisation, TV, balcon avec vue sur la baie. Vous êtes ici dans l'essentiel, pas de chichis donc, juste la mer à 180 degrés, une des meilleures tables de l'île à vos pieds, des criques à découvrir en kayak (ils sont à disposition sur la plage), des prix tout doux et... le calme le plus total, inestimable. Que demander de plus pour des vacances sereines ? Parfait également pour les familles.

ANTONIS €

En bord de mer.

Ouvert tous les jours de 8h à 22h. Comptez 15 € par personne.

Un petit coin de paradis, sur la plage d'Atsitsa, rien de moins ! Antonis et son épouse María proposent de belles spécialités de poisson mais ils sont surtout connus pour leurs spaghettis au homard. On commande une marmite à partager, quelques mezzes pour patienter, et on profite du moment, agréablement installé sur la terrasse ombragée, vue sur mer. La sérénité des lieux, les portions savoureuses, la bonne humeur ambiante et le bleu infini sont autant de raisons d'y revenir encore et encore. Une fois que l'on y a goûté, pourquoi quitter cet éden ?

UTOPIA SUITES €€

✆ +30 22220 91331

https://utopia-suites.com

Chambre double à partir de 100 € en saison, petit-déjeuner inclus.

Accueil parfait, chambres simples et belles, plage presque privée. Ces trois suites sont merveilleuses, en léger surplomb de la baie d'Atsitsa. Vous trouverez ici une hospitalité tranquille et sophistiquée, au cœur des pins qui dominent la plage. La suite Harmonia, la plus grande (40 m²), élégante en rouge, noir et blanc, peut accueillir jusqu'à 4 personnes. Le petit-déjeuner se prend au Sunset Café, qui sert aussi de quoi manger léger si besoin. L'établissement accueille des retraites bien-être, pour rester en harmonie avec ces lieux préservés.

SUNSET CAFÉ

Ouvert tous les jours en saison de midi à 22h.

Ce café en plein air est installé sous les pins plantés sur le promontoire d'Atsitsa qui ferme la baie au nord. L'horizon s'étale à l'infini, et s'embrase en fin de journée, lorsque le soleil se couche jusqu'au lendemain. C'est un lieu privilégié pour profiter des derniers rayons du jour, un petit verre ou une tisane détox en main. En journée, on y sert des pâtisseries et desserts maison, ainsi que de bons sandwiches pour casser la croûte. L'équipe jeune et dynamique est très sympathique. On pourrait passer des journées entières à regarder le large, installé ici.

SPORADES

Atsitsa.

THASSOS ET SAMOTHRACE

Les îles de Thassos et Samothrace sont déconnectées du reste de l'ensemble nord-égéen : ces îles de Thrace sont reliées à la Grèce continentale, sans autre connexion maritime, même entre elles. Pour s'y rendre, il faut rejoindre les ports de Kavala ou Keramoti pour Thassos, et le port d'Alexandroupoli pour Samothrace. C'est peut-être cela qui explique qu'elles sont encore peu visitées par les touristes francophones. Pourtant, les curieux qui feront ce petit effort seront largement récompensés. Thassos, déjà très appréciée des touristes balkaniques, réserve quelques magnifiques sites antiques et paysages montagneux, au-delà de ses plages de sable fin. Samothrace, quant à elle, est un univers à part entière, à nul autre pareil dans l'ensemble égéen. Cette île à la nature foisonnante abrite le Sanctuaire des Grands Dieux, d'où fut excavée la fameuse *Victoire de Samothace*, aujourd'hui au Louvre. Les amateurs de nature vierge s'y régaleront.

Thassos et Samothrace
Keramoti
Mesimvria
THASSOS – LIMENAS
PRINOS
PANAGHIA
Potamia
THASOS
THEOLOGOS
LIMENARIA
ALIKI
Astrida
Mer Égée
TURQUIE
THASSOS ET SAMOTHRACE
GRÈCE
TURQUIE
PALEOPOLIS
Kato Karyotes
THERMA
KAMARIOTISSA
SAMOTHRACE
Alonia
SAMOTHRACE
PROFITIS ILIAS
10 KM

PAGES

● ● THASSOS - ΘΑΣΟΣ

131 Thassos est l'île la plus septentrionale de la Grèce, située à tout juste 8 km des côtes de la Thrace continentale. Avec ses quelque 400 km² et ses 13 000 habitants, c'est une destination très visitée par les touristes des Balkans voisins (Serbie, Roumanie et Bulgarie notamment) et réserve quelques belles surprises au voyageur en quête de diversité. Forêts denses de pins noirs, montagnes perchées, plages de sable fin, rochers sauvages, piscines naturelles, cascades tranquilles, carrières de marbre, villages authentiques et sites archéologiques sont tous au rendez-vous sur cette île d'une richesse inégalée. Malgré un flux touristique conséquent dû à la facilité d'accès depuis le continent et le port de Kavala, Thassos recèle encore des coins préservés et sublimes. Cette île verte est connue pour sa douceur de vivre, à peine dérangée par le tourisme balkanique qui peut se faire pressant en pleine saison. Mais ces touristes surtout en quête de farniente à la plage, ne dérangeront pas ceux qui souhaitent plonger dans l'histoire antique de l'île colonisée au VIIe siècle. par des habitants de Paros, attirés par l'exploitation de son or et de son marbre devenu mythique. Les nombreux sites archéologiques de Thassos restent en effet un havre de paix, même en haute saison, tout comme ses montagnes sombres, ses villages préservés et sa nature sauvage.

THASSOS – LIMENAS ★

131 La capitale de Thassos abrite certains des plus beaux sites archéologiques de l'île, ainsi qu'un formidable musée dédié aux fouilles réalisées par l'Ecole française d'Archéologie. Au-delà de cette richesse culturelle, la ville offre un agréable vieux port et des rues animées.

134 PRINOS

PANAGHIA ★

134 Le très pittoresque village de Panaghia offre une plongée dans l'architecture traditionnelle des villages locaux : on se balade parmi de petites maisons aux toits de lauze, installées sur les contreforts du mont Ypsari, point culminant de l'île. En contrebas s'étalent certaines des plus belles plages de Thassos.

THEOLOGOS ★

136 L'ancienne capitale de Thassos est bien cachée à l'intérieur des terres, accessible par une seule route au départ de Potos, à l'extrême sud de l'île. On s'y promène parmi des maisons à l'architecture traditionnelle, anciennes demeures aux toits de lauze.

Theologos.

PAGES

ALIKI ★★

136 Le site archéologique d'Aliki est un témoignage unique de la tradition d'extraction de marbre, une activité antique qui perdure aujourd'hui en d'autres points de l'île. Sur la jolie presqu'île, on déambule sous les pins, entre restes de sanctuaires antiques et fondations d'églises byzantines. Plus au sud, le monastère de l'Archange et les plages valent le détour.

137 LIMENARIA

138 ●● SAMOTHRACE - ΣΑΜΟΘΡΑΚΗ

Située à l'extrême nord-est de la mer Égée, solitaire en sa montagne, Samothrace est relativement isolée. Accessible en bateau uniquement, et seulement depuis Alexandroupoli, port situé à moins de 30 km de la frontière terrestre avec la Turquie, elle est encore largement préservée du tourisme. Avec moins de 180 km² et environ 2 600 habitants, c'est une île montagneuse couverte de forêts où sinuent cascades et ruisseaux, loin des clichés d'aridité que l'on peut encore avoir sur les îles grecques. Île mythique et mythologique, elle assure un refuge hors du temps à ceux qui feront l'effort de s'y rendre. Dans les temps anciens, Samothrace était connue pour ses Mystères de Cabires, cérémonial et rite de passage dont on ne sait toujours quasiment rien aujourd'hui, car tenu secret par ses initiés. Paradis des campeurs et randonneurs, l'île offre plusieurs coins magnifiques entre Kamariotissa, point d'arrivée des ferries, la Chora dans les terres, la rivière Fonias au nord et la plage de Pachia Ammos au sud. Quelques rares villages s'accrochent aux contreforts du mont Fengari qui culmine au cœur de l'île à 1 600 m. Sur le littoral, de longues plages sauvages s'étendent, tranquilles. Si Samothrace attirait les initiés du monde antique, elle continue à appeler à elle les initiés du monde moderne : hippies, free campeurs, amateurs de nature vierge..., tous viennent chercher une vie en harmonie avec les éléments, dans ce coin de l'Égée chargé d'une énergie régénératrice. Les voyageurs en quête de confort luxueux, fêtes jusqu'au petit matin, plages aménagées et beach bars bruyants passeront leur chemin.

SAMOTHRACE-CHORA ★

138 La capitale de Samothrace est retirée dans les terres, en surplomb de la mer : sa forteresse monte la garde, fière face à l'Égée. Aujourd'hui, on s'y rend surtout en soirée, pour profiter de l'animation qui reprend autour des terrasses de tavernes et cafés.

139 KAMARIOTISSA

PALEOPOLIS ★★

140 C'est ici que se trouvent les restes (très bien conservés !) du Sanctuaire des Grands Dieux auquel appartient la célèbre *Victoire de Samothrace*, exposée au Louvre. Un site qui s'étale, entre oliviers et vues sur l'Égée, et où l'on imagine sans peine les rites secrets auxquels se plièrent nombre d'initiés du monde antique.

THERMA ★★

142 Le village thermal du nord de Samothrace est la porte d'entrée à la région la plus luxuriante et préservée de l'île. Cascades et torrents dévalent dans des piscines naturelles depuis les hauteurs du mont Fengari. Sur la côte, des forêts longent des eaux calmes, à peine troublées par les dauphins.

PROFITIS ILIAS ★

144 Ce petit village perché, où l'on mange les meilleures viandes grillées de Samothrace, donne accès au sud de l'île et à la plage de Pachia Ammos, sûrement la plus connue. D'autres criques moins connues mais non moins belles se cachent dans les environs : il faudra prendre le temps de faire le tour de l'île par ici.

THASSOS - LIMENAS ★

Bienvenue à Thassos !
Petite ville d'environ 4 000 habitants et capitale de l'île, Liménas fut fondée par les Grecs de Paros vers 680 av. J.-C. et recèle une histoire antique particulièrement riche, que l'on découvre dans le magnifique musée archéologique, en retrait du vieux port tranquille. On déambule parmi de touchants sites archéologiques à ciel ouvert, dans les terres ou sur les hauteurs de l'Acropole, pour faire revivre cette histoire millénaire. Le vieux port est longé d'un bâtiment du XIXe siècle en très bon état, le Kalogeriko, où se tiennent parfois des expositions temporaires. Au-delà, la belle plage poursuit jusqu'au promontoire de l'ancien chantier naval d'où l'on jouit d'un magnifique coucher du soleil. La ville moderne, entre le nouveau port et la marina animée présente moins d'intérêt : soit très résidentielle et peu chaleureuse côté port, soit très touristique et bondée en saison côté marina, il vaut mieux se contenter des sites antiques et du vieux port avant de filer !

Transports

Thassos est accessible par bateau uniquement, au départ de Kavala ou de Keramoti. Sur place, les routes principales sont de bonne qualité et sillonnent le littoral. L'intérieur des terres est moins facilement accessible, avec certaines routes qui nécessitent la location d'un 4x4.

En avion. L'aéroport le plus proche est celui de Kavala, relié régulièrement depuis Athènes. Sinon, autre option depuis l'étranger : prendre un vol direct jusqu'à Thessalonique et faire 2 heures de bus pour Kavala.

En bateau. L'île est desservie via les ports de Liménas et Skala Prinou, par des bateaux réguliers en provenance de Kavala et Keramoti, toute l'année. Les navettes sont plus fréquentes entre Keramoti et Liménas (traversée 40 min, départ toutes les 30-45 min en saison), mais en saison, elles sont également régulières entre Kavala et Skala Prinou (traversée 1h15, départ toutes les 2h en saison). Trois compagnies réalisent l'aller-retour : Thassos Ferries, Thassos Link et Aneth Ferries. Les voitures sont acceptées sur ces ferries qu'il n'est pas possible de réserver. Présentez-vous jusqu'à 1h avant le départ du ferry de votre choix pour prendre votre billet sur place. Les horaires sont affichés à la billetterie ou sont consultables en ligne : www.thassos-ferries.gr, www.thassoslink.gr et www.anethferries.gr.

En bus. La gare routière KTEL est située en face du port moderne de Liménas. Il y a des bus réguliers pour les villes et villages principaux, desservant au passage les plages en saison : Skala Prinou, Limenaria, Panaghia... Un bus par jour fait également le tour complet de l'île, dans les deux sens. Le réseau est efficace et plutôt bien développé sur le littoral.

En taxi. La station de taxi de Liménas se situe entre le nouveau port et la marina +30 25930 23391.

En voiture. Pour découvrir les endroits moins visités, et moins faciles d'accès, la location d'une voiture - voire d'un 4x4 pour les routes de montagnes - sera nécessaire. A Liménas, Location Avis – tél +30 25930 23000 - www.avis.com.

Golden Beach à Thassos.

ANCIENNE AGORA DE LIMENAS ★

Ouvert tous les jours sauf mardi 8h-19h30. Entrée libre.

L'ancienne agora dessine un large quadrilatère aux herbes folles. Les ruines antiques sont parsemées dans ce paysage bucolique et serein. Sur la gauche admirez un portique d'époque romaine (dont subsistent quelques colonnes et des bas-reliefs exposés au Louvre) et au sud les vestiges d'un gigantesque autel. Vous trouverez également un monument dédié à Théagène, champion thassien de pancrace et de boxe, qui a fait honneur à sa patrie en remportant deux victoires olympiques.

PLAGES DU NORD

Les plages à proximité de Liménas sont assez visitées mais finalement agréables pour ceux qui recherchent des plages aménagées avec beach bars, transats et parasols. Parmi les plus réputées, il y a tout d'abord la petite plage du Karnagio, à côté du vieux port. À l'extérieur de la ville, la plage de Makryammos, à 2,5 km au sud-est, est un peu plus familiale que celle de La Scala, à 4 km au nord-ouest, qui joue la carte du luxe. Les amateurs de plages tranquilles et sauvages éviteront les lieux et pousseront vers la plage de Glyfoneri, à 9 km de Liménas.

MUSÉE ARCHÉOLOGIQUE DE THASSOS ★★

Près du vieux port

✆ +30 25930 22180

En saison, ouvert tous les jours sauf mardi 8h-19h30 (sinon 8h30-15h30). Entrée 4 € (-18 ans gratuit).

Ce musée a été construit en 1934 et magnifiquement rénové en 2010. Il retrace les périodes préhistorique et antique de Thassos, à travers son organisation sociale au fil des siècles, ses rites et religions, ses pratiques artistiques… La section dédiée aux premiers habitants de l'île, au Paléolithique et au Néolithique, est encore un peu vieillotte, mais a le mérite de mettre en scène certaines trouvailles archéologiques dans une approche qui intéressera les plus petits.

La partie rénovée du musée s'intéresse à la période antique, depuis la colonisation de Thassos par les Grecs de Paros, en 680 av. J.-C., jusqu'à la période romaine. Bonne nouvelle : les cartels et indications sont en français lorsqu'il s'agit de fouilles réalisées par l'École française d'Athènes, présente sur site depuis 1911. Prenez le temps de lire, pour découvrir ce qui fit la richesse de Thassos, son commerce, son vin, son huile et ses carrières, ainsi que l'organisation urbaine de l'antique Liménas. Une section est dédiée aux rituels sportifs et aux diverses festivités pour célébrer les déités importantes de l'île, notamment les célébrations orgiaques pour Dionysos, ou les festins en l'honneur d'Herakles (Hercule). Parmi les chefs-d'œuvre de sculpture, on s'arrêtera devant l'impressionnant *kouros* de 6 mètres (VIe siècle av. J.-C.) qui domine l'entrée. Depuis l'étage, vous pourrez en apprécier sa hauteur et sa belle chevelure. A voir aussi, les deux têtes de l'école de Skopas (IVe siècle av. J.-C.).

Ancienne Agora de Limenas.

THASSOS ET SAMOTHRACE

THÉÂTRE ET ACROPOLE ★

Entrée libre.

Au-delà du sanctuaire de Dionysos, un sentier monte au théâtre d'une acoustique parfaite, d'époque hellénistique. En cours de restauration, vous pourrez l'apercevoir depuis l'arrière du site. Adossé à une forêt de pins, il se dresse face à la mer, dans un cadre magnifique. Le sentier poursuit jusqu'à la ville haute : vous y verrez les restes de la citadelle génoise et du sanctuaire d'Apollon Pythien (IVe s. av. J.-C.), puis les ruines d'un temple dédié à Athéna (Ve s. av. J.-C.) et d'un petit sanctuaire de Pan. La vue qui s'étend en contrebas est splendide.

MAKRYAMMOS BUNGALOWS €€€

Plage de Makryammos ✆ +30 25930 22101

www.makryammos-hotel.gr

Chambre double à partir de 180 € en saison, petit-déjeuner inclus.

Cet établissement jouit d'un emplacement exceptionnel, sur la magnifique plage de sable de Makryammos, à 2,5 km du centre de Liménas. Une manière de profiter de la proximité de la ville et son animation tout en vivant sur la mer. Les bungalows et les chambres Deluxe installés sur les rochers qui ferment la plage sont d'un confort absolu, avec accès privé à la mer. Épure et calme sous les pins sont au rendez-vous également dans les chambres et suites standard, réparties en retrait de la plage, dans des petites maisons de pierre.

A FOR ART HOTEL €€

Angle des rues Theagenous & 18 Oktovriou

✆ +30 25930 58405

www.aforarthotel.gr

Chambre double à partir de 90 € en saison, petit-déjeuner inclus.

Ce bel hôtel au design jeune et contemporain s'est installé au cœur de Liménas, sur la promenade qui longe la marina. Ancien entrepôt de tabac datant du début du XXe siècle, on y trouve aujourd'hui des chambres et suites tout confort, et à prix raisonnable. L'art et le design sont omniprésents, ainsi que les couleurs vives, dans une esthétique un peu bling-bling : adeptes de minimalisme et de sobriété, passez votre chemin ! La localisation centrale, le confort des chambres, la piscine et les services de qualité en font une bonne option dans Liménas.

KARNAGIO BEACH BAR €

✆ +30 25930 22006

www.karnagiothassos.gr

En saison, ouvert tous les jours de 9h à 3h du matin. Comptez 15 € par personne.

Le Karnagio est situé à l'extrémité du vieux port, là où se tenait l'ancien chantier naval. Beach bar exceptionnel, notamment pour sa plage de marbre immaculée, au mobilier de plage tendance boho chic, le Karnagio est un petit bijou à Liménas. On y vient pour se baigner en tout confort, évidemment, mais également pour son brunch au petit-déjeuner, à accompagner d'un bon *espresso freddo* et sa carte pour déjeuner léger de mezzés frais et savoureux. Ne ratez pas le coucher du soleil également, à admirer avec un verre côté ouest, ou sur le toit.

NIKOLETA LUXURY VILLA €€

Rue Dimitriadou

✆ +30 25930 22020

www.nikoletaluxuryvilla.gr

Chambre double à partir de 100 € en saison, avec petit-déjeuner.

A 1 km du village, 23 belles chambres avec une kitchenette et un balcon. C'est l'histoire d'un coup de cœur. Dimitris et son épouse Kety ont déménagé de Thessalonique à Thassos pour un an. Mais l'île les a envoûtés et dès la première occasion, ils ont acheté un lopin de terre rêvant de leur maison… qui a commencé à se matérialiser petit à petit. Ils ont d'abord construit leur maison principale, entourée de 8 chambres, puis ils ont ajouté une autre de 7 chambres, suivies de 8 autres quelques années plus tard. Piscine, bain bouillonnant et cadre romantique.

SIMI RESTAURANT €€

✆ +30 25930 22517

www.simithassos.gr

Ouvert tous les jours en saison, de midi à minuit. Comptez 25 € par personne.

Sur les conseils de locaux, nous n'avons pas regretté de nous être arrêtés dans cette taverne aux couleurs de la Grèce. Un bel endroit pour profiter d'un ouzo sur la tranquille baie du vieux port. Comptez parfois un peu d'attente le soir en pleine saison pour obtenir une table ou pour être servi mais cela en vaut la peine. Au menu : tous les classiques de la gastronomie grecque, poulpe et haloumi grillés, poisson frais (attention au prix au kilo, comme d'habitude)… Et un service professionnel, efficace, rapide, et toujours courtois…

PRINOS

L'autre port d'arrivée de Thassos est Skala Prinou, sur la côte ouest. Outre les ferries en provenance de Kavala, le port n'a pas grand intérêt et n'appelle pas à une escale. Les alentours directs sont assez touristiques, avec des plages aménagées et de grands hôtels sans réel charme, mais il suffit de s'éloigner un peu pour trouver des coins de plage tranquilles et des villages sereins, dans les terres. La côte ouest est finalement moins visitée que les plages réputées de la côte orientale, et on y trouve une ambiance un peu plus désuète et bon enfant. En poursuivant vers le sud, rejoignez Skala Marion et son petit port où la vie coule, *siga siga*.

ARMENO €

Skala Marion
✆ +30 25930 51277
Ouvert tous les jours en saison, de 9h à minuit. Comptez 15 €/pers.

Cette taverne installée à l'extrémité de la jolie baie de Skala Marion, sur la petite plage, est une adresse à retenir. On y mange de délicieux fruits de mer et poissons, calamars frits, poulpes marinés, petits anchois savoureux et pâtes aux crustacés. Sans oublier, évidemment, le poisson frais délicieusement préparé (attention au prix au kilo, comme toujours). Les salades et plats de légumes réjouiront les végétariens en quête d'un repas frais et de qualité. L'ensemble est très agréable, et la musique *live* certains soirs est un petit plus, pour profiter.

VILLAGES DANS LES TERRES ★

De très jolis villages se cachent à l'intérieur des terres, depuis la côte ouest. Après Prinos, une route rejoint les villages en hauteur de Megalo et Mikro Prinos (aussi appelés Megalo et Mikro Kazaviti) : arborés et préservés, ils constituent une belle échappée. Depuis Skala Marion, une autre route dans les terres mène au charmant village de Maries. On traverse des oliveraies peuplées de chèvres tranquilles, avant d'arriver au village aux maisons de pierre. Au-delà, la route serpente sur environ 3 km jusqu'à un petit lac dans un cadre bucolique.

PANAGHIA ★

Magnifiquement préservé, ce village à l'architecture traditionnelle est situé à 7 km au sud de Liménas, sur les contreforts du mont Ypsari. Panaghia est l'un des villages les plus pittoresques et photogéniques de Thassos. Des sources naturelles lui fournissent une eau pure, claire et glacée. Elles bouillonnent à la périphérie du village, et l'eau dévale le long de ses ruelles étroites : une fontaine sur la place centrale vous désaltérera agréablement. Il faut se perdre dans les rues qui serpentent pour profiter des lieux sans faire attention aux boutiques de souvenirs. En contrebas, la longue Golden Beach est malheureusement abîmée par le tourisme.

CAMPING DE PRINOS €

Sur la plage de Prinos.
✆ +30 25930 71547
300 emplacements. Emplacement à partir de 3 €, électricité 3 €/jour.

Ce camping municipal situé sur la longue plage de sable de Prinos est particulièrement vaste : on ne se sent pas les uns sur les autres à l'ombre des grands arbres qui bordent la plage. Tout est simple mais agréable. Ceux qui le souhaitent peuvent garer leur voiture à proximité de la tente (supplément à prévoir), sinon un parking gratuit est aménagé à l'entrée. Les parties communes sont propres et agréables avec des cuisines, des réfrigérateur, des douches et de l'eau chaude 24h/24. Il y a aussi un supermarché de l'autre côté de la route.

PLAGES DE LA CÔTE EST ★★

Ces plages sont certainement les plus impressionnantes de Thassos. En contrebas de Panaghia, le sable de Golden Beach s'étend à l'infini. Malheureusement en saison, cette baie magnifique est trop abîmée par le tourisme de masse. La péninsule de Vathi, en amont de Panaghia, est unique et mérite le détour malgré des routes de marbre un peu difficiles. Au pied de carrières immaculées, les criques splendides de Marble Beach vous attendent. Un peu plus loin, Vathi Cove est exceptionnelle. Enfin, à 10 km de Golden Beach, Paradise Beach porte parfaitement son nom !

VILLAGE DE POTAMIA

Le village de Potamia est situé à quelques kilomètres au sud de Panaghia. Moins touristique mais moins charmant que son voisin, le bourg abrite un musée intéressant, dédié au sculpteur Polygnotos Vagis (1892-1965), célèbre enfant du pays qui émigra aux USA en 1911. Ses œuvres sont exposées au MOMA de New York notamment, mais un tour dans ce musée vous fera découvrir son travail. Depuis Potamia, un sentier pédestre monte à l'assaut du mont Ypsario, qui culmine à plus de 1 200 m (comptez 3h AR, difficulté modérée). En contrebas, la plage de sable de Skala Potamias.

GOLDEN VILLAGE CAMPING €

Plage de Golden Beach
✆ +30 25930 61004
www.goldenvillage.gr
Ouvert en saison. Emplacement : 5 € ; bungalow 4 personnes : 40 €.

Le camping de Golden Village n'est pas situé directement sur la plage, à l'inverse de son gigantesque concurrent situé à quelques centaines de mètres, le Golden Beach Camping. Pour autant, nous préférons cette adresse en retrait de la plage car elle bénéficie d'un calme plus agréable, même en haute saison, et de l'ombre rafraîchissante de ses oliviers. Les familles apprécieront l'ambiance conviviale et tranquille, ainsi que les espaces dédiés aux plus petits et les soirées cinéma pensées tous les soirs pour eux. L'espace barbecue est bienvenu également.

HOTEL HERMES €

A côté du musée de l'huile d'olive.
✆ +30 25930 61220
www.sotirelis.gr
Chambre double à partir de 40 € en saison, sans le petit-déjeuner.

Sans prétentions, l'hôtel propose une quinzaine de chambres avec balcon, au cœur de Panaghia. Un emplacement idéal pour profiter de l'environnement frais du village, parmi ses rues pavées et ses ruisseaux. Les platanes de la place principale sont à quelques mètres seulement, ombrageant tavernes et cafés, tandis que Golden Beach n'est qu'à 3 km en contrebas. On apprécie la vue depuis les balcons et la gentillesse du personnel. Ici, tout est simple et sans chichis, mais confortable. Et les prix sont quasiment imbattables pour la région.

VATHI COVE LUXURY RESORT €€€

Vathi Cove
✆ +30 25934 40920
www.vathicove.gr
Chambre double à partir de 215 € en saison, petit-déjeuner inclus.

© GEORGE FAKAROS

Cet hôtel aux 30 chambres luxueuses est un trésor bien caché et difficilement accessible. Au-delà de Marble Beach, la route de marbre continue chaotiquement jusqu'à l'entrée de ce paradis perdu, situé dans une zone protégée Natura 2000, à la nature verdoyante. Une fois passé les émois de la route, tout est fait pour assurer un séjour détente et sérénité. La plage privée est une belle étendue de sable fin, aux eaux émeraude et les chambres spacieuses offrent tout le confort attendu dans cette gamme haute-couture. Pour vivre heureux, vivons cachés... à Vathi Cove !

ALEXANDRA GOLDEN HOTEL €€

Plage de Golden Beach ✆ +30 25930 58212
www.alexandragoldenhotel.com
Chambre double à partir de 150 € en saison, petit-déjeuner inclus.

Cet hôtel-resort est situé sur la moitié nord de Golden Beach, non loin du camping. Interdit aux moins de 18 ans, il est prévu pour assurer calme et tranquillité aux adultes. Tout est pensé pour la détente : des couleurs vives d'une architecture solaire aux tons neutres des chambres apaisantes. Un restaurant et une piscine complètent l'ensemble et les clients ont un accès privilégié aux transats et parasols installés sur la plage, à deux pas. Les amateurs de grands *resorts* aux multiples services trouveront ici une alternative un peu plus à taille humaine.

THEOLOGOS ★

Pour ceux qui préfèrent le calme et l'authenticité des villages de l'intérieur, direction Theologos, l'ancienne capitale de Thassos. Beau et tranquille, c'est l'un des plus anciens villages de l'île : il n'est accessible par la route que depuis la station balnéaire de Potos. Quittez donc la côte et rejoignez le village par une belle route champêtre. Sur place, vous pourrez admirer d'anciennes demeures en pierre et lauzes, les *archontikos*, et la belle église d'Aghia Paraskevis. Un petit musée folklorique décrit les activités traditionnelles de Theologos (ouvert en été 10h-22h - 3 €) tandis que coule une cascade bucolique et fraîche à l'orée du village.

ALIKI ★★

Au-delà de Paradise Beach, la route continue vers le sud en longeant la côte orientale de Thassos. Les paysages sont splendides le long de cette rive découpée malgré les feux qui ont ravagé les pins de la région, il y a quelques années. Bientôt la route débouche sur la petite presqu'île d'Aliki, bordée par deux plages. La plage côté site archéologique est la plus belle et la plus calme tandis que la plage côté ouest est bordée de quelques tavernes blanches aux toits de lauze. Entre les deux, l'étroite bande de terre est couverte de pins et d'oliviers, tandis que l'avancée sur la mer abrite l'un des plus beaux sites archéologiques qui soient.

THASSOS ET SAMOTHRACE

HIBISCUS VILLA €

✆ +30 25930 53077
hibiscusvilla.gr
Villa pour 4 personnes à partir de 60 €, sans le petit-déjeuner.

Cette maison à l'architecture traditionnelle de Thassos est située sur la rue principale de Theologos. Refaite à neuf, elle propose deux chambres doubles et un salon-cuisine pouvant accueillir jusqu'à 4 personnes confortablement. Les travaux de rénovation ont permis d'offrir tout le confort moderne dans un cadre authentique. Une option bon marché et vraiment charmante pour les visiteurs qui veulent profiter du calme et de la vie simple à Theologos. La cascade et la rivière ne sont pas loin pour les baignades, ainsi que les tavernes et petits cafés du village.

LAGON DE GIOLA ★

À un peu moins de 10 km au sud d'Aliki, se trouve cette étonnante piscine naturelle entourée de rochers qui atteignent une hauteur de 8 m. De nombreux baigneurs expérimentés plongent de cet à-pic mais les moins téméraires pourront également sauter de plus bas. Attention ! L'accès n'est pas facile, avec une route de terre chaotique sur pratiquement 2 km depuis la route principale, et un peu de marche à prévoir. Mais le jeu en vaut la chandelle, même en haute saison quand les lieux sont très visités. Prévoyez de quoi vous rafraîchir et évitez les heures chaudes.

TAVERNE IATROU €

✆ +30 25930 31000
Ouvert tous les jours en saison, de 11h à 23h. Comptez 15 €/personne.

Cette taverne située sur la rue principale du beau village de Theologos est réputée pour sa rôtisserie : ici, les viandes à la broche cuisent longtemps pour conserver saveurs et sucs. Vous pourrez goûter un bon *kontosouvli* notamment, à accompagner d'un plat de légumes produits localement. L'ensemble est plutôt rustique, mais authentique. Et on apprécie la vue panoramique sur les environs : un vrai bain de nature sauvage et verdoyante, loin de la côte. Les locaux aiment cette adresse familiale et s'y rendent en de grandes tablées festives.

MONI ARCHANGELOU ★

Ouvert tous les jours en saison, 8h-14h15 et 16h-19h30. Entrée libre, tenue correcte exigée.

Le couvent de l'Archange-Michel est en activité, à 5 km au sud d'Aliki. Perché sur l'Égée, il domine un paysage splendide dont on jouit depuis la terrasse. La vue infinie donne sur le lieu sacro-saint de l'orthodoxie grecque : le mont Athos, dont l'accès est toujours réservé exclusivement aux hommes. Les religieuses doivent donc se satisfaire de voir la montagne sacrée depuis les rives de Thassos et de ce monastère institué au XIIe siècle. Aujourd'hui, le visiteur se régale du panorama exceptionnel, des jardins proprets et de l'odeur d'encens dans la jolie église.

SITE D'ALIKI ★★

Accès libre.

C'est l'un des plus beaux sites antiques qu'il nous a été donné de voir sur les îles. Nous vous conseillons d'explorer les lieux tôt le matin ou au soleil couchant pour profiter de la sérénité des lieux, loin des foules. En effet, il y règne une ambiance toute particulière lorsque les visiteurs s'évaporent. Vous y découvrirez les ruines d'une cité antique et de ses sanctuaires, les vestiges de deux basiliques paléochrétiennes et, chose exceptionnelle, les restes d'une carrière de marbre partiellement submergée. On déambule librement sur cette péninsule arborée.

ALIKI HOUSES €€

Sur la plage

✆ +30 698 0125799

www.aliki-thassos.com

Maisonnette pour 4 à 6 personnes à partir de 110 € en saison, sans petit-déjeuner.

Ces trois maisonnettes à l'architecture traditionnelle jouissent d'un emplacement unique, directement sur la plage d'Aliki. Les deux maisons de 60 m^2 donnent sur la mer, tandis que la maisonnette de 35 m^2 bénéficie d'un agréable jardin. L'ensemble est petit, mais tout à fait mignon. L'essentiel est là, avec des cuisines bien équipées. Attention cependant, les lits remplissent les espaces communs et seules les maisons de 60 m^2 offrent une chambre séparée. Mais le charme opère, et vous aurez la chance unique de rester à Aliki, une fois les touristes partis.

LIMENARIA

A la pointe sud de Thassos, les 3,5 km entre les stations balnéaires de Limenaria et Potos s'étendent sans charme. Les vacanciers s'y retrouvent sur de longues plages de sable aménagées avec transats et parasols. L'ensemble est un peu abîmé, malgré le charme désuet de Pefkari, à mi-chemin. Le long du littoral, les hôtels sont nombreux, ainsi que les tavernes sans grand intérêt. A noter cependant : la belle plage de Metalia vers Limenaria surmontée d'un intrigant bâtiment, le Palataki ou petit palais : les anciens bureaux administratifs d'une compagnie minière allemande venue exploiter un site industriel aujourd'hui abandonné, veillent là depuis 1900.

KALLISTI HOTEL €€

Agios Antonios

✆ +30 25930 53316

kallistihotel.gr

Chambre double à partir de 100 € en saison, avec le petit-déjeuner.

L'hôtel Kallisti est situé en retrait de Potos, sur les hauteurs qui dominent la plage d'Agios Antonios. A la fois proche de la côte mais dans le calme de l'arrière-pays, l'hôtel jouit d'un emplacement agréable où vous apprécierez le soleil couchant en fin de journée. Les chambres sont spacieuses et confortables, notamment celles qui ont été récemment rénovées. Toutes offrent un balcon ombragé, d'où s'étale la vue sur le sud-ouest. Un restaurant et une piscine complètent l'ensemble, pour un séjour réussi. Il est aussi possible d'opter pour la demi-pension.

PIATSA MICHALIS €

Potos

✆ +30 2593 052109

www.piatsamichalis.gr

Ouvert tous les jours en saison, de 9h à minuit. Comptez 15 € par personne.

Le Piatsa Michalis est l'un des premiers établissements de Potos, une entreprise familiale créée dans les années 1960 et transmise de génération en génération. Très bon emplacement, juste sur la plage, très proche de la principale zone commerçante et piétonne. Les plats maison et mezzes sont excellents et les grandes salades sont aussi une belle option pour déjeuner léger. Les ingrédients sont de qualité, souvent combinés à une bonne musique grecque et une vue unique sur la mer Egée et le mont Athos que l'on aperçoit par temps clair.

TAVERNE GIORGOS €

Potos

✆ +30 25930 52774

Ouvert tous les jours en saison, de 13h à minuit. Comptez 15 € par personne.

Cette adresse en retrait de la plage de Potos est réputée pour ses grillades de viande. Bien évidemment, vous trouverez du poisson et l'incontournable poulpe au menu, mais ce n'est pas pour cela qu'on vient chez Giorgos. Confortablement installé sur la grande terrasse ombragée, on commande des plats de viande rôtie à la broche ou grillée, à accompagner de frites maison. Que les végétariens ne s'inquiètent pas : il y a également quelques plats savoureux à base de légumes, notamment des haricots blancs à la tomate et cuits au four.

SAMOTHRACE-CHORA ★

Chora, aussi appelée Samothraki, est la capitale de l'île. Elle est située dans les terres, sur les hauteurs, comme souvent dans ces îles longtemps soumises aux incursions de divers pirates et envahisseurs. Elle est bâtie en amphithéâtre, sur un pan de montagne défendu par une forteresse byzantine, passée aux mains des Génois. Aujourd'hui, c'est une bourgade calme et jolie, à 5 km de Kamariotissa, où l'on déambule agréablement entre des maisons traditionnelles aux toits de tuiles rouges. La petite cité s'anime en soirée, autour de la place centrale qui offre une vue sublime. On y vient pour ses cafés et tavernes en terrasse, le soir à la fraîche.

Samothrace-Chora.

AXIEROS €

✆ +30 25510 41416

www.axieros.gr

Chambre double à partir de 45 € en saison, sans le petit-déjeuner.

Cette petite auberge de charme est située légèrement en hauteur du village et offre de ce fait une vue réjouissante sur les toits de tuiles rouges qui grimpent à l'assaut de la montagne, face à l'horizon. Les propriétaires ont décidé de mettre en avant objets et éléments d'intérieur traditionnels dans la décoration rustique et réussie. Le résultat : un charme certain, et une plongée dans un autre temps, sans que cela ne vienne contredire le confort moderne. Toutes les chambres disposent d'une kitchenette équipée, et l'ensemble est propre et bien tenu.

TAVERN 1900 €

✆ +30 25510 41224

Ouvert tous les jours en saison, de 13h à 22h. Comptez 15 € par personne.

La meilleure taverne de Chora - et peut-être bien de toute l'île - est agréablement installée sur la place principale du village. Les tables s'étalent devant l'ancienne ouzerie-*kafeneion*, ouverte en 1900 et offrent une vue splendide sur le kastro génois qui domine l'Égée, au loin. En soirée, on profite de l'ambiance romantique et chaleureuse, sous les guirlandes. Et en journée, on préfère les tables installées à l'ombre des arbres. Au menu : une savoureuse cuisine maison, qui mêle recettes traditionnelles avec un je-ne-sais-quoi que les autres n'ont pas.

CAFÉ MELTEMI

✆ +30 25510 41071

Ouvert tous les jours en saison, de 9h à 2h du matin.

Le café Meltemi sera l'une de vos meilleures options pour boire un verre en soirée, à Chora. Au cœur du village, sa grande terrasse en hauteur offre une vue magique sur Chora et les environs, jusqu'à la mer au loin. On s'y retrouve pour prendre l'apéritif, dans la lumière de fin de journée ou plus tard pour regarder les lumières du *kastro* et du bourg qui se réveille une fois la nuit tombée. C'est un peu une institution de Samothrace qui se maintient depuis des décennies, avec toujours le même entrain. La carte est simplissime, avec une bonne limonade maison.

TRAPEZA

✆ +30 697 2810833

Ouvert tous les jours en saison, de 9h à minuit.

Vous trouverez Ilias et Theodora dans le café qui offre la plus belle vue sur la citadelle médiévale et les toits rouges de la Chora. Ils ont ouvert ce lieu en plein centre du village. Son doux nom de Trapeza signifie « banque » en grec, parce qu'il y en avait une ici, jadis. Mais les propriétaires ont transformé le vieil immeuble en un lieu charmant, plein de bonne énergie et que l'on a plaisir à fréquenter. Le matin, prenez un café grec ou/et une omelette à la feta, aux tomates et à l'origan. Plus tard, essayez la crème glacée au lait de chèvre.

KAMARIOTISSA

Bienvenue à Samothrace !

C'est par le port de Kamariotissa, principale ville de Samothrace, que vous arriverez d'Alexandroupoli. Au-delà des départs et arrivées des ferries, ce gros bourg moderne n'a pas grand intérêt et il y a peu de chances que vous y passiez beaucoup de temps. Le front de mer est longé d'une avenue où s'égrènent terrasses de café, quelques tavernes et commerces. Là encore, rien de bien intéressant à signaler. En suivant le front de mer vers l'ouest, vous rejoindrez le lagon d'Agios Andreas (1,5 km du port) au-delà duquel s'étendent de grandes plages solitaires et un peu désolées.

Transports

Samothrace est reliée par la mer uniquement, au départ d'Alexandroupoli. Pour rejoindre ce dernier port grec avant la Turquie, des vols directs et réguliers sont opérés depuis Athènes.

- **En bateau.** Zante Ferries opèrent une traversée par jour sur le *Adamantios Korais*, entre Alexandroupoli et Kamariotissa (durée 2h10). Renseignements : www.zanteferries.gr - tél. +30 25510 98038.
- **En bus.** Sur place, un bus fait la navette entre Kamariotissa et la Chora tous les jours sauf dimanche, en saison. Sinon, trois allers-retours par jour en saison entre Kamariotissa et les autres villages de l'île (Paleopolis, Therma, Lakkoma, Profitis Ilias).
- **Locations.** Pour louer une voiture ou un deux-roues, adressez-vous à Rabbit Rent a Car, à l'ouest du port : +30 694 0773437.

NIKI BEACH €€

✆ +30 25510 41545
nikibeach.gr
Chambre double à partir de 70 € en saison, petit-déjeuner compris.

© NIKI BEACH HOTEL

A la sortie de Kamariotissa, l'hôtel Niki Beach est situé en bord de mer, à tout juste 500 m du port. Une localisation idéale, entre calme de la plage et proximité de la ville, pour ceux qui souhaitent sillonner l'île. En opération depuis de nombreuses années, il y a peu d'hôtels de ce standing à Samothrace : les chambres sont confortables et spacieuses, d'une propreté irréprochable, le service est chaleureux et la piscine offre un petit plus aux familles. Elena, la sympathique gérante des lieux, saura vous conseiller sur les activités à ne pas manquer sur l'île.

STA KALA KATHOUMENA €

✆ +30 25510 41145
Ouvert tous les jours en saison, de 13h à minuit. Comptez 15 € par personne.

Cette taverne familiale se trouve en retrait du front de mer, sur une rue parallèle. On y mange une cuisine chaleureuse et simple, sans surprise mais au-dessus de la moyenne pour Kamariotissa. Les grillades sont réussies, ainsi que les différents mezzes à partager. Les végétariens se réjouiront d'un bon *imam* au four (sorte de ratatouille, à base d'aubergines) ou d'un *bouyourdi* légèrement épicé (feta cuite au four, sur un lit de tomates et poivrons). Certains soirs en été, des musiciens viennent jouer quelques morceaux de *rebetiko*, dans une ambiance chaleureuse.

SANTIGHI

✆ +30 25510 42289
Ouvert tous les jours en saison, de 8h à 22h.

Ce café-boulangerie devant le port de Kamariotissa est une vraie bonne adresse dans la ville par ailleurs peu enthousiasmante quand il s'agit de se restaurer ou de boire le café. On y déguste toutes sortes de feuilletés et chaussons salés ou sucrés, et notamment une délicieuse *bougatsa* saupoudrée de sucre et de cannelle. Le *freddo* est réussi, chose rare sur l'île, le tout dans un cadre agréable où les locaux aiment à se retrouver en début de journée. Idéal pour prendre un petit-déjeuner ou de quoi pique-niquer en randonnée, sur la plage ou au pied des cascades.

PALEOPOLIS ★★

La ville ancienne ou Paleopolis est située à mi-chemin entre Kamariotissa et Therma. C'est ici que l'on visite le fameux Sanctuaire des Grands Dieux qui fait la réputation de l'île depuis des temps immémoriaux. Une terre chargée des rites qu'on y a pratiqués depuis des millénaires, et qu'il faut prendre le temps de découvrir. Les plages de la côte s'étendent sans fin, ce sont de longues plages de galets et vous y serez sûrement seul pour nager avant ou après une visite au Sanctuaire. Et peut-être arriverez-vous à percer le mystère des cérémonies anciennes et inconnues depuis les flots égéens ? Des dauphins nagent par ici, ils vous aideront peut-être...

Paleopolis.

ATHINA APARTMENTS €

✆ +30 25510 42071

www.athinaapartments.gr

Chambre double à partir de 50 € en été, sans petit-déjeuner.

Juste avant l'entrée au site archéologique du Sanctuaire des Grands Dieux, ce petit établissement propret propose 25 chambres doubles et triples. Elles sont simples mais bien équipées, et la propreté est au rendez-vous. Certaines chambres jouissent de la vue sur mer, tandis que les autres sont tournées sur un agréable jardin verdoyant. On apprécie le calme, la proximité directe de la plage, de l'autre côté de la route, et les terrasses privatives où l'on se pose à la fraîche le matin ou en fin de journée. Une adresse agréable, à l'accueil chaleureux.

MUSÉE ARCHÉOLOGIQUE DE SAMOTHRACE ★

A l'entrée du site archéologique

Ouvert de 8h30 à 15h. 6 €. Le billet est valable pour le Sanctuaire des Grands Dieux.

Si l'on veut profiter du site archéologique de Paleopolis, il est utile de visiter le musée avant : il contient des maquettes 3D des bâtiments d'origine. Le petit musée est composé de quatre pièces et d'un atrium. Vous y verrez notamment des pièces restaurées et des objets miniatures et poteries du sanctuaire et de la cité antique.

Mais pas de *Victoire de Samothrace* ici : ailes déployées pour l'éternité, la célèbre statue de 2 200 ans est propriété du Louvre, suite à sa découverte par un vice-consul français de la région, Charles Champoiseau, qui, passant par là en 1863, s'est attribué cette œuvre majeure...

Nikè, la déesse de la Victoire, est une femme ailée qui se dresse à la proue d'un navire. Il s'agit probablement d'un ex-voto offert par les Rhodiens pour commémorer une victoire navale remportée au début du IIe s. av. J.-C. Selon plusieurs études, elle aurait été conçue à l'occasion de la bataille de Myonnisos ou de la victoire remportée à Sidè, vers 190 av. J.-C., contre la flotte d'Antiochos III de Syrie. Encore aujourd'hui, la *Victoire de Samothrace* reste l'un des plus beaux manifestes de la sculpture d'époque hellénistique. Sa richesse décorative ainsi que le sens du volume et du mouvement sont aussi caractéristiques d'un style rhodien, prélude aux créations baroques de l'école de Pergame (vers 180-160 av. J.-C.).

La rénovation effectuée par le Louvre en 2013-2014 a réinstauré la déesse sur son socle en proue de bateau. Mais la reverra-t-on un jour à sa place légitime ?

VASILIKOS €

✆ +30 25510 42178

Ouvert tous les jours en saison, de 11h à 22h. Comptez 15 € par personne.

Cet établissement est situé à tout juste 2,5 km à l'est de Paleopolis, sur la route de Therma. Les cuisines et le parking sont situés d'un côté de la route principale (côté montagne), avec les quelques tables pour les clients dressées sur la plage, côté mer. On s'y installe sans chichis à l'ombre douce de grands platanes. Que ce soit pour casser la croûte d'une petite salade et d'un ensemble de mezzés, ou pour prendre une boisson fraîche ou l'apéritif, on se sent bien ici. L'horizon est parfois traversé par le passage de dauphins pour un moment paisible.

SANCTUAIRE DES GRANDS DIEUX ★★

✆ +30 25510 41474

Ouvert tous les jours en saison, de 8h30 à 15h30. Entrée 6 €, même billet que pour accéder au Musée archéologique.

Le Sanctuaire des Grands Dieux s'est sûrement développé à partir de la vénération de divinités chthoniennes, qui précèdent le panthéon des dieux grecs. Le culte de ces déités se référant à un monde souterrain a sûrement été apporté à Samothrace par les colons Phéniciens. La principale déité vénérée ici fut certainement la « Terre Mère » ou « Grande Mère ». Au fil des siècles et des colonisations, le Sanctuaire s'ouvrit au culte d'autres divinités, que les archéologues n'ont toujours pas identifiées aujourd'hui - ce qui participe à l'opacité mystérieuse des lieux.

Ce centre d'initiation devint si important que les candidats à l'initiation venaient de tout le monde méditerranéen pour y suivre les rites, puis plus tard pour rendre hommage aux lieux. C'est ainsi que Philippe II de Macédoine rencontra ici sa femme Olympias au cours de leurs initiations respectives, avant qu'ils ne donnent naissance à Alexandre le Grand. Ce qui explique que les dynasties hellénistiques et macédoniennes firent beaucoup d'offrandes au Sanctuaire !

A l'inverse des mystères d'Eleusis, l'initiation était ouverte à tous : adultes, enfants, hommes, femmes, citoyens libres, esclaves, Grecs et non Grecs. Elle passait par trois phases, qui pouvaient avoir lieu en un seul séjour ou être réparties dans le temps. Rien n'est connu de ces trois phases (*myesis*, *telete* puis *epopteia*), le rite étant occulte et les initiés tenus au plus grand secret. Une grande partie des initiations avait probablement lieu la nuit, comme en attestent les nombreux emplacements dédiés aux lanternes retrouvés sur site. Ces rites initiatiques promettaient la protection en mer des initiés et l'accès à un état de plus grande sagesse générale. Ils étaient organisés au cours de la saison de navigation (avril-novembre).

Le Sanctuaire est construit sur un vaste terrain à flanc de colline, où coulaient deux rivières créant trois ensembles. Aujourd'hui, on le visite en commençant par les lieux de vie puis en remontant les lieux de rite jusqu'à l'entrée empruntée par les candidats à l'initiation. Cette visite à rebours peut paraître un peu confuse, d'autant qu'il n'y a aucune indication sur site. Voici quelques repères :

- Après la billetterie, on longe d'abord le lit d'une rivière et l'on découvre **la zone occidentale du site**. Là, vous verrez les restes des bâtiments dédiés à l'hospitalité des visiteurs : chambres et réfectoires sont situés en contrebas de la longue et impressionnante *stoa* au sud-ouest, qui était fermée par le piédestal de la *Nikè* où s'élevait la célèbre *Victoire de Samothrace*, dominant l'ensemble, en surplomb du théâtre.
- **La partie centrale du site**, entre les deux rivières, était dédiée aux rites eux-mêmes. On y admire l'*Hiéron*, dont la construction qui débute à la fin du IVᵉ siècle av. J.-C. n'est achevée que 175 ans plus tard. Devant se dresse le *Hall des Danseuses Chorales* ou *Temenos* qui abritait des danses rituelles fondamentales dans le processus initiatique. A côté, l'*Arsinoeion* est le plus grand bâtiment circulaire légué par la Grèce antique. Donation de la reine d'Egypte, Arsinoé (289-285 av. J.-C.), c'était peut-être un lieu de sacrifices.
- En surplomb, le *Cercle Théâtral* où les initiés avançaient certainement dans la nuit noire et étaient soumis à des peurs qu'ils devaient dépasser. Enfin, dans **la partie orientale**, le *Ptolémaion* - des propylées majestueux - enjambait la seconde rivière, et menait à l'entrée originelle du site.

THASSOS ET SAMOTHRACE

Sanctuaire des Grands Dieux.

THERMA ★★

Le village de Therma, aussi appelé Loutra, est situé à moins de 15 km de Kamariotissa, sur la côte nord. Réputé pour ses sources thermales depuis l'Antiquité, le village garde l'accès à la région la plus magistrale de Samothrace. La nature vierge des contreforts du mont Fengari offre un refuge à tous ceux en quête d'harmonie. C'est d'ici que l'on partira à l'assaut de la montagne magique, de ses cascades bouillonnantes et de ses sages piscines d'eau douce, sous le couvert foisonnant et empreint de mystère de ses forêts. Les campeurs se retrouvent le long de ses plages infinies, à l'ombre de grands arbres : le nudisme se pratique partout dans la région.

PLAGES ★

La côte nord est longée de belles plages sauvages. Elles sont bordées d'une forêt dense et douce, où l'on trouvera refuge pour un peu d'ombre. A savoir : le camping se pratique tout le long, ainsi que le nudisme. Mais l'espace est vaste, et ceux qui recherchent un coin isolé trouveront sans problème sur les kilomètres qui s'offrent ici. La route principale suit le littoral : arrêtez-vous selon l'envie pour plonger dans l'eau pure. Au bout de la route, une dernière plage : la plage de Kippi, à l'extrême est de l'île, vaut le détour pour sa grande étendue de galets.

CASCADES DE FONIAS ★★

3 cascades, sentier bien balisé. Comptez 1h30 de marche pour accéder à la dernière cascade.

Pour découvrir la beauté de l'île, remontez le cours de la rivière Fonias, appelée « la tueuse » pour ses flots tumultueux pendant l'hiver. Elle traverse des paysages d'une majesté sans faille et crée certaines des plus grandes piscines naturelles et cascades de l'île. Alors que l'on s'enfonce dans une végétation luxuriante regorgeant de platanes, d'érables et de hêtres, le sentier se fait plus difficile - prévoyez des chaussures fermées. La plus haute cascade chute sur 35 m, dans un fracas impressionnant. Un décor onirique sans égal dans les îles grecques.

TOUR DE L'ÎLE ★

port de Therma
✆ +30 25510 95359
samothrakicruises.com

En saison, départ tous les jours à 11h et retour à 17h. A partir de 30 € par personne.

Des excursions en bateau sont proposées au départ du petit port de Therma, avec parfois une escale à Kamariotissa. Elles permettent de rejoindre la belle plage de Vatos (voir plus loin) et d'y passer un moment baignade privilégié, dans des eaux translucides. Pendant cette croisière, vous verrez la formation rocheuse appelée « Tis Grias ta Pania » : on dit que ses marques blanches ressemblent à du tissu. Non loin, la cascade de Kremasto plonge droit dans la mer d'une hauteur de 90 mètres. L'occasion de découvrir des sites naturels par ailleurs inaccessibles.

PISCINES NATURELLES ★

Itinéraires clairement indiqués. Comptez 30 min de marche.

De nombreuses piscines naturelles se sont formées autour de Therma, créées par les rivières et ruisseaux qui cascadent du mont Fengari en direction de la mer. Avec cela, les baigneurs en eau douce auront l'embarras du choix. Tout proche du village, rejoignez les eaux froides de Paradisos. Plus loin, vous pourrez marcher jusqu'aux eaux de Gria Vathra, ou bien tenter la piste qui monte du littoral jusqu'aux piscines naturelles de Grigorakis, à côté d'un ancien monastère, Moni Christou. La vue depuis ce touchant édifice aujourd'hui fermé est splendide.

CAMPING NATURAL LIVING €

✆ +30 25510 98244

Camping gratuit.

Ce camping gratuit est adoré des free-campeurs de l'île. Ambiance hippie et jeune, où chacun doit prendre sa part de responsabilité pour maintenir les lieux propres, dans le respect de cet environnement unique. En contrepartie de cet effort collectif, vous pourrez poser votre tente en pleine nature, dans la belle forêt de 3 hectares qui longe un littoral intouché. Il est possible de se garer à proximité de son emplacement, en respectant là encore l'espace de chacun. Certains passent ici tous les mois d'été, vivant de calme et de mer.

CAMPING VARADES €

✆ +30 25510 98424

105 emplacements, à partir de 4 € par personne, emplacement à partir de 3,50 €.

Un peu plus confortable que le camping gratuit Natural Living situé non loin de là, le camping Varades propose plus de services, d'où le fait qu'il soit payant. Monté pour limiter le camping sauvage et ses potentiels débordements en très haute saison, il fait office de camping municipal et possède une supérette, un restaurant, une laverie, une aire de jeux et beaucoup d'ombre. Tout cela encore une fois le long de la plage sereine. Il est également possible de louer vélo et kayak sur place, et de réserver une randonnée guidée sur le mont Fengari.

MARIVA BUNGALOWS €

A 1 km du front de mer.

✆ +30 693 2437030

www.mariva.gr

Chambre double à partir de 55 € en été, petit-déjeuner en supplément.

En retrait de Therma, ces bungalows individuels sont situés à proximité du sentier qui mène aux cascades de Paradisos, dans une nature luxuriante. Si c'est possible, optez plutôt pour un bungalow rénové, avec terrasse ou balcon privé car les autres bungalows sont encore un peu dans leur jus et nécessitent des travaux pour améliorer propreté et confort. Les bungalows rénovés sont spacieux et modernes, certains bénéficient même d'une agréable vue sur mer. Des activités nature sont proposées par la maison : trekking, canyoning mais aussi retraites yoga.

ARCHONDISSA BEACH HOTEL €€

Après le camping Varades, vers Fonias

✆ +30 25510 98098

archondissa.gr

Chambre double à partir de 70 € en saison, sans le petit-déjeuner (7 € de supplément).

Cet établissement a joué la carte de l'architecture cycladique, décalée sur cette île qui n'a quasiment rien à voir avec l'archipel des Cyclades… Mais enfin, on ne se plaindra pas d'un peu de chaux immaculée ! Les bâtiments sont situés dans un jardin fort agréable et bien ombragé, face à la mer. L'accès direct à la plage de galets est un plus (transats gratuits pour les clients). Certaines chambres peuvent accueillir jusqu'à 5 personnes, l'idéal pour les séjours en famille ou entre amis. Les chambres sont dotées de kitchenettes bien équipées.

TAVERNE KARYDIES €

Ano Meria

✆ +30 2551 098266

Ouvert tous les jours en saison, de 13h à 23h. Comptez 15 € par personne.

Un endroit authentique comme on les aime, à la cuisine réellement savoureuse. À 10 km de Therma et 3 km de la route principale, dans les terres (tout est bien indiqué), l'atmosphère authentique et chaleureuse de ce lieu, avec ses tables placées sous des noyers ombragés, reflète sa cuisine maison. La viande de chèvre servie de différentes manières - avec des aubergines, prunes ou encore des coings et des raisins secs - figure parmi nos plats préférés de l'île. Les plats de haricots blancs sont un autre classique de cet endroit à ne pas rater, même s'il se mérite.

CAFÉ THERMA

✆ +30 25510 98457

Ouvert tous les jours en saison, de 8h jusqu'au dernier client.

Ce café installé sur la place de Therma, à côté des thermes municipaux, est une institution auprès des vacanciers, notamment des campeurs qui habitent les environs. On se retrouve sur sa grande terrasse à toute heure de la journée ou de la nuit pour prendre un café, ou un verre d'ouzo. L'ambiance est toujours conviviale et sereine, avant que quelqu'un ne sorte un instrument de musique pour égayer les lieux de chansons reprises en chœur. Les grands arbres apportent un peu de fraîcheur pour une pause qu'on voudrait infinie. Quelques snacks pour casser la croûte.

THERMES

A 13 km de Chora

✆ +30 25510 98401

Ouvert tous les jours en saison, 8h-11h. Entrée piscine thermale : 4 € ; bains individuels : 6 €.

Profitez des sources thermales du centre municipal d'hydrothérapie de Therma : les thermes occupent un bâtiment un peu à l'ancienne, à l'entrée du village. On s'immerge dans des eaux chaudes (38 °C) et fortement minéralisées qui soignent, paraît-il, maladies de peau et rhumatismes. Il existe également des bains thermaux à l'accès gratuit, sur les hauteurs derrière les bains municipaux. La vue est imprenable. On s'y baigne nu, et surtout sans crème solaire ou produits artificiels pour ne pas polluer l'équilibre naturel de ces thermes.

PROFITIS ILIAS ★

Le sud de Samothrace est gardé par le triangle des villages de Profitis Ilias, Lakkoma et Dafnes. Profitis Ilias domine l'ensemble, avec sa jolie rue ombragée de grands arbres, ses spécialités de viande grillée et sa vue panoramique. En contrebas, on rejoindra la plage de Lakkoma et les collines de Dafnes. Au-delà, la route du sud se fait plus solitaire, jusqu'à la touchante église Panagia Krimniotissa, perchée sur son rocher ou jusqu'à la plage de sable de Pachia Ammos, la plus réputée de l'île. En arrivant, quelques tavernes et beach bars cassent un peu la sérénité des lieux, mais offrent une ombre appréciable ; la partie gauche est plus tranquille.

O VRACHOS ET I PIGI €

Profitis Ilias

✆ +30 25510 95264

Ouvert tous les jours en saison, de 13h à minuit. Comptez 15 €/pers.

Le village de Profitis Ilias est réputé pour ses tavernes spécialisées dans la viande grillée à la broche, notamment la chèvre entière. O Vlachos et I Pigi se font face et ont notre préférence. I Pigi est un peu moins visitée et bénéficie d'une belle vue panoramique. On apprécie ses grandes terrasses sous les arbres, perchées sur les hauteurs. Les propriétaires sont de véritables maîtres du gril et de la broche : la chèvre fondante rôtit doucement pendant des heures, tout comme le *kontosouvli* ou encore les *kokoretsi* (des abats assaisonnés) pour les amateurs.

PLAGE DE VATOS ★

La plage de Vatos est un petit bijou sauvage, dernière plage accessible relativement aisément sur la côte sud. Pour cela, le mieux sera de prendre le petit bateau depuis la plage de Pachia Ammos (aller-retour 20 €, à organiser sur place) ou de venir en excursion depuis Kamariotissa ou Therma. Une rivière vient terminer sa course sur cette belle plage aux eaux cristallines. Remontez le lit de la rivière parmi les rochers pour rejoindre un beau canyon où l'on profitera de la fraîcheur des points d'eau douce (comptez environ 40 minutes de marche depuis la plage).

TAVERNE AKROGIALI €

Plage de Lakkoma

✆ +30 25510 95123

akrogialisamothraki.gr

Ouvert tous les jours en saison, de 13h à minuit. Comptez 15 € par personne.

Sur la rive sud de Samothrace, en contrebas du village de Lakkoma, la taverne Akrogiali étale ses quelques tables en terrasse, avec vue sur mer. Installée sur la plage où quelques transats sont à disposition des clients, c'est une adresse particulièrement romantique le soir, lorsque ses lumières semblent seules faire face à la nuit noire des environs. En journée, on apprécie la fraîcheur sous la tonnelle. Le poisson frais et grillé fait la réputation des lieux (vérifiez le prix au kilo), ainsi que les plats de fruits de mer. Il existe 5 chambres à louer sur place.

SAMOTHRAKI BEACH €

Plage de Lakkoma

✆ +30 25510 95359

www.samothrakibeach.gr

Chambre double à partir de 70 € en saison, sans le petit-déjeuner. Min de 2 nuits.

Cet ensemble moderne est situé en surplomb de la plage de Lakkoma, un peu seul au monde malgré la proximité de l'excellente taverne de poissons Akrogiali. C'est un complexe hôtelier plus grand que la moyenne à Samothrace qui n'est pas habituée à ce genre d'établissement. Les amateurs y trouveront tout le confort recherché et les familles pourront profiter d'installations dédiées pour les plus petits, notamment un bassin adapté en plus de la piscine, et une aire de jeux. Les chambres immaculées sont spacieuses et agréables, avec terrasse privative sur la mer.

DOMAINE MELMAR

Dafnes

✆ +30 25510 83911

melmarwinery.gr

Visites et dégustations tous les jours en saison, 10h-14h et 17h-20h.

Ce domaine a ouvert il y a moins de 10 ans pour tirer parti du terroir si unique de Samothrace et de ses vignes. La visite de la cave vous permettra d'en apprendre plus sur les vins locaux, et le processus de vinification développé ici. Après une balade dans les vignes et dans les caves, vous dégusterez quelques vins de la maison, également disponibles à la vente. Les lieux sont sereins et chics, et jouissent d'une belle vue panoramique sur l'Égée. Une visite constitue une activité alternative intéressante sur l'île des Grands Dieux.

LEMNOS ET AGHIOS EFSTRATIOS

S'il est bien deux îles hors des sentiers battus dans le Nord-Egée, c'est Lemnos et Aghios Efstratios. Cette dernière est à peine un caillou qui offre deux-trois options hébergement et restauration : pas étonnant que son isolement ait fait sa triste réputation comme terre d'exil... Plus agréable et conviviale, Lemnos offre un tout autre visage. Il n'en reste pas moins que cette île est comme posée en mer Egée, éloignée à la fois des îles de Thrace et des îles du nord-est égéen. Les amateurs de nature préservée aimeront cette île battue par les vents, où l'on pratique le kitesurf et, plus récemment, le wingfoil. Refuge ornithologique pour bon nombre d'oiseaux migrateurs, et terre de traditions culturelles ancestrales et qui perdurent, Lemnos sait respecter son environnement naturel et culturel comme nulle autre. Ses traditions agricoles pérennes expliquent qu'on y déguste toujours aujourd'hui de savoureux produits locaux.

GRÈCE
TURQUIE
LEMNOS ET
AGHIOS EFSTRATIOS
M
AGIOS EFSTRATIOS
AGIOS EFSTRATIOS
5 KM

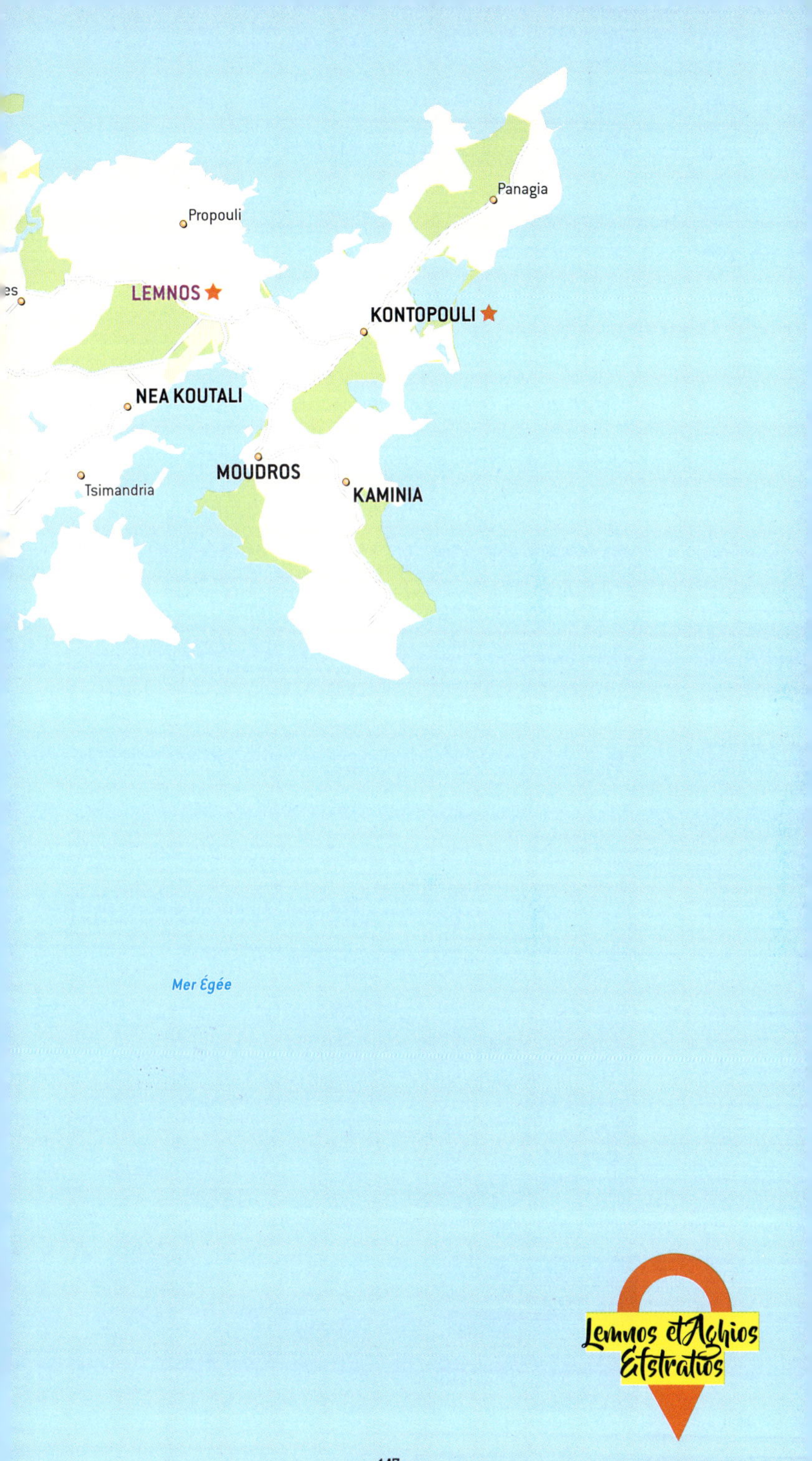

Panagia
Propouli
LEMNOS
KONTOPOULI
NEA KOUTALI
MOUDROS
Tsimandria
KAMINIA
Mer Égée
Lemnos et Aghios Efstratios

Venir à Lemnos, c'est prendre le risque de vivre un agréable moment de solitude, les pieds dans une eau cristalline ! Si les quelque 16 500 habitants de l'île souffrent un peu de cet isolement relatif, le visiteur en quête de tranquillité appréciera cette destination un peu à l'écart, qui commence doucement à se faire connaître. Lemnos et ses 480 km² offrent l'avantage d'avoir été épargnés du tourisme de masse et ses conséquences fâcheuses. Forte d'une tradition agricole tenace, de sites archéologiques d'exception et d'une nature préservée, Lemnos réserve bien des surprises aux curieux. Sa gastronomie préservée est savoureuse, les plus actifs se réjouiront d'un spot de kitesurf et windsurf mondialement connu et les amateurs de sites naturels et d'ornithologie seront au paradis.

Si l'on en croit les récits mythologiques, c'est à Lemnos qu'un Héphaïstos nouveau-né aurait atterri après que Zeus l'a jeté de rage depuis le mont Olympe, ce qui provoqua l'infirmité légendaire du dieu boiteux. Il fut recueilli par les Sintiens, premiers habitants de l'île, qui le soignèrent et le cachèrent en exil, dans une grotte de l'île. En échange, le dieu du Feu leur aurait dévoilé les mystères et l'art de la ferronnerie. La légende dit aussi que, sous le règne du roi Thoas (fils d'Ariane et de Dionysos), les femmes de Lemnos tuèrent tous les hommes de l'île qui n'exprimaient plus de désir pour elles, suite à une vengeance d'Aphrodite sur les Lemniennes qui ne lui rendaient pas le culte attendu. Les Argonautes, en route pour Colchide, s'arrêtèrent sur cette île où vivaient seules des femmes criminelles et s'unirent à elles. Ainsi Jason donna des jumeaux à Hypsipyle, fille de Thoas.

La capitale de Lemnos est dominée par un magnifique kastro byzantin, transformé par les Vénitiens et les Ottomans. La vie y coule tranquille sur ces bords de mer rarement perturbés. La ville donne accès à certaines des plus belles plages de l'île, ainsi qu'aux sites naturels uniques d'Ammothines, avec ses dunes, et de Faraklo, aux formations de couleur ocre.

Myrina.

L'île d'Aghios Efstratios.

KAMINIA

156 Kaminia est un petit village qui donne accès au site archéologique de Poliochni, témoignage unique du Néolithique : il s'agirait du plus ancien village organisé dont on ait retrouvé les traces en Europe ! Dans les environs, la plage de Kokkinovrachos est agréable.

KONTOPOULI ★

156 Ce village a connu une grande richesse avant de péricliter progressivement depuis un siècle. Aujourd'hui, il sert de base pour découvrir deux sites archéologiques d'importance : la cité antique d'Héphaïsta et le sanctuaire des Cabires. On découvre également deux sites naturels préservés : les marécages d'Alyki et la baie de Keros, réputée pour son spot de glisse.

158

●● AGHIOS EFSTRATIOS - ΑΓΙΟΣ ΕΥΣΤΡΑΤΙΟΣ

Avec moins de 45 km² et 260 habitants, Aghios Efstratios est l'île par excellence pour échapper aux estivants et à la civilisation ! Habité depuis l'époque mycénienne, cet îlot doit son nom à saint Eustrate, moine exilé de Bithynie, au XIe siècle. Pendant les années 1930 et la dictature de Metaxas, son isolement servit à envoyer des prisonniers politiques, loin de tout contact. L'île-prison reprit du service au moment de la guerre civile puis pendant la dictature des colonels : le poète Yannis Ritsos y fut notamment déporté. En 1968, un violent séisme stoppa net toute velléité de poursuivre cette malheureuse tradition d'isolement. Triste histoire qui n'a pas vraiment été remplacée par un vernis touristique plus joyeux… et que les créateurs de jeux vidéo ont utilisée pour y baser un ultime jeu de guerre, Arma 3. Aujourd'hui peu de visiteurs se rendent à Ai Stratis, comme on l'appelle également. Les plus ermites d'entre vous y trouveront le calme tant recherché.

158

AGHIOS EFSTRATIOS CHORA - ΧΩΡΑ

MYRINA ★

Bienvenue à Lemnos ! La capitale de l'île (5 000 habitants) s'étend entre le port et la baie de Romeikos Yalos. Vous ne pourrez pas manquer l'impressionnante forteresse byzantine (XIIe siècle) avec ses imposantes murailles et ses vestiges d'époques diverses. Commencée par l'empereur Andronic Ier Comnène, elle est renforcée par les Vénitiens et leurs successeurs. Difficile de ne pas être charmé par ses vieilles demeures néoclassiques, bâtiments et autres fontaines ottomanes. Vous vous perdrez sans regret dans la principale rue commerçante, parallèle au port, à l'ombre d'une agréable tonnelle. Le long front de mer est constellé de nombreux restaurants et de tavernes traditionnelles. Myrina donne accès à la moitié nord-ouest de Lemnos et ses sites naturels et patrimoniaux, dont l'étonnante chapelle à ciel ouvert, Panagia Kakaviotissa, blottie au cœur d'une caverne montagneuse, et les sites géologiques de Ammothines et Faraklo.

Transports

Lemnos se situe en dehors des circuits touristiques et n'est pas forcément très bien desservie. Pour autant, quelques liaisons régulières depuis le continent sont assurées par avion et ferry. Sur place, le réseau routier est assez bien développé mais il vous faudra louer un véhicule pour découvrir l'île.

- **En avion.** L'aéroport, situé à 18 km de Myrina, assure des liaisons quotidiennes avec Athènes (45 min) et plusieurs fois par semaine avec Thessalonique (55 min). Elles sont opérées par Olympic Air/Aegean Airlines. L'aéroport est accessible uniquement en taxi ou en voiture (20 min de route environ).
- **En bateau.** En saison, Lemnos est reliée quasiment quotidiennement avec le port du Pirée (traversée env. 20h !) par la compagnie Blue Star Ferries. La liaison avec Athènes est plus rapide depuis le port de Lavrio (traversée env. 10h), par les catamarans rapides de la compagnie Seajets. Lemnos accueille aussi des ferries réguliers en provenance de Kavala (traversée env. 3h30). Ils desservent au passage d'autres îles de l'ensemble nord-égéen, notamment Chios, Lesbos et Agios Efstratios.
- **En voiture.** Pour découvrir l'île, pas d'autre moyen que de louer une voiture ou un scooter car les bus KTEL ne desservent que très rarement quelques villages d'intérêt à Lemnos. A l'aéroport et/ou au port, adressez-vous à Holiday Car Rental - www.holiday-lemnos.gr - tél. +30 22540 23280.

KASTRO ★★

Ouvert tous les jours, de 9h à 21h. Entrée libre.

Impossible de rater la silhouette du *kastro* : cette citadelle imposante est l'une des plus impressionnantes forteresses égéennes ! Elle est construite à partir du XIIe siècle par les Byzantins et achevée par les maîtres successifs de l'île (Vénitiens, Génois et Ottomans). Son promontoire mérite le coup d'œil et quelques efforts, mais la vue d'en haut est splendide. Privilégiez la montée tôt le matin ou en fin d'après-midi pour éviter les grosses chaleurs. Vous aurez peut-être la chance d'apercevoir les jolies biches qui habitent la colline, en toute liberté.

MUSÉE ARCHÉOLOGIQUE

Navarchou Kountourioti
✆ +30 22540 22990
Ouvert tous les jours sauf le mardi, de 8h30 à 15h30 en saison. Entrée 3 €.

Entièrement rénové, réagencé et rouvert en 2018, ce musée est logé dans une belle demeure néoclassique sur le front de mer, derrière la plage de Romeikos Yalos. Les vitrines sont superbement présentées, avec des panneaux explicatifs qui permettent de suivre la chronologie des pièces exposées, en fonction des sites où elles ont été trouvées. Vous y verrez notamment une collection intéressante et bien présentée d'objets en céramique et de pièces de monnaie. Le musée est petit mais charmant. Un film intéressant est aussi projeté dans la première salle.

HOTEL POSEIDON €

14 Sofokleous
✆ +30 22540 23982
www.poseidonlemnos.gr
Chambre double à partir de 60 € en été, avec le petit-déjeuner.

L'hôtel Poseidon, simple et sans chichis, est situé à côté de la plus célèbre plage de Myrina, Romeikos Gialos : un plus pour qui veut s'échapper rapidement à la plage, sans prendre la voiture. Il abrite une vingtaine de chambres spacieuses et bien équipées (réfrigérateur, télévision...). Elles sont toutes dotées d'un balcon privatif. Pour la vue sur mer, demandez ou espérez une chambre au dernier étage. L'ensemble ne propose pas une personnalité esthétique forte, mais c'est agréable, propre et confortable. Au final, un bon rapport qualité-prix.

AMMOTHINES ET FARAKLO ★★

Le nord de Lemnos réserve bien des surprises géologiques. Parmi elles, ne manquez pas les dunes de sable d'Ammothines, d'impressionnantes collines sablonneuses du côté de la plage de Gomati (à moins de 20 km de Myrina). Ces paysages rappellent plus le Sahara ou les déserts de la péninsule arabique qu'une île grecque ! Plus à l'est (25 km de Myrina), le parc géologique de Faraklo est d'une beauté saisissante, avec ses formations volcaniques aux silhouettes tout en rondeur et ses couleurs chaudes. L'ocre rouge de la roche tranche avec le bleu de l'Égée.

PLAGES ★

© JIRI VAVRICKA - SHUTTERSTOCK.COM

Aux abords directs de Myrina, vous trouverez de très belles plages de sable, idéales pour toute la famille. L'option la plus pratique reste Romeikos Yalos, dans Myrina même. Sinon, en direction du nord, vous pouvez vous aventurer sans risque jusqu'aux belles plages d'Avlonas (2,5 km) et d'Ayios Ioannis (7,5 km). En direction du sud, les plages de Plati (3 km) et de Thanos (6 km) sont également de très agréables options. Toutes ces plages comportent une zone organisée avec transats et parasols et une zone non organisée, ce qui permet à tous d'y trouver son compte.

NEFELI €

Au-dessus de la plage de Romeikos Gialos.
✆ +30 22540 23551
www.nefeli-lemnos.gr
Chambre double à partir de 80 € en saison, avec le petit-déjeuner.

Tout confort, comme à la maison, avec télévision, wifi, coin canapé... Cet élégant complexe d'appartements est situé juste au-dessus de la plage de Romeikos. Une bonne idée pour des familles. Les installations comprennent un bar, une salle de loisirs, deux salons et un grand café en plein air, où l'on peut savourer un café et des boissons tout en admirant le coucher de soleil magnifique. Les appartements sont en bois et en pierre, conformément à la tradition des maisons du village. Chaque appartement comprend deux pièces, un salon, et une cuisine équipée.

ARHONTIKO €€

Sachtouri et Filellinon
✆ +30 22540 29800
www.arxontikohotel.gr
Chambre double à partir de 120 € en été, petit-déjeuner compris.

Ce petit hôtel de charme, datant de 1851, est un petit bijou à Myrina. Mais les chambres y sont rares (trois, seulement...). Élégamment meublées, avec du mobilier ancien, elles ne font pas l'impasse sur le confort moderne. Dans le cœur du village, près du marché, et à 50 m des plages, vous commencerez chaque journée avec un délicieux petit-déjeuner grec dans la salle à manger traditionnelle, comprenant du miel de thym, du fromage local et des gâteaux et des confitures faits maison. Faute de place, vaut mieux réserver bien en amont ou tenter sa chance hors saison.

LIMNOS EXPERIENCE €€

18-19 rue Poseidonos
✆ +44 20 8780 0025
limnos-experience.com
Chambre double à partir de 120 € en saison, sans le petit-déjeuner. Minimum 2 nuits.

Il existe deux bâtiments distincts : la Beachfront Villa est située sur la mer et la plage de Tourkikos Yialos juste au-delà du vieux port, offrant des vues panoramiques sur l'Égée et la citadelle, tandis qu'en face, la Townhouse est une maison historique située côté ville. Ces maisons peuvent être louées entières, ou en chambres et appartements individuels. La décoration des chambres confortables est pensée avec goût : une adresse de charme, où l'on retrouve tous les éléments d'un boutique-hôtel bien tenu, à l'accueil chaleureux et professionnel.

MAN-TELLA €

Sardes
✆ +30 22540 61349
mantella.gr
Ouvert tous les jours, sauf mardi, de midi à 23h. Comptez 15 € par personne.

Cette taverne savoureuse est située à environ 10 km de Myrina, dans le village de Sardes. On vient ici pour les excellentes viandes locales, notamment l'agneau de Lemnos mais également des plats plus rustiques dont on a moins l'habitude. Les deux spécialités locales sont le ragoût de coq, accompagné de *flomaria*, les pâtes aux œufs faites main typiques de Lemnos et le ragoût de lapin aux oignons. Il faut parfois réserver pour être sûr de les déguster, en haute saison. Prenez le temps de déambuler dans ce village préservé pour une balade digestive après le repas.

© MIRISEK - ISTOCKPHOTO

Port de Myrina.

O PLATANOS €

Sachtouri

✆ +30 22540 22070

Ouvert tous les jours, sauf dimanche, de 11h à 19h. Comptez 15 € par personne.

Un bon signe ici : la majorité de la clientèle est grecque et le restaurant n'a pas besoin d'ouvrir le soir. Quelques tables ombragées par deux gros platanes attendent tranquillement les visiteurs sans rabatteur. Ici, les plats du jour (soutsoukakia, gemista et autres moussakas) partent très, très vite. Nous y avons goûté probablement un des meilleurs pasticio de l'île. A qui est la recette ? Mystère... On devine que l'établissement, ouvert depuis le siècle dernier, a vu défiler quelques générations. Vraiment un excellent rapport qualité-prix.

ROMEO €

4 Navarchou Kountourioti

✆ +30 22540 22622

www.romeo-lemnos.com

Ouvert tous les jours en saison, de midi à 2h du matin. Comptez 15 € par personne.

On aime ce restaurant pour son emplacement absolument idéal, au bout de la jetée de Myrina : dominées par le rocher du *kastro* et en contrebas de la petite église Agia Paraskevi, les tables qui s'étalent là jouissent d'un décor de carte postale. La vue sur la baie et le port de Myrina offre un touchant paysage, en contraste des sévères fortifications. Au-delà du décor, la cuisine livre tous les classiques habituels, relativement bien préparés, notamment les spaghettis au homard, la spécialité des lieux. En journée, on apprécie l'ombre des tamaris.

TAVERNA TZITZIFIES €

6 Argonafton

✆ +30 2254 023756

www.taverna-tzitzifies.gr

Ouvert tous les jours, de midi à 23h30 en saison. Comptez 15 € par personne.

Si vous poussez votre promenade du front de mer un peu plus vers le nord, en dépassant Romaïkos, vous arriverez dans cette taverne familiale, détendue, et surtout les tables posées sur le sable. En quittant le centre de Myrina, on remonte un peu dans le temps avec des coutumes comme on les aime. Ici, on peut choisir ses plats du jour dans la cuisine de la maman de l'autre côté de la rue (salades, boulettes de viande, délicieuses feuilles de vigne...). Ouvert toute la journée, l'endroit est aussi idéal pour prendre un verre ou un café entre deux ploufs.

BARBOUNAKI €€

Sur la baie de Agios Ioannis

✆ +30 22540 62810

barbounaki-lemnos.business.site

Ouvert tous les jours en saison, de midi à minuit. Comptez 25 € par personne.

Cette charmante adresse étale ses tables sur la plage, et jusque sous les rochers que domine la petite église d'Aghios Ioannis tou Prodomou, à environ 8 km au nord de Myrina. On y déguste de délicieux poissons frais, grillés comme il faut, et autres produits de la mer, la spécialité de la maison. A accompagner d'aubergines savoureuses (au maquereau ou au poulpe) et de *fava* de Lemnos. Le cadre est réellement enchanteur, particulièrement romantique en fin de journée, face au soleil couchant à l'ouest. Sans oublier la qualité de la cuisine, qui est au rendez-vous.

O GLAROS €€

Sur le port.

Ouvert tous les jours, de midi à minuit en saison. Comptez 25 € par personne.

C'est l'un des restaurants de poisson de référence. Au bout de la jetée, l'établissement jouit d'une vue extraordinaire sur la mer et sur le fort à la nuit tombée. Heureusement, la carte, simple, est à l'avenant. Du poisson du jour, évidemment, et, souvent, du homard à prix raisonnable, mais aussi des spécialités locales mijotées. Signe assez rare pour être signalé : l'endroit propose une sélection (de pâtes notamment) de plats sans gluten. Il faut y aller surtout le soir : quand le kastro est éclairé, le cadre est merveilleux.

KONTIAS

Kontias

En quittant Myrina vers Moudros, une dizaine de kilomètres avant Nea Koutali, vous pourrez vous arrêter dans ce village authentique et préservé, dardé de maisons de pierre, de moulins à vent abandonnés et entourés de pins. Si la population est ici relativement modeste, ses belles bâtisses témoignent d'un riche passé. L'une de ses belles maisons de pierre abrite une galerie d'art contemporain réputée, la Gallery of Contemporary Balkan Art (www.pinakothikikondia.gr - ✆ +30 22540 51425). À proximité, la plage de sable d'Evgati vous permettra de vous rafraîchir.

RIZA €€

✆ +30 22540 29519

Ouvert tous les jours en saison, sauf le lundi, 13h-minuit. Comptez 30 € par personne.

Loukas Mailer et Akis Bletsogiannis ont transformé ce *kafeneion* traditionnel en une adresse gourmet, dans les ruelles de Myrina. Ils connaissent la qualité unique des produits de Lemnos qu'ils travaillent admirablement en cuisine : ils préparent et récoltent eux-mêmes jusqu'aux essentiels que sont le pain, le sel, les herbes (thym, câpres, origan), ainsi qu'olives et fromages. Le résultat : une cuisine simple et authentique, de haute qualité, agrémentée de saveurs locales. Le menu change tous les jours, avec un accent mis sur les plats de poissons.

MARTHA €

✆ +30 22540 92236

Ouvert tous les jours midi et soir, en saison. Comptez 15 € par personne.

Ouverte depuis 1960, cette taverne est incontournable. Tout le monde s'arrête ici déjeuner chez Martha, une véritable petite institution locale. Sous une véranda encombrée de pots de fleurs, vous dégusterez moules, poissons frais, et d'excellentes viandes locales, en particulier un délicieux agneau aux aubergines. En plus des moules, des spaghettis au homard et du poisson frais, vous trouverez également de très bonnes casseroles et autres ragoûts. La plupart des produits utilisés sont tirés des mers et des terres lemniennes.

NEA KOUTALI

Construit par des réfugiés d'Asie Mineure, ce petit port et village, entre vert et bleu, est aussi réputé pour sa gastronomie. Testez notamment ses moules, sous différentes formes, dans ses tavernes. Vous trouverez aussi partout le souvenir d'un certain Panaghis Koutalianos : la légende locale raconte que le père de ce célèbre lutteur était un enfant du pays. Les habitants lui ont élevé une statue. Il se raconte qu'il pliait des barres de fer comme si c'était un jeu d'enfant ! A 10 km, arrêtez-vous à Kontias, vous pourrez faire une pause dans ce village authentique et préservé, dardé de maisons de pierre et de moulins à vent abandonnés entourés de pins.

SAN ALLOTE €

Kontias

✆ +30 22540 51240

Ouvert tous les jours en saison, 11h-minuit. Comptez 15 € par personne.

Les tables de cette jolie taverne traditionnelle sont agréablement installées à l'ombre de mûriers, dans le village préservé de Kontias. On y déguste une cuisine authentique, notamment les boulettes de viande de la maman, la spécialité la plus réputée du menu. Mais n'hésitez pas à goûter d'autres mezzes, notamment en provenance de la mer : le *saganaki* de moules est particulièrement réussi, grâce à la fraîcheur des moules locales. Ne ratez pas l'occasion de goûter également aux fromages traditionnels de Lemnos, dont le *melichloro* et le *kalathaki*.

MOUDROS

Deuxième port de Lemnos, ce village de pêcheurs n'a pas énormément de charme, même s'il n'en est pas dénué. C'est surtout une étape avant de prolonger sa route vers sa baie protégée. Refuge idéal pour les bateaux, Moudros a servi jadis, en 1915, de base alliée pour la désastreuse campagne de Gallipoli. Le cimetière des victimes, à proximité, en témoigne. Avec le début de la guerre des Balkans, Moudros devint une légende. Un amiral, Pavlos Kountouriotis, s'y installa pour les opérations de sécurité du golfe, avec deux victoires navales, à Elli le 3 décembre 1912, et à Lemnos le 5 janvier 1913, ce qui renforça la domination grecque dans l'archipel.

HOTEL ETHALEIA €€

Fanaraki

✆ +30 69443 55755

www.ethaleia.gr

Chambre double à partir de 100 € en saison, avec le petit-déjeuner.

Ce petit hôtel de charme promet un séjour détente sur la baie de Fanaraki, au sud de Moudros. La dizaine de chambres et la suite offrent toutes une vue splendide sur la mer : le coucher du soleil y est exceptionnel. Avec leur architecture en pierre, les chambres sont joliment décorées et proposent tout le confort nécessaire. Sans oublier le petit déjeuner bio fait maison, un vrai atout préparé à partir de produits locaux. Les chambres disposent toutes d'un balcon sur mer et peuvent accueillir jusqu'à deux adultes et deux enfants, l'idéal pour un séjour en famille.

VAROS VILLAGE HOTEL & RESIDENCES €€

Varos

✆ +30 22540 31729

Chambre double à partir de 100 € en saison, petit-déjeuner en supplément (15 €).

Cet ensemble est situé non loin de l'aéroport (les vols sont rares), dans le beau village de Varos, à 8 km de Moudros. C'est une option confortable, qui allie modernité des aménagements avec architecture traditionnelle, rénovée dans le respect des lieux. Le bâtiment principal abrite un restaurant et une piscine qui ravira les familles avec enfants. Les chambres sont réparties dans plusieurs structures (dont l'ancien café du village), plus ou moins éloignées de ce point central.

TO KYMA €

✆ +30 22540 71333

www.kymalemnos.gr

Ouvert tous les jours, 10h-minuit en été. Comptez 15 € par pers. Chambre double dès 50 € en été, petit-déjeuner 7 €.

Facile à trouver, la taverne du petit hôtel To Kyma est l'un des seuls établissements du genre sur le port paisible de Moudros. La population locale l'appelle Tzitzivakos, du nom de famille du propriétaire. A la salle de restaurant patinée par les ans, on préférera la cour ombragée de tamaris. Au menu : poisson, moules à la vapeur, casseroles et autres ragoûts. Une carte assez classique par ailleurs : un restaurant honnête où l'on a plaisir à faire une petite halte. Les chambres, vue sur mer ou vue sur jardin, proposent un bon rapport qualité-prix.

ENNOIA PO'CHS €€

Lychna

✆ +30 22540 71742

Ouvert tous les jours pour le dîner, à partir de 17h et sinon pour des snacks dès midi. Comptez 25 € par personne.

Prévoyez de faire un détour vers cette table étonnante, dans le village de Lychna. Cet ancien kafeneio datant du début des années 1900 a été transformé en un bistrot gastronomique proposant des versions modernes de plats insulaires, à base d'ingrédients locaux. Parmi les classiques, on peut citer la fricassée de pêcheurs, la pieuvre rôtie aux petits oignons au vinaigre et sa purée d'œufs ou l'agneau rôti avec ses artichauts au vinaigre. Réservation nécessaire en soirée, pour manger à la carte sur le patio. Sinon carte réduite et café sur la place du village.

PEZOULA CAFÉ

place Iroon

✆ +30 22540 71059

Ouvert tous les jours de 8h à minuit en saison.

Ce très joli café est une adresse à ne pas rater dans Moudros. On y déguste un délicieux petit-déjeuner couleur locale avec des *lalangites*, beignets de Lemnos servis soit sucrés, avec du miel, soit salés, avec du fromage local et de l'origan. Goûtez également le croque-madame lemnien, le *kaplamas*, servi avec du *melichloro* local sur du pain spécial de Lemnos, le *mavragani*. De quoi découvrir plusieurs saveurs traditionnelles de Lemnos, à acheter dans le coin épicerie. En soirée, on vient pour l'apéritif : la carte des vins fait la part belle aux étiquettes locales.

KAMINIA

Kaminia, grâce à sa taverne Andreas, est une halte agréable pour visiter le site de Poliochni, l'une des plus anciennes cités néolithiques de la mer Égée et la première implantation connue sur l'île de Lemnos. Fermé pour travaux à l'été 2022, le site archéologique devrait rouvrir prochainement : n'hésitez pas à appeler avant de passer pour vérifier. À quelques centaines de mètres au sud de Poliochni, la longue plage de Kokkinovrachos est une vaste étendue de sable, parfois exposée au vent mais très agréable. Elle tient son nom du rocher rouge qui ferme la baie au nord. Vous y trouverez un *beach bar* à l'ambiance très détendue et quelques parasols en début de plage.

KONTOPOULI ★

S'il connut un fort développement jusqu'au début du XXe siècle, le village abrite aujourd'hui de belles maisons à l'abandon. Le nom Kontopouli pourrait venir des mots « proche » (*konda*) et « ville » (*polis*). C'est en effet à côté, dans la baie de Bournias, que se trouvent les ruines de la cité antique d'Hephaïsta où était vénéré le dieu Héphaïstos : la légende veut qu'il vécut enfant à Lemnos et y apprit la maîtrise du feu. Kontopouli donne également accès à des sites naturels d'exception, dont la zone marécageuse d'Alyki, préservée par le label Natura 2000 et où vivent des flamants roses, et des plages ventées où l'on pratique le kitesurf et la planche à voile.

L'île de Lemnos.

SITE DE POLIOCHNI ★★

Poliochni

✆ +30 22540 91249

Fermé pour travaux en 2022, réouverture prévue en 2023 : se renseigner. Entrée : 3 €.

C'est l'un des plus anciens villages mis au jour en Europe et la plus ancienne implantation connue dans l'île. Fondée au néolithique, vers 4500 av. J.-C., la cité connut sa phase de prospérité à l'âge de bronze et disparut vraisemblablement après un séisme. Son plan d'urbanisme, visible dans les restes de fondations et de fortifications, suggère une forme précoce d'organisation sociale et urbaine. La cité doit son développement au rôle prépondérant qu'elle a joué dans le commerce entre les îles du nord-est égéen, l'Asie mineure, le continent grec et les Cyclades.

HEPHAISTA ET LES CABIRES ★

Ouvert tous les jours, sauf mardi, de 8h30 à 15h30 en saison. Entrée 3 €.

À l'époque classique, l'antique cité d'Héphaista, la plus importante de l'île, est dédiée à Héphaïstos, le dieu du feu et de la sidérurgie. Les fouilles du site archéologique d'Hephaistia ont été menées par l'École italienne d'archéologie et ont mis au jour des traces d'une habitation quasi continue entre l'âge de bronze tardif et l'époque byzantine. Une nécropole du VIIIe s. av. J.-C. illustre l'importance de la cité à l'époque archaïque. Le sanctuaire de la Grande Déesse fut en activité jusqu'au VIe s. av. J.-C., avant d'être détruit : des vestiges du bâtiment central sont conservés, sur deux niveaux. A proximité, d'importants fours à poterie de la période hellénistique ont été excavés (IIe-Ier s. av. J.-C.) mais c'est surtout l'impressionnant théâtre de la même période qui retient l'attention. Il a connu des modifications à l'époque romaine. Côté mer, au sud-est du théâtre, des restes d'habitations byzantines sont encore visibles.

Au nord d'Héphaista, hors des murs de la cité, se situait le sanctuaire des Cabires, divinités chtoniennes dont on ne sait pas grand-chose, et auxquelles était rendu un culte à mystères, comme au Sanctuaire des Grands Dieux de l'île de Samothrace. Ce sanctuaire est l'un des plus anciens du monde égéen : il fut fondé à la fin du VIIIe s. av. J.-C. et fut un centre important de culte jusqu'à la fin de l'époque romaine, ce qui témoigne d'une pratique particulièrement longue de ce culte ancien. Ne manquez pas de descendre à la grotte de Philoctète, accessible par un petit sentier.

PLAGES

On peut aller se baigner dans les environs à Neftina, Zematas et Keros, où se trouve un très étonnant camping, tenu par des surfeurs qui proposent de dormir dans des tentes safari de luxe ou dans un minibus Volkswagen ! Mais comment résister à cette plage de sable blanc et aux eaux cristallines ? Assez longue pour que l'on ne s'y sente pas trop serré, elle ne croule pas non plus sous les beach bars (mais avec juste ce qu'il faut pour trouver son café et son soda). Plage familiale en sus, car elle n'est pas profonde trop vite.

SURF CLUB KEROS €€

✆ +30 69441 56679

www.surfclubkeros.com

Plusieurs types de tentes à partir de 100 € pour deux. Petit-déjeuner en supplément (12 €).

Ouvert en 2008, le premier club de windsurf, kitesurf et wingfoil de Lemnos est devenu un spot incontournable en Grèce. Depuis, l'équipe a ouvert le premier « glamping » (glamour camping) de Grèce : les tentes safari de luxe, ultra aménagées, sont en voie d'être intégralement renouvelées (pour les options L et XL). En 2023, c'est donc un glamping encore plus luxueux qui verra le jour, avec des services restauration également revus et corrigés (restaurant et Tiki Bar). Cinéma en plein air, tente spa, et service impeccable complètent le tableau de cette option verte.

KEROS BLUE LUXURY €€

✆ +30 697 6732211

https://kerosblue.com

Chambre double à partir de 125 € en saison, petit-déjeuner inclus.

Cet établissement situé à 300 m de la plage de Keros a ouvert ses portes en 2020. Avec une vingtaine de chambres doubles et appartements, c'est une option de charme pour tous ceux qui souhaitent profiter de la région, notamment des activités nautiques de Keros. En effet, l'hôtel dispose de son propre centre de kitesurf et wingfoil, le KBC, aux moniteurs professionnels et à l'équipement de qualité. Côté hôtel, les maisonnettes de pierre sont agréables, un peu isolées pour les amateurs de calme. Un très bon petit-déjeuner est servi dans le petit café-restaurant.

GIANNAKAROS €

Dans le port de Kotsinas.

✆ +30 2254 041744

Ouvert tous les jours, de midi à minuit en saison. Comptez 20 € par personne.

Sea, beach and tavern… L'adresse nous avait été renseignée par notre hôtelier à Moudros : tout d'abord, vous pouvez nager et profiter du soleil, dans les eaux cristallines de la plage de sable… Ce patio est situé juste à côté de l'eau avec une belle vue sur la baie et les collines. Côté carte, que des classiques et une cuisine familiale. Accessoirement, c'est l'endroit idéal pour regarder le coucher du soleil… La vue sur le port et jusqu'au fort est charmante. La nourriture est typique et les portions sont généreuses. Le service est chaleureux.

Kontopouli.

AGHIOS EFSTRATIOS CHORA - ΧΩΡΑ

Bienvenue à Aghios Efstratios !
Cette « capitale » sera votre base si vous aimez la randonnée, les plages désertes, la solitude et les expériences linguistiques. Ici, le dico franco-grec est vraiment indispensable… En 1968, un séisme a détruit l'unique village d'Aghios Efstratios. La junte militaire l'a fait reconstruire d'une manière peu esthétique. On retrouve l'histoire tragique de cette île-prison qui a servi de lieu de déportation à différents régimes dictatoriaux depuis les années 1930 au petit Musée de la démocratie (mouseiodimokratias.gr - tél. +30 22540 93440). L'île a toutefois de beaux paysages si vous aimez la marche et quelques plages isolées propices au camping. Le réseau routier est quasi inexistant : pour ces pistes, il faudra prévoir d'arriver avec un 4x4. Protégée par le label Natura 2000, la côte découpée de l'île abrite quelques moines phoques de Méditerranée, espèce en danger.

Transports

Attention, on le redit : Aghios Efstratios est difficile d'accès ! L'aéroport le plus proche est celui de Lemnos, l'île voisine. C'est d'ailleurs le plus souvent en excursion depuis Lemnos que l'on découvre Aghios Efstratios : il s'agit effectivement de la liaison la plus rapide, à seulement 1h20 de traversée en ferry. Sinon, d'Athènes, l'île est accessible deux fois par semaine depuis Lavrio (8 heures de traversée) avec Hellenic Seaways (hellenic-seaways.gr). Depuis Kavala, deux liaisons hebdomadaires avec Hellenic Seaways (5 heures de traversée), qui dessert au passage l'île de Lemnos.

DOMATIA €

Chambre double à partir de 50 € en saison, sans le petit-déjeuner.

Il est un peu difficile de se loger à Agios Efstratios : les chambres sont rares, la plupart du temps un ou deux studios aménagés par des locaux qu'il faut appeler par téléphone en amont, notamment pour le mois d'août. L'offre manque mais voici quelques numéros à retenir :

- **Maison Ile** est une pension récemment aménagée, et idéalement située : +30 693 4276550 - maison-ile.business.site
- A côté, **Paradisis Studios**, tenus par m^me Stavroula, sont d'une simplicité basique mais suffisante pour un court séjour : +30 22540 93229 - www.paradisis-studios.gr

TAVERNES ET CAFÉS €

Ouverts tous les jours en saison, de 9h à minuit. Comptez 15 € par personne.

Ce n'est pas à Aghios Efstratios que vous vivrez l'expérience gastronomique d'une vie, c'est certain. D'autant que les options sont rares : il y a deux tavernes sur le front de mer (Jimmy's et Artemonas), qui servent de bons plats maison, tout ce qui a de plus classique, et du poisson frais selon les arrivages. Les cafés sont un peu plus nombreux (Omiros Café, Café Velia, To Steki) sur le front de mer et il arrive qu'ils servent quelques snacks et gourmandises ou de quoi prendre le petit-déjeuner (un toast au jambon à accompagner d'un jus d'orange, guère plus).

© YIANNISSCHEIDT - SHUTTERSTOCK.COM

L'île d'Aghios Efstratios.

LESBOS ET CHIOS

L'histoire des îles de Lesbos, Chios et Psara est irrémédiablement tournée vers l'Asie Mineure et les côtes turques qu'elles touchent du doigt. Pour le meilleur - et parfois pour le pire - ces îles ont tiré de cette proximité des richesses inégalées. Situées sur les routes maritimes de commerce entre les terres anatoliennes, la mer Noire, les îles du sud égéen et les côtes libyennes et égyptiennes, ces îles sont connues pour leurs flottes marchandes. Elles sont aussi réputées pour leurs produits agricoles qui ont amené à la fois richesses et convoitises de divers occupants ou pirates, à travers les siècles. Ces îles ont aussi traversé de grandes tragédies dans la période moderne, avec notamment les massacres ottomans de Chios et Psara, pendant l'insurrection grecque (il faut attendre 1912 pour que ces îles soient rattachées à la Grèce). Puis avec l'arrivée de réfugiés pendant la Grande Catastrophe de 1922, et dans les années récentes.

Lesbos et Chios
Gülpınar
Behram
MITHYMNA
PETRA
Mandamados
Agia Paraskevi
SIGRI
SKALA KALLONI
LESBOS
Kólpos Kallonís
Eresos
SKALA ERESSOU
MYTILINI
Agiasos
Polichnitos
Pappados
PLOMARI
GRÈCE
TURQUIE
LESBOS ET CHIOS
Mer Égée
Karaburun
Yaylaköy
PSARA
PSARA
Agrelopo
Inousses
VOLISSOS
Sykiada
CHIOS
VRONTADOS
Balıklıova
AVGONYMA
CHIOS
Tchesmé
KAMPOS
MESTA
Karaköy
OLYMPI
Flatsia
PYRGI
20 KM

●● LESBOS - ΛΕΣΒΟΣ

Avec ses quelque 1 630 km² et ses 83 000 habitants, Lesbos est aussi appelée Lesvos ou Mytilène, du nom de sa capitale. Située à 5 km de la Turquie, la troisième île de Grèce (après la Crète et Eubée) échappe souvent aux itinéraires touristiques. Devenue malgré elle l'un des ports d'entrée et de campement des migrants en Grèce, elle pourrait en décourager certains, à tort. En effet, l'île ne manque pas de charmes et la solidarité locale qui s'est développée donne lieu à des trésors d'hospitalité, malgré la fatigue de tous les habitants (locaux et exilés) et malgré l'image que les informations peuvent parfois relayer.

Cette île parsemée d'oliviers et de pins est la patrie de grands poètes qui ont chanté ses mérites au fil des siècles, depuis l'antique poétesse Sappho, au prix Nobel de littérature Odysseas Elytis. On y trouve aussi des délices gastronomiques dont le meilleur ouzo de Grèce, le Plomari.

Parmi les sites incontournables, la ville de Mytilène bruisse d'une activité culturelle dynamique et Skala Eressos vaut le détour pour ses très belles plages : terre de naissance de Sappho, le village accueille chaque année un pèlerinage lesbien en provenance du monde entier. Le village de Varia offre deux promenades culturelles de choix : le musée Theophilos, consacré aux œuvres du grand peintre populaire grec, et le musée Tériade avec une collection de lithographies de Picasso, Miro, Chagall… Enfin, les ruelles de Molyvos (Mithima) semblent tout droit sorties d'une carte postale.

Île aux paysages variés, Lesbos compte deux golfes profonds et deux sommets à plus de 900 m d'altitude. Au-delà de ses plages, les trésors naturels de l'île nous viennent de sa géographie unique : elle conserve en effet des traces de son passé volcanique avec une forêt pétrifiée d'arbres fossilisés il y a 20 millions d'années et aujourd'hui labellisée Géoparc de l'Unesco, tandis que ses zones marécageuses sont devenues des refuges ornithologiques uniques en Europe, à la faune préservée.

MYTILINI ★★

La capitale de Lesbos, l'agréable Mytilène, est une ville vibrante qui n'a pas besoin du tourisme pour vivre toute l'année. Les étudiants de l'Université de l'Égée arpentent ses rues, les terrasses de café ne désemplissent pas, la vie culturelle bat son plein… Il faut se frotter à la vie locale dans les anciennes ouzeries, admirer ses rues à l'architecture éclectique, se rendre dans ses musées pour apprécier la richesse de Mytilène.

SKALA KALLONI ★

Au fond d'un golfe profond, le petit port de Skala Kalloni est réputé pour ses sardines pêchées localement. On y pratique aussi l'ornithologie, dans les marécages préservés des environs, protégés par le label européen Natura 2000. En saison, la petite station balnéaire prend des airs désuets.

PETRA

MITHYMNA ★★

Soyez d'ores et déjà prévenus : on parle indistinctement de Mithymna (Méthymne en français) ou de Molyvos. Il s'agit du plus joli village de Lesbos. Dominé par sa forteresse incontournable, le village historique est encore très bien conservé aujourd'hui. On s'y promène agréablement dans des ruelles fleuries.

SKALA ERESSOU

PAGES

SIGRI ★★

172

Le petit port de Sigri, situé au nord-ouest de Lesbos, est un coin charmant où la vie coule sans heurts. A proximité, la forêt pétrifiée est classée Géoparc mondial par l'UNESCO. On la découvre dans le musée d'histoire naturelle, à l'orée du village et dans le parc lui-même, où subsistent quelques troncs calcinés il y a 20 millions d'années.

PLOMARI ★

173

Plomari est la capitale grecque - et donc mondiale ! - de l'ouzo. C'est ici que fut inventée et perfectionnée la distillation de cette boisson alcoolisée, à base d'anis. Dans cette région couverte d'oliviers, on visite le petit port, on se baigne sur les plages environnantes et on découvre l'histoire de l'ouzo dans d'anciennes distilleries.

●● CHIOS - ΧΙΟΣ

174

Avec ses 842 km² et ses quelque 50 500 habitants à l'année, Chios est une île d'une richesse inégalée dans l'ensemble nord-égéen. Sa géographie unique offre des paysages diversifiés, montagneux dans le centre, sauvages au nord, fertiles au sud et à la côte découpée de dizaines de plages et criques.

Le grand port naturel de Chios-Chora fait face aux terres turques qui se profilent tout près : la ville de Çeşme est à seulement 9 milles nautiques de la capitale chiote. L'histoire de l'île est particulièrement intéressante, et a marqué Chios de mille manières plus ou moins heureuses.

On retrouve aujourd'hui les traces de l'occupation génoise (XIVe - XVIe s.) dans les villages médiévaux de Kampos et de Mastichochoria, celle des Ottomans dans la capitale, l'héritage byzantin au monastère Nea Moni, joyau inscrit au Patrimoine mondial de l'UNESCO, la présence des Anciens vers Vrontados, patrie légendaire d'Homère… Il faudrait un guide à part entière pour lister les trésors naturels et culturels de Chios : une chose est sûre, un séjour n'y suffira pas pour découvrir cette île splendide.

Si la population fut massacrée en 1822 par les Ottomans, donnant lieu à une vague d'indignation en Europe qui lança le mouvement des Philhellènes en soutien aux insurgés grecs, l'île vécut des vagues de richesse successives, notamment nourries par l'agriculture foisonnante et exceptionnelle de l'île.

Ainsi, Chios bat au rythme de la culture des agrumes et, surtout, du lentisque pistachier, qui produit une résine précieuse, le mastic, dont la zone de Mastichochoria a le monopole. Le tourisme balnéaire n'y est pas la première source de revenus mais les initiés savent que Chios est la perle du nord-Egée et y reviennent d'année en année. Venez donc découvrir les mille richesses d'une île à part.

188

●● PSARA - ΨΑΡΑ

Psara est une petite île de 40 km² pour tout juste 420 habitants, loin des radars touristiques. Assez mal desservie par la mer, et peu développée en termes d'infrastructures, elle est tournée vers la marine plus que vers le tourisme : Psara la fière ne cherche pas à attirer les visiteurs... qui le lui rendent bien ! Rares sont les vacanciers qui débarquent sur ces côtes, même au cœur du mois d'août. Il est vrai que Psara ne sera pas du goût de tous : les rares plages accessibles ne sont jamais bondées, mais sont très ventées, les quelques terrasses de l'unique village sont presque désertées, les événements et sites culturels sont quasi inexistants et les paysages arides sont plutôt hostiles. Pour autant, l'île-héros sacrifiée pour l'indépendance face aux Ottomans est connue de tous les Grecs et amateurs de grande Histoire. En effet, l'île a longtemps bénéficié de son emplacement unique à mi-chemin sur la route de la mer Noire : elle a tiré de grandes richesses de sa marine marchande, pilotée par des capitaines et armateurs de renom. Au moment où la guerre d'indépendance éclate en 1821, Psara met sa marine au service de la révolution, au même titre que les îles saroniques de Spetses et Hydra. Parmi les exploits des marins insurgés de l'île, l'Histoire retient ceux de Constantin Kanaris, devenu par la suite plusieurs fois Premier ministre de la Grèce indépendante. L'habile et téméraire Kanaris se fit connaître par ses opérations de sabotage contre les Ottomans : en juin 1822, il réussit à couler le navire amiral de la flotte ottomane, à Chios. Les représailles sont terribles et en juin-juillet 1824, l'île de Psara est totalement détruite : une grande partie de la population est massacrée, l'autre est envoyée en esclavage, les maisons sont rasées, l'ensemble bombardé. Une partie des femmes se suicident avec leurs enfants pour éviter de tomber aux mains des Ottomans : on raconte qu'elles se jetèrent depuis la colline de Mavri Rachi. Ce sacrifice est toujours glorifié aujourd'hui sur une île qui aime se faire discrète et qui cache bien ses trésors.

188

PSARA CHORA - ΧΩΡΑ

La première chose qui frappe le visiteur, c'est le calme. L'absence de voitures et le rythme ralenti de la vie quotidienne créent une ambiance décontractée, d'un autre temps. Sans surprise, en raison de la taille de l'île, c'est un port très isolé…

Île de Psara.

MYTILINI ★★

Bienvenue à Lesbos !
Port principal et capitale de l'île, Mytilène est construite sur des collines plantées d'oliviers et de pins. La forteresse génoise des Gattilusi qui domine le port capte immédiatement l'attention du visiteur. Siège de nombreuses administrations et de l'Université égéenne, la ville vibre toute l'année, tirée par un dynamisme étudiant et culturel foisonnant plus que par le tourisme.
Entre la rue Ermou, principale artère commerçante où se situait le bazar, et la colline du Kastro se trouve un vieux quartier pittoresque qui garde les traces de l'occupation ottomane. Vous verrez ainsi la mosquée Yeni Tzami, construite au XIXe siècle, malheureusement en besoin urgent de rénovation, et le hammam Tsarsi, à nouveau ouvert à la visite récemment. Les environs conservent une activité commerçante historique, avec différentes échoppes d'artisanat ou brocantes. Ailleurs, frontons, colonnes ou petites tours ornent les belles demeures bourgeoises de Mytilène et témoignent de sa richesse accumulée à la fin du XIXe siècle : promenez-vous dans les rues de la capitale, notamment dans le quartier de Kioski qui s'étale en contrebas du Kastro, et admirez les maisons néoclassiques ou au style dit bavarois qui font partie intégrante de l'identité architecturale de Mytilène. Si la ville moderne est construite en amphithéâtre autour de la partie sud du port, la cité antique conserve quelques restes de son mur d'enceinte polygonal près d'Aghia Kyriaki, dans la partie nord du port. Un grand écart historique et géographique pour une ville qui a gardé les marques d'une histoire particulièrement riche ! Prenez le temps de la découvrir et de vous mêler aux résidents dans l'un des nombreux cafés traditionnels et ouzeries qui égrènent les rues et sont le cœur de la vie locale.
Mytilène bénéficie d'une offre culturelle et muséale dynamique. On visite les beaux musées archéologique et byzantin, avant de se rendre, à environ 5 km au sud, dans le village de Varia qui abrite deux musées incontournables et uniques en Grèce : le musée d'art moderne Tériade et le musée Théophilos.
Enfin, la plage de Tsamakia est une large baie agréable à 10 minutes à pied de la place Sappho, où vous pourrez vous rafraîchir.

Transports

Mytilène sera votre porte d'entrée sur l'île de Lesbos et certainement votre point de départ pour découvrir le reste de l'île. Elle est plutôt bien connectée au continent et aux autres îles de l'ensemble nord-égéen, et dispose d'un large réseau routier, en bon état. Compte tenu de la taille de l'île et de son faible réseau de transports publics, il faudra louer une voiture pour découvrir ses trésors et rayonner en toute liberté.

En avion. L'aéroport est à 8 km au sud de Mytilène. Toute l'année, il reçoit plusieurs vols quotidiens d'Athènes et de Thessalonique, opérés par les compagnies Aegean Airlines/ Olympic Air et Sky Express. Des bus font la navette régulièrement entre l'aéroport et la place Sappho, en ville.

En bateau. Le port de Mytilène est relié 2-3 fois par jour au Pirée, toute l'année, par la compagnie Blue Star Ferries (traversée 12h en moyenne), marquant parfois une escale dans le port de Sigri, au nord-ouest de l'île. Il existe aussi des liaisons régulières avec le port de Kavala (traversée env. 7h) opérées par Hellenic Seaways et le port de Thessalonique (traversée env. 8h30) opérées par Blue Star Ferries et Seajets (rapides). La plupart de ces ferries desservent également les îles alentour de Lemnos, Chios, Samos et Ikaria. Ces liaisons se font plus fréquentes encore en saison. Enfin, le port d'Ayvalik, en Turquie, est relié tous les jours (traversée 1h30) par les ferries de la compagnie Turyol. En saison, le port de Plomari est relié deux fois par semaine à Izmir, en Turquie (traversée 2h45).

En bus. La gare routière KTEL se trouve au niveau du parc Agia Irini (5 rue Ilia Iliou - www.ktel-lesvou.gr - +30 22510 28873). Les bus longue distance desservent les villes et villages principaux de l'île, mais de manière peu régulière et encore moins souvent le week-end. En ce qui concerne les bus de ville, la station principale se situe sur la place Sappho.

KASTRO

En saison, ouvert tous les jours sauf mardi, 8h30-15h30. Entrée 3 €.

L'imposante forteresse byzantine a été agrandie au XIVe siècle par les Génois Gatelouzo, puis par les Ottomans à partir du XVe siècle. Aujourd'hui, on admire seulement trois ensembles qui datent encore de la construction byzantine d'origine : une porte byzantine au nord des murs, le mur oriental de la fortification centrale et le réservoir situé au centre du château. En été, le *kastro* est souvent le théâtre de manifestations artistiques. C'est un populaire lieu de promenade, au milieu des pins. La vue sur Mytilini et les côtes turques est splendide.

MUSÉE ARCHÉOLOGIQUE DE MYTILÈNE ★

Angle des rues Skra et 8-Novembre
✆ +30 22510 40223
http://odysseus.culture.gr
Ouvert tous les jours sauf mardi, de 8h30 à 15h. Entrée : 4 €.

Ce beau musée se répartit en deux ailes : l'ancien musée (actuellement fermé à la visite) est situé dans une élégante demeure du début du XXe siècle, tandis que le nouveau musée date des années 1990 et détaille la vie à Lesbos entre le IIIe s. av. J.-C. et le IVe s. de notre ère. Ne pas manquer les belles mosaïques de la villa romaine de Ménandre. On y voit aussi des statuettes votives découvertes sur le sanctuaire de Déméter et des stèles avec des représentations de repas funéraires.

MUSÉE BYZANTIN

place Aghiou Therapontos
✆ +30 22510 28916
www.ebmm.gr
Ouvert du lundi au samedi de 9h à 13h. Entrée 2 €.

Le musée abrite une jolie collection d'icônes de la période byzantine, collection commencée en secret par le prédécesseur de l'archevêque Kleomvrotos qui la trouva en 1958. Il fit ouvrir le musée en 1978, en face de l'église Saint-Thérapon, avec son dôme incontournable, qui présente une architecture typique du style éclectique qui prévalait à la fin de XIXe siècle. À l'exception de la collection permanente d'icônes, les visiteurs pourront voir des portes sculptées en bois, des vêtements liturgiques précieux, des manuscrits et des objets sacrés de rituel.

MUSÉE TÉRIADE ★★

Varia
✆ +30 22510 23372
www.museumteriade.gr
Ouvert du lundi au vendredi de 10h à 18h et le samedi de 11h à 16h. Entrée 3 €.

L'imposant musée Tériade célèbre cet enfant du pays qui a quitté l'île à 18 ans pour Paris. Tériade ou Stratis Eleftheriadis (1897-1983), éditeur-mécène, a légué une riche collection de dessins de Le Corbusier, Picasso, Léger, Chagall, Matisse, Miró et Villon ainsi que des copies de manuscrits médiévaux et des œuvres du peintre Theophilos. Ces lithographies, gravures, dessins à l'encre, estampes sur bois et autres aquarelles sont exposés sur deux étages. Une collection étonnante et d'une richesse unique. Les cartels et explications sont en français.

MUSÉE THEOPHILOS ★

Varia
✆ +30 22510 41644
Ouvert en semaine de 8h30 à 14h30 et le week-end de 9h à 13h30. Entrée : 3 €.

Le musée rend hommage à Theophilos, peintre dit naïf, né ici en 1873. Cette modeste demeure abrite quelque 90 œuvres du peintre primitif, qui a illustré avec brio l'histoire grecque et le folklore local à travers ses toiles touchantes. Vous pourrez vous initier ici à son travail, à travers une belle exposition de ses œuvres les plus caractéristiques. Theophilos a vécu très pauvrement et c'est seulement après sa mort, en 1934, que son talent a été reconnu à sa juste mesure, notamment par l'entremise du mécène Tériade. Son travail fut exposé au Louvre en 1961.

LESBOS ET CHIOS

Port de Mytilini.

LESVION €

27a rue P. Kountouriotou
+30 22510 28177
www.lesvion.gr
Chambre double à partir de 80 € en été, avec le petit-déjeuner.

Cet hôtel situé sur le front de mer est devenu un incontournable à Mytilène, vu le manque d'offre hôtelière locale. C'était déjà un établissement très correct avant qu'il ne ferme à l'hiver 2023 pour une grande rénovation générale. Il rouvrira pour la saison estivale 2023, et il est encore difficile de savoir quelles auront été les améliorations apportées mais si l'on se base sur l'expérience des dernières années, il y a fort à parier que le confort et le service seront encore au rendez-vous, avec certainement une augmentation des prix. A suivre donc.

PORTO LESVOS HOTEL €

21 Komninaki
+30 22510 41771
www.portolesvos.gr
Chambre double à partir de 60 € en saison, avec le petit-déjeuner.

Ce petit hôtel est au cœur du centre historique de la ville. Juste derrière le front de mer, et à quelques minutes de l'arrivée des ferries, ce bâtiment centenaire a été soigneusement restauré. Il propose une option hébergement pratique et conviviale, avec un buffet de petit-déjeuner tout à fait correct. Les chambres sont simples, mais propres et confortables, et celles qui sont situées à l'étage jouissent de la vue sur mer ou sur la citadelle génoise : n'hésitez pas à préférer cette option. Situé près de la place Sappho, il offre un bon rapport qualité-prix.

THEOFILOS PARADISE €€

7 rue Skra, Hatzidimitriou Park
+30 22510 43300
www.theofilosparadise.gr
Chambre double à partir de 100 € en saison, avec le petit-déjeuner.

Cet agréable boutique-hôtel est situé au cœur du beau quartier de Kioski. Hôtel de charme, il représente un excellent compromis entre mer et ville, situé à 300 m de la plage de Tsamakia Beach et autant de la place Sappho. Les quelque 20 chambres sont réparties entre un bâtiment restauré datant de 1912 et des ailes modernes. L'ensemble est organisé autour d'un jardin central et de pièces communes luxueuses. La villa ancienne est élégante, mais on appréciera le confort moderne, notamment la piscine et le bar sur le toit, ainsi que le sauna et le hammam.

O ERMIS €

2, rue Kornarou
+30 22510 26232
Ouvert tous les jours en saison, de 9h30 à minuit. Comptez 15 € par personne.

Sympathique ouzerie près de l'ancien port de l'île et cuisine grecque traditionnelle goûtée et approuvée par les locaux ! La fava (purée de pois cassés crémeuse) y est exceptionnelle, tout comme les anchois marinés, le poulpe cuit au vin, les sardines, les boulettes de viande et le très savoureux *tyrokafteri* (attention, c'est du fromage épicé) et de nombreuses autres spécialités bien cuites. Excellents mezzés en général et, bien sûr, une belle carte d'ouzos et de vins macédoniens. En été, il sert dans une cour. Vivant, cela peut devenir très bruyant !

ANTONIS OUZERI €€

Taxiarhes Kagiani
+30 22510 61951
Ouvert tous les jours de 13h à minuit, en saison. Comptez 15 € par personne.

A environ 7 km au sud de Mytilène, et moins de 2 km à l'ouest des musées Theophilou et Tériade, cette ouzerie est une adresse à garder en tête. Perchée sur les hauteurs au-dessus de Mytilène, la ville entière s'étale à vos pieds depuis la terrasse suspendue. Voici une belle halte gastronomique, à flanc de colline, qui reçoit ses habitués en toute simplicité, avec une vue sur la Turquie en prime. Les boulettes de viande à l'ouzo et au cumin sont savoureuses. Des produits frais, une cuisine authentique, familiale, et un accueil extrêmement chaleureux.

TAVERNE KALDERIMI €€

2 Thasou
+30 2251 046577
Ouvert tous les jours, de 9h à minuit en saison. Comptez 15 € par personne.

Arrêtez-vous dans cette sympathique taverne près du front de mer et de la place Sappho. Les quelques tables aux nappes brodées sont très prisées des locaux, et ce depuis 1960. La petite taverne est située dans une allée à l'écart de la rue Ermou, à l'ombre d'une tonnelle. On y vient pour déguster tous les « classiques » de la cuisine grecque et locale. Laissez-vous tenter par une variété infinie de mezzes, parmi lesquels de délicates sardines grillées, spécialité de Lesbos, ou encore du poulpe cuit au vin, le tout à arroser d'un ouzo local, bien évidemment.

SKALA KALLONI ★

Ce petit port de pêche, blotti au fond du golfe de Kalloni, est encore largement préservé : on y pratique la pêche à la sardine. Devant les jolis caïques, quelques tavernes servent ce poisson-phare de Lesbos, à déguster juste salé. La préservation des marécages de Kalloni, refuge ornithologique exceptionnel, a permis à Lesbos d'obtenir le label européen Natura 2000 sur l'ensemble de la zone du golfe de Kalloni. Ce remarquable écosystème attire les observateurs d'oiseaux du monde entier lors des grandes migrations. Un tour au musée d'histoire naturelle propose des expositions pédagogiques sur la faune et la flore des lieux (www.lesvosbirds.gr).

IMERTI RESORT HOTEL €

✆ +30 22530 28028

www.imerti.gr

Chambre double à partir de 70 € en été, petit-déjeuner compris.

Complexe familial bien équipé, situé dans un environnement verdoyant en retrait du front de mer, ce petit resort offre un accès facile à la plage ainsi qu'à toutes les activités touristiques et sportives des environs. Chaque chambre dispose d'un balcon, et les clients peuvent profiter de la piscine et du bain à remous à l'extérieur. Structures prévues pour les enfants également. Sorties et cours de plongée, balades à vélo, randonnées : l'hôtel affiche une philosophie écologique et a mis en avant ses installations et services pour décrocher des labels « verts ».

POSTE D'OBSERVATION DES OISEAUX DE KALLONI ★

La baie de Kalloni est une destination privilégiée pour étudier les oiseaux, notamment au lieu-dit Agia Paraskevi, dans les marécages au sud de Skala Kalloni, où la municipalité a érigé quelques postes d'observation. Les visiteurs viennent surtout à Lesbos au printemps (de début avril à fin mai), pour observer la migration estivale des oiseaux en provenance d'Afrique, où ils ont passé l'hiver, vers l'Europe, où ils vont se reproduire au printemps et en été.

O MIMIS €

✆ +30 22530 22113

Ouvert tous les jours en saison, de 9h30 à minuit. Comptez 15 € par personne.

Une des tavernes de poissons comme on les aime, légèrement en retrait du port de pêche de Skala Kalloni. Sur la place, les chats attendent les restes avec patience tandis qu'on se délecte de la carte : du poisson frais du golfe de Kalloni, dont bien évidemment des sardines de Kalloni (en août) et de l'agneau à la broche ou du *kontosouvli* (gros morceaux de viande à la broche) ainsi que casseroles et ragoûts. On apprécie s'attabler dans un coin calme de la place, ouzo en main, pour patienter comme les chats alentour, l'eau à la bouche...

Skala Kalloni.

PETRA

La légende dit qu'Achille fit escale ici avec sa flotte pendant la guerre de Troie. Ce village balnéaire du nord de Lesbos doit son nom à son étrange rocher surmonté de l'église Panaghia Glykofiloussa (XVIIIe s.), accessible par plus de 100 marches taillées dans la roche. Ces dernières années, la station balnéaire a connu un grand développement touristique boosté par l'attrait de sa longue plage, ce qui change un peu son caractère. Vous pouvez visiter la demeure seigneuriale Vareltzidaina, à la structure ottomane préservée, pour vous faire une idée de la richesse des lieux au XVIIIe s. (ouverte tous les jours sauf mardi 8h30-16h en saison, entrée 3 €).

© YIANNISSCHEIDT - SHUTTERSTOCK.COM

Petra.

COOPÉRATIVE FÉMININE DE TOURISME RURAL €

✆ +30 22530 41238

www.lesvos-travel.com

Chambres doubles à partir de 50 € en saison, sans le petit-déjeuner. Comptez 15 € par personne à la taverne.

En 1998, 25 femmes se sont unies pour faire revivre leurs recettes traditionnelles, donner vie à d'anciennes saveurs et en tirer bénéfice. Depuis, elles ont ouvert une taverne sur les toits, offrant une jolie vue et des plats savoureux, à des prix bon marché. Cette coopérative féminine de tourisme rural propose aussi des chambres dans des maisons traditionnelles à des prix très raisonnables, toutes situées dans un périmètre proche du centre de Petra. Une initiative à soutenir !

ALMA LUXURY RESORT HOTEL €€

Avlaki ✆ +30 22530 41100

www.almahotel.gr

Chambre double à partir de 90 € en saison, petit-déjeuner inclus.

Construit sur une colline verdoyante du côté d'Avlaki, à moins de 2 km à l'ouest du centre de Petra, ce complexe propose quelque 60 chambres très bien équipées. Activités sportives, piscines, plage tout près et vue panoramique, le tout dans un cadre arboré en surplomb de la mer. Toutes les chambres, modernes, sont entièrement équipées pour vous offrir un séjour confortable et relaxant. L'espace et la décoration sont attentifs à ce que l'expérience client soit baignée de tranquillité. Enfin, le service est professionnel et attentionné.

LITTLE BIRD LESVOS €€

Avlaki

✆ +30 22530 42217

www.littlebirdlesvos.com

Chambre double à partir de 120 € en saison, sans le petit-déjeuner.

Une très belle adresse, qui change un peu des *resorts* qui ont vu le jour dans les environs de Petra pour répondre au tourisme local. Ici, on privilégie la qualité sur la quantité : les quelques chambres et villas ont été pensées dans le souci du détail et du confort. Situé en surplomb de la mer, au calme et un peu isolé sur une colline à 2,5 km à l'ouest du centre de Petra, il vous faudra une voiture pour venir ici. Sur place, l'agréable Bird café est ouvert à tous, et propose de délicieux brunchs *healthy*, autour de la piscine à débordement, vue sur mer.

SUNSET HOTEL €€

✆ +30 22530 41003

www.sunset.gr

Chambre double à partir de 90 € en saison, avec le petit-déjeuner.

Cet établissement agréable est situé un peu à l'écart du village, mais à seulement quelques minutes à pied de la fameuse plage de sable de Petra. De quoi profiter du calme, loin des foules estivales, dans un cadre joliment arboré. Les familles apprécieront la proximité de la plage mais également la piscine. Les chambres sont spacieuses et confortables, d'une propreté impeccable. Une taverne, un café et un service de location de voiture satisferont les besoins essentiels sur place. Enfin, le service chaleureux et professionnel est vraiment appréciable.

MITHYMNA ★★

Mithymna (ou Molyvos) est – sans exagération – l'un des plus beaux villages de Grèce. Bien préservé, il est connu pour ses ruelles étroites et maisons en pierre aux balcons fleuris, en surplomb de la plage. Bâti en amphithéâtre sur une colline rocheuse dominée par l'immanquable forteresse byzantine, ce village attachant est riche en demeures classées du XVIIIe s. Avec ses couchers de soleil spectaculaires et ses petites rues pavées, Molyvos ressemble à un décor d'un autre temps. Sur la côte nord, les bains d'Eftalou (à 4,5 km) et le petit port de Skala Sikamineas, avec sa jolie chapelle Panagia Gorgona (à 14 km) offrent des cadres enchanteurs, à découvrir depuis Molyvos.

AMFITRITI HOTEL €

✆ +30 22530 71741
www.amfitriti-hotel.com

Chambre double à partir de 70 € en saison, avec le petit-déjeuner.

À 50 mètres de la plage principale, cet hôtel traditionnel, un peu perdu dans la verdure, offre un cadre romantique et de nombreux services. L'établissement propose 33 chambres modernes (avec climatisation et réfrigérateur) et surtout une grande piscine et un beau jardin. Le personnel est agréable et l'emplacement calme de l'hôtel est un vrai plus ! Accessoirement, si vous aimez les projections en plein air, le cinéma d'été Cine Arion est situé à deux pas : en saison, y sont projetés des films internationaux en langue originale.

CHÂTEAU DE MOLYVOS ★★

Ouvert tous les jours, sauf le mardi, de 8h30 à 15h30. Entrée : 3 €.

Incontournable, l'imposante silhouette de la citadelle domine les alentours sur plusieurs kilomètres. Construit à l'époque byzantine sur le site d'une antique cité éolienne, le château défensif occupait une position stratégique pour contrôler le cap nord de Lesbos et les navires en route pour l'Asie mineure. Au XIVe s. les Génois Gattelusi prennent possession des lieux et renforcent le site, comme les Ottomans après eux. L'entrée se fait par l'impressionnante porte principale en empruntant une longue série de marches : la vue depuis ces hauteurs est spectaculaire.

SEA HORSE HOTEL €

Sur le port
✆ +30 22530 71320
www.seahorse-hotel.com

Chambre double à partir de 70 € en saison, avec le petit-déjeuner. Séjour de 3 nuits min.

Cette ancienne maison de pierre installée sur le port de pêche de Molyvos a été rénovée il y a une dizaine d'années et offre quelques chambres, dans un très joli cadre. Les chambres doubles et familiales sont classiques et sans prétention, mais confortables et agréables, ne serait-ce que pour la localisation idéale et charmante. Préférez les options avec vue sur mer depuis le balcon. Au rez-de-chaussée, le restaurant vaut aussi le détour et vous pourrez demander conseil également à l'agence de tourisme Faonas qui détient l'hôtel pour vos activités et visites.

Molyvos, sur l'île de Lesbos.

DELFINIA HOTEL €€€

Sur la plage
✆ + 30 22530 71315
www.hoteldelfinia.com
Chambre double à partir de 160 € en saison, petit-déjeuner inclus.

Gros complexe de 125 chambres, avec possibilité de louer des bungalows un peu plus chers. Situé dans un environnement arboré, ce grand hôtel est pensé pour un séjour serein : service professionnel, accès direct à la plage de galets, avec transats et parasols pour les clients de l'hôtel et piscine avec vue sur le château et le village de Molyvos. Vous n'aurez besoin de penser à rien ! Les autres activités possibles comprennent des infrastructures de sports nautiques et un terrain de tennis. Les chambres, grandes et agréables, ont toutes un balcon, vue sur mer.

OCTOPUS RESTAURANT €

Sur le port
✆ +30 22530 71317
octopusrestaurant.gr
Ouvert tous les jours en saison, de 10h à 00h30. Comptez 15 € par personne.

Jolie taverne au bord de la jetée dont on vante… le poulpe. Mais la réputation n'est pas usurpée. Quasiment quarante ans d'expérience et d'histoire feront toujours la différence. Au bord du quai, vous trouverez ici d'excellents poissons frais grillés, cuits à la demande (si vous voulez que votre poisson soit servi sans huile ni sauce au citron, n'hésitez pas à le demander). Des plats de fruits de mer et des viandes plus classiques (casseroles et ragoûts de saison, ainsi que viandes grillées). Carte des vins intéressante. Bon et pas cher !

TAVERNE VAFIOS €

Vafios
✆ +30 22530 71752
vafios.com
Ouvert tous les jours en saison, de 11h à 23h. Comptez 15 € par personne.

Cette taverne traditionnelle est installée dans le petit village de Vafios, dans l'arrière-pays de Molyvos que l'on distingue depuis la grande terrasse ombragée. Sous les oliviers, on profite de la vue panoramique sur l'Égée et le coucher du soleil en soirée. Les recettes préparées ici poursuivent une longue tradition familiale. Parmi les spécialités : le *giouvetsi* de veau servi avec de petites pâtes, les *chilopites*, l'agneau rôti farci au riz, raisins secs et écorces d'orange ou encore de nombreux mezzes végétariens, dont les *sougania*, oignons farcis. Un délice.

SKALA ERESSOU

La poétesse Sappho serait née ici, en 630 av. J.-C. Aujourd'hui, chaque année en septembre, des milliers de femmes LGBTQ+ viennent en pèlerinage sur la petite plage de Skala Eressos, en hommage à celle qui vanta l'amour lesbien et qui était considérée comme la dixième muse par Platon. Hormis les deux semaines que dure le Festival international des femmes, ce village en bord de mer affiche une ambiance calme et décontractée, où la vie coule tranquille. Le petit musée archéologique d'Eressou, installé dans l'ancienne école du village, présente quelques pièces intéressantes, illustrant notamment les rites et coutumes funéraires de la cité antique.

SAPPHO TRAVEL

✆ +30 22530 52140
www.sapphotravel.com
Ouvert tous les jours en saison, de 9h à 14h puis de 18h à 21h.

Cette petite agence de voyages a été ouverte par Jo, une dynamique Anglaise amoureuse de la région et de Lesbos - et très impliquée dans le tourisme lesbien (mais pas seulement). Située à Skala Eressou, l'agence est spécialisée dans l'aide aux femmes voyageant seules ou en couple, notamment dans le cadre du Women's Festival qui se tient tous les ans en septembre, à Skala Eressou justement. Hébergement, visites guidées, excursions thématiques, déplacements sur l'île, organisation de fêtes de mariage… l'agence répondra à tous vos besoins de voyage.

HOTEL GALINI €

✆ +30 22530 53138
www.hotelgalini-lesvos.gr
Chambre double à partir de 50 € en été. Petit déjeuner inclus.

Ce petit hôtel accueillant, rénové récemment, propose 20 chambres coquettes, propres et fonctionnelles, avec télévision et balcon privatif. On retrouve ici une hospitalité familiale avec une cour colorée à l'extérieur, un mobilier un peu vintage dans une ambiance chaleureuse. L'établissement affiche aussi une philosophie écolo : l'électricité provient de l'énergie solaire. Pragmatisme plutôt que militantisme, mais on apprécie. La plage est à seulement 80 m de l'hôtel et les points d'intérêt de Skala Eressos facilement accessibles.

HOTEL KYMA €

✆ +30 22530 53555

Chambre double à partir de 60 € en saison, petit-déjeuner inclus.

Cet agréable hôtel familial est situé sur la jolie plage de Skala Eressou : vous profiterez de la vue sur l'Egée et l'îlot inhabité de la baie depuis les balcons privatifs des chambres. Les chambres sont simples et agréables, d'une propreté immaculée et on apprécie l'accueil, très sympathique. Finalement l'essentiel est là : le son des vagues, l'horizon à l'infini, des chambres confortables et une ambiance conviviale. Bon rapport qualité-prix : n'hésitez pas à réserver à l'avance pour en profiter, notamment en haute saison ou pendant le Festival des Femmes.

HOTEL SAPPHO €

✆ +30 22530 53233

www.sappho-hotel.com

Chambre double à partir de 55 € en été, sans petit-déjeuner.

L'hôtel Sappho a longtemps privilégié les couples lesbiens mais est ouvert à tout le monde. Idéalement situé sur le front de mer, c'est le plus vieil établissement de la plage. Cela se ressent un peu dans la décoration qui manque clairement de charme avec son mobilier basique, mais la localisation privilégiée est un atout indéniable. On séjourne ici les pieds dans l'eau, face à l'horizon ! Sans oublier le rapport qualité-prix qui plaira aux budgets les plus petits. L'agréable snack-bar au rez-de-chaussée participe aussi à attirer le plus grand nombre.

SOULATSO €€

Au bord de la mer.

✆ +30 22530 52398

Ouvert tous les jours en saison, de midi à minuit. Comptez 15 € par personne.

Cette excellente taverne de poisson frais est parfaitement située sur la plage de Skala Eressou. On apprécie la grande terrasse ombragée, avec vue sur la mer Egée et l'horizon. Comme toujours avec le poisson frais : choisissez la bête en vitrine et faites-vous confirmer le poids et le prix avant de passer commander pour ne pas avoir de mauvaise surprise au moment de l'addition. Essayez aussi le *ladotyri*, l'un des produits de l'île les plus réputés : du fromage au lait de brebis et à l'huile. La plupart des ingrédients proviennent des jardins et fermes du coin.

SAPPHO, POÉTESSE GRANDIOSE

Celle que Platon surnomma la Dixième Muse fut l'une des poétesses les plus renommées de l'Antiquité. Née à Erèse, l'actuelle Eressos, vers 630 av. J.-C., elle quitte la petite cité à la mort de son père avec sa famille et s'installe à Mytilène, la capitale de Lesbos. Là, elle épouse un riche propriétaire puis y passera la majeure partie de sa vie, à l'exception d'un bref exil à Syracuse, en Sicile, suite à des conflits entre grandes familles locales. Elle meurt à Mytilène vers 580 av. J.-C.

Dans la ville de Mytilène, elle dirige un lieu de création féminin, la *moisopolon oikia* ou demeure des Muses, où elle forme un groupe de jeunes filles et jeunes femmes dans la pratique des arts lyriques, de la danse et de la poésie. Ce chœur féminin réalise des performances collectives autour de rites musicaux et poétiques, dans un esprit d'indépendance, loin des coutumes de la cité où le rôle de la femme est limité à celui de servir l'homme. Cet esprit empreint de liberté, de créativité et de sororité est à jamais associé à la figure de Sappho.

De son œuvre prolifique, il ne nous reste qu'un poème complet (*Ode à Aphrodite*) et quelques fragments redécouverts grâce aux papyrus d'Oxyrhynque, dans les années 1880 : sans ces trouvailles des archéologues britanniques Grenfell et Hunt en Egypte, le travail de Sappho ne serait peut-être pas parvenu jusqu'à nous. Cette poétesse majeure était notamment connue pour la structure unique de ses strophes, constituées de quatre vers (trois vers de onze syllabes et un vers de cinq syllabes) : on appelle encore aujourd'hui cette forme de versification la strophe saphique.

Dans ce qui nous reste de sa poésie, Sappho chante son amour des femmes et son désir homoérotique – ce qui en fait notamment une muse lesbienne d'aujourd'hui. Elle nous conte ses extases et ses élans amoureux, comme dans ces fragments de son poème *Confidences* : « Tu es venue, tu as bien fait/J'avais envie de toi./Dans mon cœur tu as allumé/Un feu qui flamboie. »

SIGRI ★★

Protégé par une forteresse ottomane et par l'îlot Nissiopi, Sigri est un coin charmant, encore préservé de toute exploitation touristique. Outre la plage du village, vous en trouverez deux autres à quelques kilomètres (l'une à droite, l'autre à gauche), tranquilles et propres. A l'extérieur du village, ne manquez pas le musée d'histoire naturelle et ses espaces d'exposition qui présentent la forêt pétrifiée, classée Géoparc mondial par l'UNESCO. À 6 km de Sigri dans les terres, la forêt pétrifiée est un site particulièrement intéressant de Lesbos : ses arbres ont été recouverts de lave il y a plus de 20 millions d'années.

Sigri.

FORÊT PÉTRIFIÉE DE LESBOS ★

✆ +30 22530 54434

www.lesvosmuseum.gr

Ouvert aux heures du musée en été, à confirmer sur place en appelant en amont. Entrée combinée avec le musée : 5 €.

Site géologique unique, la forêt pétrifiée de Lesvos se divise en plusieurs sites : le parc de Sigri est situé à 6 km du village, et dépend du musée d'histoire naturelle qui gère les lieux en été. Il arrive que le site ferme par manque de personnel, renseignez-vous avant pour ne pas trouver porte close. Cette large zone de maquis a été recouverte de lave suite à une éruption volcanique qui a eu lieu il y a 20 millions d'années. Quelques troncs pétrifiés d'origine sont encore visibles.

MUSÉE D'HISTOIRE NATURELLE DE LA FORÊT PÉTRIFIÉE ★★

✆ +30 22530 54434

www.lesvosmuseum.gr

Ouvert tous les jours sauf lundi, de 8h à 16h en saison. Entrée : 5 €.

En périphérie de Sigri se dresse le passionnant musée d'histoire naturelle de la forêt pétrifiée. Ce complexe pédagogique et moderne a ouvert dans les années 1990. Le parcours déroule l'histoire de la géologie volcanique de l'île, à grand renfort d'échantillons de pierres et de cartes. Mention spéciale aux bûches pétrifiées et aux fossiles de plantes issus des collines environnantes. Une visite à ne pas manquer, notamment en famille : les expositions sont adaptées aux plus jeunes.

ORAMA HOTEL €

✆ +30 22530 54226

www.orama-hotel-sigri.com

Chambre double à partir de 50 € en été, petit-déjeuner en supplément.

Situé à seulement 600 mètres de la plage et 1 km du port, l'Orama Hotel est une petite pension familiale et dispose d'une piscine extérieure avec une belle terrasse. Les chambres doubles et triples sont simples mais entièrement équipées et jouissent d'un balcon privé avec vue sur la mer Egée, idéal au coucher du soleil notamment. Un petit-déjeuner continental est servi dans le coin repas et un bar sert des rafraîchissements en journée. L'ensemble est certes plutôt basique mais fonctionnel et le calme est assuré. Accueil sympathique.

REMEZZO €

✆ +30 22530 54327

A partir de 15 € par personne. Ouvert tous les jours midi et soir.

En contrebas de la forteresse ottomane, au bout du village, cette taverne vous accueille en surplomb de la mer et offre une cuisine simple mais authentique. Ne manquez pas la spécialité : les pâtes au homard. Il est vrai qu'ici on privilégie les produits de la mer et les poissons : tarama, anchois poêlés, calamars farcis frais au fromage... Côté mezzes traditionnels, goûtez les boulettes de viande, ou la salade *dakos* avec tomates, concombre et fromage. Enfin, les *ravani* (gâteaux de semoule au sirop) et les gâteaux aux noix faits maison valent le coup.

PLOMARI ★

Située à environ 40 km au sud de Mytilène, la capitale de l'ouzo a été fondée récemment, au début des années 1840. Jusqu'au début du XXe s., Plomari tire aussi sa richesse de la production de savon et d'huile d'olive. Aujourd'hui, elle est toujours renommée pour ses distilleries, ses oliviers et sa vue plongeante sur les eaux indigo de la mer Egée. La vieille ville a conservé maisons néo-classiques et fontaines de marbre. Elle est construite en amphithéâtre au milieu d'oliveraies et son petit port abrite tavernes et caïques. Il est relié plusieurs fois par semaine au port d'Izmir, en été. Le lieu est pittoresque avec de belles maisons aux cours colorées, et de petites places.

Le village de Plomari.

MUSÉE DE L'OUZO

Distillerie Arvanitis
✆ +30 22520 31450
www.theworldofouzo.gr
Ouvert mardi-samedi, 10h-15h en saison. Visite guidée toutes les heures : 2 €.

C'est ici, dans les oliveraies qui dominent Plomari qu'Isidoros Arvanitis créa l'ouzo que l'on connaît aujourd'hui, en 1894. La distillerie historique a ouvert ses portes au public : vous découvrirez le processus de fabrication de cette liqueur anisée, emblème de Lesbos et de Plomari. Vous verrez la salle de distillation et les alambics traditionnels, ainsi que les méthodes plus modernes d'embouteillage. La visite guidée se termine par une dégustation et vous pourrez évidemment repartir avec de précieuses bouteilles, vendues dans la boutique.

MARIA PLOMARI €

✆ +30 694 2400484
www.mariaplomari.gr
Chambre double à partir de 70 € en saison, avec petit-déjeuner.

Située sur les hauteurs de Plomari, en direction de la plage d'Agios Isidoros, cette pension familiale est une bien belle adresse. On est accueilli par un personnel chaleureux et connaisseur de la région (n'hésitez pas à demander des conseils pour visiter les alentours), dans des chambres coquettes et d'une propreté immaculée. Les petits plus : l'agréable piscine étoilée à l'arrière et la vue panoramique sur Plomari et le coucher du soleil, côté mer. Le petit-déjeuner est réussi et on apprécie l'ambiance générale de cet établissement bien tenu.

PANO STO KYMA €

Agios Isidoros
✆ +30 22520 33160
www.panostokyma.gr
Chambre double à partir de 50 € en saison, sans le petit-déjeuner.

Ce petit ensemble de studios est idéalement situé sur la plage d'Agios Isidoros, la principale plage à proximité de Plomari. L'avantage de ces chambres toutes simples : la proximité directe de la plage, comme l'indique le nom de l'hôtel, qui signifie littéralement « Sur les vagues ». Les studios avec kitchenette offrent tous un balcon privatif, vue sur mer. Confort basique mais l'essentiel est là et l'accueil est très chaleureux. Calme assuré, et repos pour tous, sous les tamaris. Les familles apprécieront la sécurité d'être de plain-pied avec la plage.

ACHIVADA €

Sur le port
✆ +30 22520 31430
Ouvert tous les jours de 11h à minuit, en saison. Comptez 15 € par personne.

Cette petite taverne propose une carte de fruits de mer tout à fait honorable sur la route côtière du village : profitez des tables sur le port pour vous régaler de la vue en mangeant. Les incontournables de la maison sont apparemment les boulettes de poulpe, ainsi que les fleurs de courgettes frites, les sardines salées et les *gavros* (anchois) marinés ou frits. Globalement, vous trouverez ici une cuisine familiale à base de poisson frais et de bonnes viandes, grillées, en casseroles ou en délicieux ragoûts. À accompagner d'un ouzo local, bien évidemment.

CHIOS CHORA - ΧΩΡΑ ★★★

Bienvenue à Chios !
La capitale de l'île est également son port principal, niché au sein d'une ample plaine sur les côtes orientales, face à la Turquie qui se profile à quelques kilomètres seulement. Ici, on sent plus qu'ailleurs que ce coin de l'Égée fut longtemps tourné vers l'Asie Mineure. On aime cette ville vibrante, aux parfums grecs et orientaux, qui vit toute l'année grâce notamment à son université et ses activités agricoles et culturelles. Elle séduit aussi avec ses anciens bâtiments néoclassiques et sa vénérable bibliothèque, ses nombreux cafés et ouzeries le long du front de mer, son quartier ancien du kastro, aux influences juives et ottomanes, ses beaux musées, ses échoppes le long de la rue Aplotaria, rue commerçante centrale où l'on retrouve l'ambiance des bazars d'antan… On vient en ville pour se fournir en délices de Chios, regarder passer le monde depuis une terrasse, admirer le bal maritime du port… En quelques mots : pour se gorger de vie.

Transports

Chios est bien connectée au continent et aux îles alentours, à la fois en avion et en ferry. Sur place, l'île est traversée d'un important réseau routier, en très bon état. Nous vous recommandons de louer une voiture pour en profiter pleinement, même si le réseau de bus est bien développé.

En avion. Les vols intérieurs proposés sont nombreux, avec plusieurs liaisons par jour avec Athènes (environ 50 min.) et Thessalonique (1h). Il existe aussi des liaisons pratiques et intéressantes avec d'autres îles de la région comme Lemnos, Lesbos, Samos et Rhodes (2-3 vols hebdomadaires). Ces vols sont assurés par les compagnies Aegean Airlines/ Olympic Air et Sky Express. L'aéroport est situé à 3km du centre-ville : il est facilement accessible en bus ou en taxi (comptez max. 10 € la course).

En bateau. L'île est reliée tous les jours au Pirée (traversée 7h) avec les ferries Blue Star Ferries ou Hellenic Seaways, qui poursuivent jusqu'à Lesbos tous les jours. Elle est aussi reliée deux fois par semaine avec Kavala (traversée 12h) via Lemnos et Lesbos, direction les îles de Samos et Ikaria dans l'ensemble nord-égéen. Le port principal de Chios est également relié quotidiennement aux îles satellites de Psara et Inousses par des bateaux locaux, respectivement le Psara Glory (traversée 3h45) et Inousses III (traversée 1h). Enfin, en été, l'île est reliée au port turc de Çeşme au moins cinq fois par semaine par des ferries grecs et turcs (1h).

En bus. C'est l'une des îles avec le réseau le plus efficace à la fois pour les locaux et les touristes. La gare routière KTEL est située sur le port (14 av. Egeou - tél +30 22710 24257). Elle permet de relier tous les villages de l'île, avec plusieurs bus par jour. Très pro, elle propose même des formules de billets à la journée intégrant des arrêts dans des villages touristiques, en fonction des départs et correspondances du jour. Les billets s'achètent auprès du conducteur ou à la gare routière.

En taxi. Radio taxi de Chios (tél. +30 22710 4111) : les taxis de l'île desservent la ville et les principaux sites de l'île. Propose également des excursions à la journée Chora-Kampos-Pirgi-Mesta à 22€/personne.

En voiture. Pour découvrir les coins les moins visités de cette grande île aux mille trésors, le mieux sera de louer une voiture. Réserver bien à l'avance en saison, car l'offre ne permet pas de répondre à la forte demande au moins d'août. Aussi, nous ne vous recommandons pas de louer un scooter, à moins de sillonner dans un périmètre restreint : les distances sont grandes et la conduite peut être fatigante. Pour louer une voiture, une adresse de confiance, francophone et très professionnelle : Hatzelenis Tours Rent a Car opère depuis le port de Chios et Karfas et propose la livraison gratuite partout sur l'île (hatzelenistours.gr - tél +30 22710 20002).

MUSÉE ARCHÉOLOGIQUE 🏛 ★★

5 rue Michalon
✆ +30 22710 44239
Ouvert tous les jours sauf le mardi de 8h30 à 15h30. Entrée 3 €.

Ce très beau musée expose une collection particulièrement riche, allant du Néolithique à l'époque romaine. Les temps forts incluent des bases de colonnes en griffes de lion, provenant du temple Apollo à Faná, de nombreuses statuettes et reliefs de Cybèle (une déesse phrygienne) ou encore des miniatures de chat ou faucon en céramique. Certaines figurines viennent vraisemblablement d'un sanctuaire d'Aphrodite. Autre intérêt : un célèbre édit d'Alexandre le Grand destiné aux habitants de Chios et une magnifique collection de poteries préhistoriques.

BIBLIOTHÈQUE KORAIS ★

2 rue Korai
✆ +30 22710 44246
www.koraeslibrary.gr
Ouvert en semaine de 8h à 15h, fermé le week-end. Entrée 2 €.

Cette bibliothèque historique est la troisième de Grèce par le volume et la richesse de ses collections, en faisant un pilier culturel du pays. Elle fut fondée en 1792 grâce aux dons d'Adamantios Korais, un enfant du pays qui passa la majeure partie de sa vie en France (il étudia la médecine à Montpellier, avant de s'installer à Paris en 1788). Pendant le massacre de Chios de 1822, une grande partie des ouvrages de la bibliothèque fut détruite par les Ottomans : Korais renvoya de nouveaux ouvrages, pour certains très précieux, notamment en sciences médicales. Aujourd'hui, la bibliothèque accueille chercheurs et lecteurs dans le beau bâtiment XIXe s. où les collections furent transférées après le séisme ravageur de 1881.

A l'étage, on visite le musée Filippos Argenti, du nom d'un autre riche donateur local. Musée folklorique passionnant, on y découvre des costumes traditionnels chiotes, objets de la vie rurale et agricole, ou encore des gravures historiques qui aident à comprendre l'histoire et la civilisation de l'île à travers les siècles. Les lithographies représentant les costumes de l'aristocratie chiote illustrent dans quelle richesse l'île vécut au fil de son histoire mouvementée. Le musée présente également des portraits de personnalités et donateurs de l'île, ainsi que de nombreuses répliques du *Massacre de Chios* de Delacroix (1824), une peinture très présente sur l'île sous différentes formes, qui a beaucoup contribué à susciter la sympathie occidentale pour la cause de l'indépendance grecque.

KASTRO ★★

Entrée libre au hammam, ouvert tous les jours sauf mardi de 8h30 à 15h30 en saison.

Les murailles de la forteresse abritent les restes des anciens quartiers musulman et juif. Cette citadelle fut le centre de l'administration politique et militaire de l'île et couvre environ 400 m². Construite par les Byzantins vers la fin du Xe siècle, elle est remaniée par les Génois et les Ottomans. L'évêque catholique et les nobles génois habitaient le *kastro*, avant qu'ils ne soient remplacés par les populations juives et ottomanes. De nombreuses églises, dont Saint-Georges, furent transformées en mosquées. Malheureusement, les palais, églises et tours qui ont été mentionnés dans les récits des voyageurs ne subsistent plus, détruits par le tremblement de terre dévastateur de 1881.

Côté sud, il reste de grandes sections des imposants remparts : l'entrée la plus spectaculaire de la citadelle se fait par la Porta Maggiora (1694), derrière la mairie. Elle donne accès au palais Giustiniani, de l'époque génoise, qui abrite aujourd'hui des expositions temporaires.

A l'intérieur du *kastro*, on se balade comme hors du temps, parmi les maisons en partie détruites par les séismes successifs. Malgré les efforts de restauration, l'état général est très délabré mais donne un charme tout particulier aux lieux. Sur la jolie place centrale se trouve un petit cimetière ottoman où ont été enterrés de nombreux dignitaires, dont Pasha Kara Ali. Aujourd'hui, les terrasses de café étalent leurs tables devant ce petit bijou historique. A l'extrémité nord, ne manquez pas de visiter les bains ottomans, ou hammam, magnifiquement restaurés.

Kastro.

MUSÉE BYZANTIN DE CHIOS ★

Place Plastira (anciennement Vounakiou)
✆ +30 22710 26866
Ouvert tous les jours sauf le mardi de 8h30 à 15h30. Entrée : 4 €.

Situé dans l'ancienne mosquée ottomane Mecidiye (XIXe s.), le musée byzantin expose une collection de bas-reliefs et de peintures post-byzantines dans la grande salle centrale. Les pièces maîtresses sont une fresque (1734) de l'église Panagia Krina et des linteaux de marbre de l'époque génoise (XIVe s.). L'entrée abrite une impressionnante reproduction du célèbre tableau de Delacroix, *Le Massacre de Chios*, souvenir d'un des épisodes les plus célèbres et tragiques de la guerre d'indépendance grecque, perpétré contre la population grecque de Chios en avril 1822.

CHIOS CHANDRIS HOTEL €€

Sur le port
✆ +30 22710 44401
www.chioschandrishotel.gr
Chambre double à partir de 110 € en saison, avec le petit-déjeuner.

C'est certainement l'un des grands hôtels les plus confortables de la Chora. Hôtel de standing international, il est idéalement situé en bord de mer, fermant l'extrémité sud-est du port, au niveau de la marina de plaisance. On y retrouve tous les services classiquement proposés dans ce genre d'établissement, avec piscine, restaurant… Récemment rénovées dans un style moderne, les quelque 150 chambres sont dotées d'un balcon privé avec vue sur la ville ou sur la mer (et la Turquie !). Des offres spéciales sont souvent proposées hors saison.

HOTEL KYMA €

1 Evghenias Handri
✆ +30 22710 44500
hotelkyma.com
Chambre double à partir de 70 € en saison, avec le petit-déjeuner.

Si vous recherchez un hôtel idéalement situé dans le centre, offrant de bonnes liaisons de transport vers toutes les parties de l'île et le confort d'un hôtel donnant directement sur la mer Egée, à proximité du port et de la plage de la ville, voilà ce qu'il vous faut. Cette maison néoclassique, construite en 1917, a beaucoup de caractère, comme en témoignent de magnifiques peintures murales historiques. Accueil familial et sympathique dans une maison de caractère remplie d'histoire : c'est ici qu'a été signé le traité avec la Turquie en 1922.

CHIOS CITY INN €€

2 Mitropolitou Platonos
✆ +30 22710 80062
www.chioscityinn.com
Chambre double à partir de 70 € en saison, petit-déjeuner en supplément 10 €.

Vous ne regretterez pas d'avoir posé vos valises dans cet établissement récent, réhabilité et ouvert en 2018. La taille réduite des chambres est largement compensée par la hauteur des plafonds et le soin apporté aux détails et à la décoration. L'accueil des propriétaires est à l'avenant. L'endroit est agréable et également très bien situé, dans le centre et avec une petite vue sur mer. Doté d'une terrasse et d'un bar, l'établissement vous permet de séjourner à moins de 300 mètres du port et à 400 mètres du musée archéologique.

AGORA RESIDENCE €€

48 rue Aplotarias
✆ +30 22711 07184
agoraresidence.com
Chambre double à partir de 90 € en saison, avec le petit-déjeuner.

Ce très bel établissement au cœur de la ville, situé sur la rue centrale d'Aplotaria, propose neuf chambres et appartements de charme, à la décoration réussie. Matières organiques, couleurs neutres ou douces, hauts plafonds et larges fenêtres promettent un séjour lumineux et reposant. Ces chambres au confort moderne ont été aménagées dans un magnifique bâtiment de 1890, résidence historique d'une riche famille d'exportateurs d'agrumes. On apprécie le café, dans la jolie cour arrière, ouvert à tous. Les Chiotes branchés s'y rendent pour le café ou le brunch.

ENDOTERA CHIOS APARTMENTS €€

12 rue Plataion
✆ +30 698 0022360
Appartement à partir de 90 € en saison, sans le petit-déjeuner.

En plein cœur du quartier du *kastro*, cet établissement ouvert tout récemment propose quatre studios et appartements rénovés, dans une maison historique du quartier. L'ensemble est décoré avec goût, dans des matières naturelles qui mettent en avant les pierres et l'architecture d'origine. Tout le confort moderne est également au rendez-vous, avec des équipements de très bon standing (salles de bains, cuisines équipées, literie…). Certainement l'une des meilleures adresses de Chora.

GRECIAN CASTLE €€

6 Leoforos Enoseos
✆ +30 22710 44740
www.greciancastle.gr
Chambre double à partir de 100 € en saison, avec le petit-déjeuner.

En direction de l'aéroport, une belle bâtisse sur le front de mer, à seulement 200 mètres de la plage principale de Chios. L'architecture du complexe est composée de six bâtiments, répliques du style médiéval propre aux villages de Mastichochoria, reliés par des jardins bien entretenus. Calme, presque central et dépaysant. 65 chambres et 4 suites impeccables. Certaines chambres sont petites, mais compensées par de beaux sols de marbre et des boiseries. L'hôtel est un peu excentré sur un beau terrain qui offre une piscine avec vue sur la mer.

ROUSSIKO €

26 av. Egeou
✆ +30 22710 33352
Ouvert tous les jours en saison, de 13h à minuit. Comptez 15 € par personne.

Cette taverne installée sur le front de mer du port de Chios est une institution… au point qu'il est difficile d'y trouver une table en pleine saison. Mais ne vous découragez pas : venez tôt ou tard, et tentez plusieurs fois votre chance s'il le faut. Les tables installées en terrasse se remplissent de joyeuses compagnies d'amis et de familles chiotes qui viennent déguster une cuisine authentique, qui se démarque des autres adresses de médiocre qualité sur la promenade. Vous y goûterez la vraie cuisine chiote, préparée à partir d'ingrédients locaux.

BYZANTIO €

9 Afon Ralli
✆ +30 22710 41035
Ouvert tous les jours, de 7h à 21h. Comptez 15 € par personne.

Une taverne attachante qui n'a rien d'un attrape-touristes finalement. On a apprécié la fraîcheur des plats du jour, à choisir en vitrine. L'endroit est vivant et propose une cuisine classique et familiale au cœur du vieux quartier commençant de la ville. Une référence depuis 1965, sans grand charme mais avec une riche histoire en cuisine. Il ouvre tôt le matin pour les soupes aux tripes notamment (légumineuses et poulet également) et poursuit avec des classiques maison un peu roboratifs, dont l'incontournable moussaka, ainsi que des ragoûts et pâtes.

TO KECHRIMBARI €

7 rue Ag. Anargiron
✆ +30 694 2425459
Ouvert tous les jours sauf dimanche pour le déjeuner et le dîner (fermé entre les deux services). Comptez 15 €/personne.

Ce petit *mezzedopoleio* est une perle à ne pas rater, pour l'authenticité des lieux, la qualité et la fraîcheur des mezzes et l'ambiance décontractée et conviviale. On est loin des restaurants touristiques du front de mer, loin également des tentatives plus branchées du centre-ville. On vient ici en toute simplicité pour partager des dizaines de petits plats, autour d'une bouteille d'ouzo local. Tout est bon mais n'hésitez pas à privilégier les mezzes de la mer, spécialité des lieux : on se régalera de moules fraîches, de fritures de poissons ou de poulpe mariné.

HOTZAS €

3 rue Kondili
✆ +30 22710 42787
Ouvert le soir seulement à partir de 19h, fermé le dimanche. Comptez 20 € par personne.

Un peu à l'écart, sur le hauteurs de Chios, cette petite taverne, un peu cachée dans une superbe cour, est l'une des meilleures adresses de la ville. Et une des plus anciennes : elle a en effet ouvert en 1882 ! Vous trouverez ainsi ici des assiettes uniques inspirées des produits du terroir et des plats classiques de la cuisine de Constantinople, comme les haricots cuits à la purée de mandarine. Les poissons ne sont pas sa spécialité, mais les viandes sont excellentes. Vin « au kilo » et excellents ouzos. Mieux vaut réserver.

VRADIPOUS €

18 rue Agiou Georgiou Frouriou
✆ +30 22710 40607
Ouvert tous les jours sauf dimanche, de 13h à 2h du matin, et le samedi à partir de 20h. Comptez 20 €/personne.

L'une des meilleures adresses de Chios est joliment installée dans les restes d'une maison historique du quartier du Kastro. Ambiance parfaite, notamment en soirée, mais attention les tables sont rares et la demande est très élevée en saison. Pour réussir à s'attabler ici le soir, la réservation en amont est indispensable (et au mois d'août plusieurs jours à l'avance !). L'effort en vaut la chandelle, au-delà du cadre enchanteur, car la qualité est au rendez-vous et les petits plats à partager sont réellement savoureux, à accompagner d'une bière artisanale locale.

BOURTZI

Port nord de Chios
✆ +30 22710 21340
bourtzichios.gr
Ouvert tous les jours en saison, de 9h à 3h du matin.

La pointe du débarcadère qui ferme l'extrémité nord du port abrite le grand café-bar de Bourtzi, un incontournable de la Chora. Ouvert toute la journée pour le café et une restauration légère pas forcément passionnante, les Chiotes y viennent surtout en soirée pour prendre un verre, avec vue sur les lumières de la ville. Le ballet des ferries qui arrivent et quittent le port est impressionnant depuis la grande terrasse : la sensation de flotter est saisissante et donne envie d'ailleurs. Sur l'horizon, les levers de lune sont splendides.

GLACIER KRONOS

2 rue Filippou Argenti
✆ +30 22710 22311
www.pagotakronos.gr
Ouvert tous les jours en saison, de 9h à 00h30.

Ce glacier du centre-ville est devenu une institution en quelques années à peine, et l'on comprend bien pourquoi après une première visite. Les glaces artisanales sont préparées avec soin, et les saveurs varient selon la saison et la disponibilité des fruits et ingrédients. Ne manquez pas les sorbets à la mandarine de Chios ou encore les glaces à l'amande amère de l'île. D'un jour sur l'autre, vous ne retrouverez peut-être pas vos parfums préférés : c'est l'occasion de découvrir d'autres saveurs, à combiner selon vos inspirations et envies du jour.

PASTRY SINNERS

62B rue Aplotarias
✆ +30 22711 02708
pastrysinners.gr
Ouvert lundi, mercredi et jeudi 9h-17h et jusqu'à 21h mardi, vendredi et samedi. Fermé dimanche.

La cheffe-pâtissière Angeliki Throuvala a ouvert ce petit bijou de pâtisserie il y a quelques années, dans un recoin caché de la rue Aplotarias. Pour trouver cette belle échoppe, repérez la fresque murale qui représente une branche d'amandier en fleur sur la petite allée qui longe la banque Attica. Les gourmandises réalisées ici suivent les quatre saisons, et n'utilisent que des produits de qualité, aussi locaux que possible. Au-delà des délicieux gâteaux, vous pourrez acheter des biscuits savoureux, à emporter pour les petits creux en journée.

PIPERORIZA

9 rue Dorotheou Proiou
✆ +30 22711 00490
Ouvert tous les jours en saison, de 8h à 2h du matin.

Ce café est quelque peu caché dans les ruelles à l'arrière du front de mer, du côté de la bibliothèque Korais. Les jeunes branchés de Chios y viennent prendre un bon freddo en journée, partager un brunch copieux ou boire des verres en soirée. On apprécie la terrasse dans la cour intérieure à l'arrière, fraîche en été, ainsi que l'ambiance cosy et conviviale des intérieurs, à la décoration très réussie. Une adresse jeune et dynamique, à l'image d'une ville qui vibre au rythme de ses habitants, plutôt qu'à celui du tourisme saisonnier.

RODI

1 rue Magaziotissis
✆ +30 22710 20069
Ouvert tous les jours en saison, de 8h à 3h du matin.

Ce café-bar est installé sur une allée qui donne sur l'artère centrale de la rue Aplotarias, dans sa partie piétonne. Les tables en extérieur prennent possession de cette jolie allée, tandis que l'intérieur propose une ambiance conviviale, jeune et décalée. Les Chiotes y viennent pour le café en matinée (les tables sont souvent prises d'assaut !) mais également le soir, notamment lorsque des concerts *live* sont programmés. Quelques performances de stand-up sont parfois organisées également. Une bonne adresse, pour vivre au rythme des locaux.

MASTIHASHOP

36 av. Egeou
✆ +30 22710 81600
mastihashop.com
Ouvert tous les jours en saison, de 9h à 22h.

Les boutiques Mastihashop vendent les produits de la coopérative des producteurs de mastic de Chios, la résine reine de l'île. On retrouve cette enseigne un peu partout dans les grands lieux de tourisme, notamment à l'aéroport d'Athènes si vous n'avez pas trouvé le temps de passer à la boutique sur le front de mer, à Chios. Vous trouverez les mêmes produits au musée du mastic de Pyrgi. Huile d'olive infusée au mastic, alcool de mastic, desserts divers, cosmétiques... : de quoi rapporter des cadeaux originaux de vos vacances, et de bons souvenirs.

KAMPOS ★★

Au sud de la capitale s'étend la plaine fertile de Kampos, connue pour la culture des agrumes (mandarines, oranges, citrons, bergamotes...) depuis des siècles. Les grandes familles historiques de Chios ont fait fortune sur l'exportation de ces produits réputés dans l'ensemble de l'Europe. Elles avaient des comptoirs commerciaux dans tous les grands ports européens... jusqu'à ce que la politique agricole de l'Union européenne décide de favoriser les agrumes d'Espagne et ne tue à petit feu un commerce et une activité jusqu'alors florissants. La plaine de Kampos maintient ses arbres et sa culture, mais s'est tournée progressivement vers le tourisme pour faire vivre les grands domaines construits par les Génois, dès le XIVe s. On leur doit l'architecture particulière de ces villas en pierre de Thymiana, pierre locale qui mêle des ocres magnifiques, changeant de tonalité selon la lumière du jour. Cernés de hauts murs d'enceinte, les domaines offrent généralement des structures d'ensemble semblables : des corps de bâtiments massifs aux intérieurs frais, de grands puits permettant un système d'irrigation autonome, et des vergers d'agrumes tirés au cordeau. Le tremblement de terre de 1881 endommagea une grande partie des domaines médiévaux mais certaines villas furent rénovées en ajoutant des styles en vogue à la fin du XIXe s., ce qui donne parfois des mélanges étonnants.

Aujourd'hui, la plupart de ces grandes maisons ont été transformées en maisons d'hôtes de charme : n'hésitez pas à séjourner dans l'une d'elles, car ce sera l'occasion unique de vivre l'architecture médiévale de lieux sinon fermés à la visite et souvent invisibles depuis l'extérieur, du fait des hauts murs d'enceinte. A l'intérieur, vous découvrirez de petits paradis bien cachés, qui rappellent bien plus l'Italie que la Grèce.

La route centrale qui traverse la plaine est assez dangereuse : ne vous y aventurez pas à pied. Inversement, les petites routes secondaires qui mènent aux domaines sont sinueuses et très étroites, a priori pas adaptées à la voiture. Le mieux pour explorer cette zone passionnante : se rendre au Citrus Museum pour découvrir l'histoire des lieux puis séjourner dans l'un des gîtes listés ici et découvrir les environs directs à pied ou vélo. Sur la côte, la station balnéaire de Karfas réserve une longue plage de sable adaptée aux familles.

PERLEAS MANSION €€

Rue Vitiadou
✆ +30 22710 32217
www.perleas.gr
Chambre double à partir de 110 € en saison, avec le petit-déjeuner.

Derrière ses hauts murs de pierre, ce domaine du XVIIe s. offre 8 chambres de charme, au cœur de Kampos. Vous y passerez un séjour unique, entre le verger et la belle cour centrale. Le gérant Vaggelis a passé ces dernières décennies à faire vivre l'esprit des lieux, dans le respect d'un savoir-faire et d'une esthétique faits d'élégance séculaire. A ses côtés, la pétillante Irini, parfaitement francophone, accueille les initiés qui ont le privilège d'entrer dans ce monde préservé. Le petit-déjeuner, préparé par des mains expertes, est délicieusement local et frais.

MUSÉE DES AGRUMES ★

Argentl 9-11
✆ +30 22710 31513
www.citrus-chios.gr
Ouvert tous les jours en saison, 10h-21h. Entrée libre au café et boutique. Entrée musée 3 €.

Le Citrus Museum est situé dans un domaine génois typique de Kampos, dédié à la culture des agrumes. Ne manquez pas de visiter ce petit musée très bien fait, qui retrace l'histoire de la plaine et de ses vergers, notamment sa période glorieuse. Vous découvrirez le rayonnement international des exportations de ces produits de luxe dans toute l'Europe, et au-delà. Un petit film documentaire retrace la fin de la grandeur de Kampos par des témoignages d'anciens qui se souviennent des années fastes. Passionnant. Visitez la boutique avec ses délicieux produits locaux.

© CHIOSPHOTOGRAPHER/SHUTTERSTOCK.COM

Kampos.

GOLDEN SAND HOTEL €

Karfas

✆ +30 22710 32080

www.goldensand.gr

Chambre double à partir de 80 € en saison, avec le petit-déjeuner.

Grand hôtel situé en bord de mer, sur la plage de sable de Karfas, le Golden Sand propose quelque 110 chambres dans un complexe moderne, sur 3 hectares de propriété. Vous n'y trouverez évidemment pas le charme des établissements historiques de Kampos, mais c'est une option plus adaptée aux familles avec enfants notamment. Les chambres sont confortables et spacieuses, avec vue sur mer pour la plupart. La piscine, réservée aux clients, offre une vue magnifique sur la mer. Sur la plage, les clients peuvent profiter des transats et parasols de l'hôtel.

TO BAHARI €

Port d'Aghia Ermioni

✆ +30 22710 32797

Ouvert tous les jours en saison, de midi à minuit. Comptez 15 € par personne.

En longeant la côte au sud de Karfas, vous trouverez des plages agréables et petites stations balnéaires. Une option intéressante pour se baigner et explorer Kampos, non loin. To Bahari est une bonne adresse pour se restaurer, dans le petit port d'Aghia Ermoni. Appréciée des familles, elle est réputée pour ses portions généreuses, sa carte savoureuse et son accueil chaleureux. On apprécie également les volumes des lieux, et la belle vue sur la marina. Le soir, en saison, l'affluence bat son plein à partir de 21h : mieux vaut venir tôt ou réserver sa table.

TO KAPILIO €

Thymiana

✆ +30 22710 32453

Ouvert tous les jours en saison, de 13h à minuit. Comptez 15 € par personne.

Dans le beau village de Thymiana, connu pour ses carrières d'où sont tirées les pierres de construction des domaines de Kampos, cette taverne est un secret bien gardé. Les locaux la fréquentent largement mais les touristes ne l'ont pas encore découverte. Table traditionnelle et familiale, on s'installe dans la cour arrière, sous les beaux arbres, pour déguster une carte aux saveurs locales. Lorsque c'est la saison, ne manquez pas de goûter aux artichauts marinés de la maison. Autres délices simples : la *fava*, particulièrement réussie, et les petites fritures.

PERIVOLI

Dans le Citrus Museum

✆ +30 22710 33202

Ouvert tous les jours en saison, de 10h à 00h30.

Le café du Citrus Museum est un petit havre de paix dans la plaine de Kampos. Dans les chaudes journées d'été, on vient sous la tonnelle pour déguster jus frais, granités et sirops d'agrumes, préparés avec les produits du verger. Quelques gâteaux maison sont également au menu. C'est tout simplement délicieux et on voudrait y passer des jours à se repaître de la sérénité des lieux. Le soir, on prend l'apéritif sur fond de musique douce. Des événements culturels, projections de film en plein air et concerts sont également organisés régulièrement.

PYRGI ★★★

En quittant la ville de Chios vers le sud-ouest, au-delà de la plaine de Kampos, on pénètre dans une région de l'île qui est soumise à un microclimat particulièrement chaud et sec, propice à la culture du lentisque pistachier. Cet arbuste très sensible à la météo ne pousse qu'en cette région d'Europe et produit une résine précieuse, la fameuse *masticha*. Pyrgi est la porte d'entrée de la région de Mastichochoria, un ensemble de villages médiévaux qui ont fait leur fortune sur la culture du mastic. C'est l'un des villages les plus importants de Mastichochoria, et l'un des plus photogéniques, avec ses maisons aux façades décorées de figures géométriques en noir et blanc. Une technique ancestrale de grattage, la *xista*, se maintient aujourd'hui : on lui doit ces décorations, uniques en Grèce. Le tremblement de terre de 1881 n'ayant pas affecté le village, il est quasiment intact aujourd'hui. Prenez le temps de le découvrir aux heures les moins chaudes, et de vous perdre dans ses rues tortueuses. Pour cela, il faudra vous garer à l'extérieur du centre, interdit aux voitures.

L'entrée du village médiéval se faisait jadis par deux grandes et lourdes portes en fer (Kato Porta), qui étaient fermées la nuit pour se défendre contre toute attaque ennemie, les richesses de la région étant largement convoitées. La structure de ces fortifications est attribuée aux Génois mais préexistait, probablement dès le XIe siècle. La tour principale comprenait trois niveaux avec des bastions et des fenêtres à arcade, le tout sur une hauteur de 18 m. Aujourd'hui, on se balade dans des ruelles étroites, parfois sous des arcades de pierre sombres, et l'on admire des églises anciennes, dont l'église byzantine d'Aghi Apostoli (XIVe s.), construite sur le modèle du *katolikon* du monastère Nea Moni et qui présente de magnifiques fresques.

Pyrgi, au-delà de son témoignage architectural unique, est entouré de lentisques pistachiers. On traverse ces paysages à part pour rejoindre l'incontournable musée du mastic, à environ 2 km au sud-est. En poursuivant dans cette direction, vous pouvez également rejoindre la côte afin d'allier culture et baignade. Ainsi, la jolie plage d'Emborios, à 6 km, est située en contrebas du site archéologique de l'ancienne colonie ionienne (VIIIe s. av. J.-C.), avec ses fortifications et son temple d'Athéna (VIe s. av. J.-C.). Non loin, ne manquez pas l'étonnante plage de galets noirs de Mavra Volia.

EMPORIOS BAY €

Plage d'Emborios
✆ +30 22710 70180
www.emporiosbay.gr
Chambre double à partir de 55 € en saison, petit-déjeuner en supplément 8 €.

Pour profiter des plages du sud, vous pourrez opter pour Emborios comme base. Ce petit complexe est une excellente option, tout près des tavernes du front de mer et à moins de 10 minutes à pied de la magnifique plage de galets noirs de Mavra Volia. Ses studios disposent d'une agréable kitchenette, pratique pour prendre son petit-déjeuner en terrasse. La piscine ravira plutôt les familles. Sinon, l'endroit est très professionnel et propose moult services (location de voitures, documentation...). Accessoirement, il est desservi par un arrêt de bus.

Vieille ville de Pyrgi, Chios.

MUSÉE DU MASTIC DE CHIOS ★★

A Rachi (Tepeki).
✆ +30 22710 72212
Ouvert tous les jours, sauf le mardi, de 10h à 18h en saison (sinon 17h). Billet : 4 €.

L'histoire du mastic de Chios se dévoile dans un bâtiment moderne aux larges baies vitrées, construit sur un vaste terrain dont 5 000 m² sont recouverts d'arbres à mastic. Le musée a pour objectif de présenter les traditions et la culture liées à la récolte du mastic, qui ont été inscrites par l'UNESCO sur la Liste représentative du patrimoine culturel immatériel de l'humanité en 2014.

Ce beau musée, bien intégré au milieu des lentisques pistachiers, est une visite incontournable pour découvrir ce qui a fait la richesse de Chios depuis des siècles et la spécificité de la vie dans les villages de Mastichochoria. Ouvert depuis 2016, il présente les techniques traditionnelles de culture du mastic et l'histoire des villages de Mastichochoria à travers les différentes occupations, jusqu'à l'intégration à l'État grec et la création d'une coopérative chiote.

Ici, le visiteur comprendra les conséquences de sa production sur l'organisation sociale de la région tandis qu'une section du musée, gérée par la coopérative des producteurs de mastic, explique ses utilisations et ses exportations dans le monde entier. Cette résine si spéciale est actuellement utilisée comme « chewing-gum » ou arôme en pâtisserie et distillerie, ainsi que dans la fabrication de vernis pour les meubles ou instruments de musique, de même que dans la parfumerie, en orthodontie et en médecine. Des animations multimédia (enregistrements audio, vidéos, écrans interactifs) intéresseront les plus petits. Le café et le magasin rendent l'expérience vraiment agréable.

OLYMPI ★★

En poursuivant dans les profondeurs de la région des Mastichochoria, la route passe le long du village médiéval d'Olympi. Ne manquez pas de quitter la route principale pour faire ce petit détour, qui en vaut largement la chandelle. Sa structure défensive demeure intacte, et forme un carré quasi parfait qu'il faudra longer très lentement en voiture avant de se garer au parking extérieur. On y retrouve les éléments défensifs des villages médiévaux de Mastichochoria : des murs d'enceinte, une entrée unique (Kato Porta) fermée le soir, des ruelles tortueuses et une place centrale, dominée par une tour de défense et de refuge. Cette structure parfaite a fait d'Olympi l'objet d'études poussées : vous en verrez une reconstitution 3D au Musée du Mastic. Moins visitée que ses voisines Pyrgi et Mesta, Olympi n'en demeure pas moins touchante avec ses trompe-l'œil qui enjolivent les murs aveugles, et elle est moins touristique. Elle conserve des traditions historiques solides, notamment pendant la période du carnaval. S'y tiennent alors les *Agas*, parodies de tribunaux singeant l'arbitraire de l'autorité ottomane. Un juge condamne les habitants-victimes qui se présentent à lui, sous des prétextes absurdes et les moque copieusement, le tout dans la bienveillance d'un jeu où chacun est juge et victime à tour de rôle.

A environ 6 km au sud d'Olympi, ne manquez pas deux trésors naturels : la grotte d'Olympi (ou Sikia) et la plage turquoise d'Agia Dynami, sûrement la plus belle de Chios.

TO POUNTI €€

25 Ioanni Psychari
✆ +30 22710 72739
www.chioshotel-pounti.gr
Chambre double à partir de 60 € en été, sans petit-déjeuner.

Les chambres de cette petite pension familiale lotie dans une maison en pierre du XIVe siècle sont adorables. L'ensemble est tenu avec soin par Toula, la gérante. Propre, calme, avec un accueil très chaleureux. Les chambres doubles ont une cheminée. Les chambres triples disposent d'un lit double et d'une cheminée dans une pièce principale et en plus d'un autre lit double dans la petite chambre supérieure. Toutes deux communiquent entre elles par un escalier intérieur en bois et un escalier extérieur en pierre. Charmant et idéal pour les familles.

GROTTE D'OLYMPI ★

✆ +30 698 6933541
Ouvert tous les jours sauf lundi en saison, de 11h à 18h. Visite guidée sur réservation toutes les 45 min. Entrée 5 €.

Découverte dans les années 1980 après que l'effondrement d'un bloc rocheux a révélé une entrée naturelle dans les entrailles de la Terre, la grotte a été ouverte au public il y a une vingtaine d'années. On la découvre en visite guidée. La grotte en elle-même n'offre pas des dimensions particulièrement impressionnantes, mais elle abrite un paysage de stalactites et stalagmites spectaculaire, en plus d'intéressantes « excentriques » qui ne respectent apparemment pas les lois de la gravité ! Il fait 18 °C dans la grotte : prévoir un petit pull pour les plus frileux.

MESTA ★★

Mesta déborde de vie en été. Les éléments de décoration et de sculpture des maisons ainsi que les sols pavés de galets sont autant d'atouts de ce village médiéval très bien conservé. On circule dans le labyrinthe de ruelles pour aller admirer les fresques des églises Agia Paraskevi et Agios Giorgos, l'iconostase sculptée sur bois de l'ancienne église du Taxiarchis (1412) ou encore la tour de garde où se réfugiaient les habitants en cas de danger. A noter que la nouvelle église de Megalos Taxiarchis est la plus grande de Chios. À 6 km au sud, les belles plages de galets d'Avlonia et d'Apothika abritent des petits cafés agréables.

MEDIEVAL CASTLE SUITES €

Chaque suite a sa propre adresse dans le village médiéval.

✆ +30 22710 76345

www.mcsuites.gr

Chambre double à partir de 60 € en saison. Petit déjeuner en supplément. Ouvert toute l'année.

Manoir médiéval superbement rénové dans une ruelle juste à côté de la place principale, avec une grande partie de l'extérieur en pierre d'origine. Le village voit passer quelques touristes, mais vous aurez souvent la place pour vous le soir. A l'intérieur, vous trouverez des suites sublimes et personnalisées nichées dans la pierre, au caractère médiéval, joliment rénovées et meublées, avec tout ce qu'il faut. Elles disposent de tout le confort nécessaire pour un séjour romantique : cuisine équipée, TV, lecteur CD, baignoire...

LIDA MARY €

✆ +30 22710 76217

www.lidamary.gr

Chambre double à partir de 50 € en été, sans le petit-déjeuner.

Si vous décidez de loger à Mesta, pour profiter du village après le départ des touristes, cet endroit est absolument magique. On dirait que les chambres, rénovées dans les moindres détails en respectant l'architecture médiévale traditionnelle, ont été sculptées dans les murs de ce village médiéval. Les chambres sont assez vastes, propres et bien équipées. Plafonds voûtés, hauts murs en pierre, planchers en bois... Mais aussi une télévision, un réfrigérateur. Et surtout Tassos, le propriétaire, est d'une redoutable hospitalité !

O MESAIONAS €

Sur la place principale de Mesta.

✆ +30 22710 76050

Ouvert tous les jours de midi à 23h en saison. Comptez 15 € par personne.

Allez-y les yeux fermés : vous serez assis sur l'une des plus charmantes places de Grèce. Despina est connue pour ses mezzés traditionnels, délaissés par les restaurants à touristes. Laissez-vous tenter par les tomates farcies aux noix et aux raisins, par les *tomatokeftedes* (boulettes de tomates aux herbes), les *tiropitakia* (boulettes de fromage) et le *melitzanopilafo* (aubergine au riz). Vous pouvez aussi y déguster la *souma* (l'alcool de figues sec). Mais tout n'est pas à la carte et il faut se laisser guider par les plats du jour en toute confiance.

Mesta.

AVGONIMA ★★

La région centrale de l'île de Chios est une zone montagneuse, tantôt arborée, tantôt rocailleuse. On trouve très peu de villages habités dans cette région sauvage : Avgonima est une exception. Ce joli village situé sur des contreforts montagneux est tourné vers la côte ouest, et les jolies plages qui égrènent ce coin de l'île sont protégées par des tours de garde médiévales construites par les Génois. Dans les terres, Avgonima donne accès au village fantôme d'Anavatos, véritable curiosité perchée qui surgit sur un rocher au milieu de nulle part. Autre site incontournable de cette zone préservée : le monastère byzantin de Nea Moni, classé au patrimoine mondial de l'UNESCO.

ANAVATOS ★★

Le village fantôme d'Anavatos est établi sur une colline abrupte aux flancs escarpés. Il connut un grand essor durant la période byzantine, mais les habitants furent victimes du massacre ottoman de 1822. Le tremblement de terre de 1881 finit de chasser ses derniers résidents ; il est depuis abandonné. La situation stratégique naturelle du village et ses 400 maisons fortifiées, collées en rang serré, en firent un site quasi inexpugnable, ce que signifie *anavatos* en grec. Aujourd'hui, on visite les lieux qui semblent surgir soudainement d'un chaos de pierre.

PLAGES DE LA CÔTE OUEST ★

Les plages de la côte ouest sont parmi les plus belles - et les plus fraîches ! - de l'île. Tournées vers le coucher du soleil, elles sont particulièrement splendides en fin de journée. Elles offrent des paysages diversifiés, entre Lithi au sud et Metochi au nord, en passant par les eaux turquoise de Trachili, Elinta et Tigani. Elles sont souvent dominées par des tours de garde génoises : construites pour appréhender les attaques ennemies, elles communiquaient avec les villages de Mastichochoria en cas de raid afin que les villageois se réfugient dans leurs murs.

MONASTÈRE DE NEA MONI ✝ ★★★

A 8,5km d'Avgonima

Monastère ouvert tous les jours 8h-13h et 17h-tombée de la nuit. Musées fermés le mardi et l'après-midi, entrée 4 €.

Presque exactement au centre de l'île, le monastère de Néa Moní vaut absolument le détour. Il a été fondé par l'empereur byzantin Constantin IX Monomachos (1042-1055) en 1042, après une découverte miraculeuse. Selon la tradition, il fonda Nea Moni dans le but de récompenser deux moines de Chios qui avaient prophétisé, lorsqu'il était en exil à Mytilène, que son exil allait bientôt prendre fin et qu'il monterait sur le trône. Aujourd'hui encore, il fait partie des monastères byzantins les plus importants de Grèce, avec ceux de Dafni et Osios Loukas sur le continent.

Ce monastère du XIe siècle reste un lieu emblématique de l'époque byzantine et du christianisme oriental. C'est ce qui fait sa valeur et attire les foules. Le monastère a été construit à peu près au centre de l'île, du côté ouest du mont Provateion, où quelques années auparavant les moines avaient trouvé l'icône miraculeuse de la Vierge suspendue à une branche de myrte. C'est un monument particulièrement important dont les fabuleuses mosaïques à fond d'or sont célèbres. Mais si Néa Moní abrita autrefois une puissante communauté de 600 moines, il fut aussi pillé en 1822. Admirez l'imposante table de marbre et les bancs de pierre du réfectoire. Le monastère est l'un des plus importants monuments byzantins de Grèce et a été classé au patrimoine mondial de l'Unesco en 1980. C'est l'un des plus beaux monuments de l'art byzantin, tant par son architecture que par ses mosaïques réalisées par des artisans de Constantinople au XIe siècle.

TO ASTERI €

✆ +30 22710 20577

www.toasteri.gr

Ouvert tous les jours en saison, de midi à minuit. Comptez 20 € par personne. Chambres doubles à partir de 50 €.

Perchée à l'extrémité occidentale du village d'Avgonima, la taverne To Asteri est l'une des meilleures de l'île. On s'y attable sur la terrasse panoramique qui donne sur la côte au loin, et le soleil couchant en fin de journée. Mais le plus spectaculaire est encore ce que l'on trouve dans son assiette : de succulents plats traditionnels, faits maison, dont des pâtes fraîches préparées à la main dans les ruelles du village. Les ragoûts (coq au vin, chèvre à la tomate, ragoût de bœuf) et viandes à la broche (cochon de lait, *kontosouvli, kokoretsi*) sont délicieux.

VOLISSOS ★★

Volissos est construit sur le versant d'une colline couronnée par une imposante forteresse byzantine édifiée par Bélisaire, qui offre des vues splendides. Il garde l'accès à la région sauvage du nord-ouest de Chios et domine le petit port de Limnia. Le mythe veut qu'Homère ait résidé ici. La région, très connue pour ses cultures de légumineuses et de céréales, est également réputée pour la qualité de ses figues et amandes. Pendant l'époque génoise, l'industrie de la soie était également florissante, tandis que, dans une époque plus récente, ses mines de zinc étaient largement exploitées, avant d'être abandonnées dans les années 1960. Aujourd'hui, ce village qui fut riche a gardé son charme et ses jolies maisons de pierre. On s'y promène joyeusement au calme, on s'arrête pour prendre un café sur une placette ou on y vient le soir pour profiter de l'animation à l'heure du dîner.

Aux heures chaudes, on privilégie la côte endormie autour de Limnia, notamment la petite plage de Lefkathia, ou l'immense baie de Managros. Autre option : s'offrir une excursion à la journée pour Psara, l'île voisine desservie par le *Psara Glory* quasiment tous les jours en saison (traversée 1h30). Les plus curieux pousseront entre mer et montagne, sur la route du nord-ouest, où les paysages se dévoilent, solitaires, de virage en virage. Ils s'arrêteront à Palia Potamia, village fantôme moins connu qu'Anavatos mais aussi touchant.

VOLISSOS HOLIDAY HOMES €€

Limnia ✆ +30 22740 21700

www.volissosholidayhomes.gr

Chambre double à partir de 90 € en saison, petit-déjeuner en supplément et sur réservation.

© VOLISSOS HOLIDAY HOMES

Les 15 maisonnettes de ce boutique-hôtel installé sur les hauteurs de Limnia garantissent un séjour fabuleux, entre ciel et mer. Construit sur la péninsule qui ferme le port au sud, et la belle plage de Lefkathia au nord (sentier pédestre accessible en 5 min), cet établissement familial géré par la sympathique Antigone est une invitation à la méditation, avec vue sur des couchers de soleil uniques. A la « maison », ou depuis le café où est servi un excellent petit-déjeuner maison préparé par la mère d'Antigone, vous profiterez d'une vue panoramique sous les pins.

AIGIALI STUDIOS €

Plage de Limnos

✆ +30 22740 21856

www.aigialirooms.gr

Chambre double à partir de 45 € en été, sans le petit-déjeuner.

Situé sur la jolie plage de Limnos, au nord du petit port de Limnia, cet établissement familial propose une douzaine de studios et appartements bien équipés. L'hôtel est bien tenu et même s'il manque un peu de goût dans la décoration et de charme dans l'ensemble, il satisfait par le confort des chambres. On apprécie également son emplacement proche de la plage, et au calme dans le nord-ouest de Chios. Enfin, le rapport qualité-prix est particulièrement intéressant, un atout indéniable. Un petit café est à disposition pour prendre le petit-déjeuner également.

LITHOS HOMES €€

✆ +30 22740 22200

Chambre double à partir de 90 € en saison, sans le petit-déjeuner.

Située sur les hauteurs de Volissos, en contrebas de la forteresse, cette pension de charme offre des vues imprenables sur les environs, et des ciels étoilés à n'en plus finir après le coucher du soleil. Ces maisons de pierre - littéralement Lithos Homes - ont été rénovées pour maintenir l'aspect traditionnel de l'architecture locale, en y associant le confort moderne. L'ensemble est impeccablement tenu et d'une propreté immaculée. C'est véritablement un coin de paix, pour un séjour au calme. Chambres doubles et appartements plus grands disponibles.

Volissos.

MY VOLISSOS APARTMENTS €€

place Pythonas ✆ +30 697 7983528
myvolissos.gr
Chambre double à partir de 100 € en saison, sans le petit-déjeuner.

Cette adresse a ouvert en 2022 dans une maison historique de la jolie place Pythonas, au cœur du bourg de Volissos. Quatre chambres, qui peuvent être réunies et louées en villa, ont été magnifiquement rénovées dans un style contemporain mis au service de l'architecture historique du lieu. Une option idéale pour les groupes d'amis ou familles : certaines chambres et appartements peuvent accueillir jusqu'à 6 personnes (ou jusqu'à 12 personnes pour la villa entière). On apprécie les matières naturelles utilisées dans l'aménagement intérieur et le volume des chambres.

LIMANAKI €

Limnia
✆ +30 694 8519689
Ouvert tous les jours en saison, de 13h à minuit. Comptez 20 € par personne.

Cette taverne agréable est située légèrement en retrait du petit port de Limnia : on y mange les meilleurs plats de poisson et mezzés de la mer des environs ! Les propriétaires des lieux ont leur propre caïque qui rapporte une pêche quotidienne, garantie de la fraîcheur absolue des poissons préparés ici. On s'installe aux grandes tables de la vaste terrasse et on se laisse tenter par une cuisine maison authentique et savoureuse. Le service est chaleureux, les portions sont généreuses et les prix très raisonnables. A arroser d'un ouzo local, comme le Kazanisto.

TAVERNE PETRINI €

place Pythonas
✆ +30 22740 21134
Ouvert tous les jours en saison, de 9h à minuit. Comptez 15 € par personne.

Agréablement installée sur la jolie place Pythonas, au cœur du village de Volissos, cette taverne-*kafeneion* historique étale ses tables à l'ombre d'arbres qui apportent fraîcheur et douceur en journée. On y prend un traditionnel café grec, ou on s'y attable pour un bon repas à l'ancienne. Certains soirs en saison, des musiciens prennent place pour jouer quelques classiques de rebetiko, que les grandes tablées reprennent en chœur... à moins que tout le monde ne se lève pour danser en rond ! Ambiance simple et conviviale, sans chichis.

TO MAVRO PROVATO

✆ +30 699 3500181
Ouvert tous les jours en saison, 10h-1h.

Installé à l'entrée de Volissos, cet agréable café-bar a redonné un coup de jeune et de dynamisme au bourg endormi, et c'est une bien bonne nouvelle ! On s'y retrouve entre amis sur la terrasse, à l'ombre des grands arbres, pour un brunch copieux, un bon café froid en journée ou un cocktail savoureux en soirée. Commandez au comptoir et profitez de l'ambiance décontractée de ce point de rendez-vous dans le nord-ouest par ailleurs relativement isolé de Chios. Au menu également, quelques snacks pour se restaurer (burgers, pâtes, pizza, souvlaki).

VRONTADOS ★

A 5 km au nord-est de la capitale, Vrontados est un village touristique célèbre pour sa *daskalopetra* (pierre du maître) où, selon la tradition, Homère s'asseyait et enchantait ses disciples avec des récits colorés. Il semble toutefois que la fameuse pierre soit plutôt un vestige d'un sanctuaire de Cybèle ! Au-delà de ce joli site archéologique sous les pins, le village n'a pas beaucoup d'intérêt. Il constitue surtout la porte d'entrée vers le nord-est de Chios.

Cette côte tranquille, qui ne quitte jamais les rivages turcs de vue, est ponctuée de tendres marinas et petites plages. Ainsi on visitera le joli port de Lagada, réputé pour ses tavernes de poisson et depuis lequel on accède à l'îlot d'Inoussès en caïque. Faites un détour par la très photogénique chapelle d'Agios Isidoros de Sykiada, qui semble flotter sur les flots. Elle ferme la plage du même nom où s'est installé un beach bar design, le OZ BAR. Plus au nord, on visite le village de Kardamyla, dans les hauteurs, et son pendant côtier à Marmaro. Une longue tradition maritime a façonné l'architecture locale : les maisons néoclassiques se succèdent agréablement. Plus au nord, on se baigne sur la belle plage Giosonas aux étendues de galets et aux eaux turquoise. Cette côte est bordée par d'impressionnantes montagnes et des hauts plateaux sauvages : on y trouve le village de Pitious, connu pour sa taverne savoureuse. Une zone à explorer en voiture.

Vrontados.

INOUSSÈS ★

A 20 min en caïque depuis Lagada, sinon départs quotidiens en saison depuis le port de Chios (traversée 1h).

Inoussès est une île-satellite de Chios, connue pour sa longue tradition maritime : elle a construit sa richesse sur sa flotte commerciale, et sa réputation grâce à ses marins et ses grands armateurs. On retrouve cette histoire maritime au musée local, situé dans une belle demeure néoclassique : grands et petits apprécieront les nombreuses maquettes de navires, dont une bonne partie fut réalisée par des prisonniers de guerre français des guerres napoléoniennes. Baladez-vous dans les jolies rues du port et profitez des plages accessibles à pied autour du village.

AGHIA MARKELLA €

6 Dimarchou Georganti Isidorou
✆ +30 22710 93763
www.agiamarkella.gr

Chambre double à partir de 60 € en saison, sans le petit-déjeuner.

Légèrement en retrait du front de mer, au sud du port de Vrontados, ce petit hôtel avec piscine est une option agréable dans la région. Les chambres sont plutôt simples mais bien situées pour découvrir le nord-est de Chios. Certaines ont été rénovées : demandez celles-ci en priorité. Un petit-déjeuner buffet (en supplément) est servi tous les jours dans le café de l'hôtel. Vous pourrez aussi prendre un verre dans l'agréable jardin fleuri ou louer des vélos pour découvrir les environs (la célèbre plage de Daskalopetra est à 1,5 km seulement).

TAVERNE MAKELOS €

Pitious
✆ +30 22720 22010

Ouvert tous les jours en saison, de 11h30 à minuit. Comptez 15 € par personne.

Quittez la côte pour grimper à flanc de montagne : les routes en virage serré offrent des panoramas splendides avant de traverser les hauts plateaux de l'arrière-pays jusqu'au village agricole de Pitious. Là, une adresse à ne pas manquer : la taverne Makelos est réputée dans toute l'île pour ses pâtes fraîches roulées à la main (vous verrez les femmes qui s'activent sur les grandes tables intérieures), ses ragoûts et grillades de chèvre locale ou encore ses ***kopaniskopites*** (petits fourrés au fromage cuits au four) et ***boureki*** à la courge (fourrés et frits).

LESBOS ET CHIOS

PSARA CHORA - ΧΩΡΑ

Voici l'unique village et port de ce caillou posé en plein milieu de l'Egée, connu pour son histoire patriotique dans la guerre d'indépendance grecque. Le bourg a été rasé puis abandonné après le massacre ottoman de 1824 : aujourd'hui, le bâti historique date surtout de la fin du XIXe s., lorsque les survivants revinrent habiter Psara. Ainsi on y voit des petites maisons de pierres du village, en mauvais état pour la plupart. Cependant, quelques belles maisons de capitaine datant d'avant 1824 demeurent sur l'avancée de Kavos qui ferme le port au nord. Vous y verrez également les emplacements gravés dans la roche des ancres et bornes d'amarrage qui témoignent de la richesse de l'histoire maritime psariote. Encore aujourd'hui, les quelques familles qui vivent sur l'île travaillent dans la marine, avec bon nombre des hommes qui naviguent à travers le monde la moitié de l'année en tant qu'ingénieurs mécaniques ou capitaines de bateau. Cet héritage maritime psariote ainsi que l'histoire de sa population sacrifiée tiennent une place particulière dans le patriotisme grec : aujourd'hui, des monuments à la mémoire des héros de la révolution fleurissent partout dans le bourg endormi que domine la masse de l'église Agios Nikolaos, patron des marins.

C'est à Chora que se concentre l'ensemble de l'activité de l'île. Vous y trouverez les terrasses de cafés le long du front de mer, une boulangerie et une poignée d'épiceries dans les ruelles à l'arrière et quelques rares chambres pour recevoir les estivants qui ne viennent que quelques semaines en août, dont les Psariotes immigrés aux États-Unis qui reviennent en été. L'ensemble est très calme, pour ne pas dire plus, mais si vous venez en août, réservez bien à l'avance votre hébergement car il y a très peu d'options.

Transports

Hors des circuits touristiques et peu habitée, Psara est relativement isolée. On y accède uniquement par ferry et sur place, il n'y a ni transport public, ni taxi, ni loueur de voiture ou scooter. On y fait tout à pied, autour du village.

- **En bateau**. Psara est reliée trois fois par semaine au Pirée (7h de traversée) par le *Nissos Samos* de Blue Star Ferries, qui continue vers Chios et Lesbos. L'île offre surtout des liaisons quotidiennes avec l'île voisine de Chios par le *Psara Glory*, en été (3h45 de traversée pour le port principal de Chios, 1h30 pour le port de Volissos). Les fréquences baissent hors saison.

MAVRI RACHI

C'est sur cette crête noire qui s'élève au sud de la baie de Psara que les Psariotes installèrent l'ancienne citadelle ou Paleokastro d'où se sacrifièrent les derniers résistants au massacre de Psara par les Ottomans, en 1824. On dit qu'ils se firent exploser avec les dernières munitions, d'où la couleur brûlée de cette colline où se tient une cérémonie mémorielle tous les ans fin juin. Ne manquez pas de monter jusqu'à l'église qui domine : la vue sur la baie de Psara, sur l'Égée et sur l'imposante église Agios Nikolaos en surplomb est splendide en fin de journée.

MONI KIMISI THEOTOKOU ★

Au sommet du mont Profitis Ilias

Ouvert en saison vend.-dim : 10h30-13h. Entrée libre.

Le monastère de la Dormition de la Vierge est situé à environ 15 km du port : pour vous y rendre, demandez à un résident de vous y conduire en voiture. Au passage, vous pourrez apprécier les paysages arides du cœur de l'île, ponctués d'une multitude de petites chapelles. Sa bibliothèque conserve des éditions rares et on apprécie ce bout du monde, et son joli *katholikon*. On raconte qu'elle abritait une icône peinte par El Greco que des réfugiés psariotes fuyant le massacre auraient emportée avec eux jusqu'à l'île de Syros, où elle se trouve encore aujourd'hui.

DOMATIA €

Studios pour deux personnes 45-75 € en saison, sans le petit-déjeuner.

Il est difficile de se loger à Psara : les chambres sont rares, la plupart du temps un ou deux studios aménagés par des locaux qu'il faut appeler par téléphone en amont, notamment pour le mois d'août. Les prix sont au-dessus de la moyenne, car l'offre est limitée. Voici quelques numéros à retenir :

- Diana chez **Psara Travel** ne parle que le grec mais pourra vous aider à trouver une chambre disponible depuis l'unique agence de l'île : ✆ +30 693 2528489.
- **Aliki Rooms**, tenues par la franco-psariote Angelica qui vous racontera l'histoire de l'île : ✆ +30 698 1324279.

PLAGES

© GIOVANNI RINALDI/SHUTTERSTOCK.COM

Les plages ne sont pas le point fort de Psara : très peu sont accessibles par la route, et elles sont assez ventées. A proximité du port, Kato Gialos est abritée du vent : familiale et calme, elle est agréable. En poursuivant à 2,5 km vers le nord, la plage de Lakka est très ventée (comme le signale l'éolienne). Les familles préféreront la plage peu profonde et organisée devant Spitalia, ainsi que les criques qui s'étendent le long du sentier qui mène en 10 minutes à la belle plage de sable de Lazaretta. Plus loin, la plage de Limnos est accessible par la route.

SITE ARCHÉOLOGIQUE D'ARCHONTIKI ★

✆ +30 22740 61355

Ouvert de mercredi à dimanche en saison, de 8h30 à 16h. Entrée 3 €.

Psara s'enorgueillit d'une histoire glorieuse depuis l'insurrection contre les Ottomans mais omet parfois de se rappeler qu'elle fut un important centre mycénien, comme en témoigne le magnifique site archéologique d'Archontiki. Peu de Psariotes vous recommanderont de venir ici, alors qu'il s'agit de la visite la plus intéressante de toute l'île - et l'une des plus passionnantes de tout l'ensemble nord-égéen ! Ne vous fiez pas aux horaires d'ouverture affichés : il faut appeler avant de s'y rendre pour être sûr que le portail est ouvert car peu de gens se soucient des lieux où œuvre encore un vaillant archéologue avec ses équipes. Si vous avez la chance de venir un jour où il opère, n'hésitez pas à demander une petite visite : il se réjouira de vous expliquer les mystères et beautés de cette cité disparue soudainement vers 1100 av. J.-C., après une apogée de plusieurs siècles qui rayonna dans toute la mer Égée, jusqu'en Crète, en Asie Mineure et à Chypre. Le petit musée présente l'histoire de la cité et de son port aujourd'hui englouti, et de sa nécropole où l'on voit les restes de tombes mycéniennes dont un *tholos* impressionnant. La cité d'Archontiki était un centre commercial important, à la croisée des routes maritimes de l'Égée : cette richesse s'observe dans la qualité des offrandes trouvées dans la nécropole, notamment celles en l'honneur d'un héros mystérieux qui continua à être glorifié jusqu'au Vᵉ s. av. J.-C., bien après la destruction de la cité mycénienne.

KATO YIALOS €

✆ +30 22740 61178

www.katoyialos.gr

Chambre double à partir de 60 € en saison, sans le petit-déjeuner.

5 chambres près de la plage de Kato Gialos. Ameublement sommaire mais propre et pratique. Ce qui est sûr, c'est que cet hôtel procure un isolement paisible et une vue imprenable sur la mer Égée scintillante ! Les chambres de l'hôtel sont situées dans le centre du village, à quelques pas de la plage principale de Psara, chaque chambre donnant sur la mer Égée et offrant une vue magnifique sur le coucher du soleil. C'est l'une des rares options hébergement de l'île qui se soit un peu professionnalisée : contactez Anna pour réserver au plus vite, elle parle anglais !

PSARA HOTEL €

✆ +30 22740 61180

Chambre double à partir de 60 € en saison, petit-déjeuner en supplément.

A l'extrémité nord du village, il s'agit de l'autre « hôtel » familial de Psara qui propose un service professionnel et de qualité. Les chambres sont simples, avec balcon privatif qui donne sur un coin de jardin agréable. On apprécie le café ombragé à l'ambiance détendue et conviviale où est servi un bon petit-déjeuner, ainsi que des pizzas cuites au four pour les soirées sur place. Certaines chambres ont été rénovées dans un style un peu plus contemporain, bien que sans grand charme. Mais le confort est là et le personnel est très agréable.

© MILAN GONDA/SHUTTERSTOCK.COM

Psara Chora - ΧΩΡΑ.

FLAROS €

Ouvert tous les soirs en saison, à partir de 18h. Comptez moins de 10 € par personne.

Parmi les terrasses qui longent le front de mer du village, on ne peut pas dire que la qualité gastronomique soit au rendez-vous... Votre meilleure option sera les quelques tables de Flaros où l'on mange simplement mais savoureusement des grillades de viande, *gyros* ou *souvlakia*. Tout est préparé dans les règles de l'art, les portions sont généreuses, les prix abordables et la bière arrose tout cela joyeusement. Les quelques tables en bord de mer ne désemplissent pas au cœur de la saison, et c'est un bon spot pour regarder la vie qui défile tranquillement.

SPITALIA €

Ouvert tous les jours en saison, 11h30-15h30 et 20h-23h. Comptez 20 € par personne.

Des ingrédients frais, un cadre magnifique et un personnel sympathique : Spitalia est sans conteste le meilleur restaurant de Psara ! Installé dans l'ancien hôpital de quarantaine où devaient séjourner les marins à leur arrivée sur l'île, ce magnifique établissement propose de bonnes spécialités locales et nationales. Les initiés viennent ici prendre leur *freddo* - le meilleur de l'île - à emporter sur la plage qui s'étale là. Le soir, c'est une destination à ne pas manquer pour profiter de la sérénité des vagues dans la nuit. Vous y retournerez jour après jour.

TAVERNE ILIOVASSILEMA €

Plage de Kato Gialos

✆ +30 693 2315205

Ouvert tous les jours en saison, de 11h à minuit. Comptez 15 € par personne.

Cette agréable taverne est située en surplomb de la plage de Kato Gialos. On y trouve une ambiance tranquille et conviviale : toute la famille s'active en cuisine pour vous servir de bons plats de la mer notamment. Venez en fin de journée pour profiter du coucher du soleil - *iliovassilema* en grec - en sirotant un verre d'ouzo, à accompagner de mezzes à partager : la taverne jouit d'un emplacement idéal, en direction de l'ouest. En journée, on profite de l'ombre fraîche de la tonnelle ou des grands tamaris pour faire une pause déjeuner entre deux plongeons.

PETRINO

✆ +30 22740 61218

Ouvert tous les soirs en saison, à partir de 19h30.

Dans le quartier historique de Kavos, Petrino est un incontournable des soirées psariotes. Les chaises de cette terrasse aux lumières tamisées s'installent face à la mer, en toute convivialité. Les cocktails sont agréables, et la musique est de qualité. On aime l'ambiance feutrée, baignée d'histoire des lieux où demeurent quelques restes datant d'avant l'insurrection de 1821 et la destruction de l'île. Ces vieilles pierres joliment rénovées semblent garder mille secrets, en toute dignité. Plus prosaïquement, c'est certainement le meilleur bar de l'île.

SAMOS ET IKARIA

Samos, Ikaria et les îlots de Fourni ferment le sud-est de l'ensemble Nord-Egée : si l'on poursuit plus bas, ce sont les îles du Dodécanèse qui pointent leurs côtes, avec Patmos et les îles autour de Lipsi qui ouvrent le bal du sud-est égéen, rattaché à la Grèce en 1947 seulement. Si les côtes turques sont très proches de Samos, ces îles sont globalement moins marquées par le grand voisin, avec Samos qui obtient même un statut autonome dès 1832. Comme le reste du nord-est égéen, elles ne rejoignent la Grèce qu'en 1913. Au fil de leur Histoire, et plus encore dans les siècles récents, Samos, Ikaria et Fourni ont cultivé l'art de la résistance et de la solidarité communautaire. Aujourd'hui, on aime l'ambiance décontractée de ces îles où la nature est encore largement préservée et où les traditions culturelles perdurent, non pas avec nostalgie pour un passé glorifié mais comme patrimoine vivant du bien-vivre ensemble.

Samos et Ikaria
GRÈCE
TURQUIE
SAMOS ET IKARIA
KARLOVASSI
PYTHAGORA
KOKKARI
Samos
VATHY
SAMOS
MARATHOKAMPOS
Mitilinii
Posidonio
Ormos Marathokambou
Pirgos
Fanari
ARMENISTIS
EVDILOS
THERMA
KAMPOS
AGIOS KIRYKOS
CHRISTOS RAHON
IKARIA
Kouniadi
Xilosirtis
Amalo
Plagia Chrysostomou
Karkinagri
Chrysomilia
FOURNI
FOURNI CHORA
Thymena
Plagia
Mer Égée
Megalo Chorio

● ● SAMOS - ΣΑΜΟΣ

Avec ses 475 km² et ses 32 500 habitants, l'île de Pythagore et de la déesse Héra est réputée pour son vin doux, ses produits agricoles, ses eaux cristallines, ses sites antiques – dont certains sont listés au Patrimoine mondial de l'UNESCO – sa végétation et ses plages. Que demander de plus ? Située à l'Extrême-Orient des îles grecques, l'île montagneuse qui culmine à 1 400 m n'est qu'à 1,6 km des côtes turques au niveau du détroit de Mycale, le plus étroit qui soit entre la Turquie et la Grèce égéenne. Vivante toute l'année grâce à son agriculture foisonnante (et à ses industries, jusqu'à une période récente), Samos est une île encore peu visitée des touristes francophones. Pourtant, elle offre de nombreux atouts et ravira les amoureux de nature et découverte. Il y en a pour tous les goûts : Samos est riche de possibles et accueille ses visiteurs avec chaleur. Île de choix pour les amateurs de gastronomie locale, la vigne est omniprésente : la légende veut que Dionysos ait enseigné l'art viticole aux habitants de Samos pour les remercier d'avoir tué les Amazones. Il s'agit donc d'une île où il fait bon vivre, mais il faudra sortir des sentiers battus pour en profiter pleinement. En effet, si peu de touristes francophones la connaissent, elle est déjà largement appréciée des touristes du nord de l'Europe qui ont apporté certains méfaits du tourisme de masse dans leurs bagages. Fort heureusement, l'île est grande : l'intérieur des terres et l'ouest sont encore largement préservés.

VATHI

La capitale de Samos est également son port principal. On visite ses musées, et on découvre les maisons néoclassiques d'Ano Vathi, dans les hauteurs du port. Dans les environs, de belles plages sont accessibles depuis cette ville active toute l'année.

PYTHAGORION

Le petit port de Pythagorion, baptisé en l'honneur du célèbre mathématicien, enfant du pays, donne accès à deux sites majeurs : l'Héraion, sanctuaire antique dédié à Héra, et le tunnel d'Eupalinos, chef-d'œuvre de technique antique. Ces deux sites sont listés au Patrimoine mondial de l'UNESCO.

KOKKARI

© GEORGE STANISIC - ISTOCKPHOTO.COM

Kokkari.

202

KARLOVASSI ★

Le deuxième port de Samos est une ville à l'histoire intéressante : ses trois ensembles architecturaux retracent les différentes phases de son évolution. Elle garde l'accès à la zone la plus montagneuse de Samos : des villages préservés et la culture du vin se volent la vedette. Ainsi que des sites naturels exceptionnels et protégés.

206

MARATHOKAMPOS

Le gros bourg de Marathokampos constitue la porte d'entrée pour découvrir les plages du sud-ouest de Samos. Situé au sud du mont Kerkis, c'est un joli village avec des maisons traditionnelles entourées de pins, d'oliviers et de vignes. Les plages sont tranquilles.

207

●● IKARIA - IKAPIA

Avec ses 260 km² et ses 8 500 habitants, cette île montagneuse et verdoyante rappelle le mythe d'Icare et sa chute près des côtes ikariotes : s'étant trop approché du soleil contre les recommandations de son père Dédale, Icare fut précipité dans ce coin de l'Égée lorsque la cire de ses ailes fondirent. Ikaria est connue dans l'Antiquité sous le nom de Dolioché, en raison de sa forme allongée : les routes qui sillonnent ce territoire montagneux sont souvent sinueuses, et il faut compter plus de 2h pour relier la pointe sud-ouest à la pointe nord-est de l'île.

Assez tôt dans son histoire, Ikaria attire les visiteurs en quête de thérapies thermales : en effet, l'île abrite des sources chaudes légèrement radioactives, recommandées pour de nombreuses cures. Cette île bien-être se fait connaître également pour ses produits et son vin dès l'Antiquité. Aujourd'hui, Ikaria continue d'attirer les amateurs de vie saine et de longévité car l'île concentre un nombre particulièrement élevé de résidents plus que centenaires. Le tourisme s'est développé autour de cette promesse : une vie joyeuse dans un corps sain ! Et on ne compte plus les retraites yoga, gastronomie, cures de jouvence et autres alternatives un peu *new age* qui fleurissent sur l'île. La jeunesse grecque aime s'y rendre au mois d'août pour ses prix abordables et ses nombreuses festivités traditionnelles qui durent jusqu'au matin. En effet, Ikaria est réputée pour ses *panigyria* estivales où l'on danse, on boit et l'on chante encore et encore ! Ikaria est donc l'île du lâcher-prise : ces dernières années, elle a vu des fréquentations record au mois d'août qui ont légèrement entaché cet esprit détente. Pour véritablement se ressourcer en toute tranquillité, il vaut mieux préférer y séjourner en juin ou en septembre. Et, quelle que soit la période choisie, il faudra accepter qu'ici la vie coule beaucoup plus doucement (comprenez : lentement) qu'ailleurs !

207

AGHIOS KIRIKOS

Aghios Kirikos est la capitale d'Ikaria. Sans charme particulier, elle constitue pourtant une bonne base pour découvrir la côte sud de l'île et ses plages les plus connues, comme la plage des Seychelles. Ce sera également le point de départ pour rejoindre l'île voisine de Fourni.

209

THERMA ★★

Les thermes municipaux de Therma traitent les rhumatismes et maladies articulaires. Des eaux chaudes sont également accessibles gratuitement dans une grotte creusée par les flots égéens. Ambiance décontractée de petite station thermale, comme hors du temps.

211 **EVDILOS**

Le deuxième port d'Ikaria étale ses cafés et terrasses sur une jolie baie. Dans les environs, il donne accès aux belles plages du nord-ouest, parfois dangereuses en temps de vent, et au village de noctambules de Christos Rachon. Il constitue une escale agréable.

212 **KAMPOS**

213 **ARMENISTIS**

C'est un très joli village qui donne accès à certaines des plus belles plages d'Ikaria, notamment la crique de Nas qui s'ouvre à l'embouchure de la rivière Chalari. En remontant son cours, un sentier rejoint une agréable cascade d'eau douce.

215 **CHRISTOS RAHON**

216

●● FOURNI - ΦΟΥΡΝΟΙ

Fourni - ou Fournoi Korseon - est en réalité un archipel d'environ 20 petites îles et îlots situé entre les deux grandes îles de Samos et Ikaria. Seules les deux îles principales de Fourni (30 km²) et Thymena (10 km²) sont habitées avec environ 1 350 résidents à l'année. Avec ses côtes particulièrement découpées, Fourni a longtemps été connue comme île-refuge par les nombreux pirates des eaux environnantes : ils y trouvaient facilement à se cacher dans les multiples criques de l'île, par ailleurs située à un carrefour stratégique de l'Égée, sur les routes commerciales des échanges entre nord et sud de la Méditerranée. Ses côtes, exposées à un vent particulièrement violent, constituaient un véritable danger pour les navires faisant la traversée entre la mer Noire et l'Égée : depuis 2015, des fouilles sous-marines ont excavé plus de 50 épaves portant des trésors archéologiques dont les plus anciennes remontent à la période archaïque (800-480 av. J.-C.) et les plus récentes au XXe s. La majorité des épaves et leurs chargements datent des époques classique, romaine et byzantine. L'ensemble formé par Fourni et Thymena ressemble à un homard, crustacé phare de ces eaux très poissonneuses : aujourd'hui, la pêche reste l'activité principale de l'île qui tire ses revenus de cette économie, plus encore que du tourisme. De fait, le tourisme est encore léger sur cette île préservée, même s'il est en constante augmentation, tiré par la douceur de vivre de Fourni, son port convivial et ses innombrables plages aux eaux cristallines et jamais bondées.

216 **FOURNI CHORA**

Le village et port principal de Fourni est un joli bourg endormi, à l'hospitalité tendre. L'animation du matin se retrouve le soir, autour de la petite place centrale. On rejoint le nord de l'île par la route, jusqu'au village de Chrissomilia, en passant par des plages isolées et le hameau de Kamares.

218 **KAMPI**

L'agréable plage familiale de Kampi est la première d'une belle série de criques et plages magnifiques, sur la route du sud. La plage de Petrokopio est l'une des plus exceptionnelles, avec sa carrière antique de marbre et ses colonnes immaculées, comme oubliées là dans les eaux émeraude.

VATHI

Bienvenue à Samos !

Vathi, port principal et capitale de l'île depuis 1854, compte aujourd'hui 8 000 habitants. On l'appelle aussi fréquemment tout simplement Samos (vous êtes ici prévenu, cela vous évitera quelques malentendus sur place). Construit dans une large baie naturelle, le port est longé par une large avenue en front de mer (avenue T. Sofouli) alors que la ville s'organise en amphithéâtre, à flanc de colline. Les toits de tuiles rouges dominent le paysage de cette jolie ville, aussi chef-lieu des îles environnantes.

A ce titre, la ville vit toute l'année et sera peut-être moins calme comme base pour découvrir l'île. Mais elle vaut le détour pour ses terrasses en front de mer, son animation et sa belle architecture néoclassique, témoin de la richesse accumulée par l'île au cours du XIXe s. On y vient aussi pour visiter ses deux beaux musées, et la vieille ville perchée d'Ano Vathi.

Si vous optez pour Vathi comme base arrière, vous accéderez facilement aux plages du nord (Gaggou, Agia Paraskevi et Livadaki), jolies mais très fréquentées. Au sud, optez pour les belles plages de Kerveli (centre de plongée), Posidonio, Klima ou Psili Ammos qui sont toutes facilement accessibles également.

Transports

En bateau : Samos dispose de trois ports : Vathi (le principal), Karlovassi au nord-ouest (2e port majeur) et Pythagorion au sud-est (surtout en saison). Attention : pour le port de Vathi, il y a deux débarcadères situés aux deux extrémités de la baie. Dans la ville, il s'agit du port international pour les départs vers la Turquie. En face de la baie, au niveau du Musée du Vin, se trouve le port domestique pour les autres îles grecques et le Pirée. Selon la météo, cette répartition peut évoluer donc, confirmez bien votre port de départ en amont pour éviter les mauvaises surprises !

Vathi reçoit les ferries du Pirée 3-4 fois par semaine (traversée 12-14h), certains accostent également à Karlovassi et desservent quelques îles des Cyclades (Mykonos, Syros, Tinos), d'autres îles du nord-Egée (Ikaria, Chios...) et même des îles du Dodécanèse (Kos, Rhodes). En été, Vathi est aussi relié au port de Kavala, dans le nord de la Grèce. En saison également, des bateaux proposent des excursions à la journée vers la Turquie (traversée 1h30 jusqu'au port de Kuşadası, situé à 25 min de voiture du magnifique site antique d'Ephèse). Contactez l'agence By Ship Travel pour billets et horaires (byshiptravel.gr - tél. +30 22730 22116).

En bus : Samos compte un service de bus KTEL qui dépanne, mais le réseau est assez limité compte tenu de la taille de l'île. Depuis la gare routière de Vathi (angle des rues Lekati et Sofouli), des cars font le trajet tous les jours vers les principales villes de Samos : Kokkari (20min), Pythagorion et l'Héraion (25min), Karlovassi (1h)... Environ 7 bus quotidiens font également la navette avec l'aéroport situé près de Pythagorion.

En voiture : Samos est une grande île qui sait garder ses meilleures surprises pour ceux qui feront l'effort de sortir des routes principales. Ceci implique de louer une voiture. Les routes sont bonnes, même les routes secondaires mais il existe tout un réseau de pistes et petites routes qui nécessitent toujours un 4×4. Les plus aventureux feront donc en sorte de réserver ce type de véhicule en amont de leur séjour. Attention : en saison, il faut réserver bien en avance. Si vous optez pour une voiture de classe A, ne vous aventurez pas sur les routes déconseillées par les loueurs. Une adresse : autoUnion (17 rue T. Sofoulu - www.samosrent.com - tél +30 22730 27513) propose petites voitures et Jeep à des prix intéressants.

En scooter : nous vous déconseillons la location de petits deux-roues, car l'île est grande et montagneuse, les routes sont très sinueuses dans les terres et très fréquentées sur la côte. C'est finalement peu pratique et assez dangereux d'opter pour cette solution, à moins de rayonner dans un périmètre restreint autour de votre base.

MUSÉE ARCHÉOLOGIQUE ★

24 rue Katevani

✆ +30 22730 27469

Ouvert tous les jours de 8h30 à 15h30 sauf le mardi, entrée 4 €.

Le musée se trouve près de la mairie. Les collections sont réparties en deux bâtiments, dont le Paschalion à la belle architecture néoclassique. Le musée regroupe majoritairement les trouvailles archéologiques du site de l'Héraion dont des trésors de la période archaïque (dans le nouveau bâtiment) : au-delà d'une magnifique collection d'ivoires, bronzes et poteries, la pièce maîtresse est incontestablement le *kouros* de plus de 5 mètres de haut. Cette statue de marbre représentant un jeune homme fut découverte sur la Voie Sacrée de l'Héraion.

MUSÉE DU VIN DE SAMOS

Malagari
✆ +30 22730 87510
www.samoswine.gr
Ouvert tous les jours sauf lundi, en saison, 10h-17h. Entrée 5 € avec dégustation. Visites guidées à 11h, 13h et 15h.

La coopérative des vignerons de Samos est un organisme puissant et bien structuré : la viticulture est un enjeu central pour l'île qui produit certains des meilleurs vins de Grèce, notamment ses fameux vins doux. A la sortie de Vathi, au niveau du débarcadère international, le musée explique le processus de production et l'histoire du vin sur l'île. L'intéressante visite se termine par une dégustation de quatre vins de Samos - que vous pourrez acheter à la boutique. Des visites guidées permettent d'avoir un aperçu plus complet de la viticulture locale.

POSIDONION

A 15 km au sud-est de Samos, plus loin sur la route de Kerveli, se trouve Posidonion, l'une des plus belles plages de l'île. Vous y distinguez parfaitement les montagnes de la côte turque. En été, la plage et les tavernes qui s'y trouvent sont souvent bondées. Vous pouvez aussi pousser vers la face nord, près du village de Kokkari, où se trouvent les célèbres plages de Tsamados et de Lemonakia. Le site a été élu à plusieurs reprises comme l'une des dix meilleures destinations touristiques du monde, par de grandes agences de voyages.

SAMOS HOTEL €€

11 rue Sofouli
✆ +30 22730 28377
www.samoshotel.gr
Chambre double à partir de 80 € en saison. Petit-déjeuner en complément : 10 €.

L'ancien hôtel de ville a été transformé dans les années 1970 en grand hôtel d'une centaine de chambres, avec piscine et vue sur la baie de Vathi. C'est davantage un lieu de passage pour les visiteurs qui viennent toute l'année, mais l'endroit est confort et pratique. Les chambres ont été modernisées et on apprécie aussi son agréable roof garden. Les chambres disposent de leur propre balcon (optez en priorité pour la vue sur mer). Que ce soit pour des vacances ou juste pour s'arrêter prendre un café en ville, la localisation est très centrale.

INO VILLAGE BOUTIQUE HOTEL €€€

69 r. Samion Agoniston
✆ +30 22730 23241
www.inovillagehotel.com
Chambre double à partir de 140 € en saison, petit-déjeuner inclus.

Ce grand hôtel a rafraîchi l'ensemble de ses chambres qui proposent maintenant une déco contemporaine et immaculée. Les prix ont augmenté en conséquence, faisant passer l'établissement dans une gamme plus luxueuse. Ce qui reste inestimable : la vue panoramique sur la baie de Vathi et le calme de la zone de Kalami, à la sortie nord de la ville. La plage de Gaggou est à 450 m en contrebas mais on pourra également se prélasser à la piscine, sur fond d'azur.

SCORPIOS HOTEL €

129 av. Kalistratou
✆ +30 69457 20090
Chambre double à partir de 50 € en saison, petit-déjeuner en complément : 15 €.

Cet agréable hôtel se situe à l'extérieur de Vathi, sur la route du nord, après la plage de Gaggou. Mieux vaut être motorisé pour s'y rendre et profiter du calme et de la sérénité des lieux. La vue sur la baie de Vathi est magnifique et les chambres sont immaculées. L'accueil est chaleureux, et c'est un plaisir de rentrer se reposer dans le beau jardin après une journée de visites. La petite piscine en surplomb de la mer est un autre atout, sans oublier le coucher du soleil, derrière le mont Kerkis. Une petite oasis à l'écart du monde, et à prix doux.

OI NOSTIMIES TIS OURANIAS €

Ano Vathi
✆ +30 22730 22488
Ouvert tous les jours en été, de 13h à 23h30. Comptez 15 €/pers.

Le nom de l'établissement – « Les délices du ciel » – n'est pas usurpé. Une petite taverne familiale assez simple mais à la cuisine (salades, poulpe, légumes farcis) très authentique. Une taverne traditionnelle avec des plats qui changent souvent. Tout ce que nous avons essayé était délicieux : le calamar, le poulpe mariné au vin et à l'ail ou encore l'excellente salade d'aubergine fumée dans les mezzes. Et le soir, le coucher du soleil depuis Ano Vathi n'a pas de prix !

PYTHAGORION

Située à 17 km au sud du Vathi, Pythagorio est certainement la ville la plus riche historiquement de l'île. Elle fut baptisée en l'honneur du mathématicien et philosophe Pythagore (580-495 av. J.-C.), le plus célèbre enfant du pays. Autre grand personnage local, ayant vécu au IIIe s. av. J.-C. : Aristarque de Samos, qui fut le premier à concevoir l'idée de l'héliocentrisme (la Terre tourne autour du Soleil et non l'inverse), a donné son nom à l'aéroport de Samos, situé aux portes de la ville. L'antique cité de Pythagorion et son chef-d'œuvre, le tunnel d'Eupalinos, sont classés au Patrimoine mondial de l'UNESCO. De même que l'Héraion, au sud de la ville : ce sanctuaire dédié à la grande déesse Héra, native mythique de Samos, est incontournable. La ville moderne a pris son essor au XIXe s., après l'indépendance, comme en témoigne la belle tour du château de Logothetis qui servit de défense contre les Ottomans pendant la guerre d'indépendance. Pour célébrer la victoire de 1824, une grande fête est donnée le 6 août chaque année en hommage à Lykourgos Logothetis et ses hommes : toute la ville se retrouve pour ces célébrations populaires. Aujourd'hui, on déambule dans des ruelles fleuries de bougainvilliers et le long de son port animé, le 3e de Samos en termes d'importance. En saison, la ville jouit d'une ambiance estivale plaisante et sa bonne infrastructure hôtelière en fait une bonne base d'exploration de Samos, notamment des plages du sud-est. Parmi elles, la plage Potokaki, au sud de Pythagorion, est certainement la plus grande et la plus touristique.

Transports

En bateau. Le 3e port de Samos reçoit les catamarans de Dodekanisos Seaways en saison : ils desservent les îles du Dodécanèse (dont Patmos, Leros, Kalymnos...). En saison également des bateaux proposent des excursions à la journée vers la Turquie (port de Kuşadası).

En avion. Vols directs et quotidiens depuis Athènes par les compagnies grecques Aegean/Olympic Air et Sky Express (1h). Un bus fait la navette jusqu'à 7 fois par jour depuis l'aéroport jusqu'à Vathi et Pythagorion.

En bus. Plusieurs bus quotidiens font le trajet jusqu'à Vathi et jusqu'au village d'Ireon pour visiter le site antique de l'Héraion.

HERAION ★★

Ireon

whc.unesco.org/fr/list/595

Ouvert tous les jours sauf mardi, de 8h30 à 15h30. Entrée 6 €.

C'est ici, à 8 km au sud de Pythagorion, que l'on trouve la grand sanctuaire antique dédié à la déesse Héra. Selon la légende, la femme de Zeus et déesse des femmes et de la fécondité, infatigable jalouse face aux frasques insupportables de son époux le dieu des dieux, serait née ici, à proximité de l'embouchure du fleuve Imvrassos.

Le premier temple du sanctuaire remonte au VIIIe s. av. J.-C. : il abritait une statue en bois (*xoano*) d'Héra et fut le tout premier temple grec à faire 100 pieds de long, une innovation suivie par d'autres plus tard. Le second temple (VIIe s. av. J.-C.) innova également en dressant une double rangée de colonnes sur sa façade. Mais c'est surtout le temple suivant qui resta dans les annales : de dimension colossale, il inaugura l'ordre ionien en architecture antique. L'ensemble monumental était soutenu par environ 100 colonnes de marbre. A celui-ci fut rajouté plus tard un autre temple gigantesque, entouré d'un péristyle de 155 colonnes d'une hauteur d'environ 20 mètres chacune. Au fil des siècles, le sanctuaire d'Héra prit une ampleur majeure dans tout le monde grec puis romain, des offrandes arrivant de partout. Le sanctuaire était relié à la cité par une voie bordée de statues, la Voie Sacrée, où l'on trouva le *kouros* géant aujourd'hui exposé au musée archéologique de Vathi. Ces très nombreuses statues contribuèrent à la renommée des sculpteurs de Samos au-delà des frontières de l'île. Le site, d'importance architecturale et mythologique majeure, est listé au Patrimoine mondial de l'UNESCO.

SAMOS ET IKARIA

MUSÉE ARCHÉOLOGIQUE ★

✆ +30 22730 62813

Ouvert tous les jours de 8h30 à 15h30 sauf le mardi, entrée 6 €.

Le musée archéologique de Pythagorion a été inauguré en 2010 et attire de plus en plus de visiteurs chaque année. Dans son rez-de-chaussée, moderne et lumineux, les objets exposés racontent l'histoire de la ville antique de Samos. Parmi les pièces les plus émouvantes figurent des tombes d'enfants. Sinon, une collection de statues et de stèles provenant des fouilles menées sur l'île. Parmi les pièces les plus importantes, une statue de marbre d'Aiakes assis (père de Polycrates), dédiée à Hera et probablement acquise par piraterie, découverte en 540 av. J.-C.

TUNNEL D'EUPALINOS ★★

✆ +30 22730 62813

Ouvert tous les jours sauf mardi, de 8h30 à 15h30. Visite guidée 8/10 €, interdit aux moins de 14 ans.

Ce tunnel, prouesse de technologie antique listée au Patrimoine de l'UNESCO, fut créé au VIe s. av. J.-C. par Eupalinos. A l'époque du tyran Polycrate, Pythagorion vit un âge d'or et développe une dépendance à l'eau, rare dans la cité. Le tyran demande à l'architecte ingénieur de penser un système de transport hydraulique depuis les sources des collines alentour pour alimenter la ville en eau. Le tunnel souterrain de plus d'1 km de long mit dix ans à être construit. Aujourd'hui, on entre dans l'étroit goulot sur pratiquement 200 mètres. Claustrophobes, s'abstenir.

ASTRA VILLAGE €

2 Agiou Fanouriou

✆ +30 22730 61752

www.astravillage.gr

Studio pour deux à partir de 80 € en été, avec le petit-déjeuner.

Il se compose de 20 appartements et maisonnettes de deux pièces (environ 65 m², pour 2 à 5 personnes) et de studios (environ 30 m², pour 1 à 3 personnes). C'est une formule idéale pour s'offrir un séjour agréable et confortable. Chaque maisonnette s'étend sur deux niveaux, l'un avec une cuisine entièrement équipée et l'autre avec une chambre séparée et la salle de bain. Chaque studio comprend un coin salon, une chambre et une véranda ou un balcon, une salle de bain et une cuisine entièrement équipée. Elégant, bien situé. Et la vue est belle, c'est vrai.

DORYSSA HOTELS €€€

✆ +30 22730 88300

www.doryssa.gr

Chambre double à partir de 180 € (90 € pour le Doryssa Method), petit-déjeuner compris.

Le groupe hôtelier Doryssa dispose de plusieurs établissements à Pythagorion : le Seaside Resort est situé sur la plage, le Boutique Hotel est situé en retrait de la mer, après le tunnel d'Eupalinos, et enfin le Method Hotel est au cœur de la ville, près du port. Ces établissements luxueux offrent une diversité d'ambiances où chacun trouvera son bonheur : design épuré et plage pour le Seaside et ses nombreuses chambres, boho chic plus intimiste mais non moins luxueux pour le Boutique Hotel et enfin simplicité plus décontractée (et moins onéreuse) pour le Method.

FITO AQUA BLEU RESORT €€€

Plage de Pythagorion ✆ +30 22730 62900

www.fabresort.gr

Chambre double à partir de 180 € en été, petit-déjeuner compris.

Hôtel resort luxueux avec un accès direct à la plage de sable de Pythagorion. Les chambres au design épuré et contemporain sont bien équipées, spacieuses et bien exposées, avec un balcon ou une véranda donnant sur le jardin, la piscine ou la mer. On apprécie l'accès direct à la plage et la qualité des prestations proposées. La taverne Almyra sur place sert une cuisine locale et des spécialités du monde entier, et le Sea You Beach Bar sert des boissons et des collations sur la plage où attendent transats et parasols pour les clients de l'hôtel.

ELIA €

✆ +30 6948 208018

Ouvert tous les jours en saison de midi à minuit. Comptez 15 € par personne.

Sur le port, il change des tavernes touristiques de la région. Ici, les plats grecs sont agréablement revisités : aubergines à la sauce balsamique, moussakas à l'estragon et la cannelle, poulet au miel, sans parler des « spaghettis d'Emilie ». Le menu est varié et comprend des salades, des fruits de mer, des plats grecs traditionnels, de la viande au gril. Vue sur la mer et réservation conseillée. Nous avons aussi trouvé le service rapide et sympathique. Et les prix sont franchement assez modérés comparés à beaucoup d'établissements alentour.

KOKKARI

À 20 kilomètres au nord-ouest de Vathi, les maisons blanches avec leurs toits en tuiles ocre et le joli petit port rappellent que Kokkari était, il n'y a pas si longtemps encore, un simple village de pêcheurs. Vous en verrez encore certains vérifiant les mailles de leurs filets sur le quai, et il subsiste sur le port quelques tavernes traditionnelles qui grillent le poisson du jour. Mais Kokkari est devenu une station balnéaire somme toute classique avec une longue plage de galets et une rue commerçante vraiment touristique longeant le front de mer. Kokkari reste agréable pour rejoindre les plages et les beaux villages des environs.

Plage de Kokkari.

AMBELOS

Ambelos est un petit village authentique joliment perché au-dessus de la mer, au sein de collines boisées. Sur la route nationale qui mène de Kokkari à Karlovassi, vous pourrez vous arrêter ici pour prendre un verre dans la taverne en face de l'église, après vous être baladé dans les quelques petites ruelles du village. La route sinueuse y menant est très belle. Le village attire les visiteurs principalement pour son architecture pittoresque et son atmosphère détendue, au milieu d'une belle région pleine de vignes, de pins et d'oliviers.

MANOLATES ★

Le charmant village de Manolates se situe au bout d'une route qui sinue dans la forêt avant d'atteindre les hauteurs dégagées qui ouvrent sur la mer et les environs. De nombreux artistes céramistes ont investi les lieux, devenus un peu touristiques en saison. Pour autant, une balade dans les ruelles perchées vaut les petites sueurs froides de la route. Il y a également quelques bonnes tavernes, étalant leurs tables en équilibre fragile sur les quelques aplats du village. L'occasion de découvrir la poterie de Samos, un des artisanats phares de l'île.

PLAGES ★

A 2 km de Kokkari en direction de Karlovassi, en contrebas de la route, se trouve la petite plage assez populaire de Lemonakia, mais facile à rater, donc soyez attentif ! A 3 km de Kokkari, en direction de Karlovassi toujours, la petite plage de Tsamadou est étroite et bordée d'arbres. L'eau y est peu profonde, c'est donc un endroit idéal pour les enfants. Et à 5 km de Kokkari, encore en direction de Karlovassi, la plage de Tsambou est une agréable étendue de galets de 250 mètres, située entre deux falaises, vraiment très belle. Accès facile depuis la route.

VOURLIOTES ★

Sur la côte, passez Avlakia puis prenez à gauche sur 5 km d'une superbe route qui serpente. Vourliotes est un très joli village perché dans la montagne, offrant une vue superbe sur la vallée et la mer. Laissez votre voiture à l'entrée du village et flânez dans ce dédale de ruelles fraîches. Pour l'instant, peu de touristes s'y rendent. Le village de Vourliotes, avec ses quelque 500 habitants, est un village de montagne très pittoresque, qui demeure encore très authentique. L'occasion de voir l'un des plus beaux villages de l'île de Samos.

Kokkari.

KOKKARI BEACH €

© +30 22730 92263
www.kokkaribeach.com
Chambre double à partir de 75 € en été avec le petit-déjeuner. 2 nuits min.

Hôtel familial avec piscine, quasiment sur la plage. Les chambres sont décorées avec des couleurs gaies, un mobilier moderne, et équipées d'un réfrigérateur et d'une télévision par satellite. La salle de bain est très confortable aussi. Les pieds dans l'eau : dans le jardin de l'hôtel, entre d'énormes palmiers et d'autres plantes exotiques, se trouvent la piscine et un bassin pour enfants. Demi-pension possible sur place. Restaurant-snack bar Samiotissa ou le beach bar Taj Mahal, pour une collation ou pour manger en journée.

ARION HOTEL €€

A 300 m de Kokkari.
© +30 22730 92020
www.arion-hotel.com
Chambre double à partir de 100 €, petit-déjeuner compris.

Grand et beau complexe sur les hauteurs, avec les plages à proximité. On trouve ici 108 chambres (quand même), mais comme elles sont réparties entre le bâtiment principal et un complexe de bungalows, cela n'a rien d'étouffant. Les chambres sont très belles, spacieuses. Plusieurs animations, salle de billard. Piscine, bain à remous et sauna. Coin Internet. Petit déjeuner avec blinis et crêpes maison. Le restaurant organise également des « soirées grecques » une fois par semaine en saison. Sinon, de grandes vérandas donnent sur la mer et les environs verdoyants.

MARINA €

Près de la plage
© +30 22730 92692
Ouvert tous les jours, de 8h à minuit en saison. Comptez 15 € par personne.

Sachant que l'on n'a pas l'embarras du choix, on est content de tomber ici ! Vous pouvez regarder le menu, mais il faut absolument demander ce qui se prépare en cuisine (et la maman vous fera des suggestions). Vous pouvez aussi demander un mélange de différents mezzes. Dans cette taverne prisée des locaux pour sa carte généreuse, on mange de la cuisine traditionnelle de Samos, à base de poix chiches ou de fromage *touloumotiri* notamment... Ce restaurant est un peu en dehors de la ville et installé sur la route principale mais il vaut clairement le déplacement.

KARLOVASSI ★

Karlovassi est la 3e ville de Samos et son 2e port par son importance : il y a de bonnes chances que vous débarquiez ici en arrivant depuis les autres îles grecques ou depuis le Pirée. Karlovassi donne accès au tiers occidental de l'île : des terres préservées, des plages splendides et une nature vierge, parfois protégée par le label Natura 2000. Il s'agit de la partie la plus montagneuse de Samos, avec les deux points culminants des monts Zestani (1 192 m) et Kerkis (1 434 m) qui modulent un territoire verdoyant et fertile. Karlovassi constitue une bonne base pour découvrir cette région protégée, où la vie est moins touchée par le tourisme. Le grand poète grec de la Résistance, Yannis Ritsos, passa une grande partie de sa vie dans cette ville. Des années après son mariage à une Samiote, il est assigné à résidence à Karlovassi pendant la dictature des colonels et y passe la fin de sa vie en liberté. Il nous lègue de nombreux poèmes écrits dans la région.

Quartiers

La ville se décompose en trois ensembles distincts qui ont vu le jour à des époques différentes et où rôdent encore les pas du poète Yannis Ritsos :

- **Neo Karlovassi** est le cœur commercial et administratif de la ville : en retrait de la mer, il est peu touché par le tourisme, car il est vrai qu'il ne présente que peu d'intérêt. Les quelques points d'intérêt sont l'église Aghios Nikolaos, quelques maisons néoclassiques et l'ancienne demeure du gouverneur, ainsi que le petit musée folklorique.
- Rendez-vous plutôt à **Paleo Karlovassi**, la vieille ville qui surplombe sur une colline verdoyante, invisible depuis la mer : il faut un peu grimper, mais le jeu en vaut la chandelle, notamment pour la vue panoramique qui s'ouvre depuis la chapelle Agia Triada. En contrebas se trouve le nouveau port qui comporte peu d'intérêt au-delà des arrivées et départs des ferries.
- Entre la nouvelle ville et le port s'étend **Messeo Karlovassi** où il fait bon apprécier un verre d'ouzo ou un café. Sur le front de mer, quelques étendues de sable ombragées par des tamaris constituent des plages appréciées des familles. En allant vers l'est, vous apercevrez un quartier fait d'immenses bâtisses en pierre, Ormos. Il s'agit d'anciennes tanneries et entrepôts de tabac qui ont fait la fortune de la ville au XIXe siècle et jusque dans les années 1960. Des villas bourgeoises néoclassiques aujourd'hui mal en point et un petit musée de la tannerie (entrée libre, ouvert mar.-sam. 9h-14h et 18h-21h en été) témoignent de ce riche passé.

Transports

En bateau. Karlovassi est le 2e port de Samos. Les ferries qui accostent ici desservent les autres îles du Nord-Egée dont Ikaria et Chios. Il arrive que les bateaux de/vers le Pirée fassent escale à la fois à Karlovassi et Vathi, le port principal de Samos. Un bateau local, le *P/S Panagia Theotokos* relie également Karlovassi à Ikaria (Aghios Kirikos) et Fourni trois fois par semaine, toute l'année. Des bateaux d'excursion partent tous les jours en saison vers la Turquie (traversée jusqu'au port de Sigacik 1h45) et permettent de découvrir Izmir à la journée (45min de voiture depuis Sigacik). Pour les billets et horaires, contactez l'agence By Ship Travel à Karlovassi (tél. +30 22730 35252). Enfin, des excursions à la journée sont proposées pour rejoindre les plages sauvages de Mikro et Megalo Seitani.

En bus. Les bus KTEL partent de la place principale de Neo Karlovassi et desservent le port, Potami et Vathi (1h), plusieurs fois par jour.

En voiture. Le mieux pour découvrir la région préservée et montagneuse autour de Karlovassi sera de louer une voiture, si possible un 4×4 si vous voulez vous lancer dans la découverte des routes secondaires et pistes. Un partenaire de confiance qui vous livrera le véhicule où vous le souhaitez sans frais supplémentaires : Action Rent a Car à Karlovassi (http://actionsamosrent.gr - tél +30 22730 30000).

CHUTES DE POTAMI ★

Potami

Balade agréable d'1 heure aller-retour environ.

Au début du chemin, vous passez à côté d'une chapelle byzantine du Xe siècle. La légende raconte qu'il y existe un passage secret menant directement à l'intérieur du château de Karlovassi en cas d'attaque des pirates. Ensuite, vous longez le ruisseau pendant 20 minutes jusqu'à ce qu'il n'y ait plus de chemin (il vous faudra changer de rive selon l'écoulement de l'eau). Vous pouvez continuer en nageant (l'eau est assez froide) pendant 2 minutes. Vous arrivez enfin à ces fameuses chutes, qui ressemblent plus à une grosse douche qu'au Niagara.

GROTTE AGIOS ANTONIOS

Balade d'environ 30 minutes aller-retour.

Le départ du sentier se trouve sur la place centrale de Paleo Karlovassi. C'est indiqué : suivre les panneaux et les marquages rouges au sol. Lorsque vous aurez l'impression de redescendre vers la plage de Potami, la grotte se trouve derrière vous à droite. C'est une belle promenade : les paysages sont verdoyants et la vue superbe. Arrivé dans la grotte, vous trouverez la chapelle Agios Antonios à une dizaine de mètres, et vous pourrez allumer un cierge. Prévoyez absolument une lampe torche, car il fait complètement noir dans la grotte.

Karlovassi.

PLAGES ★

© PAVEL RAPEK - SHUTTERSTOCK.COM

A 1,5 km au sud-ouest du port par la route, la plage de Potami est une bande de sable séparée en deux anses et dominée par une grosse colline verdoyante que surplombe l'étonnante chapelle Aghios Nikolaos, sur la droite face à la mer. Pour vous restaurer, allez à la taverne Sunset qui sert de bons poissons frais ou pour prendre un verre au Cafe del Mundo. Les plages de Mikro et Megalo Seitani sont réputées pour être les plus belles de l'île. Vous pourrez y accéder par bateau à partir du port de Karlovassi ou à pied en une heure et demie de marche.

VILLAGES DANS LES TERRES

Karlovassi est une bonne base pour découvrir les villages préservés de l'intérieur des terres, sur les contreforts montagneux du nord-ouest. En quittant la ville pour les hauteurs, vous pourrez visiter le joli village de **Leka**, construit pendant la période ottomane : arrêtez-vous pour un café sur la place centrale, véritable balcon sur Karlovassi et la mer au loin. Continuez votre ascension jusqu'à **Kastania**, au pied du mont Kerkis, et réputé pour ses châtaigniers dont il tire son nom. La route traverse des paysages arborés, parsemés de petites chapelles.

Une autre route au départ de **Karlovassi** plonge dans les terres, direction le village de **Konteika**. Par ici, la route sinue dans des paysages de vignes, ponctués de grands platanes. La place du village est particulièrement agréable pour faire une pause à la fraîche ou prendre un verre d'apéritif. Les vignerons des environs se retrouvent ici en août, pour fêter les vendanges lors de grands banquets. En continuant la route, vous rejoindrez le village de **Platanos** : à 500 m d'altitude, il offre de belles vues sur la mer. Les célébrations du 15 août y sont particulièrement suivies et festives, sur la jolie place centrale ombragée de platanes (d'où le nom du village).

De manière générale, l'arrière-pays de Karlovassi offre de multiples possibilités d'excursion sur des routes perdues. Attention toutefois de ne pas vous engager sur des routes de terre impraticables en voiture de location classe A. Restez plutôt sur les routes principales, qui traversent des paysages réjouissants.

ANEMA BY THE SEA €

✆ +30 22730 30500

www.anema.gr

Chambre double à partir de 70 € en saison, avec le petit-déjeuner.

Situé à 800 m à l'est du port, cet hôtel propose des studios spacieux et confortables avec la mer à portée de main. Un véritable village avec piscine, tennis et restaurant à prix raisonnables. Bref, une adresse idéale pour ceux qui ont l'esprit club. Outre un coin laverie, il y a aussi des appartements pour quatre. Les studios pour deux personnes, mesurant jusqu'à 25 m², sont confortables avec balcon ou terrasse. Les appartements mesurent jusqu'à 40 m² et peuvent facilement accueillir quatre personnes, pour se sentir un peu comme à la maison.

ASTIR €

Près de la place Messaio Karlovassi.

✆ +30 22730 33150

www.astirofsamos.com

Chambre double à partir de 40 € en saison. Petit déjeuner : 9 €.

Petit prix, pas le grand luxe, et pourtant vous êtes à 200 m de la mer. Dans ces 27 chambres plutôt économiques, vous trouverez tout ce qu'il faut : un petit réfrigérateur, un balcon, et la vue. Et du wifi en prime. Il y a aussi un petit restaurant. Cet hôtel à la gestion familiale procure chaque année une sensation chaleureuse et familiale et constitue un pied-à-terre tranquille pour les visiteurs qui souhaitent explorer la beauté de l'île. Pas besoin d'aller très loin : on apprécie aussi la possibilité de demi-pension en option.

ATHENA'S ROOMS €

Aghios Nikolaos

✆ +30 22730 32992

www.athenasrooms.com

Chambre double à 35 € toute l'année, sans petit-déjeuner.

Cette petite pension familiale est située dans le lieu-dit d'Aghios Nikolaos, à 4 km à l'est de Karlovassi, accrochée sur une falaise, au bout d'une petite route cachée. Les vues sont splendides et le calme est assuré. En contrebas, la plage est magnifique et comme oubliée des touristes. Un petit sentier côtier mène à la taverne romantique I Psarades à 5 minutes à pied. Studios doubles, triples ou pour les familles : tous ont une kitchenette pour se préparer à manger. Le confort est basique mais à ce prix, et dans ce coin de paradis, il n'y a pas besoin de plus.

SAMOS WINE FACTORY €€

Ogdois Maiou

samoswinefactory.gr

Villa pour 8 pers. à partir de 650 €/nuit. Wifi.

Une magnifique villa à louer dans les rues de Messeo Karlovassi pour revivre la période glorieuse de la ville, au tournant du XXe siècle. Ces anciens entrepôts viticoles à l'architecte traditionnelle ont été transformés en une somptueuse maison avec piscine et jardin, qui peut accueillir jusqu'à 8 hôtes confortablement. Idéal pour des vacances entre amis ou en famille. Décorée avec goût, c'est une belle option pour ceux qui recherchent un peu d'authenticité historique associée au confort moderne. La mer n'est qu'à quelques mètres, autre atout appréciable.

ARCHONTISSA €

A côté de la cascade de Potami

Ouvert tous les jours en saison, de midi à 23h. Comptez 15 €/pers.

S'il est bien une taverne en équilibre précaire à Samos, c'est celle-ci ! Perchée au bord d'un ravin, au-dessus de la cascade de Potami, la taverne jouit d'une situation exceptionnelle et d'une vue apaisante sur les montagnes environnantes. Ambiance chalet d'alpage, le soleil et la chaleur en plus. Un escalier aux marches inégales et un peu difficiles mène à la terrasse : attendez-vous à une petite ascension car un repas ici se mérite. Au menu : spécialités de viandes grillées au feu de bois, notamment de la chèvre grillée ou farcie.

I PSARADES €€

A l'est de Karlovassi, à 6 km.

✆ +30 22730 32489

Ouvert tous les jours en saison, de 13h à minuit. Comptez 25 €/pers.

On vous le promet : ce restaurant est romantique à souhait. Le poisson est cuit au feu de bois et les mezzés sont particulièrement parfumés. Etablissement magnifiquement situé au bord de l'eau : au moment du coucher du soleil, c'est superbe. Si la cuisine est très correcte avec de bons plats de poissons, vous choisirez aussi d'autres plats du jour directement dans la cuisine, tous plus frais les uns que les autres. On recommande la pêche du jour, vendue au kilo, mais aussi les entrées avec leur farandole de petites fritures et crudités.

ORIZONTAS €€

Platanos

✆ +30 22730 39457

Ouvert tous les jours en saison, de 13h à 23h. Comptez 35 €/pers.

Ce restaurant de haute qualité porte bien son nom : on y embrasse l'horizon qui s'étale à l'infini. Le chef et sa femme ont décidé d'installer cette table moderne au cœur de Samos : on y déguste une carte de haute volée, à accompagner des meilleurs crus de Samos. Le tout dans un décor contemporain et ouvert, qui permet de jouir de la vue sans entrave. Le coquelet, le chevreau et le porc mêlent saveurs traditionnelles à la patate douce, aux agrumes ou au gingembre. Pas d'inquiétude pour les végétariens qui pourront aussi se régaler de plats créatifs et savoureux.

AGROKTIMA FILIPPIS

Agios Dimitrios

✆ +30 22730 33217

Ouvert le mercredi 9h-19h ou sur rendez-vous.

Cette épicerie bio est tenue par un couple gréco-allemand qui fait pousser tous ses fruits et légumes dans le respect le plus total de l'environnement. Vous pourrez vous fournir en produits frais de saison, et également en confitures, jus, compotes et chutneys de toutes sortes. Il y a aussi un peu de vin maison, et de l'huile d'olive. C'est ici que vous découvrirez la richesse agricole de Samos, notamment en été avec figues, tomates, aubergines et courgettes de toutes les formes, raisins, agrumes... Un foisonnement réjouissant et délicieux !

MARATHOKAMPOS

Le gros bourg de Marathokampos constitue la porte d'entrée pour découvrir les plages du sud-ouest de Samos. Situé au sud du mont Kerkis, c'est un joli village avec des maisons traditionnelles entourées de pins, d'oliviers et de vigne. Les célébrations pascales sont authentiques et particulières : on y vient de toute l'île pendant la Semaine sainte. C'est une occasion très solennelle et festive à ne pas rater si vous êtes là au moment de la Pâques orthodoxe. Parmi les particularités à noter : la grande pétarade où les différentes paroisses se doivent de faire le plus de bruit et de fumée possible. A éviter si vous êtes sensible aux tirs et aux pétards.

AUTOUR DE MARATHOKAMPOS

En poursuivant au-delà du village historique de Marathokampos, installé sur les hauteurs, la route descend vers la côte sud et donne accès à un petit port et une station balnéaire. Ainsi, côté mer, deux ensembles se distinguent :

- A l'est, **Ormos Marathokampou** est le petit port de pêche où quelques tavernes offrent du poisson frais devant des caïques qui se balancent. La ville est connue historiquement pour ses artisans traditionnels et chantiers navals réputés et abrite aujourd'hui une partie de la flotte grecque. La route qui poursuit vers l'est longe une côte ponctuée de plages tranquilles dont Velanida et Balos. Le joli village de Koumeika, en retrait de la mer, vaut également le détour. Les célébrations qui ont lieu le 6 août sur la très belle place centrale sont réputées dans toute l'île.
- A l'ouest, **Kampos Marathokampou** est une petite station balnéaire touristique qui donne accès à la plage de Votsakalia. Très étendue, elle réserve des coins aménagés et d'autres plus tranquilles. Au-delà, la route côtière poursuit vers l'ouest (bifurcation possible vers la grotte de Pythagore également). Le paysage est plus aride, et les plages de Psili Ammos et Limionas sont relativement peu fréquentées. La route contourne le mont Kerkis en remontant vers le nord et la végétation se densifie jusqu'aux villages de Kallithea puis Drakei, au bout de la route. Ce village de bout du monde était réputé pour la construction de caïques traditionnels : aujourd'hui, il fait bon faire une pause au calme avant de faire demi-tour.

GROTTE DE PYTHAGORE ★

La légende dit que le mathématicien se serait réfugié dans cette grotte pour échapper au tyran Polycrates. La route qui part du village se transforme en piste étroite sur la fin : la conduite n'est pas aisée et mène jusqu'à un petit parking où s'est installé un café. De là, il faut grimper plus de 300 marches jusqu'à l'entrée de la grotte, gardée par l'étonnante chapelle Panaghia Sarandaskaliotisa (XIe s.). Des cordes permettent d'accéder à une 2e grotte : l'ensemble n'étant pas vraiment sécurisé, faites bien attention et chaussez-vous bien.

STUDIOS OCEANIS €

Ormos Marathokampou

✆ +30 22730 37333

www.studios-oceanis.gr

Chambre double à partir de 50 € en saison, sans petit-déjeuner.

Studios et appartements – on peut y loger jusqu'à 4 personnes – à 300 m de la mer et du petit port de pêche. Télévision, kitchenette. Prix négociables selon la période et la durée du séjour : tarifs dégressifs pour des séjours de plus de trois nuits. Vous serez à seulement 15 min à pied de la plage de Velanidia, et à moins de 2 km de Kampos Marathokampos et sa longue plage. Durant les chaudes journées d'été, les clients peuvent se détendre dans le jardin verdoyant et frais ou profiter du soleil et de la vue allongés sous la véranda.

SAMA €

Koumeika

✆ +30 22730 36900

Ouvert tous les jours en saison, de 9h à 23h. Comptez 15 €/pers.

Cette jolie taverne est agréablement installée sur la place centrale du village de Koumeika, sous les platanes. On y sert des plats préparés à partir d'ingrédients locaux, tirés de la mer et de la montagne avoisinantes. Tout provient de la région directe, gage de fraîcheur. Les grillades sont excellentes (saucisses, côtes d'agneau, souvlaki de porc ou poulet), ainsi que les plats végétariens, notamment ceux à base d'aubergine. Des musiciens jouent de la musique traditionnelle souvent le samedi soir, pour accompagner un bon dîner.

AGHIOS KIRIKOS

Bienvenue à Ikaria !

Aghios Kirikos est la capitale de l'île et l'un des deux ports d'Ikaria - l'autre port principal se trouvant sur la côte nord, à Evdilos. Avec ses 2 400 habitants, c'est la plus grande ville ikariote, qui concentre tous les commerces et administrations. Vous apprécierez ses maisons aux balcons fleuris qui s'étagent à flanc de colline : il faut se perdre un peu au hasard des rues pour trouver la saveur de la ville qui ne jouit pas sinon d'un grand intérêt architectural. Derrière la masse imposante de l'église Saint-Cyr-et-Sainte-Julitte qui domine l'ensemble, vous pourrez visiter un petit musée archéologique assez intéressant, qui renferme des objets datant des temps néolithiques (entrée libre, horaires capricieux, se rens. : +30 22750 23878). La ville est une bonne base pour découvrir la côte sud de l'île et ses plages les plus connues, comme la plage des Seychelles.

Transports

Ikaria est relativement facile d'accès depuis Athènes et les îles alentour, en avion ou en ferry. Sur place, les transports publics sont quasi inexistants et les routes ne sont pas très faciles (sinueuses et en mauvais état par endroits) : il vous faudra louer un véhicule, de préférence une voiture.

En avion. Ikaria est dotée d'un aéroport situé à 10 km d'Aghios Kirikos (15 min environ). Les compagnies grecques Aegean/Olympic Air et Sky Express proposent un vol direct quotidien depuis Athènes (55 min). Une navette en bus relie l'aéroport, Aghios Kirikos et Evdilos uniquement pendant la saison estivale, et très rarement. Ne misez pas dessus, et vous aurez peut-être une bonne surprise à l'arrivée ! Des taxis sont disponibles sur place : comptez environ 20 € pour rejoindre Aghios Kirikos. Sinon, les loueurs de voiture proposent un service sur place.

En bateau. Le port d'Aghios Kirikos est relié au Pirée au moins une fois par semaine toute l'année, et 3-4 fois par semaine en saison (comptez en moyenne 7h de traversée) par les compagnies Hellenic Seaways et Blue Star Ferries. Le port d'Evdilos bénéficie d'une liaison plus fréquente au Pirée et il arrive qu'un ferry desserve les deux ports : attention alors de bien descendre à l'arrêt prévu ! En saison, les catamarans rapides de Dodekanisos Seaways desservent Ikaria par le port d'Aghios Kirikos exclusivement et relient l'île à Samos et Fourni dans le Nord Egée, ainsi qu'aux îles de l'archipel du Dodécanèse (Patmos, Leros, Kos, etc.). Enfin, le bateau local *P/S Panagia Theotokos* relie Aghios Kirikos à Fourni et Samos (port de Karlovassi) trois fois par semaine, toute l'année.

Sur place : un bus peu fréquent opère sur l'île pendant les mois d'été. Il relie notamment Aghios Kirikos à Therma, Evdilos, Faros et Armenitis. Il sera beaucoup plus facile de circuler en voiture, mais faites attention aux routes qui sont particulièrement dangereuses. Nous ne recommandons pas les scooters à Ikaria, les distances étant longues, et les routes mauvaises et montagneuses. Pour se déplacer sur place, le stop est plus fréquent qu'ailleurs en Grèce. A savoir également : le bateau local *P/S Panagia* fait la navette trois fois par semaine entre Aghios Kirikos et les villages de la côte sud-est (Magganitis, Trapalou et Karkinagri).

Aghios Kirikos.

HOTEL KASTRO €

+30 22750 23480

ikariakastro.com

Chambre double à partir de 40 € en été, sans petit-déjeuner, minimum de 2 nuits.

Cet hôtel domine Aghios Kirikos depuis une colline et offre une vue incroyable. Ses chambres bien équipées ont un balcon avec vue panoramique. Idéalement situé près de la place centrale et des moyens de transport, c'est une base pratique pour vos excursions et pour vous reposer. Le port d'Aghios Kirikos est à seulement 200 mètres et la plage la plus proche est à tout juste 500 mètres. Les chambres, simplement décorées, sont sobres mais tout à fait agréables. Pour les familles, des chambres avec mezzanine sont disponibles et les enfants apprécieront la piscine.

PLAGES DE LA CÔTE SUD ★

Les plus belles plages du sud sont accessibles à partir d'Aghios Kirikos, en caïque ou par la route. C'est notamment le cas des plages situées au sud-est de l'île : en suivant la route côtière, vous pourrez vous baigner sur les petites plages de galets de Kotsambi, Tsoukala, Sirtiko, les plus proches de la capitale de l'île, puis dans les eaux thermales des rochers de Lefkada. Au-delà vient la longue étendue azurée de Xilosirtis, dominée par le joli village du même nom puis la route prend de la hauteur avant de se lancer dans les terres du nord. Une petite bifurcation qui retourne vers le sud et la mer mène à la plage des Seychelles, l'une des plus belles de l'île. Garez-vous au niveau du tunnel, juste après l'avoir passé, puis descendez à pied en à-pic pendant environ 15 minutes pour accéder à cette plage aux eaux turquoise. C'est cette couleur exceptionnelle qui lui a valu ce surnom de plage des Seychelles. La marche n'est pas trop ardue mais il vous faudra quand même des chaussures fermées et une petite forme physique, notamment en remontant ! A l'arrivée, il n'y a ni ombre ni rafraîchissement donc pensez à emporter le nécessaire avec vous et à bien vous couvrir. Attention également : la crique n'est pas grande et peut vite se remplir en saison. Venez donc le plus tôt possible, notamment en plein été. Une alternative à prendre en considération si vous ne souhaitez pas dévaler les rochers jusqu'à la plage : un caïque fait l'aller-retour entre le village de Magganitis et la plage pendant la saison (8 € l'aller-retour).

MARIA-ELENA €

✆ +30 22750 22835
www.mariaelena.gr
Chambre double entre 50 € et 70 € en été, petit-déjeuner en complément.

Cette petite pension familiale propose chambres et studios dans un quartier calme d'Aghios Kirikos, à deux pas du musée archéologique. L'établissement est situé à 10 minutes de la plage de Kotsambi. Toutes les chambres ont un balcon et une vue large qui ouvre sur la mer, avec l'île de Fourni au loin que l'on aperçoit parfaitement par temps clair. La plupart des chambres a aussi été équipée d'un ordinateur à écran tactile pour celles et ceux qui seraient en manque... Vous pourrez prendre votre petit-déjeuner sur le patio spécialement aménagé en terrasse.

PYRGOS TRADITIONAL VILLAGE €€

✆ +30 22750 22105
pyrgos-ikaria.com
Chambre double à partir de 95 € en saison, minimum 2 nuits.

Ce magnifique ensemble à l'architecture traditionnelle est situé en surplomb d'Aghios Kirikos, dans les terres. A ce titre, les maisons de pierre et la tour centrale jouissent d'une vue splendide sur la mer Égée. L'accent est mis sur la relaxation et le calme, avec des retraites yoga et d'autres soins proposés. La piscine permet de se rafraîchir en journée dans cette petite oasis de tranquillité. Seuls les enfants de plus de 12 ans sont autorisés pour assurer le repos des adultes.

ARODOU €

Xilossirtis
✆ +30 22750 2270
Ouvert tous les jours, sauf lundi, de 14h à minuit. Comptez 20 €/pers.

Cette taverne est l'une des préférées des Ikariotes qui s'y rendent toute l'année pour déguster la généreuse cuisine servie ici. La cheffe, Eleftheria, est connue notamment pour son interprétation réussie des beignets de courgettes, grand classique grec, et pour ses *pitarakia*, petits feuilletés au fromage local. On apprécie cette bonne table sans chichis, où l'on s'installe confortablement sur la terrasse avec vue, à la fraîcheur des arbres et bosquets. Pour les amateurs de viande, nous vous recommandons les grillades, très réussies.

I KLIMATARIA €

✆ +30 22750 22686
Ouvert tous les jours de 11h à 23h30. Comptez 20 €/pers.

Cette taverne installée sous la fraîcheur d'une vigne grimpante est agréablement située dans les rues calmes derrière la place centrale et le front de mer. On y vient en famille et entre amis pour s'attabler simplement et partager de bons mets cuisinés maison. Ragoûts de viande, légumes cuits à feu doux pendant des heures, petits poissons frits ou marinés, entrées variées ou encore *pastitsio* réconfortant... : la liste est longue et toujours réjouissante. Une bonne adresse dans la capitale, qui ne regorge pas d'options culinaires vraiment savoureuses par ailleurs.

TAVERNE ILIOVASSILEMA €

Xilosirtis

✆ + 30 22750 24025

Ouvert tous les jours de 13h à 1h du matin. Comptez 20 €/pers.

Cette taverne est située dans les terres, sur les hauteurs du village de Xilosirtis. Son nom signifie « coucher de soleil » et effectivement la fin du jour y est particulièrement saisissante depuis la grande terrasse boisée. La carte propose tous les grands classiques de la gastronomie grecque et ikariote qui sont parfaitement réalisés ici : savoir-faire, ingrédients de qualité, souci des bonnes saveurs d'antan... tout est là ! Les carnivores se réjouiront du ragoût de chèvre sauvage ou des côtelettes de porc ou d'agneau grillées à souhait.

AMBARIZA BISTRO

✆ +30 22750 31721

Ouvert tous les jours, de 8h à 2h du matin en saison, de 9h à minuit hors-saison.

Ce ravissant café est situé dans les ruelles à l'arrière du port : pour le trouver, perdez-vous dans la blancheur des maisons et cherchez le fuchsia éclatant du bougainvilliers qui offre son ombre en terrasse. On y vient pour boire le café en journée, ou un verre le soir. Les amateurs de jus seront également ravis de la carte. Mais l'adresse est aussi connue pour ses petits-déjeuners et brunchs, parfaitement adaptés avant de lancer une journée de langueur estivale, ou en attendant un ferry pour un nouvel ailleurs. Une adresse rafraîchissante et moderne.

IKARIA ACTIVITIES

✆ +30 698 5811642

www.ikaria-activities.com

Ouvert toute l'année, tous les jours sur rdv. Randonnées 20-60 € ; séances de massage ou kiné 30-40€ ; fitness 25-30 €.

Voula et son équipe proposent des activités en plein air et bien-être toute l'année, pour rester en forme même en vacances. Côté relaxation et soins, vous pourrez opter pour des séances de massage et de kinésithérapie. Côté fitness, vous pourrez participer à des séances de coaching plus ou moins intenses, entre aquagym en mer et Pilates doux sur le sable. Enfin, pour les plus actifs, des sorties en voile, en bodyboard ou des randonnées sont également proposées. Avec une option cuisine pour les amateurs de bonne gastronomie locale !

THERMA ★★

À 2 km au nord d'Aghios Kirikos se trouve Therma, dont les thermes municipaux sont ouverts de 8h à 13h. Les propriétés curatives de ces thermes sont connues depuis l'Antiquité : l'eau chaude (43-58 °C) est idéale pour les rhumatismes et les maladies articulaires. Une autre source d'eau curative se trouve à l'extrémité de la baie, sous une cave naturelle creusée par la mer : les amateurs viennent ici librement pour profiter des bienfaits d'une cure naturelle, en se baignant dans la mer. Repérez l'enseigne Spilia : une échelle descend dans les eaux de la grotte thermale.

Au-delà de ces eaux thermales, le village de Therma offre un séjour agréable, dans le calme encaissé de sa petite baie sablonneuse, joliment lovée au pied des collines environnantes. Tavernes et cafés paisibles longent la plage, et quelques hôtels et auberges proposent des chambres. C'est une base idéale pour se ressourcer, en toute tranquillité mais attention à l'affluence en saison : il est difficile de s'y loger et se garer devient vite un vrai casse-tête.

Transports

Sur la petite jetée, des caïques accostent en été, reliant Therma à Agios Kirikos en journée. Autre mode de transport estival : un bus local fait le trajet entre la capitale et les bains une à deux fois par heure en matinée et début d'après-midi. Les trajets se font moins fréquents après 15h, et les bus poursuivent parfois jusqu'à l'aéroport.

IKARION €

✆ +30 22750 22181

Chambre double à partir de 45 € en saison, petit-déjeuner compris.

Ce petit hôtel d'une vingtaine de chambres est sûrement le plus proche des bains municipaux et de la plage - même si, dans le petit village de Therma, tout est proche ! Les chambres sont simples mais agréables, et on apprécie particulièrement leurs petits balcons privatifs sur la mer. Parmi les bons points à noter également : la salle du petit-déjeuner et ses larges baies vitrées qui ouvrent sur l'Égée et l'accueil sympathique réservé par les propriétaires de la maison. Un établissement en toute simplicité, qui propose un bon rapport qualité-prix.

FAROS ET DRAKANOS ★

Les plages de l'est sont rapidement atteintes depuis Therma. Ainsi, il faut compter à peine 8 km et environ 15 minutes pour rejoindre la plage de Faros, la plus longue de la côte sud. Elle s'étale le long d'un paisible village où il fait bon passer un peu de temps. Vous y trouverez une bonne taverne de poisson, la taverne Leonidas (tél. +30 22750 32202), directement sur la plage, ainsi que quelques cafés. Longue étendue de gros sable et galets, elle bénéficie de l'ombre douce de tamaris, parfaite pour faire la sieste à la fraîche après un bon repas.

Au-delà de Faros, depuis la route qui mène à l'aéroport, des panneaux vous indiqueront une piste de 2 km vers le cap est, plus isolé : la plage sauvage de Drakanos est appréciée des nudistes, tandis que la plage Agios Georgios est l'une des plus solitaires de l'île (compter environ 10 minutes de marche depuis la tour Drakanos). Pour les rejoindre, des sentiers pédestres et faciles sont indiqués. Sur place, il n'y a ni ombre ni café donc prévoyez de quoi vous rafraîchir et vous protéger du soleil avant le départ.

Toutes les deux sont dominées par la tour antique de Drakanos, datant du IVe s. av. J.-C. et qui offre une vue imprenable sur Samos et Fourni. Cette tour faisait office de poste d'observation privilégié sur la mer Égée : elle culmine encore aujourd'hui à près de 13 mètres de haut, pour un diamètre de plus de 8 mètres. C'est une visite qui vaut le détour malgré des horaires d'ouverture aléatoires (8h30-15h30 affichés mais pas forcément respectés...).

PENSION AGRYOLIKOS €

Sur la falaise de Therma, au bout d'un sentier.
✆ +30 22750 22433
www.agriolykos.gr
Chambre double à partir de 55 € en saison, petit-déjeuner compris.

Cette pension jouit d'un emplacement unique au sommet du rocher qui ferme l'extrémité nord de la baie de Therma. Pour y arriver, il faut traverser les terrasses de café en surplomb de la plage, puis passer par les ruines d'un hôtel abandonné, avant de monter sur le rocher. Légèrement difficile d'accès donc, mais la tranquillité et la vue qui vous attendent sauront être une juste récompense. Les chambres (une dizaine seulement) sont toutes dotées de la climatisation, d'une terrasse et d'une vue panoramique. Un accès privé à la mer est aménagé dans les rochers.

PLUMERIA FLOWERY €

✆ +30 22750 22742
plumeriaikaria.gr
Chambre double à partir de 60 € en saison, avec petit-déjeuner.

Cet adorable établissement est situé en retrait de la plage, mais à tout juste 50 mètres, et bénéficie d'un jardin verdoyant qui apporte calme et fraîcheur. On aime beaucoup ses jolies chambres doubles et studios avec kitchenette qui promettent un séjour confortable et serein. L'accent est mis sur la relaxation et le bien-être, avec un coin dédié à la détente des clients et un accueil particulièrement chaleureux. Chaque chambre est unique, mais toutes offrent l'essentiel et le confort nécessaire pour des vacances réussies. Une bonne adresse à Therma.

Therma.

O KRITIKOS €€

✆ +30 698 664 8029

En saison, ouvert tous les jours de midi à minuit. Comptez 30 €/personne.

Ce restaurant saisonnier étale ses tables sous les tamaris de la plage de Therma. Ambiance romantique assurée, notamment le soir sous les lumières tamisées des guirlandes. On se réjouit autour d'un bon verre d'ouzo ou d'une bière locale, les pieds dans le sable, en attendant de déguster les meilleurs plats du village. Une équipe jeune et un chef dynamique proposent une carte qui reprend une petite sélection de classiques grecs, en les modernisant et en portant une attention toute particulière à la qualité et à la fraîcheur des ingrédients.

BOULANGERIE APOSTOLAKIS

✆ +30 22750 22382

Ouvert tous les jours en saison, de 6h30 à 23h.

La boulangerie de Therma est l'une des meilleures d'Ikaria. On y vient pour ses feuilletés salés ou ses brioches sucrées, mais également pour ses biscuits maison aux amandes, au miel ou à la cannelle. La boulangerie abrite également un coin barista où l'on sert le meilleur café du village (les cafés traditionnels qui s'alignent en surplomb de la plage sont incontournables pour socialiser, mais servent un mauvais jus de chaussette en dehors du classique café grec). Une adresse idéale donc pour le petit-déjeuner, notamment pour les adeptes de caféine.

MASSAGE O'CLOCK

✆ +30 697 886 5838

Rdv sur réservation par téléphone.

Nikos Diakos propose des massages professionnels dans le village dédié au bien-être qu'est devenu Therma. Quelle meilleure idée pour se ressourcer après une baignade dans les eaux curatives de la grotte, que de s'offrir un massage personnalisé ? Nikos propose des soins variés, allant des options les plus relaxantes comme le massage aromathérapie à celles plus en profondeur comme le Deep Tissue Massage. Pour les douleurs ou blocages localisés, il propose également des massages spéciaux dos/nuque, pieds, mains, etc. Vous êtes entre de bonnes mains !

EVDILOS

Evdilos est le 2e port principal d'Ikaria et son ancienne capitale. Située à 35 km au nord-ouest d'Aghios Kirikos, la ville est construite en amphithéâtre autour d'une baie naturelle que ferme le port. Elle a été construite après 1830, lorsque la peur des pirates a pris fin, et reste la ville principale de l'île jusqu'en 1912. Aujourd'hui, c'est une agréable bourgade qui vit au rythme des arrivées et départ des ferries. Les rues sont joliment fleuries et il y règne une ambiance détendue dans les nombreuses terrasses de cafés qui longent le port. L'intérêt principal de la petite ville est de constituer un bon point de départ pour découvrir la côte nord.

© LEMONAN - ISTOCKPHOTO.COM

Evdilos.

AVENTURA CAR RENTAL

✆ +30 22750 31140

island-ikaria.com/car-bike-rentals/

Ouvert tous les jours en saison, de 9h à 21h. A partir de 50 €/jour pour une voiture classe A.

Cette agence de location propose des scooters, voitures classe A et Jeep depuis ses bureaux d'Evdilos. Rena, la sympathique gérante, vous indiquera les visites à ne pas manquer sur l'île ainsi que les routes à emprunter à Ikaria au moment de la prise en main de votre véhicule. Dynamique et serviable, l'équipe d'Aventura est à l'écoute de ses clients et fait preuve d'un professionnalisme chaleureux. Une bonne adresse sur l'île ! Attention : en saison, les voitures sont rares, voire très rares, au mois d'août. N'oubliez pas de réserver à l'avance.

ATHERAS €

Près du port.
✆ +30 22750 31434
https://ikariahotels.com/atheras
Chambre double à partir de 70 € en saison. Petit déjeuner : 7 €. Ouvert toute l'année.

L'hôtel Atheras, qui tire son nom de la plus haute montagne d'Ikaria, est situé légèrement en retrait d'Evdilos qui reste facilement accessible. Cet établissement à taille humaine dispose d'une piscine, ce qui réjouira les familles car l'hôtel ne possède pas un accès direct à la mer. La petite quarantaine de chambres propose une variété d'options, de la chambre double standard aux chambres familiales plus grandes. L'atmosphère conviviale et l'hospitalité chaleureuse du personnel sont d'autres points positifs pour ce petit hôtel sans chichis mais très agréable.

KAMPOS

À 2,5 kilomètres d'Evdilos, Kambos est une large baie sur l'emplacement de l'ancienne Oinoé, cité renommée pour ses vignes, où, selon la légende, aurait poussé le premier cep. Aujourd'hui, on visite le site archéologique où un petit musée regroupe les objets découverts à Oinoé. Ikaria produit toujours du vin et les raisins sont séchés au soleil sur de la paille pour qu'ils conservent leur arôme. Quelques chambres à louer permettent à ceux qui le désirent de profiter de la plage et de découvrir les villages à l'intérieur des terres : Pigi et le monastère troglodyte de Theoktisti, Frantato, Akamatra, dans une nature splendide.

STUDIOS KERAME €

✆ +30 22750 32600
https://ikariahotels.com/kerame
Chambre double à partir de 50 € en saison. Petit-déjeuner : 7 €.

Situé à 1,5 km à l'est d'Evdilos, cet hôtel est une bonne base pour découvrir la côte nord. Il compte 11 studios, 21 appartements, 5 suites, et 4 chambres en mezzanine. De quoi trouver l'option la mieux adaptée à ses besoins. Les chambres sont confortables et propres, sobrement décorées, et disposent d'un balcon avec vue sur mer. Seul hic : les chambres du rez-de-chaussée qui donnent sur la route principale peuvent se révéler un peu bruyantes en période de forte fréquentation. Les plages alentour sont facilement accessibles mais une piscine réjouira les amateurs.

IKARIA UTOPIA CUSCO STUDIOS €

✆ +30 22750 31900
ikariautopia.com
Chambre double à partir de 55 € en saison, avec le petit-déjeuner.

En surplomb de la plage de Kampos, cet établissement porte bien son nom : c'est effectivement un petit havre de paix qui s'offre ici, avec vue panoramique sur l'Égée. Quelques studios et appartements plus grands sont proposés, dans un style authentique et personnalisé. On apprécie la grande terrasse ombragée, où est servi un délicieux petit-déjeuner qui fait la part belle aux produits locaux, de saison. La plage n'est qu'à quelques mètres en contrebas, un vrai atout.

TO INOMAGIRIO TIS POPIS €

Plage de Fitema.
✆ +30 22750 31928
Comptez 15 € par personne. Ouvert tous les jours, midi et soir.

Les locaux la surnomment la « gargote de Popi ». C'est une jolie taverne ombragée, avec vue sur mer, bien cachée sur la route principale qui mène d'Evdilos à Kampos. Elle offre un cadre assez parfait pour faire une pause et profiter de la fraîcheur sous les canisses et la vigne grimpante de la terrasse. Kalliopi Karnaba, la propriétaire, utilise en général des ingrédients qu'elle produit elle-même. Essayez notamment ses pâtés en croûte faits maison. En bref : un très joli cadre, une carte savoureuse et une sympathique propriétaire.

KARRAS €

Avlaki
✆ +30 22750 71024
karrasstarhotel.com
Chambre double à partir de 55 € en saison, petit-déjeuner : 7 €.

A 5 km à l'ouest de Kampos, ce petit complexe hôtelier comporte une trentaine de chambres, réparties dans plusieurs bâtiments à l'architecture sobre. Toutes disposent d'un balcon, idéal pour se relaxer dans le calme de sa chambre. Les clients peuvent aussi profiter de la piscine avec vue sur mer. L'hôtel est parfaitement situé pour profiter des plages de la côte nord, mais manque peut-être un peu de charme. Ceci étant, le service est impeccable, les chambres sont tout confort et très propres, et l'ensemble propose un bon rapport qualité-prix.

STA PERIX €

Akamatra

+30 22750 31056

Comptez 15 €/pers. Ouvert tous les jours, de midi à minuit.

Cette table traditionnelle est située dans le village d'Akamatra, dans les terres qui dominent l'arrière-pays de Kampos. Les routes sinuent encore et encore et on se réjouit de faire une pause dans cette agréable taverne. On y déguste de très bons plats cuisinés maison, ainsi que les classiques mezzes à partager autour d'un verre d'ouzo. Goûtez notamment le *bouyiourdi*, une feta cuite au four et légèrement épicée. Le soir en saison, un brin de musique *live* peut pimenter le dîner. Service très cordial, mais parfois lent en période d'affluence : restez patient !

RESTAURANT KARIMALIS €€

Pigi

+30 694 350 6951

www.ikarianwine.gr

Ouvert tous les jours en saison, pour le déjeuner et le dîner. Menu fixe 30 €/pers.

Le restaurant du domaine Karimalis est ouvert à tous les amateurs de gastronomie ikariote. On y déguste un ensemble de délicieux plats préparés par la maîtresse des lieux, Eleni Karimali. Elle n'utilise que des produits locaux, le plus souvent tirés de la ferme et du potager de la maison. Tout est labellisé bio, et préparé avec le plus grand soin selon la tradition ikariote. Eleni propose également des cours de cuisine et les chanceux qui resteront dormir dans l'une des 7 chambres de charme auront le privilège de profiter de son excellent petit-déjeuner au réveil.

DOMAINE KARIMALIS

Pigi

+30 22750 31945

www.ikarianwine.gr

Ouvert tous les jours, toute l'année, sur rdv. Visite du domaine et dégustations (2h) : 20 €/pers.

La famille Karimalis a repris ces terres il y a plus de 20 ans pour donner naissance au domaine que l'on connaît aujourd'hui, dans le respect de la tradition viticole millénaire d'Ikaria. Après une visite instructive des vignes dans la lumière dorée du soleil couchant, vous goûterez à la production de la maison, qui se targue de produire un des meilleurs vins bio et nature de l'île à partir d'une variété locale de raisin. Pour accompagner ces vins, de délicieux mezzes maison sont à partager : ils font la part belle aux ingrédients de la ferme.

ARMENISTIS

Ce petit village a su conserver le cachet de ses maisons anciennes, malgré le développement touristique. Il donne accès à certaines des plages les plus réputées d'Ikaria (mais aussi les plus dangereuses : faites très attention lorsque souffle le vent du nord, il y a des tragédies tous les ans à cause des courants). Les plages de Livadi et de Mesakti sont les plus populaires et festives, tandis que la plage de Nas, à 4 km vers le sud, a plutôt la faveur des nudistes et amateurs de nature sauvage. Une randonnée permet de rejoindre une cascade en remontant le lit de la rivière Chalari. Le sentier grimpe ensuite jusqu'au village de Christos Rahon.

SAMOS ET IKARIA

© TOM JASTRAM/SHUTTERSTOCK.COM

Armenistis.

LA ROUTE DU SUD ★

Jusqu'à récemment, la route qui reliait Armenistis et Nas au village de Karkinagri, à la pointe sud-ouest d'Ikaria, n'était pas facilement praticable. Goudronnée de neuf, elle ne comporte plus aucun problème de conduite et offre des panoramas splendides sur toute la côte ouest de l'île. Il faut compter environ 45 minutes depuis Nas pour atteindre Karkinagri, sa petite jetée qui abrite une poignée de caïques, ses deux tavernes en bord de mer et ses deux cafés-bars. Un bout du monde fort agréable pour une excursion à travers les terres préservées de la côte ouest.

TOXOTIS VILLAS €€€

✆ +30 22750 71570

www.toxotis-ikaria.gr

Chambre double à partir de 130 € en saison, petit-déjeuner en supplément : 15 €.

Cet ensemble de maisons traditionnelles en pierre est installé à la sortie d'Armenistis, sur un cap sauvage malgré la proximité du village. La vue est absolument splendide, et on se sent loin de l'agitation du monde dans la beauté des lieux. Les villas peuvent être louées à plusieurs, certaines proposant plusieurs chambres, sur deux étages : une option qui peut se révéler avantageuse. Sinon, des chambres doubles tout confort sont également proposées. Parmi les services à noter : une piscine, pour ceux qui auraient du mal à accéder à la mer en contrebas.

ATSACHAS ROOMS & RESTAURANT €

Plage de Livadi

✆ +30 22750 71226

www.atsachas.gr

Chambre double à partir de 50 € en saison, sans petit-déjeuner. Pour le restaurant, comptez 15 €/pers.

Situées directement au-dessus de la plage de Livadi, à 500 mètres du centre-ville d'Armenistis, ces 14 chambres bon marché offrent un accès direct à la plage en contrebas. L'aménagement de ces studios est très simple mais l'essentiel est là et la vue panoramique associée aux prix bas séduisent. Le restaurant, ouvert à tous et bien pratique pour faire une pause déjeuner au cours d'une journée plage, propose une cuisine grecque classique depuis la terrasse ombragée.

ANNA'S FISH TAVERN €

Plage de Nas

✆ +30 693 2149155

www.island-ikaria.com

Ouvert tous les jours en saison, de 10h à minuit. Comptez 20 €/pers.

Cette taverne qui surplombe la plage de Nas est l'une des meilleures tables de l'île. On y déguste des poissons frais, parfaitement grillés. Attention à l'addition cependant : faites-vous confirmer le prix de la bête avant commande car le poisson frais, c'est cher. Sinon, optez pour tous les délicieux plats préparés par la maîtresse de maison, notamment ses poix chiches au four et ses *kathouropites*, chaussons au fromage local, le *kathoura*, et aux légumes. Les spaghettis au homard sont un incontournable de la maison. A déguster le soir, au soleil couchant.

EROFILI BEACH HOTEL €€

✆ +30 22750 71058

erofili.gr

Chambre double à partir de 100 € en saison, petit-déjeuner inclus.

Ce petit hôtel est l'une des meilleures options d'hébergement de l'île, ce que reflètent les prix un peu au-dessus de la moyenne pour Ikaria. Mais le confort est là, ainsi que la qualité des services, la gentillesse du personnel, la propreté des chambres spacieuses et la vue panoramique sur la baie d'Armenistis. Les plages de la côte nord sont toutes à proximité et un accès direct à la mer est aménagé depuis l'hôtel, par un escalier. Une piscine complète l'ensemble pour ceux qui n'auraient pas le courage de descendre les quelques marches ! Une adresse agréable.

THEA'S RESTAURANT & ROOMS €

Plage de Nas ✆ +30 22750 71491

www.theasinn.com

Ouvert tous les jours en saison, de 10h à minuit. Comptez 15 €/pers. 5 chambres doubles à partir de 50 € en saison.

Thea est revenue sur la terre de ses ancêtres il y a 25 ans et n'est jamais rentrée aux États-Unis depuis. Avec son mari Ilias, elle tient une ferme bio et cette table en surplomb de la plage où les produits sont sourcés chez eux, ou localement. En cuisine, c'est Athina qui dirige les fourneaux d'une main de maître. On se régale de tous les plats ikariotes au menu ici, servis dans une ambiance conviviale, avec vue sur l'horizon et le soleil couchant en soirée. Que demander de plus ?

CARTE POSTALE

✆ +30 694 743 9128

Ouvert tous les jours en saison, de 9h à 2h du matin.

Ce café-bar est situé à la sortie du petit port d'Armenistis, en direction de Nas. Avec sa vue surplombante sur l'horizon et la baie, il est idéalement situé pour faire une petite pause en journée, autour d'un bon café et d'un snack ou pour prendre l'apéritif en soirée, autour d'un cocktail réussi. Certains soirs, de la musique live est programmée en saison. L'atmosphère est conviviale et on s'y sent rapidement comme chez soi, installé face à la mer, sur les chaises hautes. La carte propose également de quoi se restaurer, du petit-déjeuner au dîner.

CHRISTOS RAHON

Avant d'entrer dans Armenistis, une route secondaire bifurque à l'intérieur des terres pour rejoindre le village de Christos Rahon qui surgit d'une forêt de pins, à environ 6 km. Ses estivants ont développé un mode de vie alternatif et pratiquent des horaires de vie décalés par rapport aux visiteurs diurnes… De fait, Christos Rahon est un village festif, qui vit surtout le soir au gré de ses multiples bars et cafés installés sur la place. Dans les alentours, des routes qui sinuent sans fin offrent d'agréables occasions de se perdre sur les hauteurs d'Ikaria. Ainsi, ne ratez pas le monastère de Monte (XIe siècle), lové dans un paysage préservé.

MONASTÈRE DE MONTE

Le monastère de Monte (XIe siècle), dans un paysage verdoyant, vous donnera un prétexte pour une belle promenade. Cependant, il se mérite. En poursuivant vers le sud de l'île, une très mauvaise route conduit jusqu'au petit port de pêche de Karkinagri. Au passage, notez la rue baptisée Lénine qui illustre la tendance idéologique qui continue à prévaloir dans l'île. D'Ikaria, il est ensuite possible de visiter l'îlot Fourni qui abrite quelques villages (ainsi que des chambres à louer), ainsi que Thimena (sans infrastructures touristiques).

PLATANOS €

Agios Dimitrios

✆ +30 22750 41151

www.platanosikaria.gr

Ouvert tous les jours de 13h à minuit. Comptez 20 €/pers.

Cette jolie taverne étale ses tables en extérieur sous les grands platanes de la petite place du lieu-dit Agios Dimitrios, avant d'arriver à Christos Rahon. On y vient pour sa délicieuse cuisine maison, qui fait honneur aux produits ikariotes, comme le fromage de chèvre de *kathoura,* l'huile d'olive locale ou encore les ragoûts traditionnels comme le *soufiko* végétarien. Pour les amateurs, les plats à base de chevreau sont réputés ici. On aime l'ambiance très détendue, dans le calme du village, qui accueille parfois quelques musiciens en soirée.

COOPERATIVE DES FEMMES DE RACHES

✆ +30 22750 41076

www.tasteikaria.com

En saison, ouvert tous les jours de 7h30 à 14h30.

Cette coopérative a été créée en 2009 par 7 jeunes femmes de la région pour mettre en lumière les produits locaux et dynamiser le village. Depuis, elles ont ouvert un café-épicerie sur la place de Christos Rahon où l'on s'arrête pour prendre le café en dégustant biscuits et gâteaux maison. On en profite pour faire des emplettes bio et *made in* Ikaria : miel et huiles d'olive infusées, cosmétiques et herboristerie, confitures et chutney… Idéal pour faire une pause en journée.

AFIANES WINES

Profitis Ilias

✆ +30 697 7893731

afianeswines.gr

Ouvert tous les jours, de 12h30 à 22h30 en saison. Entrée libre.

Ce domaine viticole est situé à 2 km au sud de Christos Rahon. En été, on y vient toute la journée et en soirée pour déguster les crus de la maison, réalisés dans le respect des traditions viticoles ikariotes augmentées de capacités de vinification modernes. Les deux cépages locaux, le Fokiano et le Begleri, sont cultivés ici. Des visites guidées de la cave avec dégustation de vins sont proposées (50-90 min), sans réservation en été. Le bar à vin est ouvert à tous : vous y dégusterez les vins maison, à accompagner de plateaux de produits bio locaux.

FOURNI CHORA

Bienvenue à Fourni !
Le port et village de Fourni est le bourg principal de l'île. Depuis quelques années, des travaux gigantesques remodèlent le front de mer et le port, ce qui brouille un peu le côté carte postale de ce petit village à la vie douce. Il faut compter encore environ quatre ans pour que se finissent ces travaux qui verront la création d'un nouveau port de pêche, une nouvelle marina pour les voiliers de plaisance et un nouveau débarcadère pour les gros ferries en provenance du Pirée. Toujours est-il que ces grues plantées dans la baie ne gâchent qu'un peu le plaisir que l'on a à découvrir les ruelles calmes du village, organisé autour d'une mignonne place centrale aux platanes géants où repose un sarcophage romain. La petite rue principale, bordée de mûriers, concentre tous les cafés et commerces de l'île. Vous pourrez aussi explorer les hauteurs du village qui s'adosse en amphithéâtre aux collines environnantes.

Transports

Fourni est uniquement accessible par bateau, de manière de plus en plus fréquente à mesure des années, mais reste relativement à l'écart des grands axes de transport, ce qui explique en partie qu'elle soit protégée du tourisme de masse.

En bateau. Le port de Fourni est desservi environ 4 fois par semaine en saison depuis le Pirée, 1-2 fois par semaine le reste de l'année, par les compagnies Blue Star Ferries et Hellenic Seaways (entre 6h30 et 9h de traversée selon le bateau). En saison uniquement, un ferry fait la liaison avec Kavala et Thessalonique (1 fois par semaine) tandis que les catamarans de Dodekanisos Seaways relient Fourni à Samos, Ikaria et les îles du Dodécanèse plusieurs fois par semaine (Patmos, Leros, Kalymnos...). Toute l'année, un bateau local, le *Panagia Theotokos* fait la liaison trois fois par semaine avec Ikaria (port d'Aghios Kirikos) et Samos (port de Karlovassi).

Sur place. Les routes sont en bon état et desservent bien le reste de l'île. Il n'existe pas de transport public ou de bus. Un taxi pour vous dépanner. Mais le mieux sera de louer un scooter pour découvrir les criques du sud et les villages du nord. Vous pourrez également opter pour une voiture, mais les distances sont courtes, et les routes sont suffisamment sécurisées pour qu'un deux-roues soit suffisant. Une adresse de confiance depuis des années : Escape Car & Bike, sur le port - www.fourni-rentals.gr, tél. + 30 22750 51514.

LA ROUTE DU NORD

Le port de Fourni est situé quasiment à équidistance du nord et du sud de l'île. Après Kampi qui donne accès à la moitié sud, la route principale dessert le nord de l'île par des virages larges qui prennent de la hauteur... et sont peuplés de chèvres mi-sauvages, conduisez lentement ! Des bifurcations sinuent en contrebas vers le hameau et la plage de Kamari, en face de l'îlot Agios Minas et jusqu'au petit port de Chrissomilias, au bout de la route, à 14 km de Fourni. Au passage, vous pourrez vous aventurer vers les plages de Koumara et Bali.

HOTEL ARCHIPELAGOS €

✆ +30 22750 51250
archipelagoshotel.gr
Chambre double à partir de 55 € en saison, petit-déjeuner en supplément.

L'unique hôtel à proprement parler de Fourni est ouvert toute l'année et dispose d'une dizaine de chambres seulement. En surplomb du port, il offre de jolies vues sur la baie et le front de mer depuis les balcons et terrasses des chambres. Celles-ci sont spacieuses et confortables, plus modernes que la moyenne des pensions familiales de Fourni. La propreté est au rendez-vous également. Le petit-déjeuner est servi dans le café en bas, également ouvert aux clients qui ne résident pas à l'hôtel. Une adresse agréable, un peu plus chère que les autres options à Fourni.

PENSION MARIA FLITZANI €

✆ + 30 698 1598975
Chambre double à partir de 30 € en saison, sans le petit-déjeuner.

Cette petite pension est située à l'arrière du village, à deux pas de la place principale, à côté du lycée. Les studios sont tout à fait simples, avec une kitchenette basique pour se préparer un petit-déjeuner mais l'essentiel est là. Maria est adorable, et l'ensemble est très propre. Chaque chambre dispose d'un grand balcon : demandez si possible les deux chambres du dernier étage : elles jouissent d'une grande terrasse ouverte, très agréable pour profiter de la fraîcheur du soir. Rien de luxueux donc ici mais une bonne adresse à petit budget.

O KSENIXTIS PLATANOS €

✆ +30 22750 51538

Ouvert tous les jours en saison, de 13h à minuit. Comptez 15 € par personne.

Cette jolie taverne étale ses quelques tables au fond de la place centrale. C'est une adresse prisée des locaux comme des vacanciers qui viennent ici pour déguster de bons classiques maison, augmentés de recettes crétoises. En effet, le propriétaire des lieux est originaire de Crète : vous pourrez essayer des mezzes de cette île lointaine dont de l'*apaki* (viande fumée), un délicieux *dakos* (concassé de tomates fraîches et fromage de mizithra sur une biscotte), ou encore une *marathopita* (galette au fenouil). Les grillades de viande sont très réussies également.

TAVERNA NIKOS & JENNY €

✆ +30 22750 51253

Ouvert tous les jours en saison, de 13h à 23h. Comptez 15 € par personne.

Cette taverne sur le port est l'un des incontournables de Fourni. La large terrasse se remplit vite en saison, de tous les vacanciers qui viennent ici pour la saveur des plats, les prix très abordables et l'ambiance conviviale qui peut partir en chanson à tout moment. De grandes tablées commandent de l'ouzo anisé de Samos pour arroser les fameuses casseroles de spaghettis aux crevettes qui font la réputation des lieux. Ces pâtes sont vraiment délicieuses et servies copieusement. Hassan, Jenny et Nikos ne chôment pas, toujours avec le sourire et un mot pour chacun.

O MILTOS €

✆ +30 22750 51407

Ouvert tous les jours, de 13h à 23h. Comptez 20 €/personne.

Cette taverne est la meilleure option du port pour manger du poisson frais : le propriétaire est également pêcheur, son caïque sort en mer tous les jours, et se balance devant la terrasse le reste du temps. Pour se délecter de poisson frais sans mauvaise surprise, il suffit de suivre la procédure : choisissez votre poisson en vitrine, demandez à ce qu'il soit pesé pour que l'on vous confirme le prix (sinon affiché au kilo, donc parfois difficile d'évaluer la note finale). Si cela vous convient, il ne reste plus qu'à attendre votre poisson parfaitement grillé.

TAVERNE ALMYRA €

Kamari

Ouvert tous les jours en saison, de 13h à 22h. Comptez 15 € par personne.

L'unique taverne du hameau de Kamari est installée pratiquement les pieds dans l'eau, à l'ombre des tamaris sur la plage. Un emplacement et un cadre uniques, face à l'îlot Agios Minas où l'on se pose dans le calme de l'Égée. Les produits viennent en priorité de la mer ici : la taverne est connue pour ses calamars notamment, pêchés juste là. Les plats de pâtes aux crevettes et fruits de mer sont également délicieux, ainsi que les petites fritures de poisson, à accompagner d'une bière fraîche. La pêche fraîche et grillée est plus onéreuse, comme toujours.

Fourni Chora.

BOULANGERIE & DROSSIA

✆ +30 22750 51692

Ouvert tous les jours en saison de 7h à 23h.

La boulangerie et le café Drossia installés depuis des décennies sur la place centrale sont une destination de choix au village : on y vient pour les feuilletés salés (fourrés au fromage, aux épinards, aux légumes) et les petits pains tomate/olive à déguster sur le pouce toute la journée. Idéal à emporter pour casser la croûte sur la plage. Autre spécialité des lieux : le *rizogallo*, riz au lait et à la cannelle. A accompagner d'un café, d'un jus d'orange ou d'un ouzo sur les tables ombragées du café Drossia, centre de la sociabilité locale sous le grand platane.

LA ROUTE DU SUD ★

Au-delà de Kampi, la route dessert les plus belles plages et criques de l'île, qui ne sont pas aménagées. Après Kampi, une bifurcation indiquée Elidaki mène à deux belles plages : à droite Elidaki qui ouvre sur Thymena, et à gauche Petrokopio et sa carrière de marbre dont on voit encore des vestiges antiques sur le rivage. La route poursuit plus loin jusqu'aux bifurcations pour les magnifiques plages de Vitsila (ombragée) et Vlichada. Au bout de la route principale se trouve le hameau de Agios Ioannis Thermastis avec son église où coule une source rafraîchissante.

MYLOS CAFÉ BAR

✆ +30 22750 51203

Ouvert tous les soirs, en saison.

Le dernier arrivé de Fourni ! Installé dans les anciens moulins qui surplombent le port, Mylos Bar offre une belle vue sur la baie et l'îlot de Thymena. L'établissement a voulu se donner un style un peu contemporain pour changer des cafés plus classiques de la rue principale. L'ensemble est plutôt sobre, et apprécié des estivants notamment lorsque des soirées y sont organisées. La carte des cocktails change aussi un peu du classique ouzo : de quoi prendre un apéritif avec vue, perché sur les hauteurs de Fourni, si vous voulez quelque chose de plus moderne.

STUDIOS RENA €

✆ +30 697 8325131

studio-rena.com

Chambre double à partir de 45 € en saison, sans le petit-déjeuner.

En surplomb du village et de la plage de Kampi, les studios Rena sont la seule option de logement sur place, mais ça ne veut pas dire que les propriétaires se reposent sur leurs lauriers ou profitent de leur monopole. D'année en année, la qualité se maintient et l'établissement continue d'offrir des studios avec kitchenette sans prétention, mais propres et spacieux. Les plus : la vue panoramique sur l'Égée, la proximité de la mer (il faut descendre les nombreuses marches du village pour accéder à la plage) et de la Chora (15 minutes à pied par le sentier pierré).

KAMPI

Kampi est une minuscule station balnéaire située au sud de la Chora, sur une jolie plage de sable à double anse. Une poignée de maisons accrochées à la colline, une pension proposant des studios, une taverne toute simple sur la plage de droite, un café plus moderne sur la plage de gauche et une jetée où se balancent quelques rares caïques... : voilà toute l'épure de Kampi. Il s'agit de la plage la plus familiale de l'île, et à ce titre, la plus fréquentée même si jamais bondée. Un sentier pierré et pédestre mène de Chora directement aux moulins qui dominent Kampi (10 minutes de marche depuis l'hôtel Bilios Apartments, sur les hauteurs du village).

KAMPI BEACH BAR

✆ +30 22750 51647

Ouvert tous les jours en saison, de 10h à 21h.

Ce petit café de plage propose quelques transats et parasols à ses clients sur la plage de Kampi. Les quelques tables agréablement installées sous les tamaris servent café, boissons et quelques snacks toute la journée. Ambiance détendue et conviviale, appréciée des jeunes parents qui aiment venir sur ce coin de plage sécurisé pour les enfants. La musique n'est pas trop forte, fort heureusement, car le cadre ne nécessite rien de plus qu'un bon café froid à déguster lentement entre deux baignades. L'ensemble est joliment fait, bien intégré.

ORGANISER SON SÉJOUR

Organiser un séjour dans les îles de l'ensemble nord-égéen est très simple : c'est une destination relativement facile d'accès, sans complication particulière, et dont la tradition d'hospitalité ne se dément pas, malgré la pression grandissante du tourisme. La Grèce et les îles du Nord-Egée faisant partie de l'Union européenne, la plupart des aspects logistiques et organisationnels sont facilités. C'est le cas de toutes les formalités administratives (papiers d'identité, permis divers, réglementations), ce qui retire déjà une bonne épine du pied à tous les voyageurs européens. Pour le reste, c'est une destination très sûre, avec très peu d'arnaques : les professionnels du tourisme vivent toute l'année sur les revenus d'une saison très courte et n'ont donc aucun intérêt à se jouer des touristes, même si quelques pratiques abusives peuvent parfois avoir lieu, comme partout. Vous pouvez donc partir en toute tranquillité.

ORGANISER SON SÉJOUR

ARGENT

La Grèce fait partie, comme la France, de la zone euro. Vous n'aurez aucun problème pour dénicher une banque dans le Nord-Égée : sur chaque île habitée, vous trouverez au moins un distributeur de billets, parfois également une agence. Les banques sont généralement ouvertes de 8h30 à 13h ou 14h, du lundi au vendredi.
Attention cependant à garder du liquide sur vous, notamment sur les petites îles où les distributeurs ne sont pas approvisionnés tout le temps : il suffit d'un dysfonctionnement quelconque ou d'une affluence soudaine (pour une fête par exemple) pour que l'unique distributeur de l'île soit soudainement vidé tandis que de nombreux établissements, qu'il s'agisse de tavernes ou studios chez l'habitant, ne prennent pas la carte bleue. Pour les paiements par carte bancaire, notez qu'ils sont gratuits partout, à l'inverse des retraits qui sont soumis à une commission de retrait d'environ 2-3 euros, selon les banques.

BUDGET / BONS PLANS

Malgré l'inflation galopante, le coût de la vie en Grèce reste globalement moins cher qu'en France. Sur les îles, la vie est relativement plus chère qu'à Athènes ou sur le continent. D'autant que les insulaires n'ont que quelques mois par an pour toucher leurs revenus de l'année : la saison touristique connaît une incontournable flambée des prix, notamment depuis la crise sanitaire et la crise énergétique.
Pour l'instant – et surtout hors saison –, le voyageur sera encore surpris par la douceur de certains prix dans les bars et les restaurants. Et dans les hôtels, il est encore possible de trouver une chambre à prix avantageux et négociable en dehors des mois de juillet et d'août, toujours saturés de touristes. Les prix sont assez variables en fonction des îles et, surtout, de la période. Il suffit parfois de décaler son séjour d'une semaine, vers le début du mois de juin ou vers la fin septembre, pour voir son budget fondre de 30 %.
Pour avoir une idée de budget par personne, en saison, il faut compter 50 € par jour en dormant au camping, 100 € en studio chez l'habitant, 150 € par jour avec nuitée en auberge de charme et à partir de 200 € par jour si l'on choisit des hôtels plus luxueux.

© GAFFERA - ISTOCKPHOTO.COM

PASSEPORT ET VISAS

Pour les ressortissants de l'Union européenne, une carte d'identité ou un passeport en cours de validité est suffisant. Pour les mineurs non accompagnés, une autorisation de sortie du territoire est exigée (formulaires dans les mairies ou commissariats de police). Il n'est pas demandé de visa pour les ressortissants canadiens si leur séjour est d'une durée inférieure à trois mois.
Avant de partir, pensez à photocopier tous les documents que vous emportez avec vous. En cas de perte ou de vol, les démarches de renouvellement seront ainsi beaucoup plus simples auprès des autorités consulaires.
Pour les ressortissants non européens, les démarches sont à effectuer auprès de l'ambassade de Grèce à Paris (17, rue Auguste Vacquerie – Paris 16e – 01 47 23 72 28 – www.mfa.gr/france) et du consulat général (23, rue de Galilée – Paris 16e – 01 47 20 40 64).

PERMIS DE CONDUIRE

Vous trouverez au moins un loueur de voiture et/ou deux-roues dans chaque île habitée du Nord-Égée, à l'exception de Psara. Pourtant certaines îles n'ont pas une offre très large, même parmi les plus visitées ou les plus grandes : réservez votre véhicule à l'avance pour la haute saison !
Un permis de conduire délivré par un pays de l'UE est reconnu dans toute l'UE : les permis de conduire français et belges sont reconnus en Grèce et seront acceptés par tous les loueurs, que ce soit pour une voiture ou un scooter.

L'ASSURANCE VOYAGE, LE BON RÉFLEXE POUR PARTIR L'ESPRIT TRANQUILLE

avec CATHERINE DIBOUES, responsable du marché voyage, chez Allianz Travel

© ELIZAVETA - STOCK.ADOBE.COM

En cas d'annulation de voyage, peut-on bénéficier d'un remboursement des frais engagés ?

L'assurance voyage propose une indemnisation lorsque l'on doit abandonner son projet de séjour pour une raison indépendante de sa volonté, y compris en cas de COVID-19. Contrairement aux idées reçues, les assurances liées aux cartes bancaires ne proposent pas toutes une assurance annulation.

Que se passe-t-il en cas de retard de vol ?

Avec l'assurance voyage Allianz Travel, les frais supplémentaires liés à l'attente sont remboursés, à partir de 2h de retard. Il peut s'agir des frais de restauration, de transport lors d'un changement d'aéroport ou d'une éventuelle nuit d'hôtel.

L'assurance voyage couvre-t-elle la perte ou le dommage des bagages ?

Allianz Travel indemnise les voyageurs en cas de bagages endommagés ou perdus par la compagnie aérienne. Cela comprend l'indemnisation du bagage et son contenu.

Les frais médicaux sont-ils pris en charge en cas de problème de santé dans l'Union européenne ?

Les pays européens ont des accords avec l'administration française. Avant de partir, il faut demander la carte européenne d'assurance maladie. La sécurité sociale et la mutuelle prennent alors en charge les frais médicaux, selon leurs barèmes. Les frais médicaux étant majoritairement plus élevés qu'en France, l'assurance voyage permet de se voir rembourser du reste à charge.

En cas de souci de santé sur place, notamment en cas de COVID-19, que faut-il faire ?

En cas de doute ou pour des symptômes légers, nous proposons un service de téléconsultation médicale, par téléphone et en visio, qui permet d'être conseillé et orienté par un professionnel ainsi que d'obtenir une ordonnance si besoin. Pour une situation plus grave, il est nécessaire d'appeler les urgences locales. Une fois à l'hôpital et dans un état stable, il faut contacter Allianz Travel pour déclencher les procédures de prises en charge. Notre centre d'assistance fonctionne 24h/24, 7j/7.

A noter cependant : le permis B classique français intégrait la conduite de scooters jusqu'aux (mais sans les inclure) scooters 125cc. Pourtant certains loueurs refuseront de vous laisser un scooter (même un 50cc) si vous n'avez pas un permis moto/scooter spécial ou que vous ne pouvez pas prouver que vous avez suivi la formation deux-roues dorénavant obligatoire en France. La législation nationale est assez floue à ce sujet mais un nombre grandissant de loueurs ne veulent plus prendre le risque.

SANTÉ

Les îles du Nord-Égée ne présentent aucun risque majeur sur le plan sanitaire. Cependant, l'eau n'est pas potable partout et faites attention aux piqûres de moustiques, d'oursins et aux brûlures du soleil. Il est important de bien s'hydrater en été et de toujours partir avec une bouteille d'eau sur soi.

En cas de maladie grave, un réflexe : contacter le consulat de France. Il se chargera de vous aider, de vous accompagner et vous fournira la liste des médecins francophones. C'est aussi lui qui prévient la famille et qui décide du rapatriement. Pour connaître les urgences et établissements aux standards internationaux : consulter les sites www.diplomatie.gouv.fr et www.pasteur.fr

VACCINS OBLIGATOIRES

Aucun vaccin n'est recommandé avant de partir.

SÉCURITÉ

La Grèce est l'un des pays les plus sûrs d'Europe. Le seul danger du quotidien auquel vous pouvez être confronté se trouve sur la route : les Grecs sont encore allergiques au port de la ceinture et du casque et adorent téléphoner en conduisant. A ceux qui se déplacent en voiture ou en deux-roues, on recommandera donc la plus grande prudence sur les routes.

Sur ces îles, vous n'aurez pratiquement aucun souci à vous faire concernant les *pickpockets*. Par mesure de sécurité, dans les lieux les plus visités, vérifiez les fermetures de vos sacs et évitez de mettre papiers d'identité, téléphone, portefeuille et sommes d'argent importantes dans la poche arrière de votre sac à dos.

Enfin, la Grèce connaît une activité sismique non négligeable. En cas de séisme, référez-vous aux recommandations publiées par l'ambassade de France en Grèce, à passer en revue avant votre départ :

- **Si vous êtes à l'intérieur d'un bâtiment**. Restez-y et ne vous précipitez pas dehors. N'utilisez pas les ascenseurs. Si vous êtes dans un ascenseur au moment du séisme, tentez d'en sortir dès que possible. Abritez-vous sous une table, un bureau ou un autre meuble solide et agrippez-vous aux bords. Si vous êtes dans un couloir, mettez-vous en position accroupie le long d'un mur intérieur. Ne vous tenez pas dans l'embrasure d'une porte. Protégez votre tête et votre visage. Éloignez-vous des fenêtres, des cloisons de verre, des miroirs, des bibliothèques, des meubles en hauteur, des appareils d'éclairage.
- **Si vous êtes à l'extérieur**. Restez-y et dirigez-vous vers un endroit loin des fenêtres, des immeubles, des fils électriques ou des poteaux de téléphone. Les trottoirs qui longent des immeubles en hauteur sont particulièrement dangereux.
- **Si vous êtes dans un véhicule**. Restez dans votre voiture. Essayez de vous arrêter dans un endroit sûr sans bloquer la route. Éloignez-vous des ponts, des viaducs et des immeubles. N'essayez pas de sortir de votre voiture si des fils électriques sont tombés dessus. Attendez qu'on vous vienne en aide.

En tous les cas, restez calme et priez pour que « l'ébranleur du sol » vous laisse en paix pendant vos vacances !

De manière générale, pour connaître les dernières informations sur la sécurité sur place, consultez la rubrique « Conseils aux voyageurs » du site du ministère des Affaires étrangères : www.diplomatie.gouv.fr/voyageurs. Sachez cependant que le site dresse une liste exhaustive des dangers potentiels et que cela donne parfois une image un peu alarmiste de la situation réelle du pays.

DÉCALAGE HORAIRE

La Grèce est dans le fuseau horaire GMT + 2, c'est-à-dire qu'il y a une heure de décalage avec la France : quand il est midi à Paris, il est 13h à Athènes et dans le Nord-Égée, hiver comme été.

LANGUES PARLÉES

En Grèce, la langue officielle est le grec moderne. Les Grecs connaissent très bien les langues étrangères et c'est toujours un peu honteux pour nous, qui sommes si limités dans l'apprentissage des langues. Sur les îles, de nombreux Grecs maîtrisent l'anglais, au moins suffisamment pour communiquer dans le cœur de la saison touristique.

Certains insulaires parlent également français, ou italien, selon le type de touristes qui séjournent habituellement sur l'île. Dans certains lieux peu fréquentés par les touristes, les langues étrangères ne sont pas toujours pratiquées cependant. Un petit effort linguistique vous ouvrira les portes en grand et facilitera les échanges.

COMMUNIQUER

Depuis juin 2017, lorsque vous utilisez votre téléphone portable français dans un pays membre de l'UE, vous ne payez pas la communication, que vous émettiez l'appel ou que vous le receviez. De même, le *roaming* (Internet sur votre téléphone) est gratuit dans l'UE. Faites simplement attention lorsque vous serez dans les îles du nord-est de l'Égée car elles sont si proches des côtes turques pour certaines qu'elles captent le réseau mobile turc. Dans ce cas-là, n'oubliez pas de désactiver vos données mobiles.

Les îles du Nord-Égée offrent une bonne couverture Internet : la plupart des cafés et tavernes disposent du wifi gratuit, tout comme les hôtels et studios à louer. Pour ces derniers, vous aurez parfois quelque difficulté à capter le réseau wifi dans votre chambre mais les halls et pièces communes de ces établissements offrent toujours une connexion relativement stable et solide.

ELECTRICITÉ ET MESURES

La Grèce est branchée sur 220 volts CA, 50 Hz, comme le reste de l'Europe continentale. Les prises sont semblables aux prises françaises : pas besoin d'emporter un adaptateur dans vos valises.

BAGAGES

Même s'il ne s'agit que d'aller à la plage, un maillot de bain et une serviette ne sauront suffire en été : n'oubliez pas aussi couvre-chef, crème solaire et lunettes teintées, car le soleil tape particulièrement fort dans les îles du Nord-Égée. En été, les soirées, toujours chaudes, sont particulièrement agréables mais il y a souvent du vent et de l'humidité sur ces îles donc pensez à emporter un pull léger. Prévoyez en général des chaussures confortables et solides si vous voulez aller par les sentiers de pierre, notamment pour accéder à des criques isolées. En demi-saison, pensez à prendre une petite laine et éventuellement un coupe-vent pour se promener sur le pont lors des voyages en bateau. Pour les visites de sites religieux, prévoyez des habits couvrant épaules et genoux.

LES PHRASES CLÉS

Bonjour, je voudrais réserver un billet aller/retour pour…
Γεια σας, θα ήθελα ένα απλό/*μετ'* επιστροφής εισιτήριο για…

J'ai raté mon avion. Je voudrais échanger mon billet s'il vous plaît.
Έχασα την πτήση *μου*. Θα ήθελα να αλλάξω το εισιτήριό *μου*.

Mon vol est très en retard. Ma correspondance sera bien assurée ?
Η πτήση *μου* έχει *μεγάλη* καθυστέρηση. - Θα προλάβω την ανταπόκρισή *μου*;

Mes bagages ont été égarés, à qui dois-je m'adresser ?
Χάθηκαν οι αποσκευές *μου*, *με* ποιον πρέπει να *μιλήσω*;

Louez-vous des voitures avec chauffeur ?
Νοικιάζετε αυτοκίνητα *με* οδηγό;

Je n'ai presque plus d'essence. Où se trouve la station-service la plus proche ?
Η βενζίνη *μου* έχει σχεδόν τελειώσει. Ποιο είναι το πιο κοντινό βενζινάδικο;

S'Y RENDRE

Les îles du Nord-Égée sont inégalement desservies : les îles les plus visitées bénéficient de connexions régulières en ferry et en avion mais une bonne partie de ces îles demeure encore hors des grands flux touristiques. Ceci a contribué à préserver l'archipel du tourisme de masse, hors Samos et Skiathos. Ces deux îles abritent des aéroports aux connexions internationales, dont quelques vols directs depuis la France en saison pour Skiathos. Sinon, les connexions domestiques entre le continent et les îles sont régulières, et plus fréquentes encore en saison : il faudra faire escale par Athènes ou Thessalonique, en route pour le Nord-Égée. Pour les femmes seules, aucun danger particulier n'est à noter, sauf les déconvenues habituelles auxquelles la gent féminine est malheureusement confrontée partout en Europe. Dans le Nord-Égée plus qu'ailleurs, on vous laissera tranquille et vous pourrez voyager en toute sécurité.

AEGEAN AIRLINES

Aeroport Paris Charles de Gaulle Terminal 1
✆ +33 1 70 03 13 23
fr.aegeanair.com

Aegean Airlines est la plus importante compagnie aérienne grecque depuis qu'elle a racheté Olympic Air en 2013. Membre du réseau Star Alliance, elle a régulièrement été récompensée « Meilleure compagnie régionale d'Europe ». Aegean dessert Athènes toute l'année de Paris, Lyon et Marseille, 2 à 3 fois par jour au départ de Paris Roissy CDG Terminal 1. En saison, s'ajoutent des vols directs vers Athènes au départ de Marseille, Lyon, Toulouse, Nice, Nantes, Bordeaux, Lille, ainsi que des liaisons vers Thessalonique, Rhodes et Kalamata en vols directs.

SKY EXPRESS

CHIOS CHORA - ΧΩΡΑ
✆ +30 801 112 8288
www.skyexpress.gr

La compagnie grecque Sky Express est le premier concurrent d'Aegean Airlines/Olympic Air en Grèce. Elle dessert la plupart des aéroports domestiques grecs - et donc ceux des îles de l'ensemble nord-égéen - depuis Athènes, parfois également depuis Thessalonique. Et ce, toute l'année et avec une fréquence accrue en saison. Sky Express relie également Paris-CDG à Athènes, en vols directs pendant la saison, d'avril à octobre. C'est une bonne option, avec des tarifs qui sont parfois plus intéressants que sur Aegean Airlines ou Air France.

AIR FRANCE

✆ 09 69 39 36 54

Toute l'année, la compagnie nationale propose de nombreux vols tous les jours au départ des aéroports de Paris : plusieurs destinations en France, en Europe et à l'international. La compagnie, qui existe depuis 1933, est synonyme de qualité, de service et de confort. La compagnie fait partie du groupe privatisé Air France-KLM et est également membre fondateur de l'alliance Skyteam. Air France dessert Athènes avec au moins deux départs par jour depuis Paris-CDG. Vols directs depuis Marseille, et en pleine saison depuis Toulouse ou Nice.

TRANSAVIA

✆ +339 72 72 00 32
www.transavia.com

La compagnie Transavia est la version low-cost d'Air France, au départ de Paris-Orly pour la Grèce. Toute l'année, Transavia dessert Athènes depuis la capitale française, avec une régularité accrue pendant la saison, entre avril et octobre. En saison, la ville de Thessalonique est également desservie en vol direct depuis Paris-Orly : et depuis Thessalonique des vols domestiques ou ferries relient l'ensemble nord-égéen. Enfin, en saison, l'île de Skiathos dans l'ensemble des Sporades reçoit les vols directs de Transavia depuis Paris-Orly.

SÉJOURS ET CIRCUITS

Les possibilités de séjour sont foisonnantes dans le Nord-Egée : du séjour farniente sur une seule île à la croisière « *island hopping* », en passant par des séjours thématiques, culturels ou sportifs, tout est envisageable ! Pour les séjours courts, vous retiendrez surtout les escapades sur les îles accessibles facilement en avion, soit dans les Sporades (Skiathos), soit dans les grandes îles orientales (Lesbos, Samos, Chios, Ikaria) avec visites culturelles, journées plages et excursion en bateau sur une île voisine. Pour autant, peu de tour-opérateurs généralistes ou même spécialistes proposent des formules toutes organisées dans ces îles où le voyage en individuel est encore largement majoritaire. Quelques agences proposent des séjours dans les Sporades, sur environ une semaine. Pour les agences tournées vers la pratique sportive, on retiendra les séjours sports nautiques centrés sur le windsurf et le kitesurf à Lemnos notamment.

CERCLE DES VOYAGES

31, avenue de l'Opéra
PARIS (1er)
✆ 01 40 15 15 19
www.cercledesvoyages.com
Tous les jours sauf dimanche 9h-20h, samedi 10h-18h30.

Les conseillers du Cercle des Voyages sont des spécialistes qui partageront avec vous leurs conseils et leurs petits secrets pour faire de votre voyage une expérience inoubliable et personnalisée. Confiez-leur vos habitudes de voyages, les différentes régions que vous souhaitez découvrir et co-concevez ensemble un voyage sur mesure, qui vous ressemble. En Nord-Egée, optez pour leur circuit « Les Sporades, 3 îles vertes : Skiathos, Skopelos & Alonissos », d'une durée de 15 jours. Rejouez *Mamma Mia*, randonnez à Alonissos... les possibilités sont nombreuses.

CLUB FAUNE VOYAGES

50, rue de Passy
PARIS (16e)
✆ 01 42 88 31 32
www.club-faune.com
Ouvert du lundi au vendredi de 9h à 19h.

Accompagné et conseillé par l'un de ces experts passionnés, de vrais spécialistes des séjours en France et à l'étranger, vous construirez ensemble le « voyage de vos envies » et découvrirez des adresses secrètes et des expériences hors des sentiers battus au cours d'itinéraires à la carte. Club Faune propose un itinéraire d'Athènes à Skiathos. Après votre city break à Athènes, vous séjournerez dans une villa privée au cœur des Sporades. Un voyage de luxe, d'une durée de dix jours, incluant un séjour au King George à Athènes.

INTERMÈDES

10, rue de Mézières - **PARIS** (6e)
✆ 01 45 61 90 90
www.intermedes.com
Du lundi au jeudi de 9h30 à 18h et le vendredi de 9h30 à 17h.

Intermèdes, c'est une autre façon de voir le monde, et, en l'occurrence, le nord de la Grèce. Avec son équipe de spécialistes passionnés par le voyage culturel au service de particuliers ou de groupes, cette agence vous conseillera un voyage accompagné d'un conférencier ou une croisière de qualité à dimension humaine ou encore un circuit original, mais aussi l'accompagnement sur les chemins de pèlerinage. Les groupes sont limités à 25 participants. Le circuit « Grèce du Nord : la Macédoine orientale » passe notamment par les îles de Thassos et Samothrace.

VOYAGEURS DU MONDE

55, rue Sainte-Anne - **PARIS** (2e)
✆ 01 88 33 06 93
www.voyageursdumonde.fr
Tous les jours sauf dimanche 10h-18h. Autres agences en France, à Bruxelles, à Genève, à Montréal et à Québec.

Depuis quarante ans maintenant, Voyageurs du Monde construit pour vous un univers totalement dédié au voyage sur mesure et en individuel, grâce – entre autres – aux conseils pointus transmis par des spécialistes qualifiés sur leur destination de cœur ou d'origine. Vous bénéficiez de leur aide pour la préparation du voyage, mais aussi durant toute la durée du voyage sur place. Leur voyage « Une autre Grèce en été - Athènes, Nauplie & les Sporades en goélette », d'une durée de 12 jours, prévoit une croisière dans les Sporades.

CARREFOUR VOYAGES

✆ 08 92 01 50 15

voyages.carrefour.fr

Partir sans dépenser trop ? C'est la proposition faite par Carrefour Voyages dans les 115 agences du réseau. Les conseillers vous proposeront croisières, circuits organisés, des séjours (bien-être, plage, excursions), week-ends et voyages sur mesure. Promotions et départs de dernière minute sont également au menu ! France, Emirats arabes unis, Espagne, Grèce, Turquie, Cuba, Etats-Unis… Le catalogue est vaste et parcourt l'intégralité du globe. N'hésitez pas à consulter le site Internet pour connaître les exclusivités voyage et les bons plans du moment.

BILLETSDISCOUNT

✆ 01 40 15 15 12

www.billetsdiscount.com

Promotions toute l'année.

Le site Internet permet de comparer les tarifs de vol de nombreuses compagnies à destination de tous les continents. Outre la page principale avec la recherche générale, des onglets spécifiques (Antilles, océan Indien, Océanie, Afrique, Amérique du Nord et Asie) permettent de cibler davantage les recherches. A noter qu'un bagage supplémentaire en soute de 23 kg est inclus dans le prix du billet. Il est possible de payer son billet d'avion en 4 fois contre une somme modique. Un service pour les enfants non accompagnés (de 4 à 12 ans) est également proposé.

TUI

✆ 08 99 65 05 80

www.tui.fr

L'offre de Marmara à destination des pays les plus ensoleillés est variée : formules club, croisières, circuits, séjours et promotions tout au long de l'année au Maroc, Sénégal, en Tunisie, Turquie, Grèce, Italie, Espagne, République dominicaine et Egypte. Sur le site Internet, de nombreuses infos pratiques par destination. Vous aurez l'embarras du choix. Egalement des vols secs, avec possibilité de départ de province. Nombreuses options de personnalisation : catégorie d'hôtel, transfert individuel, catalogue d'excursions…

EASYVOYAGE

✆ 08 99 19 98 79

www.easyvoyage.com

Le concept peut se résumer en trois mots : s'informer, comparer et réserver. Des infos pratiques sur plusieurs destinations en ligne (saisonnalité, visa, agenda…) vous permettent de penser plus efficacement votre voyage. Après avoir choisi votre destination selon votre profil (famille, budget…), le site vous offre la possibilité d'interroger plusieurs sites à la fois concernant les vols, les séjours ou les circuits. Grâce à ce moteur performant, vous pouvez réserver directement sur plusieurs bases de réservation (Lastminute, Go Voyages et bien d'autres).

GRÈCE SUR MESURE

64 rue Mitropoleos

ATHÈNES

✆ +331 42 86 17 50

www.grece-sur-mesure.com

Ouvert du lundi au vendredi de 9h à 17h.

Agence francophone basée à Athènes, Grèce sur mesure concocte votre séjour en Grèce. Parmi ses offres, des randonnées à Delphes, Épidaure, aux Météores, des excursions à pied en Crète ou dans les Cyclades. L'agence crée avec vous votre voyage personnalisé, adapté à vos envies de marche, de tourisme, de découvertes culturelles et culinaires. Quel trek vous tente ? « Sur les traces des dieux grecs, des Météores à l'ascension de l'Olympe » ? « Randonnée dans les Cyclades » sur les îles d'Andros et Tinos ? « Randonnée en Crète » ?…

QUOTATRIP

www.quotatrip.com

Voyages sur mesure.

QuotaTrip est une nouvelle plateforme de réservation de voyage en ligne qui met en relation des voyageurs à la recherche d'expériences authentiques et uniques et des agences de voyages locales sélectionnées pour leurs compétences et leur sérieux. Le réseau de QuotaTrip couvre près de 200 destinations dans le monde entier. Le but de ce rapprochement est simple : proposer un séjour entièrement personnalisé aux utilisateurs. QuotaTrip promet ainsi l'assurance d'un voyage serein, sur mesure, sans intermédiaires et sans frais supplémentaires.

INTERVIEW

LE VOYAGE-SUR-MESURE

AVEC STEVEN LE CHEVALIER ET MATHIEU VALLY DE QUOTATRIP

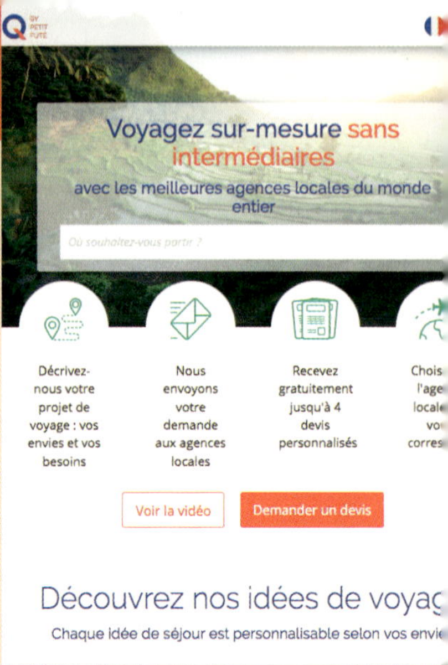

© D.R

Quel est le concept de l'agence QuotaTrip ?

Quotatrip est la première plateforme de mise en relation entre voyageurs et agences locales. Grâce à elle, les voyageurs peuvent enfin échanger en direct avec des agences qui sont sur place et concevoir un voyage unique, au meilleur prix et 100% personnalisé.

Pourquoi voyager avec des agences locales ?

À l'inverse des agences traditionnelles, les agences locales sont des expertes de la destination choisie. Ce sont aussi les mieux placées pour concevoir des séjours qui sortent des sentiers battus. Elles sont ainsi en mesure de répondre à l'ensemble des envies, le voyageur rentre dans l'univers de l'equi-tourisme = le tourisme sans intermédiaire.

© D.R

Quels sont les autres avantages pour les voyageurs ?

Il y a une multitude d'avantages. Cela permet notamment de ne pas voyager comme tout le monde, d'organiser de manière simple et rapide un séjour sur mesure et au meilleur prix. Fini les mauvaises surprises, les voyageurs posent toutes les questions qu'ils souhaitent et bénéficient d'un accompagnement sur mesure, de la conception du projet jusqu'à sa réalisation en toute sécurité car les agences référencées sont sélectionnées et recommandées par les journalistes des guides du Petitfute en toute impartialité.

Les démarches sont-elle simples à effectuer ?

Les sites de voyage en ligne font perdre beaucoup de temps aux internautes sans pour autant répondre entièrement à leurs désirs. QuotaTrip propose un formulaire simple et rapide qui permet de décrire les souhaits, les envies et les besoins. L'internaute reçoit aussitôt gratuitement et sans engagement les offres de trois ou quatre agences locales avec qui il peut ensuite échanger afin de personnaliser son projet grâce à la messagerie mise en place.

© D.R

Quelles sont les destinations proposées ?

Notre plateforme propose plus de 21 000 projets de voyage sur plus de 100 destinations à travers le monde. De l'Amérique latine en passant par l'Asie et l'Afrique, nos mille agences partenaires sont là pour répondre à vos projets de voyage.

Décrivez votre projet de voyage. Echangez en direct avec les agences locales et partez au meilleur prix.

***Plus d'informations** : quotatrip.com*

SE LOGER

L'infrastructure touristique est conséquente presque partout sur les îles de l'ensemble nord-égéen, même si certaines îles sont moins visitées et offrent en conséquence moins d'options hébergement. Vous trouverez un hébergement qui correspond à votre budget, malgré des prix à la hausse. Il existe 3 saisons touristiques sur les îles : la basse saison de mi-avril à fin mai et en octobre, la moyenne saison en juin et septembre, la haute saison en juillet-août. Les prix de l'hébergement peuvent varier du simple au double sur certaines îles entre basse et haute saison. En haute saison, il est absolument nécessaire de réserver, surtout au mois d'août. Les prix sont contrôlés par l'Office national du tourisme (EOT) en fonction de la catégorie de l'hébergement (de une à cinq étoiles). Ne vous fiez pas aveuglément à ces catégories, qui n'expriment souvent qu'un niveau d'équipement plutôt que la qualité intrinsèque de l'établissement.

BEWELCOME €€

www.bewelcome.org

Le système est simple : être hébergé chez l'habitant, partout dans le monde. C'est le site Internet qui se charge de contacter les accueillants et les postulants puis de les mettre en contact, que ce soit en ligne ou dans la vraie vie. Avec leur carte interactive, les profils *des « welcomers »* s'affichent, avec leurs disponibilités. Certains font part de leurs projets de voyage afin de pouvoir trouver des affinités, des opportunités d'action avec les membres du site. Idéal pour un voyage solidaire et plein de belles rencontres !

HALLDIS €€

✆ +39 0247 952 200

www.halldis.com

Depuis plus de trente ans, Halldis s'est spécialisé sur le marché de la location courte durée, avec environ 2 000 propriétés dans les principales villes de vacances italiennes, de Florence à la Sardaigne, mais aussi à Paris et à Bruxelles. Ce site permet donc de trouver un « chez soi », et ainsi de se sentir comme à la maison, en voyage d'affaires ou en vacances, lorsque l'hôtel peut paraître impersonnel. Plusieurs gammes de logements possibles, de l'appartement à la villa. Idéal car les avis des précédents locataires sont notés.

HELPX €€

www.helpx.net

Plateforme Internet pour séjourner chez l'habitant.

Des fermes biologiques, des B&B, des hôtels où l'étranger aide tout en bénéficiant, selon les hôtes, d'un hébergement, de repas ou de cours de langues selon le travail fourni. Un panel de lieux, partout dans le monde, où vivre durant une année ou moins, afin d'améliorer une langue ou vivre une expérience hors du commun pendant une année de césure. Lors de notre dernière visite sur le site, des propriétaires de *guesthouse* proposaient lit + déjeuner en échange de quelques heures de travail. Peut être une bonne affaire pour les plus jeunes.

HOME EXCHANGE €€

www.homeexchange.fr

Abonnement annuel 149 €.

Et si vous échangiez votre maison avec d'autres pour partir en vacances ? HomeExchange est une plateforme d'échange de maisons et d'appartements entre particuliers. L'idée : un site Internet pour échanger son logement (studio, appartement, villa...) moyennant un abonnement annuel à l'agence en ligne, qui se charge de la présentation du bien et de la mise en contact des intéressés. Un excellent moyen de faire des économies pour partir en vacances et réduire ainsi les frais d'hébergement sur place. Le choix est large, avec plus de 450 000 offres dans 159 pays.

SE DÉPLACER

Pour voyager d'île en île, il faudra emprunter les ferries et hydroglisseurs qui desservent la région. Pour organiser ces déplacements, aucun besoin de passer par une agence internationale avant le départ : vous pourrez tout réserver vous-même, parfois même une fois sur place, notamment pour les bateaux et caïques locaux. Attention cependant si vous voyagez en pleine période de Pâques ou autour du 15 août : il faudra penser à réserver bien à l'avance. De même si vous souhaitez voyager avec votre véhicule et/ou réserver une place en cabine en haute saison : il vaut mieux s'y prendre quelques semaines en amont pour éviter les déceptions. Hormis ces cas-là, un passager seul trouvera toujours une place sur un ferry. Une fois sur place, la géographie de chaque île dictera le mode de transport le plus adapté. Pour plus de liberté, la voiture demeure le moyen de locomotion le plus efficace, face au manque de transports publics.

BLUE STAR FERRIES

www.bluestarferries.com/en

Impossible de la manquer, c'est la compagnie la mieux implantée avec la flotte la plus importante. Au port du Pirée, les ferries estampillés Blue Star annoncent la couleur. Le mode de déplacement le plus essentiel pour découvrir le Nord-Egée sera bien évidemment la voie maritime. Les bateaux prennent différentes formes, pour des trajets plus ou moins longs ou rapides ! Les gros ferries des compagnies Blue Star Ferries et Hellenic Seaways sont les plus communs sur les longs trajets qui relient les îles au continent : ils sont en fonctionnement toute l'année.

BUS KTEL

https://e-ktel.com/en/

La compagnie KTEL regroupe les réseaux de bus et cars de Grèce : les îles de l'ensemble nord-égéen ont, comme les autres régions grecques, leurs propres réseaux de KTEL. Ils sont plus ou moins bien organisés, et sillonnent plus ou moins largement les îles, selon les moyens que chacune dédie à ce mode de transport en commun. Certaines des îles proposent un service bien rodé, notamment en saison pour répondre à l'afflux touristique. C'est par exemple le cas de Skiathos ou Samos. Ailleurs, le réseau est limité, comme à Ikaria, voire quasi inexistant, comme à Lesbos.

AVENTURA CAR RENTAL

EVDILOS

✆ +30 22750 31140

island-ikaria.com/car-bike-rentals/

Ouvert tous les jours en saison, de 9h à 21h. A partir de 50 €/jour pour une voiture classe A.

Cette agence de location propose des scooters, voitures classe A et Jeep depuis ses bureaux d'Evdilos. Rena, la sympathique gérante, vous indiquera les visites à ne pas manquer sur l'île ainsi que les routes à emprunter à Ikaria au moment de la prise en main de votre véhicule. Dynamique et serviable, l'équipe d'Aventura est à l'écoute de ses clients et fait preuve d'un professionnalisme chaleureux. Une bonne adresse sur l'île ! Attention : en saison, les voitures sont rares, voire très rares, au mois d'août. N'oubliez pas de réserver à l'avance.

CLIMA RENT A CAR

Neo Klima

NEO KLIMA

✆ +30 24240 27994

skopelosrentacar.gr

Voiture catégorie A à partir de 55 € en saison.

Si les loueurs du port principal de Skopelos livrent parfois leurs véhicules gratuitement jusqu'à Agnontas, il faudra demander les services d'un autre loueur pour couvrir la moitié nord de l'île. Ainsi, si vous arrivez au port de Loutraki-Glossa, il faudra louer une voiture avec un agent local. Babis et son fils ont monté Clima Rent a Car il y a plusieurs années et depuis proposent un service professionnel, avec le sourire. Les voitures sont livrées gratuitement à la sortie du bateau, et l'agence est située dans sur la rue principale du village de Neo Klima.

S'INFORMER

Vous trouverez la presse internationale dans certaines îles les plus visitées, comme Skiathos ou Samos, souvent avec un jour d'écart. En revanche, dans les îles isolées ou moins touchées par le tourisme, il faudra faire sans votre quotidien papier et vous référez aux versions électroniques de vos journaux préférés. La couverture internet étant bonne dans la plupart des îles du Nord-Egée, vous ne devriez avoir aucun mal à trouver les informations en ligne, dans votre langue.

Pour la presse locale, sachez que l'on trouve quelques médias grecs anglophones dans les îles, notamment le grand quotidien *Kathimerini* qui publie une version anglaise synthétique de ses articles du jour. Là encore, vous ne la trouverez que dans les îles les plus visitées. Sinon, voici quelques sites internet locaux et incontournables qui vous donneront une mine d'informations culturelles et pratiques sur les îles du Nord-Egée.

DISCOVER GREECE

www.discovergreece.com

Ce site Internet est une mine d'informations pour tous les voyageurs qui optent pour la Grèce, et plus spécifiquement pour le Nord-Egée. Une fois n'est pas coutume : ce site complet est également disponible en français, en plus des versions grecque et anglaise habituelles. Vous aurez ici accès à des articles découverte, avec la possibilité de réserver directement en ligne certaines activités culturelles ou sportives, comme des excursions, dégustations ou visites guidées. L'ensemble est plaisant et facile à utiliser pour prévoir un séjour réussi avant de partir.

ODYSSEUS

odysseus.culture.gr

Le site officiel du ministère de la Culture grec liste l'ensemble des sites archéologiques, bâtiments historiques et musées nationaux et propose une information complète (en grec et en anglais) concernant les conditions de visite, les prix d'entrée et autres éléments pratiques. D'intérêt particulier, le site Odysseus donne un aperçu assez complet de chaque site et de sa valeur historique et culturelle : autant d'informations qui manquent parfois sur place. Nous vous conseillons donc de lire les descriptions savantes proposées ici avant la visite.

GREECE IS

www.greece-is.com

Un très beau site Internet, très complet et en anglais, qui va au-delà du simple blog de voyage. Il s'agit à la fois d'un magazine *lifestyle* en version papier, qui propose régulièrement des dossiers spéciaux, dont un sur la gastronomie ou sur l'hospitalité grecque, la *filoxenia*, et un blog au contenu régulièrement mis à jour en version électronique. L'ensemble est très riche et propose un contenu de qualité pour découvrir la région en profondeur. Le magazine papier est disponible gratuitement, parfois distribué sur les îles ou sur commande.

VISIT GREECE

www.visitgreece.gr

Il s'agit du site Internet officiel de l'office de tourisme grec. Très beau et très bien fait, il décrit en anglais et en détail toutes les destinations touristiques du pays, notamment les îles du Nord-Egée. Au-delà de donner envie de visiter ces îles, ce site donne également une foule d'informations pratiques et utiles concernant les transports entre les îles notamment (horaires et réservations des ferries) ou sur place. Vous pourrez également télécharger l'application Visit Greece sur votre smartphone pour connaître toutes les nouveautés en temps réel.

RESTER

Envie de prolonger votre séjour en Grèce ? C'est possible grâce à plusieurs options. Quel que soit le pays visé d'ailleurs, une première étape consiste à jeter un œil au site du ministère des Affaires étrangères, avant votre départ, pour connaître les formalités et y glaner de bons conseils. Dans la rubrique « Services aux citoyens », vous trouverez un guide de l'expatriation, les démarches à effectuer, les modalités de demande de documents officiels. Si vous avez entre 18 et 28 ans et êtes ressortissant de l'Espace économique européen, vous pouvez partir en volontariat international en entreprise (VIE) ou en administration (VIA). Il s'agit d'un contrat de 6 à 24 mois rémunéré (avec un renouvellement de 24 mois possible) et placé sous la tutelle de l'ambassade de France. Mais vous pouvez aussi vous tourner vers des ONG internationales spécialisées dans la lutte contre la précarité ou pour l'aide aux réfugiés.

ACTION CONTRE LA FAIM

102, rue de Paris - **MONTREUIL**
✆ 01 70 84 70 70
www.actioncontrelafaim.org
Par téléphone de 9h à 13h et de 14h à 18h.

ONG internationale spécialisée dans la lutte contre la faim dans le monde, active dans les domaines de la nutrition, santé, sécurité alimentaire, de l'eau, de l'assainissement. L'association intervient dans des situations de crise. Le but étant de rendre les populations autonomes d'un point de vue de la nutrition, en apportant une aide concrète et en formant les intervenants locaux qui prendront le relais. Ses missions de volontariat durent de trois mois à un an en Afrique, Asie, Amérique, Europe centrale, dans le Caucase, au Moyen-Orient et dans les Caraïbes.

MINISTÈRE DE L'EUROPE ET DES AFFAIRES ÉTRANGÈRES

www.diplomatie.gouv.fr

Site Internet officiel pour connaître les formalités d'entrée et séjour dans le pays. Dans la rubrique « Services aux Français », vous trouverez un guide de l'expatriation, les modalités de demandes de documents officiels. Sur la page d'accueil en sélectionnant le pays, vous obtenez les contacts des ambassades. Dans l'espace politique, économie et socio-culturel, quantité d'informations et de communications utiles pour qui s'intéresse aux réalités du pays.

ÉDUCATION NATIONALE

www.education.gouv.fr
Modalités sur www.france.diplomatie.fr/mfi.

Vous êtes enseignant ou fonctionnaire d'État, vous souhaitez travailler à l'étranger ? Consultez le site du ministère de l'Éducation nationale, il informe sur les conditions de mobilité dans le monde. Cette initiative peut s'inscrire dans un parcours professionnel. Elle permet d'exercer son métier dans des conditions spécifiques, ou un autre métier et diversifier ainsi son expérience en enrichissant ses compétences. Les personnels d'encadrement peuvent aussi postuler dans des organismes internationaux ou de l'Union européenne.

BUSINESS FRANCE

77, Boulevard Saint-Jacques
PARIS (14e)
✆ 01 40 73 30 00
Ouvert en semaine de 8h30 à 18h30.

L'Agence pour le développement international des entreprises françaises travaille en étroite collaboration avec les missions économiques. Le site Internet recense toutes les actions menées, les ouvrages publiés, les événements programmés et renvoie sur la page du Volontariat International en Entreprise (VIE). Fondée en 2015, cette structure est née de la fusion entre Ubifrance et l'Agence française pour les investissements internationaux. Elle est affiliée au Ministère de l'Europe et des Affaires étrangères et au Ministère de l'Économie et des Finances.

INDEX

F

G

H

I

J

K

L

M

EDITION

Directeurs de collection et auteurs : Dominique AUZIAS et Jean-Paul LABOURDETTE

Auteurs : Joanna DUNIS, Adélaide SAUTER, Juliette COURTOIS, Sylvie DEL COTTO, Baptiste THARREAU, Jean-Paul LABOURDETTE, Dominique AUZIAS et alter

Directeur Editorial : Stéphan SZEREMETA

Rédaction Monde : Laure CHATAIGNON, Morgane VESLIN, Pierre-Yves SOUCHET, Natalia COLLIER, Julie BEZ

Rédaction France : Briséis TEMPLE-BOYER, Audrey VEDOVOTTO, Marie VIGNERON, Nicolas WODARCZAK, Mélanie PEILLET

FABRICATION

Maquette et Montage : Romain AUDREN, Julie BORDES, Delphine PAGANO

Iconographie et Cartographie : Anne DIOT, Julien DOUCET

WEB ET NUMERIQUE

Directeur Web : Louis GENEAU de LAMARLIERE

Technical Project Manager : Hervé MARION

Développeurs : Guillaume BARBET, Adeline CAUX

Intégrateur Web : Mickael LATTES, Antoine DION

Webdesigner : Caroline LAFFAITEUR

Community Traffic Manager : Alice BARBIER, Noémie LE SAUX

Content Manager : Aliénor de PERIER

DIRECTION COMMERCIALE

Directeur commercial : Guillaume VORBURGER

Coordinatrice des Régies commerciales : Manon GUERIN

Account Manager Marketplace : Leila ROUGEOT

Responsable Régies locales : Michel GRANSEIGNE

Responsables Développement régie inter : Jean-Marc FARAGUET, Guillaume LABOUREUR et Camille ESMIEU

Assistante commerciale Régie internationale : Leila ANTRI-BOUZAR

Chefs de Publicité Régie nationale : Caroline AUBRY, François BRIANCON-MARJOLLET, Perrine DE CARNE MARCEIN, Jonathan TOUTOUX

Régie Iles du Nord Egée : Bertille TAUPIN

DIFFUSION ET PROMOTION

Directrice des Ventes : Bénédicte MOULET assistée d'Aissatou DIOP

Responsable des ventes : Jean-Pierre GHEZ assisté de Nelly BRION

Relations Presse-Partenariats : Jean-Mary MARCHAL

ADMINISTRATION

Président : Jean-Paul LABOURDETTE

Directrice des Ressources Humaines : Dina BOURDEAU assistée de Sandra DOS REIS et Eva BAELEN

Directrice Administrative et Financière : Valérie DECOTTIGNIES

Comptabilité : Guillaume PETIT, Aminata BAGAYOKO, Jeannine DEMIRDJIAN et Adama DIABY

Recouvrement : Fabien BONNAN assisté de Sandra BRIJLALL

Responsable informatique : Elie NZUZI-LEBA

PETIT FUTÉ ÎLES DU NORD EGÉE

LES NOUVELLES EDITIONS DE L'UNIVERSITE
18, rue des Volontaires - 75015 Paris.
✆ 01 53 69 70 00 - Fax 01 42 73 15 24
Internet : www.petitfute.com
SAS au capital de 1 000 000 € - RC PARIS B 309 769 966
Couverture : La vieille ville de Chora dans l'île Skiathos © Gatsi - iStockPhoto.com
Impression : CORLET IMPRIMEUR - 14110 Condé-en-Normandie
Achevé d'imprimer : mai 2023
Dépôt légal : 31/05/2023
ISBN : 9782305089997

Pour nous contacter par email, indiquez le nom de famille en minuscule suivi de @petitfute.com
Pour le courrier des lecteurs : info@petitfute.com

IMPRIMÉ EN FRANCE

COLLABOREZ
À LA PROCHAINE ÉDITION